2019年全国思想政治教育学
开幕式主持人发言
忠诚

主席台

2019年全国思想政治教育学术研讨会
开幕式致词
忠诚 坚韧

会议现场

中国社会科学院马克思主义研究院党委书记樊建新

哈尔滨工程大学党委书记高岩

中共黑龙江省委高等学校工作委员会董成

与会专家

与会学者

与会专家学者

与会专家学者

思想政治教育研究论丛(第九辑)

主　　编　刘　越　余　斌
副 主 编　李春华　夏宝慧
执行主编　侯为民　朱亦一　魏俊斌

哈爾濱工程大學出版社
Harbin Engineering University Press

内 容 简 介

本书对新时代思想政治教育遇到的新问题、思想政治教育学科的创新与发展，以及如何提高高校思想政治理论课教学实效性等问题进行了深入研究。

本书的研究富有一定的创新意义，在一定程度上反映了近年来我国高校思想政治教育研究水平，适合广大思想政治教育工作者教学与研究。

图书在版编目(CIP)数据

思想政治教育研究论丛. 第九辑 / 刘越，余斌主编
. — 哈尔滨 ：哈尔滨工程大学出版社，2020.9
ISBN 978-7-5661-2618-4

Ⅰ. ①思… Ⅱ. ①刘… ②余… Ⅲ. ①思想政治教育-中国-文集 Ⅳ. ①D64-53

中国版本图书馆 CIP 数据核字(2020)第 152676 号

选题策划 雷 霞
责任编辑 张 曦 李 暖
封面设计 李海波

出版发行 哈尔滨工程大学出版社
社　　址 哈尔滨市南岗区南通大街 145 号
邮政编码 150001
发行电话 0451-82519328
传　　真 0451-82519699
经　　销 新华书店
印　　刷 北京中石油彩色印刷有限责任公司
开　　本 787mm×1 092mm 1/16
彩　　插 2
印　　张 21.5
字　　数 425 千字
版　　次 2020 年 9 月第 1 版
印　　次 2020 年 9 月第 1 次印刷
定　　价 98.00 元
http://www.hrbeupress.com
E-mail:heupress@hrbeu.edu.cn

在 2019 年全国思想政治教育学术研讨会上的讲话(代序)

中国社会科学院马克思主义研究院党委书记　樊建新

各位专家、学者、老师、同学：

上午好!

今年是新中国成立 70 周年。庆祝新中国成立 70 周年的系列庆祝活动还历历在目,我们为新中国 70 年来取得的巨大成就振奋不已、备感自豪。今天,我们在美丽的冰城哈尔滨,置身于具有中国特色的"哈军工精神"氛围中,以"新中国 70 年思想政治教育的理论与实践"为主题召开 2019 年全国思想政治教育学术研讨会,这是思想政治理论教育学界的一件盛事,值得庆贺。在此,我谨代表中国社会科学院马克思主义研究院,向不辞劳顿、远程而来的与会专家、学者表示热烈欢迎,对承办此次会议的哈尔滨工程大学表示衷心感谢!

新中国成立 70 年来,思想政治教育学科在理论研究和实践创新方面都取得了长足发展,思想政治教育体制机制不断完善、队伍建设趋于专业化、人才培养成绩斐然。这一切成就的取得,根源在于坚持以马克思主义为思想指导。马克思主义中国化的全部理论成果是我国思想政治教育理论创新和实践创新的思想基础。站在新时代新起点上,思想政治教育工作者要坚持用马克思主义理论解读时代,用习近平新时代中国特色社会主义思想引领时代,用鲜活丰富的思想政治教育话语体系推进马克思主义发展,在改革中守正出新,实现学科的不断超越和发展。

一、以马克思主义为指导,党领导下的思想政治教育取得全面发展

党的思想政治工作是一切工作的生命线。中国共产党诞生伊始就高度重视革命队伍的思想政治教育工作。新中国成立后,思想政治教育工作一直作为高校建设和社会科学发展的重要内容。早在 1958 年 9 月,党中央和国务院发出的《关于教育工作的指示》中就明确规定,在一切学校中,必须进行马克思主义的政治教育和思想教育。1984 年,思想政治教育学科更是应时设立,成为具有中国特色的哲学社会科学学科的有机组成部分。70 年来,思想政治教育

随着中国建设和改革的推进而持续发展。习近平总书记在哲学社会科学工作座谈会上的重要讲话中指出，“坚持以马克思主义为指导，是当代中国哲学社会科学区别于其他哲学社会科学的根本标志，必须旗帜鲜明加以坚持。”“在我国，不坚持以马克思主义为指导，哲学社会科学就会失去灵魂、迷失方向，最终也不能发挥应有作用。”新中国成立 70 年来，思想政治教育学科所取得的一切成就，根源在于坚持以马克思主义为思想指导。

（一）中国共产党高扬马克思主义伟大旗帜，不断强化党对思想政治教育的政治领导和思想领导

用真理的力量说服人民和引导人民，是我国思想政治教育工作的基础。马克思主义是真理，是人类对自然界、对人类社会和人类思维普遍发展规律的科学总结。在当代社会坚持真理，就是要将马克思主义理论教育落实在思想政治教育的具体工作中。马克思指出：“思想竭力体现为现实是不够的，现实本身应当力求趋向思想。”中国共产党一经成立就扬起了马克思主义的伟大旗帜。党的思想政治教育工作之所以能与时俱进，焕发出持久的力量，就在于植根于马克思主义。新中国成立 70 年来，中国共产党以马克思主义为思想指导，不断巩固马克思主义在意识形态领域的主导地位，引导思想政治教育施教主体用科学的理论培养人，用正确的思想引导人，发挥了党对思想政治教育的政治领导和思想领导作用。

坚持以马克思主义为指导，才能确保和引领思想政治教育始终保持正确方向。坚持马克思主义指导与坚持中国共产党领导是相互统一的，这是中国特色社会主义教育所赋予的规定性和必然性。我们的教育是中国特色社会主义教育，马克思主义是思想政治教育的灵魂，是思想政治教育沿着正确方向发展的保证，只有坚持以马克思主义为指导，才能保证党的路线、方针和政策在教学和研究中得到全面贯彻，才能在事关方向的关键性问题上站稳立场，不走偏、不走样。

（二）马克思主义中国化的全部理论成果，是思想政治教育理论创新和实践创新的思想基础

马克思主义的基本理论是放之四海而皆准的，同时又是随着时代和各个国家的具体情况而不断发展的，马克思主义从来不是也不可能是一个封闭的、凝固的体系。中国共产党人带领中国人民在社会主义革命、建设、改革和发展的伟大实践中运用马克思主义的立场观点来解决中国问题，形成了毛泽东思想、邓小平理论、“三个代表”重要思想、科学发展观，特别是习近平新时代中国特色社会主义思想，这是马克思主义中国化的理论创造，是被实践证明了的正

确的理论观点。

新中国成立以来，思想政治教育学科以马克思主义中国化的全部理论成果为指导，实现了思想政治教育教材体系的与时俱进与理论创新。1952 年，教育部《关于全国高等学校马克思列宁主义、毛泽东思想课程的指示》的下发，对各大行政区、华北区各高等学校开设辩证唯物主义与历史唯物主义、新民主主义论、政治经济学三门课程提出了具体要求，课程以马克思主义基本理论与毛泽东思想为主要内容。为适应社会主义现代化建设需要，1985 年，中共中央《关于改革学校思想品德和政治理论课程教学的通知》（“85 方案”）对以马克思主义为指导的思想品德和政治理论课的课程设置、教学内容和教学方法的改革提出了具体要求。1998 年，伴随着中国特色社会主义理论的不断发展和中国特色社会主义实践的深入，《关于普通高等学校“两课”课程设置的规定及其实施工作的意见》（“98 方案”）印发，其中“马克思主义理论课”以“毛泽东思想概论”和“邓小平理论概论”为主要内容，课程丰富了邓小平理论的相关内容。2005 年，中宣部、教育部联合印发《关于进一步加强和改进高等学校思想政治理论课的意见》（“05 方案”），规定了本、专科高等学校思想政治理论课的必修内容，“毛泽东思想、邓小平理论和‘三个代表’重要思想概论”为四门必修课之一。此后，我国思想政治理论课教材经多次改版，“科学发展观”等一系列理论创新成果被写入教材。特别是开展推动十八大精神“三进”工作以来，思想政治教育理论课建设有了新的飞跃。当前，“习近平新时代中国特色社会主义思想”在教材中的全面展现，更是一件具有历史性意义的大事，标志着我国思想政治教育教材体系建设步入全新的境界，实现了思想政治教育的理论创新和实践变革，在融通马克思主义资源和思想政治教育资源，整合中华优秀传统文化资源和思想政治教育要素，推进社会主义建设实践和理论创新发展方面取得了新成效。

（三）马克思主义指导下思想政治教育学科的规范化、系统化和科学化发展

规范化、系统化和科学化，是思想政治教育学科不断发展的内在要求。1984 年，教育部《关于在 12 所院校设置思想政治教育专业的意见》颁布，决定在部分高等学校设置思想政治教育专业，采取正规化的方法培养大专生、本科生和第二学士生等各种规格的思想政治工作专门人才。人才培养的目标就是“使学生具备从事思想政治工作所必需的合理的知识结构，即有较高的马列主义理论素养和党的政策水平”。之后思想政治教育学科建设经历了徘徊、巩固、提高和全面发展的阶段，每个阶段成绩的取得都是坚持马克思主义指导的结果。1994 年，中共中央发布了《关于进一步加强和改进学校德育工作的若

干意见》，强调“要把思想政治教育作为人文社会科学的重点学科加强建设”。2006 年，国务院学位委员会下发《关于下达第十批博士和硕士学位授权学科、专业名单的通知》，公布第十批学位点申报审核结果，全国共有 21 个马克思主义理论一级学科通过审核，获准首批建设，另有 34 个思想政治教育二级学科通过审核，成为新增的思想政治教育博士点学科。从此思想政治教育成为马克思主义理论一级学科下属的一个独立的二级学科。十八大以来，党和国家对思想政治教育学科高度重视，“全国高校思想政治工作会议”“学校思想政治理论课教师座谈会”等重要会议先后召开，开启了思想政治教育全面发展的新时代。

二、以习近平新时代中国特色社会主义思想为指导，不断开拓思想政治教育育人新境界

习近平新时代中国特色社会主义思想是当代中国马克思主义、21 世纪马克思主义，是马克思主义基本原理同时代特征和中国具体实际相结合的最新飞跃，是新时代最鲜活生动的马克思主义。习近平总书记关于思想政治教育的一系列重要论述是做好新时代思想政治教育工作的思想旗帜，是引领思想政治教育工作者育新人、引导青年“扣扣子”的精神旗帜。

思想政治教育工作事关培养什么样的人、如何培养人和为谁培养人的根本性问题。毛泽东同志曾指出：“为什么人的问题，是一个根本的问题，原则的问题。”育人就如种树，一旦在培养什么人、为谁培养人的方向上走偏了，培养的就是歪脖子树，是无论如何都不可能长成参天大树的。习近平总书记在十九大报告中提出，要培养担当民族复兴大任的时代新人，“为人民服务，为中国共产党治国理政服务，为巩固和发展中国特色社会主义制度服务，为改革开放和社会主义现代化建设服务”是思想政治教育的总方针。党的十八大以来，习近平同志多次指出，中国特色社会主义教育与思想政治工作是一致的、统一的，党性和人民性是中国特色社会主义教育的根本，也是“教育谁”“为了谁”“怎么教”等教育工作得以开展的出发点和落脚点。习近平同志指出，要“坚持正确方向、坚持立德树人、坚持服务大局、坚持改革创新”。通过四个坚持，教育广大师生培育积极健康向上主流思想，引导学生衷心拥护党的领导，对党中央治国理政的新理念、新思想、新战略高度认同，对中国特色社会主义和中华民族伟大复兴充满信心。落实习近平同志思想政治教育育人战略，思想政治教育界要坚持把立德树人作为中心环节，把思想政治工作贯穿教育教学全过程，实现全程育人、全方位育人，努力开创思想政治教育育人新局面。思想政治理论课要强化教育引导、实践养成，坚持“全面发展”和“立德树人”相结合，引导广大学生树立正确的价值观和世界观，激励青年学生正确认识个人理

想和国家事业之间的辩证关系，培养青年的时代感和使命感，自觉学习科学文化知识，坚定为社会主义、共产主义理想而奋斗的决心和信心。把社会主义核心价值观融入“三育人”始终，引导学生增强“四个意识”、坚定“四个自信”。

三、深入把握思想政治教育的时代性特征，推动新时代思想政治教育创新发展

思想政治教育是对人的教育，需要与人共成长，与社会共呼吸，与时代同前进，始终以创新为己任。习近平总书记强调，“面对日益激烈的国际竞争，我们必须把创新摆在国家发展全局的核心位置，不断推进理论创新、制度创新、科技创新、文化创新等各方面创新。”思想政治教育自身所具有的与时俱进的学科属性，要求其发展要与经济、政治、文化、社会和生态的发展相一致、相协同。

首先，要现实思想政治教育内容创新。“内容为王”是思想政治教育的本质属性。新时代思政教育的创新发展要注重内容创新，用习近平新时代中国特色社会主义思想铸魂育人。思想政治教育的说服性重在说理，帮助人们讲透现实道理、解决实际问题。因此新时代思想政治教育坚持问题导向，以我们正在做的事情为思考的中心，带着问题做研究、教育学生，要通过自己的研究成果和课堂教学，增强学生对中国特色社会主义道路、理论、制度和文化的自信，进而为推动世界社会主义运动前进发展、为引领人类发展方向贡献中国智慧。

其次，要构建新时代思想政治教育学科体系、学术体系、话语体系和教材体系。习近平总书记指出：“对国外的理论、概念、话语、方法，要有分析、有鉴别，适用的就拿来用，不适用的就不要生搬硬套。哲学社会科学要有批判精神，这是马克思主义最可贵的精神品质。”思想政治教育学科要始终坚持以马克思主义为指导，并认真学习和吸收别国先进的经验和优秀的文明成果。但是，在学习吸收别国文化的过程中，必须首先明确做好鉴别、区分的工作。要区分西方学科、学术、话语中哪些是学术规律，哪些体现的是自然属性，哪些蕴含意识形态属性；分析西方研究中哪些是积极的、对我们有益的，哪些是反动的、对中国特色社会主义有害的，对普世价值、历史虚无主义、新自由主义、民主社会主义、宪政民主、后现代主义等错误思潮主动亮剑、积极批判。过去有的领域对马克思主义坚持不够，因此在有的领域中马克思主义被边缘化、空泛化、标签化，在一些学科中“失语”、教材中“失踪”、论坛上“失声”，这种状况必须引起我们高度重视。在思想政治教育教学、研究、教材和学术交流中对具有意识形态属性、体现西方价值观的内容梳理出来，清除出去，构建具有中国特色社会主义的思想政治教育理论自觉和理论自信，坚持走自己的理论创新之

路，构建新时代思想政治教育的话语体系、理论体系和教材体系，以指导思想政治教育实践。

最后，要创新思想政治教育新概念、新范畴。思想政治教育研究者要善于提炼具有表示性的新概念，打造贴近人们生活、贴近实际的话语体系，让思想政治教育话语为人们所理解、所接受。2019 年，中共中央办公厅、国务院办公厅印发了《关于深化新时代学校思想政治理论课改革创新的若干意见》，为我国思想政治理论课学术、学科和话语体系创新指明了方向。同时，我们思想政治教育工作者也要善于积极推进中国特色社会主义理论体系新概念、新范畴、新表述的深入阐释和宣传工作，让思想政治教育队伍成为中国学术外宣的重要力量。

各位专家、学者，70 年来我国思想政治教育的发展已经雄辩地证明，在中华民族的伟大复兴进程中思想政治教育工作者的历史使命崇高而又神圣，工作职责须臾不可缺失。站在新时代新起点上，思想政治教育工作者要坚持用马克思主义理论解读时代，用习近平新时代中国特色社会主义思想引领时代，用鲜活丰富的思想政治教育话语体系推进马克思主义发展，在改革中守正出新，实现学科的不断超越和发展，谱写思想政治教育理论和实践发展的新篇章。

预祝本届全国思想政治教育学术研讨会圆满成功！

谢谢大家！

2019 年 10 月 12 日于哈尔滨

目　　录

特　　稿

新时代思想政治教育研究

附 录

特　　稿

特稿

思想教育研究教育引导学生树立社会主义和共产主义理想信念

刘书林

（清华大学马克思主义学院）

在共产党领导的社会主义国家，教育的根本任务就是培养社会主义建设者和接班人。这是党的教育方针决定的。习近平总书记在全国教育大会上的讲话中进一步强调，教育要“培养德智体美劳全面发展的社会主义建设者和接班人”[1]。社会主义建设者和接班人首要的一条就是要具有社会主义和共产主义的理想信念。习近平总书记在全国教育大会上的讲话中指出：“要在坚定理想信念上下功夫，教育引导学生树立共产主义远大理想和中国特色社会主义共同理想，增强学生的中国特色社会主义道路自信、理论自信、制度自信、文化自信，立志肩负起民族复兴的时代重任。”[1]根据习近平总书记的指示，我国大中小学校，无论党员干部还是师生员工，特别是青少年学生，都应该明确树立社会主义和共产主义理想信念。各级各类学校都要把习近平总书记的这一重要指示落到实处并坚持如一。

一、党的十八大以来，习近平总书记在党内外一贯强调要树立社会主义和共产主义理想信念

习近平总书记重视党内外的理想信念教育是一贯的。他在主持起草党的十八大报告时就特别强调一定要加上一句话：“对马克思主义的信仰，对社会主义和共产主义的信念，是共产党人的政治灵魂，是共产党人经受住任何考验的精神支柱。”同时还指出：“国内外各种敌对势力，总是企图让我们党改旗易帜、改名换姓，其要害就是企图让我们丢掉对马克思主义的信仰，丢掉对社会主义、共产主义的信念。”[2]由此可见，他对社会主义和共产主义理想信念的高度重视。

党的十九大报告指出：“中国共产党一经成立，就把实现共产主义作为党的最高理想和最终目标。”“革命理想高于天。共产主义远大理想和中国特色社会主义共同理想，是中国共产党人的精神支柱和政治灵魂，也是保持党的团

结统一的思想基础。要把坚定理想信念作为党的思想建设的首要任务，教育引导全党牢记党的宗旨，挺起共产党人的精神脊梁，解决好世界观、人生观、价值观这个'总开关'问题，自觉做共产主义远大理想和中国特色社会主义共同理想的坚定信仰者和忠实实践者。"[3]

同时，习近平总书记指出，理想信念缺失是最大危险。党的十八届六中全会通过的《关于新形势下党内政治生活的若干准则》（以下简称《准则》）指出："新形势下，党内政治生活状况总体是好的。同时，一个时期以来，党内政治生活中也出现了一些突出问题，主要是：在一些党员、干部包括高级干部中，理想信念不坚定、对党不忠诚。"为此，把"坚定理想信念"列为《准则》的第一条，"理想信念动摇是最危险的动摇，理想信念滑坡是最危险的滑坡。全党同志必须把对马克思主义的信仰、对社会主义和共产主义的信念作为毕生追求""领导干部特别是高级干部要以实际行动让党员和群众感受到理想信念的强大力量""全体党员必须永远保持建党时中国共产党人的奋斗精神，把理想信念的坚定性体现在做好本职工作的过程中"。

党员、干部中信仰缺失的情况引起习近平总书记的高度重视。2013 年 8 月，习近平总书记在全国宣传思想工作会议上的讲话中指出："坚定的信仰始终是党员、干部站稳政治立场、抵御各种诱惑的决定性因素。"他严肃批评了一部分党员、干部理想信念缺失：有的对共产主义心存怀疑，认为那是虚无缥缈、难以企及的幻想；有的不信马列信鬼神，从封建迷信中寻找精神寄托，热衷于算命看相、烧香拜佛，遇事"问计于神"；有的是非观念淡薄、原则性不强、正义感退化，糊里糊涂当官，浑浑噩噩过日子；有的甚至向往西方社会制度和价值观念，对社会主义前途命运丧失信心；有的在涉及党的领导和中国特色社会主义道路等原则性问题的政治挑衅面前态度暧昧、消极躲避、不敢亮剑，甚至故意模糊立场、耍滑头，等等。我们看到，习近平总书记带领全党对腐败现象进行零容忍的斗争，决心纠正"四风"，就是为了保持党的队伍的纯洁、社会风气的清正，恢复党的社会主义和共产主义理想信念的力量。

习近平总书记还把执政党是否坚持社会主义和共产主义理想信念视为关系党的生死存亡的重大问题。一个国家的执政党一旦失去了对于社会主义和共产主义理想信念的热情，变成了追名逐利的官僚，就会在政治上不堪一击，自我崩溃在所难免。一些社会主义国家的执政党在改革中抛弃社会主义和共产主义理想信念，很快就出现了亡党亡国的悲剧。反面的教训警示我们决不能重蹈覆辙。

习近平总书记不仅对党员和干部提出树立社会主义和共产主义理想信念的要求，也对广大群众和青年提出这样的要求。党的十九大报告指出："青年兴则国家兴，青年强则国家强。青年一代有理想、有本领、有担当，国家就有前途，民族就有希望。”“中华民族伟大复兴的中国梦终将在一代代青年的接力奋斗中变为现实。”“广大青年要坚定理想信念，志存高远，脚踏实地，勇做时代的弄潮儿，在实现中国梦的生动实践中放飞青春梦想，在为人民利益的不懈奋斗中书写人生华章！”[4]在全国教育大会上，习近平总书记更是十分明确地向大中小学校提出要求：要在坚定理想信念上下功夫，教育引导学生树立共产主义远大理想和中国特色社会主义共同理想。这是我国教育战线的光荣使命，也是保证我国各级各类学校坚持社会主义办学方向的关键。

二、引导学生正确把握共同理想与最高理想的辩证关系

引导学生正确把握共同理想与最高理想的辩证关系，是学校理想信念教育的一个关键环节。这个问题的实质就是：为什么在社会主义初级阶段，在共产主义社会尚未到来的情况下，还要坚持讲共产主义的理想？对此，习近平总书记做了精辟的阐述。他说：“我们既要坚定走中国特色社会主义道路的信念，也要胸怀共产主义的崇高理想，矢志不移贯彻执行党在社会主义初级阶段的基本路线和基本纲领，做好当前每一项工作。革命理想高于天，没有远大理想，不是合格的共产党员；离开现实工作而空谈远大理想，也不是合格的共产党员。”[4]共同理想与最高理想不能分割。如果不讲共产主义、只讲社会主义，那么，世界上社会主义至少有 260 种，那就不知道搞的是哪一种社会主义了。

这一对辩证关系是一个老问题。毛泽东在延安时期的著作里就不乏对于党的最低理想与最高理想关系的说明。在抗日战争、国共合作的背景下，面对反共顽固派“共产主义失去合理性”的叫嚷，毛泽东进行了精辟的分析和说明：“共产主义是无产阶级的整个思想体系，同时又是一种新的社会制度。”“中国自有科学的共产主义以来，人们的眼界是提高了，中国革命也改变了面目。中国的民主革命，没有共产主义去指导是决不能成功的，更不必说革命的后一阶段了。”“关于社会制度的主张，共产党是有现在的纲领和将来的纲领，或最低纲领和最高纲领两部分的。在现在，新民主主义，在将来，社会主义，这是有机构成的两部分，而为整个共产主义思想体系所指导的。”[5]无论搞新民主主义革命还是搞社会主义革命，都要有共产主义思想体系来指导。

1982 年，党的十二大报告就充分地阐述了当前坚持社会主义、同时必须坚持共产主义的关系。胡乔木于 1982 年 9 月 24 日在《人民日报》发表的《关于共产主义思想的实践》，根据党的十二大精神系统地阐述了为什么要坚持共产主义理想的问题。胡乔木指出：“共产主义是指什么呢？它有两方面的含义：一方面是指将来要实现的一种社会制度，一方面是指关于为什么要和怎样才能实现这种社会制度的思想，以及为实现这种思想而进行的实践，即共产主义运动。”“自有共产主义运动以来，共产主义一直在实践中前进，并且得到了巨

大的发展和胜利。由此可见,那些认为共产主义还没有经过实践检验,以及与此相关的认为共产主义是'渺茫的空想'一类思想,是完全错误的。""共产主义运动并不等于共产主义的社会制度,后者只是前者的终极目标。但是共产党人领导的任何性质的斗争,都不能离开共产主义思想的指导,因而都是共产主义运动的一个步骤""我们就是为了共产主义,不但为将来的共产主义社会,而且首先是为我们现在干的共产主义事业。共产主义的事业不等于共产主义的社会制度。我们的社会主义社会制度只是共产主义社会制度的第一步,离开了共产主义思想就没有社会主义。"[6]胡乔木这一论述阐述了共产主义思想体系、共产主义制度、共产主义运动之间的密切关系,说明了在社会主义现阶段必须强调共产主义远大目标的必要性。

这里还有一个理论问题需要解决:社会主义国家现实政策的调整、为了发展而作出局部的退却,不能绝对化地当成社会前进的大趋势或永久性的政治方向。列宁当年在推行"新经济政策"时就明确指出这种政策的性质是"战略退却"。他指出,"我们的新经济政策的实质正在于,我们在这一点上遭到了严重的失败,开始作战略退却""新经济政策就是以实物税代替余粮收集制,就是在很大程度上转而恢复资本主义""同外国资本家签订租让合同,把企业租给私人资本家,这些都是直接恢复资本主义"[7],"我们不应该指望直接采用共产主义的过渡办法""自从 1921 年春天我们不得不从社会主义建设退到国家资本主义之后,我们看到,调节商业和货币流通的问题已提上日程。不管我们怎样觉得商业领域距离共产主义很遥远,但正是在这个领域我们面临着一项特殊任务。"[7]显然,这种新经济政策是迫于当时的形势而不得不采取的退却。这种退却是有限的、战略性的,不是永久性的、方向性的。1921 年 11 月,列宁指出,"我们已经退到了国家资本主义,但我们退得很适度。现在我们正退到由国家调节商业。但我们会退得适度的。现在已经有一些迹象可以使人看到退却的终点了,可以使人看到在不很久的将来停止这种退却的可能性了。这次必要的退却进行得愈自觉,愈协调,成见愈少,那么,我们就会愈快停止退却,而随后的胜利进击就会愈有把握,愈迅速,愈波澜壮阔"。[7]确定新经济政策的性质是"战略退却",是一个带有根本性的问题。列宁曾经引用俄国的一个寓言,用"鹰"形容坚持共产主义理想的罗莎·卢森堡,用"鸡"形容那些背叛共产主义理想的人,"鹰有时比鸡飞得低,但鸡永远不能飞得像鹰那样高"。[7]列宁坚定不移推行新经济政策,是为了调整与农民的关系,恢复经济发展,渡过难关,而不是丢掉社会主义和共产主义理想信念,把国家的发展方向转向资本主义。列宁使用"退却"二字来界定新经济政策的本质,本身就说明了这一点。在经济文化比较落后的、起步晚的社会主义国家,面临着发展生产力的许多紧迫任务,必要的时候采取类似列宁新经济政策的做法,显然是一个政策和战略的问题，一个阶段性的做法，而绝不是把发展资本主义当成自己的方向或永久的政策。如果看不到这一点，把眼前的政策性或战略性调整当成方向性的改变，就会误解共产党人倡导的改革，走到极端或走到自己的反面去。

三、坚定社会主义和共产主义理想信念必须引导学生批判历史虚无主义等错误思潮，净化教育环境

为了教育引导学生树立共产主义远大理想和中国特色社会主义共同理想，必须为学生的健康成长创造一个良好的思想政治教育环境。这也是各级各类学校面对的极为重要的意识形态工作，对此必须有阵地意识。

随着国际国内意识形态领域的复杂变化，我国各级各类学校的教育环境也发生了深刻而复杂的新变化，出现了新的挑战。马克思主义指导思想面临着多样化和多元化思潮的挑战，社会主义核心价值观面临着市场逐利性的挑战，传统的教育和引导方式面临着网络新媒体的挑战，培养社会主义建设者和接班人面临着敌对势力渗透争夺的挑战。由于西方意识形态的长期渗入，一些学校党组织在社会主义办学方向上存在模糊认识，还没有自觉、清醒地坚持培养社会主义建设者和接班人的使命感；一些学校存在重教书轻育人、重智育轻德育的倾向；个别教师不能为人师表、教书育人；一些学校的意识形态阵地存在薄弱环节，错误思潮和思想观点仍有传播空间。这些情况严重地干扰着大中小学校学生树立社会主义和共产主义理想信念的工作，必须下功夫进行教学环境的净化和清理。

第一，必须深入持久地开展对于历史虚无主义等错误思潮的批判，肃清其对青少年思想的消极影响。《准则》第二条指出：“全党必须坚决捍卫党的基本路线，对否定党的领导、否定我国社会主义制度、否定改革开放的言行，对歪曲、丑化、否定中国特色社会主义的言行，对歪曲、丑化、否定党的历史、中华人民共和国历史、人民军队历史的言行，对歪曲、丑化、否定党的领袖和英雄模范的言行，对一切违背、歪曲、否定党的基本路线的言行，必须旗帜鲜明反对和抵制。”党的十八大以来，以习近平同志为核心的党中央坚持带领全党全国人民批判历史虚无主义思潮、“普世价值”思潮、西方宪政民主思潮、新自由主义思潮、公民社会思潮、西方新闻观、质疑改革开放和质疑中国特色社会主义的社会主义性质的思潮。这些批判旗帜鲜明、持续不断，驱散了阴霾瘴气，使得社会主义的主旋律更加响亮，正能量更加强劲。

青少年正处于树立社会主义和共产主义理想信念的关键时期，对马克思主义的信仰，对党的信任，对科学社会主义的信念，是青少年树立理想信念的支柱。党中央号召批判的这些错误思潮，直接影响和冲击学生正确理想信念

的树立，必须加以清除。各级各类学校党组织必须以维护社会主义办学方向的责任感，管好自己的阵地，不给错误思潮可乘之机；同时带领师生批判错误思潮，揭露这些错误思潮的欺骗性和一些错误思潮反共反社会主义的本质，引导青少年学生与这些错误思潮划清界限。

第二，加强和改进思想政治理论课，引导其他课程与思想政治理论课同向同行。思想政治理论课是学校思想政治教育的主渠道，也是社会主义和共产主义理想信念教育的主渠道。课堂教学是教师的职责。思想政治理论课教师大部分是好的，但是由于思想教育一时的失误和长期受到西方各种错误思潮的渗透影响，有些教师不能够坚持社会主义意识形态的方向。《辽宁日报》2014 年 11 月 14 日以《老师，请不要这样讲中国——致高校哲学社会科学老师的一封公开信》为题，专版专题揭露某些高校教师背离社会主义和共产主义理想信念的情况。该篇报道刊出了学生的呼声："不知从何时起，说中国坏话、骂这个社会成为了时尚，我们一个老师，逢课必讲'瞧瞧人家国外'。案例教学时，负面的例子全是中国。如果中国真像老师们讲得这么灰暗，我们毕业之后将以怎样的姿态去面对这个社会？谁来给予我们建设这个国家的信心和力量？"[8]这些情况是《辽宁日报》记者在 20 多所高校调研听课的结果。他们概括出大学课堂存在三类问题：第一，有的教师用所谓"揭秘"马克思、恩格斯的"隐私"和"将毛泽东与古代帝王进行不恰当比较"的方式讲思想政治理论课，解构历史，肆意评价。第二，有的教师在课堂上鼓吹西方"三权分立"，质疑国家重大政策，甚至唱反调；片面夸大阴暗面的问题，将其归咎为"政治基因缺陷"等。第三，有的教师吓唬学生"社会险恶"，劝导学生"厚黑保身"。这样的教师不可能完成教书育人的任务，也不可能对学生社会主义和共产主义理想信念的树立起到积极的作用。这一典型案例引起教育界普遍注意，必须防止类似现象的发生。

第三，学校的文科类教材受西方意识形态倾向影响的情况值得关注，必须采取措施。习近平总书记十分重视高校教材建设问题，他指出，现在教材编写主体比较多，质量参差不齐，在选用上一定要把好关，水平不高、导向有问题的教材不能使用。他还指出，现在在一些哲学社会科学学科的学术研究和教材中，直接搬用西方理论方法和名词术语的现象比较普遍。不要做西方理论的"搬运工"，而要做中国学术的创造者。他还提议建立高校哲学社会科学学科专业核心课程教材目录制度。为了培育社会主义建设者和接班人，我们教育战线应该切实行动起来，不是停留于在报纸上发文章表态，而是应该制定落实以习近平同志为核心的党中央的指示的措施，我们的有关工作应该有明确的进展。当然，那些个别的"以不变应万变"、消极观望的人，就更显得与教育事业的发展不协调。高校和中小学校都应该对一个时期以来教材编写的指导思想、编写倾向、编写质量、选用编写人员是否适当，做一次认真的检查，切实把教材编写工作抓在自己手上，以配合学生的理想信念教育。

总之，学校的一切工作都是为了培养学生成为具有社会主义觉悟的建设者和接班人，校园文化建设也应该围绕有利于学生树立社会主义和共产主义理想信念服务。这样才能体现大中小学校的社会主义办学方向。

四、坚定社会主义和共产主义理想信念必须引导学生加强马克思主义理论的学习和科学世界观的建构

树立社会主义和共产主义的理想信念是世界观的根本改造。马克思主义的科学世界观是支撑社会主义和共产主义理想信念的精神支柱。但是，马克思主义的科学世界观不是天生的，也不能遗传，即使是工人阶级队伍的成员也不能自发地产生科学社会主义思想。这种科学世界观、科学社会主义思想只能通过学习、教育、实践才能逐步在青少年头脑中建立起来。

树立坚定的社会主义和共产主义理想信念，既然是深刻的世界观层面的改造，就不能靠感情层面的意识，也不能靠一时物质利益的刺激，而只能通过学习马克思主义的科学世界观和方法论，学习人类社会历史发展的规律，在理性上认识社会发展的必然，才能建立社会主义和共产主义理想信念。学校应该在掌握这一规律的前提下，开展持久的、制度化的学习和实践活动，帮助学生树立社会主义和共产主义理想信念。

第一，深入持久地在学生中普遍开展学习马克思主义经典著作的活动。要引导和组织学生原原本本地读马克思主义的经典著作，奠定掌握科学世界观与树立社会主义和共产主义理想信念的基础。马克思主义的经典著作，包括马克思、恩格斯、列宁、斯大林、毛泽东的著作，不读就不知本源，不读就不可能建立科学的世界观，就谈不上社会主义和共产主义理想信念。同时，还要学习马克思主义中国化的最新成果——习近平新时代中国特色社会主义思想，理解其对当前和未来的指导意义。还要学习和阅读《邓小平文选》《江泽民文选》《胡锦涛文选》，这些都是我们党的一段历史上站点最高的思想成果的体现。还要学习中国共产党历次全国代表大会的文件，掌握中国马克思主义产生发展的历程和共产党执政规律。还要学习和阅读在中国传播马克思主义的一大批名师大家的著作，包括陈独秀、李大钊、郭沫若、李达、艾思奇、翦伯赞、范文澜等人的著作。学习马克思主义，是共产党人的看家本领，是掌握马克思主义科学世界观和方法论的基础。只要在大中小学校组织学生捧起了马克思主义的经典著作，就会形成有利于学生树立社会主义和共产主义理想信念的条件；只要坚持这样的学习，就会有一批批年轻的马克思主义者成长起来。

第二，学习历史典籍。首先，要学习与马克思主义直接相关的史学典籍，

如马克思主义发展史、世界社会主义发展史、国际共产主义运动史、中国共产党历史、世界近现代历史、中国近现代历史、中华人民共和国史，从科学社会主义发展的源头上认识世界社会主义发展的大趋势和大规律。还要学习世界通史、中国通史、社会发展史、世界文明史、世界科技史，认识人类历史发展的规律。另外，还可以读一些相关的革命前辈的传记作品，如中央文献出版社出版的《毛泽东传》《周恩来传》《陈云传》《习仲勋传》等，在学习中不断坚定革命意志和增强人民情怀。

第三，学习中国历代先哲和著名思想家的著作。中华文化博大精深、历史悠久、持续发展、自强不息、从未断流，为炎黄子孙积累了丰富的智慧和精神财富。无尽的精神财富都蕴藏在历代先哲、著名思想家的著作之中，等待我们去研读。习近平总书记在哲学社会科学工作座谈会上的讲话提到的古今25位思想家的著作，就是我们应该学习阅读的重要著作。从老子、孔子、庄子到梁启超、孙中山、鲁迅，这些思想家留下了丰富的文化遗产。正如习近平总书记所说："中国古代大量鸿篇巨制中包含着丰富的哲学社会科学内容、治国理政智慧，为古人认识世界、改造世界提供了重要依据，也为中华文明提供了重要内容，为人类文明作出了重大贡献"[9]。只有学习和了解这方面的精神财富，才能更加坚定中华文化的根底，才能更加深刻地把握中华民族的文化底蕴，才能更加深刻理解马克思主义中国化的特点。

读书和实践是树立社会主义和共产主义理想信念的主要渠道。在读书学习的同时要引导学生开展实践活动。实践方面包括认识现实社会，从两种社会制度的对比中感受社会主义的优越性，理解社会进步的事实和特点，再就是持续关注党中央要求我们关心的理论问题。这样坚持一贯，就能够奠定坚实的思想理论基础，就能够树立起坚定的社会主义和共产主义的理想信念。

参 考 文 献

[1]习近平. 坚持中国特色社会主义教育发展道路 培养德智体美劳全面发展的社会主义建设者和接班人[N]. 人民日报,2018-09-11(1).

[2]习近平. 在全国党校工作会议上的讲话[J]. 求是,2016(9)3-13.

[3]中国共产党第十九次全国代表大会文件汇编[M]. 北京：人民出版社,2017.

[4]习近平. 习近平谈治国理政[M]. 北京：外文出版社,2016.

[5]毛泽东. 毛泽东选集：第2卷[M]. 北京：人民出版社,1991.

[6]胡乔木. 关于共产主义思想的实践[N]. 人民日报,1982-09-24(1).

[7]列宁. 列宁选集：第4卷[M]. 北京：人民出版社,2012.

[8]老师,请不要这样讲中国[N].辽宁日报,2014-11-14(1).
[9]习近平.习近平在哲学社会科学工作座谈会上的讲话[N].中国教育报,2016-05-19(1).

新中国70年高校思想政治理论课课程体系的建构及其经验

田克勤

（东北师范大学马克思主义学院）

大学生是国家宝贵的人才资源，是民族的希望、祖国的未来。要想使大学生成长为中国特色社会主义事业的合格建设者和可靠接班人，不仅要大力提高他们的科学文化素质，更要大力提高他们的思想政治素质。为此，必须持续推进高校思想政治教育。“思想政治理论课作为高校落实立德树人根本任务的关键课程”[1]，作为高校推进思想政治教育深化发展的主渠道，在高校解决培养什么人、怎样培养人、为谁培养人的问题上具有十分重要的地位和作用。新中国成立70年来，我国高校为培养社会主义事业合格建设者和可靠接班人做出了重要贡献，其思想政治理论课（以下简称思政课）课程体系的建构则经历了一个曲折的发展过程，既有成功的经验，也有失误和教训。新时代，深入认识我国高校思政课课程体系建设的背景、历程，总结其宝贵经验，对新时代继续推进高校思政课课程体系改革和建设具有重要的价值和意义。

一、新中国70年高校思政课课程体系建构的理论和实践背景

“理论在一个国家实现的程度，总是决定于理论满足这个国家的需要的程度。”[2]马克思主义中国化的历史进程，是中国共产党人把马克思主义基本原理与中国革命、建设和改革的实际相结合的过程。新中国成立70年来，马克思主义的中国化走过了不平坦的道路。以十一届三中全会的召开为主要标志，经过改革开放前、后“两个30年”的不懈努力和接力探索，党在带领人民取得一系列伟大成就、实现伟大历史性变革的基础上，迎来了新时代，开启了新征程。将新中国70年高校思政课课程体系的建构置于马克思主义中国化与中国社会现代化这一大的历史背景下进行探究，不仅有助于深入揭示我国高校思政课课程体系建构的历史脉络，还有助于深入了解我国高校思政课课程体系建构的理论和实践背景。

1. 马克思主义与中国实际“第一次结合”的成功推进与“第二次结合”的初启及曲折前进，为新中国高校思政课课程体系的初步形成奠定了重要基础

从新中国成立到十一届三中全会召开以前，是马克思主义与中国实际“第一次结合”的成功推进、“第二次结合”的初步启动及其曲折转向的时期，大体经过30年时间。先后取得了：完成新民主主义革命遗留任务；开始社会主义工业化建设；完成国家对个体农业、手工业和私人资本主义工商业的社会主义改造；建立社会主义基本制度等一系列巨大成就，为当代中国一切发展进步奠定了根本政治前提和制度基础。而在随后所进行的对中国社会主义建设道路的艰辛探索，虽然经历了曲折，但也取得不少独创性理论成果和重大成就，为新时期开创中国特色社会主义提供了宝贵经验、做出了重要理论准备、奠定了物质基础。

中华人民共和国的成立，标志着中国革命的“上篇”即新民主主义革命的基本结束，中国革命的“下篇”即社会主义革命的开始。从1949年10月新中国成立到1952年底，党团结、带领人民在“第一次结合”的基础上，以正确认识和把握我国社会主要矛盾为基本依据，以《中国人民政治协商会议共同纲领》为主要遵循，经过一系列艰苦复杂的斗争，使我国社会顺利实现了从半殖民地半封建社会到民族独立、人民当家作主新社会的历史性转变。从1953年到1956年，党在带领人民开始进行社会主义工业化建设、开展生产资料私有制的社会主义改造的过程中，继续坚持马克思主义与中国实际相结合的基本原则，不断推进马克思主义的中国化，开辟了中国特色社会主义改造的道路，形成了具有中国特色社会主义改造的理论。随着国民经济的恢复和发展，党提出了由新民主主义向社会主义过渡的总路线，强调从中华人民共和国成立到社会主义改造基本完成是一个过渡时期，要逐步实现社会主义工业化，完成社会主义改造。从根本上来说，总路线的实质是要逐步地改变生产关系，使生产资料的社会主义公有制，即全民所有制和集体所有制成为我国社会的经济基础，进而推动我国社会生产力的迅速发展。

在中国这样一个经济文化十分落后的国家建设社会主义，是一个全新的历史课题。从1956年党的八大到1957年8月以前，毛泽东明确提出了马克思主义与中国实际“第二次结合”的要求，并开始了对中国社会主义建设道路的探索。这一阶段的探索虽然时间不长，但成果显著，其中党的八大文献、毛泽东的《论十大关系》和《关于正确处理人民内部矛盾的问题》等著作，是其代表性成果，集中回答了国内主要矛盾转化、社会主义社会基本矛盾、社会主义建设的基本方针等问题，第二次结合取得良好的开端。正如邓小平后来所说：“转入社会主义建设以后，毛泽东同志也有好文章、好思想”[3]，“我们要恢复毛泽东思想，坚持毛泽东思想，以至还要发展毛泽东思想，在这些方面，他都提供了一个基础”[3]。

从1957年8月到1978年12月十一届三中全会召开以前，党领导全国各族人民进行了全面的大规模的社会主义建设，马克思主义与中国实际的“第二次结合”在曲折中艰难前行。在此期间，党的工作发生过严重失误，而党对错误的纠正，又使我国的社会主义建设在曲折中得到较大发展，积累了社会主义建设的重要经验。这些成果集中表现在：一是提出了实现农业、工业、国防和科学技术现代化的奋斗目标，形成了实现四个现代化分“两步走”的设想。二是提出了要完成由阶级斗争到向自然界斗争，由过去的政治革命到技术革命、文化革命转变的要求。三是提出了社会主义的发展阶段问题，认为应该把社会主义制度确立同社会主义建成加以区别。四是提出了走中国自己社会主义建设道路的要求等一系列重要思想，为新时期中国特色社会主义的开创提供了重要条件。在此期间，发生“文化大革命”这一严重“左”倾错误，使马克思主义与中国实际的“第二次结合”在很大程度上离开了马克思主义中国化的正确方向，给党和国家造成了严重的损失。

2. 马克思主义与中国实际“第二次结合”的重启、历史性飞跃及持续推进，为高校思政课课程体系的重构和发展提供了不竭动力

从1976年10月粉碎“四人帮”、结束“文化大革命”，到2012年党的十八大召开以前，是马克思主义与中国实际“第二次结合”的重新开启、实现突破及持续推进阶段。这一阶段的时间大体上也是30年，所取得的标志性成果就是开辟了中国特色社会主义道路、形成了中国特色社会主义理论体系、确立了中国特色社会主义制度，使中国人民的面貌、中国社会主义的面貌、中国共产党的面貌发生了历史性变化。

十一届三中全会以后，以邓小平为核心的党的第二代中央领导集体，在带领全党全国各族人民进行拨乱反正、推进社会主义现代化建设的过程中，在深刻总结我国社会主义建设正反两方面的经验、借鉴世界社会主义发展经验教训的基础上，做出了把党和国家工作重点转移到经济建设上来、实行改革开放的历史性决策，深刻揭示了社会主义的本质，明确了社会主义初级阶段的历史方位，确立了党在社会主义初级阶段的基本路线，提出了走自己的路、建设中国特色社会主义的基本要求，科学回答了“什么是社会主义、怎样建设社会主义”这一基本理论问题，成功开创了中国特色社会主义。

从1989年十三届四中全会到2002年党的十六大召开前，以江泽民同志为核心的党的第三代中央领导集体，在国内外形势十分复杂、世界社会主义出现严重曲折的严峻考验面前，深刻分析了党已经成为领导人民、掌握全国政权并长期执政的党，以及已经成为在全面改革开放条件下领导国家建设的这一现实，坚持以马克思列宁主义、毛泽东思想、邓小平理论为指导，坚持党在社会主义初级阶段的基本路线，在继续回答"什么是社会主义、怎样建设社会主义"问题的同时，创造性地回答了"建设什么样的党、怎样建设党"的问题，提出了"三个代表"重要思想，并依据新的实践确立了建设中国特色社会主义的基本纲领和基本经验，确立了社会主义市场经济体制的改革目标和基本框架，确立了社会主义初级阶段的基本经济制度和分配制度，开创全面改革开放新局面，推进党的建设，成功把中国特色社会主义推向 21 世纪。

从 2002 年党的十六大到 2012 年党的十八大，以胡锦涛为总书记的党中央紧紧抓住和利用我国发展的重要战略机遇期，坚定不移推进全面建设小康社会，在继续推进马克思主义中国化的过程中，明确提出推进马克思主义中国化、时代化、大众化的基本要求，提出坚持以人为本、全面协调可持续发展的科学发展观，以及构建社会主义和谐社会、加快生态文明建设、着力保障和改善民生、促进社会公平正义、走和平发展道路、推进党的执政能力建设和先进性建设等战略思想，并将邓小平理论、"三个代表"重要思想和科学发展观等一系列重大战略思想明确地概括为"中国特色社会主义理论体系"，在新的历史起点上成功地坚持和发展了中国特色社会主义。

3. 习近平新时代中国特色社会主义思想的形成，为新时代我国高校思政课课程体系的完善和发展提供了根本遵循

十八大以来，以习近平同志为核心的党中央在坚持和发展中国特色社会主义、推动中国特色社会主义取得一系列重大成就、发生历史性伟大变革的过程中，坚持辩证唯物主义和历史唯物主义的世界观和方法论，紧密结合新的时代条件和实践要求，继续推进马克思主义中国化的伟大事业，以全新的视野深化对共产党执政规律、社会主义建设规律、人类社会发展规律的认识，进行艰辛理论探索，取得重大理论创新成果，创立了习近平新时代中国特色社会主义思想，充分展示了新时代马克思主义真理的力量。

如何认识世界发展趋势，准确阐述时代的主题和基本特征，始终是马克思主义不断向前发展的一个基本条件，也是推进马克思主义中国化、形成新时代中国特色社会主义思想的一个重要基础。当代世界正在发生深刻复杂变化。世界多极化、经济全球化深入发展，文化多样化、社会信息化持续推进，科技革命孕育新突破；同时，国际金融危机深层次影响远未消除，许多西方国家经济持续低迷、两极分化加剧、社会矛盾加深，霸权主义、强权政治和新干涉主义有所上升，世界经济政治发展不稳定不确定因素增多。面对世界形势的深刻复杂变化，习近平总书记反复强调，中国维护世界和平、促进共同发展、打造伙伴关系、支持多边主义的决心不会改变。中国坚持走和平发展道路，积极参与全球治理体系建设，努力为完善全球治理贡献中国智慧，这就准确地把握了当代世界发展大势和时代变化的基本特征，为习近平新时代中国特色社会主义思想的形成提供了重要的世情基础。

推进马克思主义中国化，既要紧密联系当代世界的深刻变化，把握时代主题和基本特征，更要紧密联系中国国情的深刻变化，把握本国发展的历史方位。新中国成立以来，中国人民经过改革开放前后"两个30年"的持续奋斗和不懈探索，深刻改变了国家、社会和人民的面貌，中华民族焕发出了新的生机。但是，我国战略机遇期与改革攻坚期叠加、发展黄金期与矛盾凸显期交织的现实，又使我们面临着许多前所未有的困难和问题。习近平总书记反复要求我们要立足于社会主义初级阶段这一总依据，把践行中国特色社会主义共同理想和坚定共产主义远大理想统一起来，把党在社会主义初级阶段的基本路线作为党和国家的生命线，坚决抵制抛弃社会主义的各种错误主张，自觉纠正超越阶段的错误观念和政策措施，这就为形成习近平新时代中国特色社会主义思想提供了国情依据和实践基础。

党对自身发展所面临的新情况、新问题、新挑战的清醒认识，也是推进马克思主义中国化和时代化的重要前提。中国共产党作为一个在近14亿人口的国家长期执政的党，正在进行具有许多新的历史特点的伟大斗争，肩负着推进伟大事业、建设伟大工程、实现伟大梦想的历史重任，经受着时代考验。把推进中国特色社会主义伟大事业同推进党的建设新的伟大工程紧密衔接起来，这是党凝聚起的不可战胜的磅礴力量，再创中国特色社会主义事业发展新辉煌的必然要求，也是党实现自我净化、自我完善、自我革新、自我提高基本目标的必然要求。习近平总书记以顽强意志品质正风肃纪、反腐惩恶，使党在革命性锻造中更加坚强，焕发出新的强大生机活力。坚持不懈地推进全面从严治党，为习近平新时代中国特色社会主义思想的形成提供了重要的党情基础。

从党的十八大后不久提出的"实现中华民族伟大复兴中国梦"到十八届三中全会召开以前，是以"两个一百年"奋斗目标为聚焦点，对"中国梦"战略思想进行系统阐述，凸显了党对社会主义现代化战略目标的深刻认识；从十八届三中全会到五中全会，是对全面建成小康社会、全面深化改革、全面依法治国、全面从严治党"四个全面"战略布局和以人民为中心的发展思想进行集中阐述阶段；从纪念中国共产党成立95周年讲话中提出"不忘初心、继续前进"，坚定中国特色社会主义"四个自信"，到十八届六中全会强调要牢固树立"四个意识"，是对党中央治国理政新理念、新思想、新战略进行系统阐述阶段；直到十九大正式宣告中国特色社会主义进入了新时代，形成了新时代中国特色社会主义思想和基本方略，习近平新时代中国特色社会主义思想的形成发展经历了不断深入、系统展开的过程。

实践永无止境，理论创新也永无止境。立足中国特色社会主义新时代，将马克思主义中国化置于新中国70年革命、建设、改革和发展的大背景下进行深入系统的研究，并使之与新的实践紧密衔接起来，揭示其不断创新发展的内在逻辑，不仅有助于深入了解新中国70年我国高校思政课课程体系演进的内在逻辑，揭示其本质特征，而且有助于准确把握我国高校思政课课程体系演进的基本脉络。

二、新中国70年高校思政课课程体系演进的基本脉络

新中国成立70年来，党在推进中国特色社会主义事业发展的过程中，不断推进马克思主义中国化的理论创新、实践创新、制度创新和文化创新，与之相适应，高校思政课课程体系的建构，大体经历了起步和曲折发展、恢复和重建、持续发展和完善三个历史时期，充分体现了高校思政课课程体系的建构与革命建设和改革理论创新、实践创新、制度创新、文化创新之间的紧密联系。

1. 从“53方案”到“64方案”：高校思政课课程体系的初步建构和曲折发展

从1949年新中国成立到1978年党的十一届三中全会召开前，是思政课课程体系建构的起步和曲折发展时期，大体可分为三个阶段，其间先后形成“53方案”“56方案”“61方案”“64方案”：

第一个阶段，从1949年新中国成立到1956年党的八大召开前，是高校思政课起步设置阶段。新中国成立初期，我国处于新民主主义革命向社会主义革命转变的革命性质转变关键期。这一时期，为了肃清封建的、买办的、法西斯主义的思想，发展为人民服务的思想，高校思政课最早在华北地区部分高校开设。1950年，教育部发布《关于实施高等学校课程改革的决定》，要求全国高校开设“新民主主义的革命的政治课程”。1952年，全国高校院系调整之后，教育部又发出《关于全国高等学校马克思列宁主义、毛泽东思想课程的指示》，要求工、农、医等专门学校开设“新民主主义论”“政治经济学”课，综合性大学及财经艺术等学院在此基础上加开“辩证唯物论与历史唯物论”课，并要求各类型高等学校自1953年起开设“马列主义基础”课程[2]，进而形成了“53方案”。

第二个阶段，从1953年党提出过渡时期总路线到1956年党的八大召开前，是高校思政课课程体系初步确立阶段。1953年，高等教育部下发《关于改“新民主主义论”为“中国革命史”及“中国革命史”的教学目的和重点的通知》，要求各高校将“新民主主义论”课程改为“中国革命史”[4]。1956年9月，

高等教育部颁布《关于高等学校政治理论课程的规定(试行方案)》,正式规定各高校开设“马克思主义基础”“中国革命史”“政治经济学”“辩证唯物主义与历史唯物主义”四门政治理论课程[2],实际上形成了“56 方案”。这四门政治理论课的设置,标志着高校思政课课程体系被初步建构起来,“56 方案”也可以被看作对“53 方案”的进一步发展。

第三个阶段,从 1957 年到“文化大革命”结束,是高校思政课课程体系不断变动并最终遭到破坏的阶段。1957 年秋以后,受全党整风和反右派斗争的影响,高校思政课课程体系开始不断发生变动。先是,1957 年下半年只保留了一门“社会主义教育”课,其他课程均暂时停课[4];接着,1958 年 4 月,高教部、教育部在《对高等学校政治教育工作的几点意见(草稿)》中又规定,各类高校一律开设 “马列主义基础”“政治经济学”“辩证唯物主义与历史唯物主义”课程,思政课课程体系再度重构,但其课程内容已有较大调整[4];1961 年 4 月,教育部在《改进高等学校共同政治理论课程教学的意见》中再次规定,高校共同政治理论课程包括“马克思列宁主义基础概论”“形势和任务”两部分,其中“形势和任务”是必修课,这种设置可以被看作是“形势与政策”课的源头,也是当今高校思政课课程体系的雏形[5],事实上形成了“61 方案”;1964 年 9 月,中宣部、教育部在《关于改进高等学校、中等学校政治理论课的意见》中要求,高校政治理论课坚持“少而精”的原则改进课程和教材,同时把宣传毛泽东思想作为最根本的任务[4],进而形成了“64 方案”。当然,就课程体系来说,“64 方案”仍然是延续了“53 方案”“56 方案”的主体框架。然而,由于党在指导思想上“左”的错误不断发展,此后高校思政课教育教学逐渐发生偏离,直至“文化大革命”十年,高校思政课课程体系遭受严重冲击和破坏。

2. 从“79 方案”到“05 方案”:高校思政课课程体系的重建与持续推进

1978 年 12 月召开的党的十一届三中全会,开辟了我国历史发展的新时期,从十一届三中全会召开到十八大召开前,是我国改革开放和社会主义现代化建设持续发展的新时期,也是我国高校思政课课程体系重建与持续推进的时期,这一时期大体又可分为四个阶段,思政课课程体系经历了多种方案的演进。

第一阶段,从 1978 年党的十一届三中全会到 1981 年十一届六中全会之前,是党的指导思想的拨乱反正与高校思政课的恢复和重建。“文化大革命”期间,由于受“左”倾错误思想的影响,高校思政课教学处于混乱无序状态,经常会被接连不断的政治活动所挤占或取代。高校思政课成为政治运动的附属品。粉碎“四人帮”后,特别是党的十一届三中全会的召开,高校思政课得以在拨乱反正的过程中逐步走上正规化道路。1979 年,根据教育部的统一要求,全国各高校在本科层次开设了“中共党史”“政治经济学”“马克思主义哲学”三门课程。文科加开“国际共产主义运动史”，或试开“科学社会主义”，各门课各为一学年。马列主义课在各类专业中，都是必修课程，不能选修或免修，这就形成了“中共党史”“政治经济学”“马克思主义哲学”“国际共产主义运动史”四门课为基本课程的“79 方案”。这一阶段，高校思政课教育主要是恢复被林彪、“四人帮”破坏的马克思主义理论课的声誉，对学生进行四项基本原则教育、党的历史教育、革命理想教育，使学生了解党的路线、方针、政策，培养学生运用马列主义立场、观点、方法分析问题和解决问题的能力，逐步树立辩证唯物主义和历史唯物主义的世界观。

第二阶段，从 1982 年党的十二大到 1987 年党的十三大召开前，是“85 方案”形成阶段。1980 年 7 月，教育部在《改进和加强高等学校马列主义课的试行办法》中进一步明确要求各本科院校开设“中共党史”“政治经济学”“马克思主义哲学”，文科加开“国际共产主义运动史”，或试开“科学社会主义”[4]；1982 年 10 月，教育部又在《关于在高等学校逐步开设共产主义思想品德教育课程的通知》中将“共产主义思想品德课”列为必修课[4]。由此建构起了马克思主义理论教育和思想政治教育并举的高校思政课框架。1985 年 1 月，中共中央发出《关于改革学校思想品德和政治理论课程教学的通知》，规定高校思政课进行中国革命史教育、马克思主义理论基本理论教育和中国社会主义建设和改革的教育[4]。1986 年 3 月，国家教委贯彻中央关于高校思政课改革通知，把思政课确定为“中国革命史”“中国社会主义建设”“马克思主义原理”和“世界政治经济和国际关系”(文科)[4]；1987 年党的十三大召开前夕，国家教委又下发《关于高等学校思想政治教育课程建设的意见》，设置了“形势与政策”“法律基础”两门必修课，“大学生思想修养”“人生哲理”“职业道德”三门选修课[4]。至此以“两课”为架构的“85 方案”课程体系正式建构起来。

第三阶段，从 1987 年党的十三大到 2002 年党的十六大召开前，是“98 方案”形成阶段。党的十三大为学习建设中国特色社会主义理论提供了初步框架；党的十四大确立了建设中国特色社会主义理论在全党的指导地位。1995 年，国家教委印发了《关于高校马克思主义理论课和思想品德课教学改革的若干意见》，要求“两课”教学要以邓小平同志建设有中国特色社会主义理论为中心内容[4]；1998 年 4 月，中宣部、教育部下发《关于普通高等学校开设 < 邓小平理论概论 > 课的通知》，要求 1998 年秋季开始，开设“邓小平理论概论”课，标志着新课程体系的建构迈出了关键的一步[4]。1998 年 6 月，中宣部、教育部印发《 < 关于普通高等学校“两课”课程设置的规定及其实施工作的意见 > 的通知》，规定四年制本科开设“马克思主义哲学原理”“马克思主义政治经济学原理”“毛泽东思想概论”“邓小平理论概论”和“当代世界经济与政治”（文科）五门马克思主义理论课，“思想道德修养”和“法律基础”两门思想品德课[2]。这就是继“85 方案”之后的“98 方案”。

第四阶段，从 2002 年党的十六大到 2012 年党的十八大召开前，是“05 方案”形成阶段。2002 年党的十六大把“三个代表”重要思想确立为党的指导思想。2003 年 2 月，教育部下发《关于进一步深化“三个代表”重要思想“三进”工作的通知》，要求将“邓小平理论概论”课调整为“邓小平理论和‘三个代表’重要思想概论”课[4]；2005 年 2 月，中宣部、教育部又下发了《关于进一步加强和改进高等学校思想政治理论课的意见》，规定四年制本科思政课设置“马克思主义基本原理概论”“毛泽东思想、邓小平理论和‘三个代表’重要思想概论”“中国近现代史纲要”“思想道德修养与法律基础”四门必修课，同时开设“形势与政策”课，另外还开设“当代世界经济与政治”等选修课。“05 方案”由此被建构成形[4]。2007 年党的十七大后，中宣部、教育部又对“05 方案”教材和内容进行了修订，及时反映了马克思主义中国化的最新理论成果。

3. “05 方案”的深化发展：高校思政课课程体系在新时代的完善和发展

2012 年党的十八大胜利召开后，为了贯彻落实党的十八大精神，2013 年春，教育部印发了《高校思想政治理论课贯彻党的十八大精神教学建议》，对思政课教学内容进行了修订。2015 年，教育部连续下发文件，规定了新时期思政课课程体系建设的指导思想、基本原则、目标任务和考核评价体系。2017 年，党的十九大将习近平新时代中国特色社会主义思想确立为党的指导思想。2018 年 4 月，教育部下发《新时代高校思想政治理论课教学工作基本要求》，要求以习近平新时代中国特色社会主义思想为核心，调整“原理”“概要”“纲要”“基础”“形策”等思想政治理论课的内容。这一时期高校思政课仍旧遵循“05 方案”的课程体系。2019 年 3 月 18 日，习近平总书记主持召开学校思想政治理论课教师座谈会，就如何办好思想政治理论课做出重要指示，为新时代高校思政课课程体系再构提供了重要遵循。

三、新中国 70 年高校思政课课程体系建构的重要经验与启示

新中国 70 年高校思政课课程体系改革、创新和发展的实践，充分体现了新中国 70 年马克思主义中国化理论创新发展的内在要求，体现了马克思主义中国化与中国社会现代化的内在要求，也体现了中国化马克思主义创新成果对高校思政课课程体系建构的重大引领与推动作用。新中国 70 年高校思政课课程体系的建构，积累了宝贵的历史经验，充分彰显了高校思政课课程体系所具有的一脉相承又与时俱进的基本特征。

1. 高校思政课课程体系建构适应了社会主义革命、建设和改革实践发展的需要，并与之相伴随

马克思曾指出："任何真正的哲学都是自己时代的精神上的精华""是自己的时代、自己的人民的产物"。[5] 在延安时期，毛泽东也曾在《改造我们的学习》中指出："将马克思列宁主义的普遍真理和中国革命的具体实践互动相结合的伟大事业中更进一步。"[6] 新中国成立 70 年来，我们党始终把马克思主义基本原理与中国社会主义革命、建设和改革的具体实践相结合，特别重视高校马克思主义理论的学习、宣传和教育工作。

中国社会主义革命、建设和改革的实践催生了高校思政课课程，并推动其课程体系不断调整。新中国成立初期，正是在毛泽东《新民主主义论》指导下进行肃清封建的、买办的、法西斯主义的思想革命的实践中，全国高校普遍开设"新民主主义论"等政治理论课。"三大改造"完成不久，受苏共二十大风波和国内"反右整风"运动影响，中共中央认为高校原有的四门政治理论课内容已无法满足实践的需要，规定高校保留"社会主义教育"课，并重新调整政治理论课内容以适应社会主义建设实践。"文化大革命"期间，受政治运动的严重影响，高校以学习毛主席著作取代学习马克思主义基本理论，并以"革命大批判"取代思想政治理论课，在政治运动实践的侵扰下思想政治理论课被严重破坏。1978 年改革开放后，正是在社会主义现代化建设实践的推动下，相继形成了"85 方案""98 方案""05 方案"。可以说，新中国 70 年，思政课课程体系的变化就是在适应中国革命、建设和改革的实践中完成的。

高校思政课课程体系的发展一定意义上为中国社会主义事业培养了可靠的生力军。新中国 70 年思政课改革始终在回答"为谁培养人、培养什么人、如何培养人"这一根本问题中不断深化。一是高校思政课在改革实践中始终与党和人民的事业紧密相连，无论在社会主义建设时期，还是改革开放新时期，都着眼于为党培养优秀后备人才；明确回答了"为谁培养人"的问题。二是高校思政课在改革实践中始终关注学生的德育和智育协调发展，尤其是改革开放 40 多年来，培养了一大批"德智体美劳"全面发展的社会主义建设者和接班人；深刻回答了"培养什么人"的问题。三是高校思政课在改革实践中始终深刻把握思想道德建设规律，特别是党的十八大以来，通过不断丰富理念、完善内容、拓展阵地、创新方法，着力提升思政课铸魂育人的质量；科学回答了"如何培养人"的问题。

2. 高校思政课课程体系建构体现了马克思主义中国化理论创新成果“三进”的需要，并与之相契合

中国共产党把马克思主义基本原理同中国具体实践相结合的过程中，不断作出新的理论贡献，产生新的理论成果，就是马克思主义中国化理论创新成果。新中国 70 年的高校思政课改革创新的根本主旨，就是以马克思主义中国化的理论创新成果为核心要义，坚持推进马克思主义和党的创新理论进教材、进课堂、进学生头脑。

高校思政课课程体系的总体结构就是紧紧围绕马克思主义中国化的三个层面而设置的。一是围绕学习马克思主义基本理论开设的课程，如“马克思主义基本原理概论”课等，目的是让大学生在掌握马克思主义基本原理及其立场、观点和方法的同时，也掌握马克思主义中国化的历史与现实的理论基础。二是围绕学习马克思主义理论与中国实际相结合开设的课程，如“毛泽东思想概论和中国特色社会主义理论体系概论”“近代史纲要”等，这些课程旨在让大学生认识到中国特色社会主义理论体系与马克思列宁主义、毛泽东思想的一脉相承性，表现出了马克思主义是与时俱进的科学理论。三是围绕马克思主义理论与人的具体实践相结合开设的课程，如“思想道德修养与法律基础”“形势与政策”等，旨在引导大学生正确运用马克思主义的立场、观点和方法认识世界和改造世界，树立正确的世界观、人生观和价值观。

高校思政课课程内容的设计以马克思主义中国化为主线，突出表现了其整体性特征。以“05 方案”中的《毛泽东思想和中国特色社会主义理论体系概论》及 2018 年版教材为例。该课以中国化的马克思主义为主体，以马克思主义中国化为主线，以中国特色社会主义为主题，构建了中国化马克思主义理论形态的完整体系结构，有利于深刻把握毛泽东思想与中国特色社会主义理论体系及中国特色社会主义理论体系内部各组成部分之间的关系。具体在课程内容上，这门课主要包含三个部分：一是从总体上阐述马克思主义中国化的内涵、历史进程、历史地位及其理论精髓；二是对毛泽东思想中新民主主义革命理论和社会主义改造理论进行重点阐述；三是展开阐述中国特色社会主义理论体系的形成发展及其基本内容。这样的课程内容设计，突出了中国化马克思主义理论的整体性，有助于大学生动态把握马克思主义中国化的历史进程、最新成果，进而展望理论发展远景。

3. 高校思政课课程体系建构落实了高等教育立德树人培养目标的需要，并与之相结合

“教育的首要任务是培养什么样的人的问题。我国是中国共产党领导的社会主义国家，这就决定了我们必须把培养社会主义建设者和接班人作为根本任务。”[7]这不仅是由中国特色社会主义大学办学方向所决定的，同时也是由高等教育立德树人培养目标所决定的。高校思政课作为落实立德树人根本任务的关键课程，必须把立德树人贯穿在高校教育教学的全过程中。

高校思政课是为实现高校各类专业立德树人的培养目标和培养方案而设置的。高校各类专业虽然专业知识存在差异，但核心都是以帮助学生树立优良的思想品德，培养全面发展的人才为根本宗旨。而在不同专业所开设的所有课程中，思想政治理论课极具特殊性。一是无论课程体系如何调整，思政课课程都是面向各年级的必修课；它覆盖全体专业，它不局限于某个院系专业，而是面向全体大学生，注重每个学生的德才培养，对各专业立德树人目标的落实起着至关重要的作用；二是历次课程体系调整，思政课的重心始终都是聚力于德育培养；思政课重在素质培养，它不同于专业课向学生传授专业知识，其重在培养大学生的思想品德和政治素质，对于不同专业学生的综合素质培养是必不可少的一环；三是思政课课程体系调整，总是支持和辅助其他课程共同发展，思政课讲求协同性，它不仅注重自身作为关键课程的建设，同时也配合着其他相关课程，形成协同立德树人的强大合力。

高校思政课建设要服务于马克思主义理论学科立德树人的培养目标和培养方案。从历史线索来看，马克思主义理论学科从最初高等师范院校的政治教育，到思想政治教育专业，再到马克思主义理论学科的演进历程，经历了一个从没有专业到有学科的重要转变。2005 年，马克思主义一级学科设立的五个二级学科，基本是在对应思政课“05 方案”中“原理”“概要”“纲要”“基础”四门必修课的基础上而设置的，两者在逻辑上内在统一；在内容上相互贯通、相互渗透；在建设主体上大体一致，可以说马克思主义理论学科为高校思政课教化育人提供了重要的学科支撑。从发展规律维度来看，思政课从设立以来就符合教育教学的发展规律，而马克思主义理论学科设立的目的则是沿着学科建设和学术发展的规律前进，两者虽然各有规律，但都以立德树人为根本遵循。高校思政课课程体系的每一次变革，都是为了提高教学针对性和实效性的课程改革，同时又为马克思主义理论学科的设立和提高储备了教学经验，也为马克思主义理论学科立德树人培养目标的实现奠定了教师基础。

参 考 文 献

[1]习近平. 用新时代中国特色社会主义思想铸魂育人 贯彻党的教育方针落实立德树人根本任务[N]. 人民日报，2019－03－19(1).

[2]中共中央马克思恩格斯列宁斯大林著作编译局. 马克思恩格斯选集：第 1

卷[M]. 北京:人民出版社,2012.
[3]邓小平. 邓小平文选:第2卷[M]. 北京:人民出版社,1994.
[4]教育部社会科学司组. 普通高校思想政治理论课文献选编(1949—2008)[M]. 北京:中国人民大学出版社,2008.
[5]马克思,恩格斯. 马克思恩格斯全集:第1卷[M]. 中共中央马克思恩格斯列宁斯大林著作编译局,译. 北京:人民出版社,1956.
[6]毛泽东. 毛泽东选集:第3卷[M]. 北京:人民出版社,1991.
[7]习近平. 坚持中国特色社会主义教育发展道路 培养德智体美劳全面发展的社会主义建设者和接班人[N]. 人民日报,2018-09-11(1).

“意识形态建设内功论”：中国道路、中国理论和中国话语[①]

韩庆祥

（中共中央党校）

中国奇迹、中国道路、中国理论和中国话语具有内在的逻辑相关性，要用中国道路解释中国奇迹，用中国理论阐释中国道路，用中国话语表达中国理论。要练好意识形态建设的“内功”，关键在于紧紧抓住并做好解释中国奇迹、阐释中国道路、构建中国理论和讲好中国话语这四方面紧密相连的根本性工作。

一、中国道路是中国理论阐释的核心内容

目前，中国已到了应当加快构建中国理论的重要时刻。首先，习近平特别强调，这是一个需要理论而且一定能够产生理论的时代，不要辜负了这个时代[1]。因而，要加快构建“理论中的中国”。显然，习近平敏锐把握时代发展大势，对构建“中国理论”给予了高度的重视。其次，改革开放40多年来，中国的改革发展取得了巨大成就。但取得成就的密码在哪里？我们该如何总结改革开放40多年的发展历程及其取得的历史性成就？我们既可以从经验上进行总结，更要从理论上进行总结，即要搞清楚我国改革开放40多年究竟形成了哪些能解决中国问题和为解决人类问题贡献中国智慧的中国理论。只有这样，才能使我国的理论研究达到时代发展所要求的水平。最后，1978年改革开放以来，西方对中国的意识形态影响是显而易见的。这种影响既有器物层面的，也有制度层面的，理论层面的。其中影响最深刻、最持久的当属理论影响。比如对西方的经典、西方的概念、西方的理论、西方的思想、西方的范式，我国的一些学者都如数家珍，信手拈来。而要消除西方某些理论对我国意识形态的消极影响，自觉主动地加强我国意识形态建设，最好的方法就是首先积极构建

① 本文为国家社会科学基金重大项目“改革开放以来中国特色社会主义的发展逻辑研究”（项目号：17ZDA002）的阶段性成果。

起我们自己的中国理论。

构建中国理论不是“空穴来风”，也不是“飞来峰”，必须建立在坚实的基础上，也就是说首先必须具有赖以阐释的对象，也必须聚焦于这一对象。这一对象当属我国改革开放以来所形成的“中国道路”。这是因为：第一，探究经济文化落后国家建设社会主义的道路，是自晚年列宁以来所有建设社会主义的国家和所有共产党共同关注并加以思考的一个根本性问题。列宁以毕生精力所探究的核心主题，就是经济文化落后的俄国社会主义建设的道路问题，并提出了许多重要论述。[2]中华人民共和国成立后，毛泽东所关注和探究的根本主题，就是中国建设社会主义的道路问题。中国特色社会主义是改革开放以来我党全部理论和实践的主题，其核心当然是中国特色社会主义道路。第二，改革开放以来，我们所取得的最大成就是形成了中国特色社会主义道路、理论、制度和文化，其中首要的是中国特色社会主义道路（简称“中国道路”），中国理论、中国制度、中国文化都是建立在中国道路基础之上的。第三，改革开放以来，中国对世界的最大影响和最大贡献就是形成了中国道路。正如党的十九大报告所讲，中国特色社会主义道路为发展中国家走向现代化拓展了新的路径，为那些既希望加快发展又希望保持自身独立性的国家和民族提供了全新选择，为解决人类问题贡献了中国智慧和中国方案。[3]第四，当今国内外意识形态斗争的所有焦点，首先是聚焦到发展道路上来。西方中心论、历史终结论、新自由主义、普世价值、宪政民主等这些所谓西方理论的实质和核心，就是要向全世界输出和推广“西方道路”，西方一些国家在意识形态上对我国进行攻击，也主要聚焦于中国道路。1978 年改革开放以后，我国意识形态领域的争论，其核心焦点也是围绕中国道路而展开的，这可称之为“中国道路之争”。正因如此，构建“中国理论”，首要就是对“中国道路”进行理论上的阐释，是要在对“中国道路”的阐释中构建中国理论。这实际上是关于“中国道路”的中国理论，而不是关于别的什么理论。离开“中国道路”来构建中国理论是本末倒置，是没有抓住本质或根本。

二、围绕中国道路构建中国理论

关于中国道路，我们党的文件已经做出了全面阐述。基于这些阐释，从学理来讲，中国道路的核心内涵、灵魂，可简要概括为党的领导力量、市场配置力量和人民主体力量之合力。这条道路，正如习近平所讲的，是在改革开放的伟大实践中走出来的，是在中华人民共和国成立 70 年的持续探索中走出来的，是在对近代以来 170 多年中华民族发展历程的深刻总结中走出来的，是在对中华民族 5 000 多年悠久文明的传承中走出来的，具有深厚的历史渊源和广泛的现实基础；这条道路是中国共产党人和中国人民共同探讨的核心成果和重要结晶。这条道路体现了社会主义本质即人民主体，并从政治和经济上体现了中国特色，即政治上是中国共产党领导（中国共产党领导是中国特色社会主义最本质的特征），经济上是让市场在资源配置中起决定性作用以及更好发挥政府作用；这条道路既能加快中国发展，又能保持我们国家和民族的独立性，因为党的领导力量、市场配置力量、人民主体力量不仅可以激发整个社会的创新活力，而且可以解决难题、办成大事、加快发展。如前所述，这条道路为发展中国家走向现代化拓展了新的路径，为那些既希望加快发展又希望保持自身独立性的国家和民族提供了全新选择，为解决人类问题贡献了中国智慧和中国方案。

中国理论的构建必须紧紧围绕对中国道路的阐释。实际上，中国理论就是关于中国道路的理论，把中国道路解释清楚了，我们所构建的中国理论也就基本清楚了。中国道路必然包括以下核心要素：奋斗目标、实现路径、历史逻辑、价值导向、强大动力、领导主体。任何一条道路都一定是朝着某种确定的奋斗目标前行的；要实现这种奋斗目标，就必须选择并确定实现这种奋斗目标的根本路径；要保证这条根本路径能朝着奋斗目标正确前行，既必须具有正确的价值导向，也必须具有坚强的领导主体和前行的强大动力。同时，这条道路既要有合理来路，也要有发展逻辑和坚实的地基，即要具有历史逻辑。没有这些核心要素，就根本谈不上所谓的道路。

只有基于中国道路这六大核心要素，才能构建当代具有核心地位的“中国理论”。这一“中国理论”的核心要义是：（1）世界多样性（世界观）。世界是多样的，要以多样化的观念观察世界。这一世界观是坚持世界各国发展道路多样性的立论基础。由于世界各国的国情、历史、文化、传统各不相同，因此各个国家理应根据自己国家的国情、历史、文化、传统，自主选择国家独立的发展道路，这一独立的发展道路只要是适合自己国家的就是好的。列宁曾说过，各个国家的发展道路必然具有各自的特点。任何国家最终都要走向社会主义（当然也包括经济文化落后的国家。——笔者注），但“走法”不一样。也就是说，经济文化落后的国家可以以其独特的方式走向社会主义。[2]（2）包容发展（发展观）。世界各国可以根据本国的国情、历史、文化、传统，即自身的历史发展逻辑，自主选择其发展道路。中国尊重其他国家根据自己的国情、历史、文化、传统而自主选择的发展道路，同时中国也应根据自己的国情、历史、文化、传统，自主选择独立的发展道路，这条道路能保持我们国家自身的独立性。（3）党的领导（领导观）。坚持中国共产党领导中国发展。中国共产党领导是中国特色社会主义最本质的特征，是中国特色社会主义制度最大的优势。只有中国共产党才能真正把国家和社会的一切资源和力量动员和组织起来，才能真正把人民动员和组织起来。因而，中国发展的密码首要在政治领域，中国成功的密码也首要在政治领域。(4)人民至上(价值观)。中国的发展,一切要依靠人民,人民是主体;一切要为了人民,人民是目的;要接受人民的一切评价,人民是尺度。概言之,无论是执政还是发展,人民至上的根本立场和价值取向是首要的。这里的“人民”,主要指中国人民,同时也指世界人民。因为为人民谋幸福是中国共产党人的初心,人民对美好生活的向往是中国共产党人的奋斗目标,全心全意为人民服务是中国共产党的根本宗旨,以人民为中心是中国特色社会主义的价值取向。(5)奋斗目标(目标观)。全面建成社会主义现代化强国,实现中华民族伟大复兴,满足人民对美好生活的向往,使中国日益走近世界舞台中央,为人类做出更大的贡献(为世界谋大同),既是中国特色社会主义要实现的目标,也是中国共产党人的奋斗目标。(6)必由之路(路径观)。中国特色社会主义是实现社会主义现代化和实现中华民族伟大复兴的必由之路。(7)强大动力(动力观)。改革开放是发展中国、发展中国特色社会主义的强大动力。发展出题目,改革做文章,问题倒逼改革。改革开放是决定中国命运的关键一招,改革是强国之路,改革开放也能为世界发展提供更多的机遇。这样,我们就可以把阐释“中国道路”的“中国理论”简要概括为“发展普惠论”。这一理论可具体表述为:世界是多样的,要以多样化的观念观察世界;世界各国可以根据本国的国情、历史、文化、传统,即自身发展的历史逻辑,自主选择其发展道路;要坚持中国共产党领导发展;中国的发展,一切依靠人民,一切为了人民,接受人民的一切评价;全面建成社会主义现代化强国,实现中华民族伟大复兴,满足人民对美好生活的向往,为世界谋大同,既是中国特色社会主义所要实现的目标,也是中国共产党人的奋斗目标;中国特色社会主义是实现社会主义现代化和实现中华民族伟大复兴的必由之路,既能激发社会创新活力、促进社会和谐稳定,还能推进国家治理现代化;改革开放是发展中国、发展中国特色社会主义、为世界提供发展机遇的强大动力。

三、基于中国理论构建中国话语

中国理论是中国话语的内核,中国话语是对中国理论的话语表达。习近平在党的新闻舆论工作座谈会上强调,话语背后的力量是思想、是“道”。这个道,当然包括理论。中国话语的背后是中国理论。中国理论要得到有效传播,被人们理解、掌握和认同,就必须将其转化为中国话语。过去,我们在对理论进行宣传、传播,在对人们进行理论教育时,往往忽视“中国话语”这一环节,结果往往是事倍功半。因此,基于中国理论构建中国话语,我们应该处理好以下几个关系。

第一,要正确处理好普遍与特殊的关系,赋予中国理论以普遍的形式。构建中国话语,就是要赋予中国理论以普遍的形式,从而使其成为“唯一合乎理性的、有普遍意义的思想的过程”[4]。关于对中国道路进行理论阐释的中国理论,本质上是一种“发展普惠论”,具有普遍意义。其普遍意义不仅在于它为发展中国家走向现代化拓展了新的路径,而且也为那些既希望加快发展又希望保持自身独立的国家和民族提供了全新选择,还能为解决人类问题贡献中国智慧和中国方案。赋予中国理论以普遍的形式,其实质就是使中国理论具有普遍意义的实现形式,让更大范围的人所理解、掌握和接受。

第二,要正确处理好真理性与道义性的关系,讲清楚中国理论既具有真理性,又具有道义性。“发展普惠论”这一中国理论具有真理性和道义性的本质特征。发展普惠论既是从中国发展的历史逻辑中“走出来”的,体现了中国的国情、历史、文化和传统,反映了时代发展趋势和实践发展要求,具有真理性;同时也把满足人民美好生活的需要和实现人民幸福作为价值导向,奉行人民至上的价值观,具有道义性。讲清楚“发展普惠论”这一中国理论具有真理性和道义性,其实质就是指这一理论具有真理的力量和道义的力量,进而具有温度和魅力,具有无穷的影响力,能赢得人们的认同和接受。

第三,要正确处理好人民性与人类性的关系,讲清楚中国理论既具有人民性,又具有人类性。“发展普惠论”这一中国理论奉行人民至上的价值观,强调中国的发展,一切依靠人民,一切为了人民,一切接受人民的评价,把人民看作主体,把人民看作目的,把人民看作尺度。不仅如此,它把为人民谋幸福看作中国共产党的初心,把人民对美好生活的向往看作中国共产党人的奋斗目标,把全心全意为人民服务看作中国共产党的根本宗旨,把以人民为中心看作中国特色社会主义的价值取向,这就是“人民性”。同时,“发展普惠论”这一中国理论还主张为世界谋大同,为人类做出更大的贡献,为世界发展提供更多机遇,这是其“人类性”。讲清楚“发展普惠论”这一中国理论所具有的人民性和人类性,其实质就是指这一理论既是为人民立言的,又是发展人类利益的,从而能赢得中国人民和世界人民的认同和接受。

第四,要正确处理好执政与人民的关系,讲清楚中国理论既是执政者的主导思想,同时这一主导思想又反映了人民的需求,把人民的需求转化为对执政者的要求,也把执政者的要求转化为人民的需求。“发展普惠论”这一中国理论是作为执政者的中国共产党为实现社会主义现代化和中华民族伟大复兴而提出的,它要求人们在实现社会主义现代化和中华民族伟大复兴这一问题上,要有一种紧迫感、责任感,要有一种使命意识和担当意识。同时,“发展普惠论”这一中国理论又表达了人民至上的价值情怀,表达了中国共产党人以人民为中心的价值取向,因而它又要求中国共产党人把人民对美好生活的向往作为奋斗目标。讲清楚中国理论既是执政者的主导思想,同时这一主导思想又反映了人民的需求,其实质就是使“发展普惠论”这一中国理论能更好地被广大人民群众所理解、掌握和认同，并转化为广大人民群众的行动力量。

第五，要正确处理好普惠性与开放性的关系，讲清楚中国理论既具有普惠性，同时又具有开放性。“发展普惠论”这一中国理论是为中国人民谋幸福、为世界谋大同、使发展成果惠及全体人民的理论，因而具有普惠性；同时“发展普惠论”是追求发展的理论，而且它所追求的发展是开放性发展，注重改革开放，注重向世界开放，进而注重汲取一切人类文明有益成果，因而又具有开放性。讲清楚“发展普惠论”这一中国理论所具有的普惠性和开放性，其实质就是讲清楚“发展普惠论”在实践上力求使人民有获得感，在对待其他具有积极意义的理论上具有包容性。[5]

第六，要正确处理好符合规律性与富有创造性的关系，讲清楚中国理论既符合规律性，又富有创新性。“发展普惠论”这一中国理论是在遵循党的执政规律、社会主义建设规律、人类社会发展规律的基础上提出的。在实现社会主义现代化和中华民族伟大复兴的大背景、大框架中，中国共产党的执政规律主要体现为集中解决好生产力、生产关系和上层建筑三大根本问题：生产力方面要解决“激发人民群众创新活力”问题，使社会充满生机活力；生产关系方面要解决“让全体共享发展成果”问题，使社会达至平衡和谐稳定；上层建筑方面要解决中国共产党推进国家治理体系和治理能力现代化问题，其中蕴含着“鼓励人民参与治理”即共治。中国共产党执政得好不好，归根结底要看中国共产党能否激发人民的创新活力，能否实现人民共享发展成果，能否有效治理国家和社会。当今我国正在推动经济社会发展的全面转型升级，在生产力发展方面由要素驱动、投资规模驱动转向更加注重创新驱动，在生产关系方面由让一部分人先富起来走向更加坚持分配正义，走共同富裕道路，使全体人民共享发展成果，在上层建筑方面由国家主导体制走向在坚持中国共产党领导下积极推进国家治理现代化。这三个根本方面的转型升级蕴含在“发展普惠论”这一中国理论之中，体现了“发展普惠论”的内在要求。“发展普惠论”既坚持人民主体，主张人民群众参与社会治理，因而能激发人民群众的创新活力，又坚持人民是目的，使全体人民共享发展成果。社会主义建设规律主要体现为人民共创、共享、共治之间的本质联系。社会主义社会既是一个使人民群众充分发挥创新活力的社会，也是一个达至平衡、和谐、稳定的社会，又是一个能得到有效治理且具有良性发展秩序的社会，还是以人民为中心的社会。社会主义建设得好不好，最终要看它能否真正激发人民群众的创新活力，能否真正实现人民共享发展成果，能否真正使人民参与国家和社会治理。如果没有创新活力，人民群众不能共享发展成果，社会缺乏平衡、和谐、稳定，人民不能参与国家和社会的有效治理，以人民为中心得不到真正体现，那么它就难以超越资本主义社会，难以显示社会主义制度的优越性。“发展普惠论”这一中国理论既体现了社会主义本质，又能激发社会创新活力，从而加快中国发展，还能坚持以人民为中心，使全体人民共享发展成果，从而保持社会平衡、和谐、稳定。人类社会发展有其一般规律，各个国家的具体发展道路总的说来是服从这一规律的。但同时，各个国家的发展道路必然具有各自的特点，人类社会发展一般规律正是在这些各具特点的各国具体发展道路中得到表现。列宁强调指出："世界历史发展的一般规律，不仅丝毫不排斥个别发展阶段在发展的形式或顺序上表现出特殊性，反而是以此为前提的。"[5]一个国家不可能完全沿着另一个国家的道路发展而不做任何改变。经济文化相对落后国家的发展道路不同于经济文化发达国家的发展道路，发达国家之间、不发达国家之间的发展道路也会各具特色。个别国家在其发展道路上呈现这样那样的特点的事实，不能被作为其离开世界历史发展总进程、总路线的根据，不能被看作违背人类社会发展一般规律。反映中国道路的中国理论——"发展普惠论"，遵循了唯物史观关于社会基本矛盾运动的一般规律，力求通过改革开放解决生产关系与生产力、上层建筑与经济基础不适合的问题，进而既能使经济社会发展具有创新活力，又能使经济社会发展达至和谐平衡，还能使经济社会得到有效治理。因而，它也是遵循人类社会发展一般规律的。"发展普惠论"这一中国理论也富有创新性，它所反映的中国道路是中国共产党人在改革开放进程中开创出的一条道路，其本身也是一种原创性理论。讲清楚中国理论既符合规律性又富有创新性，其实质就是强调这一理论符合时代发展趋势，具有生命力。

第七，要正确处理好政治话语、学理话语和大众话语之间的关系，讲清楚中国理论需要用政治话语、学理话语和大众话语来表达和表述。关于"发展普惠论"，既要运用政治话语来表述和表达，也要精准运用学术概念、学理话语来表述和表达，因为它是中国共产党人为解决中国问题和人类问题而贡献的中国智慧和中国理论，要从学理上阐释好这一中国理论，还要运用大众话语来表述和表达，要让平民大众能记得住、听得懂、好掌握、易认同。用政治话语、学理话语和大众话语来表达和表述清楚中国理论，其实质就是使这一理论易于理解、掌握和传播，并被接受和认同。

四、意识形态建设要围绕中国奇迹、中国道路、中国理论、中国话语四个核心问题进行

意识形态建设与经济建设具有同等重要地位，其作用和意义不可低估，目的是抵御错误思潮侵蚀，赢得价值认同，凝聚人们共识，掌握思想权威。

社会主义意识形态建设首先要着力练好"内功"。"内功"弱时，"外攻"才会起作用。不先练"内功"，面对"外攻"，不仅我们自己显得苍白无力，缺乏抵抗力（抗体），而且我们自己的社会主义意识形态问题及其他重要问题也会解

决不好。反之，先练好“内功”，既有利于解决我们自己的问题，也有利于增强我们对“外攻”的抵抗力。不仅如此，如果我们“内功”弱了，就会缺乏自信，就会相对容易放大“外攻”的力量；如果我们“内功”强大了，就会充满自信，面对“外攻”就不会“惊慌失措”，反而会把“外攻”力量当作我们增强“内功”的“催化剂”。要强化“内功”，最为关键的就是我国意识形态建设要聚焦于中国奇迹、中国道路、中国理论、中国话语这四个核心问题上。

首先，要解释好中国奇迹。西方对我国意识形态的“攻击”，首先指向我国改革开放以来所取得的成就，认为这是由于走了西方的道路而取得的奇迹。对此，我们应掌握解释中国奇迹的话语权，而中国奇迹的密码就在中国道路之中，我们应从中国道路中寻找中国取得奇迹的根源。

其次，要围绕解释中国道路来进行。所谓“中国道路”，在一定意义上具有意识形态性质，中国道路之争往往是意识形态之争。西方中心论、历史终结论、新自由主义、历史虚无主义误读中国、歪曲中国、污蔑中国、攻击中国的内容之一，就是要求中国走“西方道路”，排斥“中国特色社会主义道路”；即使讲“中国道路”，也往往认为“中国道路”就是“国家资本主义”“权贵资本主义”，等等。国内一些错误思潮对“中国特色社会主义道路”在不同意义上也持排斥态度，要么极为崇拜新自由主义，要么妄想回到“文化大革命”的老路上去。因此，要回应意识形态挑战，凝聚共识、赢得民众认同，梳理思想上的权威，就必须阐释好中国道路，把中国道路的内涵、实质及其重大意义从政治上、理论上讲清楚。这是意识形态建设的一项基础和重要工作。如果讲意识形态建设却不去研究中国道路，不仅是研究上的短板和硬伤，还是研究上的不彻底、不深入，是浮在空中的所谓研究。

再次，要围绕构建中国理论来进行。意识形态建设最基础也最核心的内容，首要是中国理论建设。一方面，改革开放以来，西方的器物、制度、文化、理论、思想等对我国产生了许多影响，但直接影响我国意识形态的是西方理论、西方思想，而且这种影响最深刻、最持久。党的十八大以前，我国一些大学的经济学、政治学、法学、社会学等学科教科书，以及这些学科在课堂上所讲的内容，大多是西方的概念、西方的论断、西方的命题、西方的理论、西方的思想、西方的范式，等等。在我国学术界流行的西方中心论、历史终结论、文明冲突论、新自由主义、历史虚无主义、普世价值、宪政民主、公民社会、新闻自由、文化软实力、娱乐至死等都是从西方传过来的。正是这些概念、论断、理论、思想、范式对我国意识形态产生了挑战。所以，为了应对意识形态领域的挑战，我们必须加快构建中国理论。另一方面，这是一个需要理论而且一定能够产生理论的时代，我们不要辜负这个时代，应加快构建“理论中的中国”，即构建“中国理论”。1978 年改革开放以来，中国社会实践发生了广泛而深刻的变化，中国特色社会主义建设也取得了巨大成就，中国特色社会主义和社会主义现代化建设对世界产生了巨大影响，中国问题更引起了世界广泛的关注和思考。所以，为回应时代呼唤，反映时代精神，解答时代之问，也应构建起“中国理论”，这同时也是我国意识形态建设的一个十分重要的内容。否则，我国的学术研究、理论研究就达不到时代发展、实践发展所要求的水平，社会主义意识形态的感召力、影响力、引领力就发挥不出来。从现状来看，中国自己的“中国理论”在学术界、理论界还未真正构建起来。当今我们还缺乏阐释中国问题、中国实践、中国经验的中国理论，因而既难以真正识破西方理论的实质及其危害，也难以应对西方理论的挑战，容易被西方理论所迷惑，所以一些人往往用西方的概念、理论、思想、范式来解释中国问题、中国实践、中国经验，导致马克思主义在我国某些领域、某些方面，要么失语，要么失声，要么失踪，而被一些西方理论与西方错误思潮或是自己的某些错误观念占据着。究其深层原因，是我们还缺乏从学理上全面、准确、具体、深入解释中国问题、中国实践、中国现实、中国经验的中国理论。理论的力量只能用理论的力量来摧毁。只有积极自觉地建构起从学理上全面、准确、具体、深入解释中国问题、中国实践、中国现实、中国经验的中国理论，使中国理论深深扎根于中国大地且被人们所掌握，提升我们自身的免疫力，才能真正抵制西方话语、西方范式之“病毒”的侵袭，才能有效地构建起我国的意识形态思想体系。当今西方之所以具有较强的话语权，能够对我们实行意识形态渗透，对我国学术界及理论界还具有一定的影响力，其中一个主要原因，就是它们具有一套较为完备的理论体系。话语的背后是理论，理论的背后是意识形态。我们党的意识形态是否具有主导力、影响力、感召力，中国话语是否具有主导力、影响力、感召力，关键在于能否真正建构起以马克思主义为指导、被广大人民群众所掌握的且能解释中国问题、中国实践、中国现实、中国经验的中国理论。只有建构起这种理论，才能真正构建起以这种理论为基础、核心的中国话语和中国话语体系，也才能真正解决上述所谓的“三失”问题，才能真正占据我国意识形态的主阵地，抵御西方意识形态的渗透。中国理论“立”不起来，西方错误思潮就“破”不了，中国理论只有真正“立”起来，才能真正“破”解西方错误思潮。意识形态建设首先应该是中国话语建设，中国话语建设的核心是中国理论建设。所以，当今我国社会主义意识形态建设的一项十分重要的核心工作，就是要高度重视构建中国理论。掌握意识形态领域的话语权不能只停留在口头上，要真正落实到行动和实践上。要言之，要真正掌握我国意识形态领域的话语权，必须首先围绕中国道路来积极构建中国理论。

最后，要围绕构建中国话语来进行。中国话语建设的根本，首要是应基于中国理论建设。中国话语的背后是道。中国话语建设问题，首先是从意识形态建设的问题场域中提出的。究其深层原因，是我们既缺乏从学理上全面、准确、具体、深入解释中国问题、中国实践、中国现实、中国经验的中国理论，也缺乏表述、表达中国理论的中国话语，用西方概念、西方话语来解释中国是行不通的。只有积极建构起从学理上全面、准确、具体、深入解释中国问题、中国实践、中国现实、中国经验的中国理论，进而自觉地建构起中国话语和中国话语体系，使中国话语深深扎根于中国大地且被人们所掌握，才能真正抵制西方话语的侵袭，并有效地构建起我国的意识形态。由此我们应该认识到，话语建设是一个重大课题，事关我国社会主义意识形态建设，其中的逻辑是意识形态建设首先要聚焦到中国话语建设上，而中国话语建设则首先要聚焦到中国理论建设上，中国理论建设首先要聚焦到对中国道路的阐释上。中国道路、中国理论和中国话语是我国社会主义意识形态建设的三个核心要素。我们的理论工作者要把意识形态建设的重心和关键放在对“中国道路、中国理论、中国话语”的研究上，要对意识形态建设的实质问题有清醒的认识。

参 考 文 献

[1]习近平. 习近平在哲学社会科学工作座谈会上的讲话[N]. 中国教育报，2016-05-19(1).

[2]马克思主义哲学史编写组. 马克思主义哲学史[M]. 北京：高等教育出版社，2012.

[3]中国共产党第十九次全国代表大会文件汇编[M]. 北京：人民出版社，2017.

[4]中共中央马克思恩格斯列宁斯大林著作编译局. 马克思恩格斯选集：第1卷[M]. 北京：人民出版社，2012.

[5]韦建桦. 列宁专题文集：论社会主义[M]. 北京：人民出版社，2009.

新中国成立70年来高校思想政治教育的成就、经验与展望[①]

冯　刚

（北京师范大学思想政治工作研究院）

新中国成立70年来，高校思想政治教育工作延续了中国共产党在军队和作为革命根据地的高校开展思想政治工作的优良传统，与新中国的发展同频共振，适应新中国成立后各阶段需要，切实回应时代赋予的各项任务，用中国化的马克思主义理论创新成果指导开展高校思想政治教育工作，丰富知识体系和学理支撑，拓展工作途径和方式方法，边实践边探索，在解决实际问题中达到思想教育的目的。探索出在党的领导下创办中国特色社会主义大学的成功经验，培养了党和国家发展需要的时代新人，形成了高校思想政治教育的体制机制，推动思想政治教育学科从无到有，指引着思想政治教育理论和实践走专业化发展道路。总结高校思想政治教育的重要成就，在历史发展进程中剖析成就取得背后的基本逻辑，能够进一步深化高校思想政治教育经验，在党的方针政策和国家发展的战略格局中，找准新时代高校思想政治教育的使命责任，把握基本规律，推进高校思想政治教育工作的科学发展。

一、70年高校思想政治教育的重要成就

新中国成立以来的70年，是中国特色社会主义高校从起步建设到稳步发展的70年。70年高校思想政治教育工作，第一要务是确保党的教育方针政策在高校得到贯彻落实，具体体现在按照党和国家发展需要培养合格建设者和可靠接班人，形成了扎根中国大地办大学的重要内涵。

（一）坚持讲政治，保障党的教育方针政策在高校贯彻落实

思想政治教育是政治的集中体现，讲政治是思想政治教育的首要特点。

① 本文为国家社会科学基金教育学重大项目“高校思想政治教育工作质量评价体系研究”（项目号：VEA170002）的阶段性成果。

70年高校思想政治教育从保障新中国建设到助力社会主义发展，着力开展政治教育，将大学生的思想凝聚到新中国的建设上，把讲政治贯穿始终。

新中国建立之初，教育部召集北京大学、清华大学、北京师范大学等十九所高校负责人，对高等教育改造提出了“一切服务于国家建设，特别是经济建设”的方向，明确“课程改革的中心环节是政治课学习”。[1]高校思想政治教育向新中国的政治目标看齐，1950年，第一次全国高等教育会议上提出：“高等学校要发展为人民服务的思想，必须密切配合国家经济、政治、文化、国防建设的需要”“培养具有高度文化水平的、掌握现代科学和技术成就的、全心全意为人民服务的、高级的国家建设人才而努力”。[1]如1950年，教育部发布的《关于改革北京师范大学的决定》中指出，政治课为全校必修课，在文化业务课中，也应贯彻革命的思想与政治教育。[1]新中国成立初期，党的教育方针透过思想政治教育在高校扎根，形成了中国特色社会主义大学的鲜明印记。思想政治教育也作为桥梁和纽带，成为中国共产党领导高校办教育的重要手段。在社会主义建设时期，培养社会主义劳动者是教育工作的重要内容。1958年，中央《关于教育工作的指示》指出，“教育必须为无产阶级政治服务，必须同生产劳动相结合”[1]，高校一方面开展政治理论学习，同时注重通过劳动加深思想认识，开启了劳动育人和实践育人的源流。“文化大革命”期间，高校党建和思想政治工作的架构发生转变，对大学生选拔培养和人生发展产生了重要影响，高校作为思想政治教育机构的重要性大打折扣。

“文化大革命”结束后，《全国重点高等学校暂行工作条例》重申高校思想政治工作要“宣传党在新时期的总任务和各项方针政策”[2]。1980年，《关于加强高等学校学生思想政治工作的意见》提出，高校“必须坚持又红又专的方向，使受教育者在德智体几方面都得到发展，成为有社会主义觉悟的专门人才”[2]。此后，中央陆续出台一系列文件，从高校思想政治教育的内容、课程、学科、队伍、机制和保障各方面，推进高校思想政治教育遵循党的育人方针政策。党的十四大提出：“必须把教育摆在优先发展的战略地位，努力提高全民族的思想道德和科学文化水平，这是实现我国现代化的根本大计。”[3]随后发布的《中国教育改革和发展纲要》指出：“必须坚持党对教育工作的领导，坚持教育为社会主义现代化建设服务，全面贯彻党和国家的教育方针”等主要原则，这些重要指示，成为高校思想政治教育工作的依据、内容和保障，呼应了时代要求。

20世纪以来，中央和地方两级教育系统的调整基本完成，建立全国相对一致的高校思想政治教育管理体制也具备了可行性，但是大学扩招后带来的日常管理、思想教育、自主择业、学生奖助等一系列新情况需要新的解决方案。2004年，中央发布《关于进一步加强和改进大学生思想政治教育的意见》，高校得以系统化设计思想政治教育工作体系。党的十八大以来,党对教育的全面领导更加深入,中央多次就高校如何开展思想政治教育召开会议,发布文件、提出要求,2016 年,中央出台《关于加强和改进新形势下高校思想政治工作的意见》,党对高校的建设与思想政治工作统筹设计,以党的建设推进思想政治工作在高校落地见效,高校思想政治教育的有与无、多与少、好与差,成为落实党对高校全面领导的重要考量。

(二)坚持育新人,培养一代又一代合格建设者和可靠接班人

高校是人才培养的重要阵地,能否承担社会主义建设者和接班人的任务,是考验高校育人效果的重要指标。因此,高校作为学生从校门跨入社会的最后一个环节,高校的思想政治教育既要按照既定的目标实施教育任务,也要承担引导学生的学与做、学与用相结合的使命,从新中国成立初期的动员分配,到改革开放后的自主选择,再到新时代引导大学生将青春梦融入中国梦,激励一代代青年大学生参与到中国特色社会主义的事业中。

毛泽东在《关于正确处理人民内部矛盾的问题》中提出,“我们的教育方针,应该使受教育者在德育、智育、体育几方面都得到发展,成为有社会主义觉悟的有文化的劳动者”[4]。明确提出要在社会主义建设中定位青年培养。高校院系调整后,为社会主义建设提供大量的专门人才,成为高校育人的重要任务。根据国家需要、集中使用、重点配备和一般照顾的方针,国家统筹分配高等学校毕业生,国务院提出高校毕业生“分配计划尽先照顾科学研究、高等学校的师资、工业部门(特别是国外设计项目)的需要”[5],“使学生所学在适应国家建设需要的基础上更进一步地贯彻学用一致的原则”,“在分配工作中将注意掌握把专门技术人才放到经济建设最需要的岗位上去”[6]。如 1953 年“分配到工业、交通、农林水利、财政经济等系统的高等学校毕业生,占全部高等学校毕业生人数的百分之四十以上”,“百分之十八左右到各高等学校做助教、研究生,和到中国科学院各研究所做研究实习员,百分之十左右的高等学校毕业生到全国各地做中等学校教师”[7]。“文化大革命”前十七年,高校“适应社会主义革命和社会主义建设的需要,为国家培养了一百五十五万全日制大专毕业生和一万六千多名研究生,他们的绝大多数已经成为各条战线的骨干力量”[8]。

改革开放后,国家的工作重心转向经济建设,对青年培养的要求也随之调整,在全社会中统筹考虑青年工作,通过高校内外榜样示范引导教育青年投身社会主义建设,是这一阶段的鲜明特色。1985 年,邓小平在全国科技工作会议上明确提出教育全国人民尤其是青年做到“有理想、有道德、有文化、有纪律”[9]。共青团中央开始在全国青年中评选“争当新长征突击手”,鼓励“不仅

在创造物质财富的斗争中争当英雄，而且要在改变社会风气、建设社会主义精神文明的斗争中争当模范；不仅要当生产能手、工作模范，而且要当改革闯将”[10]。教育部等部门联合评选全国“三好”学生、优秀学生干部和先进集体，鼓励高校大学生投身社会主义现代化建设，为国家为人民贡献青春、智慧和力量。“四十多年来，已有一千多万高校毕业生先后走上工作岗位。他们在生产、科研、教学、经济和社会管理等方面发挥了重大的作用，成为我国社会主义现代化建设的一支非常重要的骨干力量。”[11]

党的十五大提出“两个一百年”奋斗目标，此后，党的历次代表大会均对“两个一百年”奋斗目标作了强调和安排。党的十九大深化了“两个一百年”奋斗目标的内涵和阶段，提出“要以培养担当民族复兴大任的时代新人为着眼点”[12]。当代大学生处在中华民族伟大复兴的关键阶段，将全过程参与“两个一百年”的奋斗过程，中国梦的伟大事业是当代大学生的使命责任，当代大学生的努力奋斗终将推动中华民族走向伟大复兴。

（三）坚持规范化，构建和完善高校思想政治教育工作体制机制

完善的体制机制是高校思想政治教育不断成熟的标志。新中国成立后，高校思想政治教育经历了中央直接指导、顶层设计、细化要求、系统构建等阶段。

新中国成立初期，中央直接指导高校工作，如由中央统一批复每年高校招生计划，国务院有关部门每年针对高校毕业生进行统筹分配的指导等，体现了计划导向的管理模式。1961 年，中央批准试行《教育部直属高等学校暂行工作条例（草案）》[1]，专章对高校思想政治工作提出了要求，详细说明了高校基本任务、党的领导、政治理论课、高校领导体系、党的组织和党的工作等。对开展思想政治教育的内容、方法、队伍和机构等做出了规定，明确提出“在一、二年级设政治辅导员或者班主任，从专职的党政干部、政治理论课教师和其他青年教师中挑选有一定政治工作经验的人担任。同时，要逐步培养和配备一批专职的政治辅导员”。这一方案成为高校探索建立思想政治教育体制机制的渊薮。对于这一文件是否完全执行、如何落实，中央没有做统一规定，文件虽提出经过讨论、试验和修改后正式发布，但由于政治形势的变化并没有实现。

1978 年，《全国重点高等学校暂行工作条例（试行草案）》的颁布实施，进一步加强了党委的首要地位，强化了思想政治教育的实施。1980 年，教育部和团中央印发《关于加强高等学校学生思想政治工作的意见》，提出“学校党委要将学生思想政治工作列入党委重要议事日程”“校系两级都要有一名副书记主管学生的思想政治工作”“校党委可根据情况设立学生政治思想工作的机构”[2]。在文件的推动下，高校开始建立校系两级的思想政治教育体系，设立

学生工作部或青年工作部等专门机构,同时加强对思想政治教育队伍的配备,与高校共青团系统共同做好具体工作。随着高校恢复日常运行,规范学生管理成为思想政治教育的首要议题。由于毕业分配常规工作的需要,对学生进行品德鉴定是学生管理中全局性的工作,直接影响毕业生的分配去向。1982年,教育部在北京召开高等学校试行学生品德评定工作讨论会,提出品德评定要建立在经常的细致的思想政治工作的基础上。[1]此后,教育部出台了《高等学校学生守则(试行草案)》《高等学校学生行为准则(试行)》《普通高等学校学生管理规定》等一系列学生规范性文件,学生日常管理成为开展思想政治教育的重要载体。

党的十一届三中全会确定了实施"对内改革,对外开放"的政策,随着政府职能调整机构改革,高校划归中央和地方两级教育部门主管。同时,高校不断学习借鉴境外高校在学生管理方面的经验,探索开展就业指导、心理咨询、学生资助等业务,在大学扩招等因素推动下,高校相继建立专门机构负责这些工作,有的高校还建立了美育、体育、素质教育、学业指导等专门机构。[13]2004年,中央出台《关于进一步加强和改进大学生思想政治教育的意见》,系统化构建了高校思想政治教育的体制机制、机构队伍、职责内容,及时回应了谁来做、做什么、如何做、怎么评等一系列事关高校思想政治教育体制机制的重要问题,帮助高校快速建立了适应新世纪要求的思想政治教育工作体系。2016年,中央召开全国高校思想政治工作会议,发布了《关于加强和改进新形势下高校思想政治工作的意见》,对新时代高校开展思想政治教育提供了蓝本,对如何扎根中国大地办教育提出了方法、路径、要求。如高校思想政治教育管理的科学规范发展体现在不断推进从"重行政"向"重法规",从"经验型"向"法治型"转变。高校思想政治教育也逐渐跳脱以"部门"为中心的条块分割,更加注重治理结构和学生权益,按照以"事务"和"学生"为中心建立协同议事决策机构,构建全程全方位育人的"大思政"格局。[14]

(四)坚持科学化,探索建设思想政治教育学科

高校思想政治教育的科学化发展,是70年高校思想政治教育历史发展逻辑、理论演变逻辑和工作实践逻辑的必然。高校思想政治教育需要明确的指导思想、扎实的学理支撑和科学的实施方法,从而形成科学化的体系。新中国成立以来,思想政治教育的科学化经历了从强调作为"生命线"的政治地位,到"一门科学"的科学性讨论,再到走向"学科建设"的科学化道路。

新中国成立后,"政治工作是一切经济工作的生命线"[15]。新中国成立初期,思想政治教育作为社会主义大学的重要内容,一方面从中国化的马克思主义中寻找理论支撑,一方面借鉴军队开展思想政治工作20余年的实践经验。

1949 年 10 月，华北人民政府高等教育委员会就要求专科以上学校必修“辩证唯物论与历史唯物论”[1]，1950 年，政务院《关于实施高等学校课程改革的决定》规定全国高等学校开设新民主主义革命的政治课程[1]，1951 年 1 月，教育部对 135 所学校的课程改革，尤其是政治课建设进行审查，同年 7 月，教育部在北京主持召开全国高等学校暑期政治课教学讨论会，确定了高校政治课教学的重点、内容、组织、教学和方法，把课程建设作为高校落实思想政治工作“生命线”的切入点。在日常思想政治教育方面，“以开展新民主主义的学习作为学生工作的中心任务”“进行马列主义的思想政治教育”[1]，这一时期，高校思想政治教育“配合当前国家总的形势”，如土地改革、抗美援朝等主题，“思想政治教育在一个学校内一定要作为整体的教育活动，在一定的计划、步骤下协同配合推进”“与学校的全面教育内容联系起来”“用道德说服人，用行为影响人的意识、感情、行为”[1]。改革开放前 30 年，高校思想政治教育紧密围绕党的中心任务，强调政治导向，侧重说服教育，探索适应社会主义高校的思想政治教育理论体系和方式方法，其本身的科学内涵和学理探讨尚未完全展开。直到改革开放后，“实践是检验真理的唯一标准”大讨论掀开了新的历史时期理论辨析的热潮，如何看待思想政治教育，深化其理论内涵，成为高校内外广泛关注的议题。

1979 年，邓小平在《坚持四项基本原则》中论及当前“思想理论工作”的任务时指出，四项基本原则“都需要根据新的丰富的事实做出新的有充分说服力的论证”“这是一项十分重大的任务，既是重大的政治任务，又是重大的理论任务”[16]。这一要求，推动了部队、企业等各行业对开展思想理论工作本身的理论探讨与实践探索，1980 年 8 月，《光明日报》发表《思想政治工作是一门科学》，推动了“思想政治工作科学化”大讨论，1982 年 11 月，中央书记处书记宋任穷在全国党员教育工作会议上明确提出“思想政治工作是一门科学”，是“治党治国的科学”的论断，从中央层面正式认可了这一提法[14]。科学化的理论要求以学科化的建设为依托，1984 年开始，高校开始建设思想政治教育本科专业，标志着思想政治教育学科正式创立。随后相继设立第二学位和硕士学位，到 1996 年博士学位确立，形成了完整的思想政治教育专业培养体系和学位学历体系。思想政治理论课程体系方面，1952 年 10 月，教育部对高校政治理论课的课程门数、学时、讲授次序做出了规定，标志着高校马克思主义理论课程体系的基本建立，此后思想政治理论课根据形势和任务不断调整，逐步完善[17]。进入新时代以来，中央先后召开哲学社会科学座谈会和全国高校思想政治工作会议，提出“所有课堂都有育人功能”“各门课都要守好一段渠、种好责任田”“使各类课程与思想政治理论课同向同行，形成协同效应”[18]，在思想政治理论课程的基础上提出“课程思政”。2019 年 3 月，中央召开思想政治理论课教师座谈会，对思想政治理论课改革创新提出“八个统一”的要求，拓展和丰富了思想政治教育科学化的内涵和外延。

二、70 年高校思想政治教育发展的宝贵经验

70 年来高校思想政治教育取得的突出成绩，是在遵循基本规律的基础上，坚持党的领导、坚持马克思主义中国化理论的指导，把刚性的要求和柔性的方法相结合，基于时代特点不断调整具体开展的方式、载体、路径。这些成绩背后的经验，不仅是高校思想政治教育本身的宝贵经验，也丰富了中国特色社会主义理论体系。

（一）理论联系实际，在坚持党的领导的过程中用党的理论创新不断指引高校思想政治教育工作

时代是思想之母，实践是理论之源，理论创新要通过思想政治教育来实现理论武装，高校思想政治教育不断汲取各阶段党的理论创新的重要成果，指导具体工作，用科学理论武装大学生头脑，明确了用什么理论，教什么思想，走什么方向，培养什么人。

1949 年，《中央人民政治协商会议共同纲领》提出“给青年知识分子和旧知识分子以革命的政治教育，以应革命工作和构架建设工作的广泛需要”，教育部迅速召开了第一次全国教育工作会议，明确“新中国的教育应该是反映新中国的政治经济，作为巩固与发展人民民主专政的一种斗争工具的新教育”[1]，高校思想政治教育在过渡时期，把理论学习作为改造思想的武器，把改造思想作为理论学习的直接目的。

经过社会主义的改造，革命的基调转向社会主义建设，高校和中级以上党校设立“社会主义教育”课程，以《关于正确处理人民内部矛盾的问题》为中心教材[1]，使青年们懂得，“全靠青年和全体人民在几十年时间内，团结奋斗，用自己的双手创造出一个富强的国家”[4]，在高校中讲清楚什么是社会主义，为什么要走社会主义道路，怎样才能走好社会主义道路以及大学培养什么人，在新中国初期非常必要。然而由于对形势的误判，没能坚持用“团结 - 批评 - 团结”的方式开展思想政治教育工作，实践上采取用劳动教育完全替代理论学习等方式，严重影响了思想政治教育效果。

改革开放后，党的十三大明确提出了社会主义初级阶段理论和三步走的发展战略，回答了社会上对中国特色社会主义的困惑，提供了中国特色社会主义发展的目标蓝图。邓小平指出：“教育全国人民做到有理想、有道德、有文化、有纪律”[9]，这一提法是对“又红又专”在新的历史阶段的鲜活阐释，明确了高校要按照社会主义建设发展需要培养人才。相对稳定的政治局面和社会

形势为思想政治教育提供了相对宽松的外部环境，1994 年，中宣部颁布《爱国主义教育实施纲要》，分批确定了 400 余个爱国主义教育基地，爱国主义成为凝聚大学生思想共识的重要来源。21 世纪前后，国家实施科教兴国战略和人才强国战略，1999 年，中央发布《关于加强和改进思想政治工作的若干意见》，提出了培养社会主义事业建设者和接班人的根本任务，从而把思想政治工作的中心放到了“培养人”上。2004 年，中央制定《关于进一步加强和改进大学生思想政治教育的意见》，强调指出：“大学生是十分宝贵的人才资源，是民族的希望，是祖国的未来”，从提升素质、培养人才的角度定位学生思想政治教育内容[14]。

进入新时代以来，以习近平同志为核心的党中央高度重视高校思想政治教育，2016 年全国高校思想政治工作会议强调指出，深刻回答“培养什么人”，是高校立德树人的战略定位，学校要以“培养社会主义建设者和可靠接班人作为根本任务，培养一代又一代拥护中国共产党领导和我国社会主义制度、立志为中国特色社会主义奋斗终身的有用人才”[19]。党的十九大报告更是指明要培育能够“担当民族复兴大任”的“时代新人”，对高校新时代育新人提出了清晰的标准。在中国共产党成立 95 周年大会上，习近平提出中国共产党人“坚持不忘初心、继续前进”，就要坚持“四个自信”，即“中国特色社会主义道路自信、理论自信、制度自信、文化自信”。[20]在论及思想政治工作时，他提到，“要更加注重以文化人以文育人，广泛开展文明校园创建，开展形式多样、健康向上、格调高雅的校园文化活动”[18]。文化自信是中国特色社会主义发展到一定阶段的历史必然，是新时代高校思想政治教育的重要内容，“以文化人”则提供了新时代高校思想政治教育的路径方法。

（二）育人紧扣时代主题，把握立德树人的各阶段任务，培养时代需要的优秀人才

70 年高校思想政治教育的发展历程，是思想政治教育理论与高校实际相结合的过程，也是与立德树人的根本任务各阶段育人目标相结合的过程。

新中国成立初期，引导青年尤其是大学生认识了解社会主义，从而认同认可社会主义，最终自觉投身社会主义革命和建设事业，是摆在高校思想政治教育工作者面前的时代命题。毛泽东指出：“不少青年人由于缺少政治经验和社会生活经验”，不容易深切了解“建立一个美好的社会主义社会要经过怎样的长时间的艰苦劳动”[21]，要加强思想政治工作，让青年学生在思想上、政治上都要有所进步，高等学校师生的红，不但表现在政治思想方面，而且表现在他们教学和学习的实际行动中，进而指出，“红与专，政治与业务的关系，是两个对立物的统一。一定要批判不问政治的倾向。一方面要反对空头政治家，另

一方面要反对迷失方向的实际家”[4]。同日《人民日报》发表社论指出，“又红又专，又有政治又有技术，这是我国这一代青年的努力方向”[1]。1953年，清华大学校长蒋南翔率先提出并在清华大学建立了学生政治辅导员制度，选拔思想政治觉悟高、业务素质好的高年级学生，“半脱产”做同学的思想政治工作。“一肩挑业务学习，一肩挑思想政治工作”，使用与培养结合，又红又专，避免“空谈政治”。“双肩挑”的政治辅导员，是高校开展思想政治教育的重要队伍，也是高校按照“又红又专”培养大学生的重要模式。

“文化大革命”期间，高校的育人目标和环境发生重大转变，不可避免地偏离了人才培养和青年成长的一般规律，偏离了育人的中心工作，高校育人的效果受到严重影响。改革开放后，邓小平提出：“一定要经常教育我们的人民，尤其是我们的青年，要有理想”“有了理想，还要有纪律才能实现”[9]，明确高校培育“四有”新人的历史使命，“四有”新人之所以“新”，它的定位是中国特色社会主义事业的建设者和接班人。高校培养的大学生、研究生应当“有坚定正确的政治方向，爱祖国、爱社会主义，拥护共产党的领导，努力学习马克思主义”[9]。这一时期，高校思想政治教育在具体工作中不断强化学生行为管理，加强学生遵纪守法教育，完善学生行为准则，突出了思想政治教育“一靠理想，二靠纪律”的价值导向。1985年，中央出台《关于进一步加强青少年教育预防青少年违法犯罪的通知》；1986年，高校开设“法律基础课”；1989年，《高等学校学生行为准则（试行）》出台，对学生的管理逐渐从倡导性走向规范性，强化依法依规管理高校和学生；1990年，国家教委公布实施《普通高等学校学生管理规定》。这些规定及相应的做法，确保了高校坚持党的领导，沿着社会主义制度培养合格建设者和可靠接班人的方向，同时也从正反两方面总结提炼了思想政治教育法治化、规范化的实践路径。

2000年前后，中央实施科教兴国战略和人才强国战略，高校开始有计划地扩招，大学生数量成倍增长。2004年，《关于进一步加强和改进大学生思想政治教育的意见》首先提出，“加强和改进大学生思想政治教育，提高他们的思想政治素质，把他们培养成中国特色社会主义事业的建设者和接班人，对于全面实施科教兴国和人才强国战略，确保我国在激烈的国际竞争中始终立于不败之地，确保实现全面建设小康社会、加快推进社会主义现代化的宏伟目标，确保中国特色社会主义事业兴旺发达、后继有人，具有重大而深远的战略意义”[14]。在跨越世纪之交，大学生作为宝贵的人才资源，具有更重要的战略意义。进入新时代，首先明确“我国社会主义教育就是要培养社会主义建设者和接班人”[21]，在回答“为谁培养人”的过程中定标定航，同时，习近平多次提到培养青年和大学生的标准。

（三）工作注重方法，因事而化、因时而进、因势而新，提升思想政治教育的实效性

思想政治教育最终要落实在具体工作中，善抓教育，会用方法，是中国共产党开展思想政治教育的优良传统，其中说服教育和调查研究的方法，体现了坚持原则和适应时代两者相统一，形成了高校思想政治教育工作的良好传统。

新中国成立后，毛泽东在《关于正确处理人民内部矛盾的问题》中分析了思想教育的重点从区分“敌我”转向“团结”人民，提出对“思想性质的问题，凡属于人民内部的争论问题，只能用民主的方法去解决，只能用讨论的方法、批评的方法、说服教育的方法去解决”，[4]用思想教育的方式凝聚共识，团结力量，是新中国成立初期高校思想政治教育的主要方法，实现了高校的顺利接收，同时在社会主义建设时期培养了大量优秀人才。“文化大革命”结束后，在“举什么旗，走什么路”的关键问题上，社会上的讨论非常多。对于这些思想热点，邓小平在《坚持四项基本原则》中指出：“深入研究中国实现四个现代化所遇到的新情况、新问题，并且作出有重大指导意义的答案，这将是我们思想理论工作者对马克思主义的重大贡献”，四项基本原则“在目前的新形势下却都有新的意义，都需要根据新的丰富的事实做出新的有充分说服力的论证”，才能够教育全国青年，“才能够说服那些向今天的中国寻求真理的人们”，[16]及时回应社会上的思想热点，提出思想政治教育要解答思想困惑。21 世纪前后，高校建立起就业指导、心理辅导、学生奖助、学业指导、素质教育等机构或平台，立足大学生的全面自由发展，在关注、回应和解决大学生实际问题中开展教育引导，更加聚焦高校思想政治教育的实效性。

进入新时代，社会主要矛盾发生变化，社会形势和青年群体也呈现新的特点，习近平在全国高校思想政治工作会议上提出，高校思想政治工作要感染青年，就要运用青年喜爱并接受的话语和活动方式，“提升思想政治教育亲和力和针对性，满足学生成长发展需求和期待”，“更加注重以文化人、以文育人”“运用新媒体新技术使工作活起来，推动思想政治工作传统优势同信息技术高度融合，增强时代感和吸引力”[18]。中央在《关于加强和改进新形势下高校思想政治工作的意见》中强调：“建立健全校领导、院（系）领导联系师生，谈心谈话制度，及时了解师生思想状况和具体诉求，使思想政治工作接地气、入人心。发挥学生的主体作用，多采用启发式、体验式、互动式的方法，在平等沟通、民主讨论、互动交流中进行思想引导。根据学生的不同特点，有的放矢、生动活泼地开展工作。发挥师德楷模、名师大家、学术带头人等示范引领作用，用他们的人格修为、学养学识影响带动学生”[22]，通过对谁来开展、用什么道理、靠什么方法、用什么途径说服人提供了明确的思路和要求。

调查研究是中国共产党的传家宝，“不仅是一种工作方法，而且是关系党和人民事业得失成败的大问题”[23]。毛泽东提出要“大兴调查研究之风”，从群众中来，到群众中去。邓小平提倡深入细致地工作，“要把大量的工作放到群众中去，同他们一块生活，一块活动，一块说笑话，一块下棋，然后去做工作”，“归根到底，我们要对青年进行共产主义教育。要多做点工作，多搞点调查研究”[24]。历史经验证明，凡是面临复杂形势的紧要关头，深入师生一线，做好调查研究非常必要。1991 年，《关于高等学校党政领导干部深入师生做好工作的几点意见》要求，党政领导干部把深入师生、做深入细致的思想工作列入工作日程，形成制度。建立听课制度、接待师生来访制度、走访师生宿舍和食堂制度，主抓学生工作的领导干部要建立与学生班主任、辅导员等学生工作干部经常联系制度等，并设立公开接收意见建议的渠道。《关于进一步加强和改进大学生思想政治教育的意见》发布后，在大学生中建立了常态化开展面对面谈心谈话工作机制，深入学生班级、宿舍、实验室等一线开展调查研究，是高校思想政治教育工作者的职责。进入新时代，习近平在十九大后政治局首次民主生活会上再次强调“调查研究”，称调查研究是“我们党的传家宝”，是做好各项工作的基本功。2018 年，教育部党组印发《关于在教育系统大兴调查研究之风的意见》，就教育系统全面从严治党、落实立德树人根本任务、增强教育获得感等人民群众关切的专项问题开展调研。2019 年，教育部党组印发《关于加强和改进高校领导干部深入基层联系学生工作的通知》，要求高校领导班子成员尤其是党委书记、校长，要主动进课堂、进班级、进宿舍、进食堂、进社团、进讲座、进网络，深入一线联系学生。把深入基层联系学生工作作为大兴调查研究之风、狠抓工作落实的重要途径，从而达到体察校情、关爱学生、答疑解惑、解决问题的效果。

（四）发展遵循规律，不断激发思想政治教育的内生动力

2016 年，全国高校思想政治工作会议指出：“做好高校思想政治工作，要遵循思想政治工作规律，遵循教书育人规律，遵循学生成长规律”[18]。新中国成立 70 年来高校思想政治教育的发展历程表明，什么时候遵循了规律，思想政治教育就能充分调动教育主客体的积极性，形成教育合力，产生积极效果；什么时候背离了规律，思想政治教育的实效性就会大打折扣，甚至产生负面效果。

对思想政治教育规律的把握，源于“思想政治工作生命线”的论断，1955 年，毛泽东提出“政治工作是一切经济工作的生命线”[15]，“只要我们的思想工作和政治工作稍为一放松，经济工作和技术工作就一定会走到邪路上去”[4]。理论只要彻底，就能说服人，所谓彻底，就是抓住事物的根本。对于思想政治

教育而言，就是把握品德发生养成的过程。优良品德的养成对人的一生至关重要。青年时期可塑性大，是人生的起步阶段，是品德养成的关键时期[25]。习近平指出："青少年阶段是人生的'拔节孕穗期'，最需要精心引导和栽培""要给学生心灵埋下真善美的种子，引导学生扣好人生第一粒扣子"，[26]对青年提出"要把正确的道德认知、自觉的道德养成、积极的道德实践紧密结合起来，不断修身立德，打牢道德根基"[27]。

对教育规律的把握，突出体现在将思想政治素质作为大学生核心素养来培养。早在1949年，中国新民主主义青年团就提出"学生团员遵守学习纪律，做到有革命理想、学习成绩好、具有健康的身体三个条件，成为新民主主义学习模范"[1]。1957年，教育部等部门联合发文指出，"社会主义建设所需要的各种人才，不但要求有一定的数量，而且也要求有一定的质量。所谓质量，一般包含政治、健康条件和学业水平三个方面"[1]。对人才培养的核心要素，从"德智体"经过"德智体美"最终形成"德智体美劳"全面发展的社会主义合格建设者和可靠接班人。现代大学的建立已经跨过了多个世纪，有的一流大学更是持续运行了数百年，育人的主体、客体、环境和方法都在发生不断的更迭，而育人标准则相对稳定而持久，要在动态变化中找到前后一致贯穿的标尺，更多关注人才培养的德行，"要把立德树人的成效作为检验学校一切工作的根本标准"[21]。思想政治教育要围绕立德树人来开展，德育评价也要围绕立德树人的落实和实效来回答。

对青年成长规律的把握，首先体现在对青年的一以贯之、始终如一的重视和期盼。毛泽东指出："世界是你们的，你们青年人朝气蓬勃，正在兴旺时期，好像早晨八九点钟的太阳。希望寄托在你们身上。"[16]邓小平提出"青年一代的成长，正是我们事业必定要兴旺发达的希望所在"[18]。重视青年，了解青年，关心青年，做青年朋友的知心人，是把握其成长规律的重要基础。习近平指出："当代青年思想活跃、思维敏捷，观念新颖、兴趣广泛，探索未知劲头足，接受新生事物快，主体意识、参与意识强，对实现人生发展有着强烈渴望。这种青春天性赋予青年活力、激情、想象力和创造力，应该充分肯定。同时，青年人阅历不广，容易从自身角度、从理想状态的角度来认识和理解世界，难免给他们带来局限性。这是青年成长的规律，我们要尊重这个规律"，"坚持关心厚爱和严格要求相统一、尊重规律和积极引领相统一"。[27]

三、新时代高校思想政治教育的趋势展望

新中国成立70年来，高校思想政治教育从无到有、从初创到成熟，在实践探索、学理体系、工作队伍等方面积累了丰富的成果和经验，站在新的历史起点上，高校思想政治教育要以更宽广的视野和更科学的思维来整体思考和全

局谋划。

(一)丰富中国特色社会主义大学办学治校的内涵

“我国有独特的历史、独特的文化、独特的国情,决定了我国必须走自己的高等教育发展道路,扎实办好中国特色社会主义高校。”[18]我们不断增强的道路自信、理论自信、制度自信、文化自信,是扎根中国大地办高等教育、办世界一流大学的坚实基础。新中国成立70年来,高校坚持党的领导,开展思想政治教育,培养了一大批优秀的人才,形成了中国特色社会主义办学治校的鲜明特色。未来,高校思想政治教育的作用将进一步凸显,在实践层面,更加体现党的全面领导,反映党管办学方向,坚定德智体美劳的社会主义合格建设者和可靠接班人的育人目标,在提高大学生思想水平、政治觉悟、道德品质、文化素养方面积累更多宝贵经验,确保党的教育方针政策在高校不折不扣得到贯彻。在理论方面,高校思想政治教育坚持社会主义办学理念和方向,坚持马克思主义指导地位,在汲取习近平新时代中国特色社会主义思想理论滋养的同时,充分发挥思想政治教育作为高校智库的重要作用,在战略研究、政策建言、人才培养、舆论引导等方面发挥积极作用,进一步发挥丰富中国特色社会主义大学的办学内涵,推动中国特色社会主义理论不断创新。

(二)在人才培养体系中构建思想政治教育体系

“人才培养体系涉及学科体系、教学体系、教材体系、管理体系等,而贯通其中的是思想政治工作体系”。加强党的领导和党的建设,加强思想政治工作体系建设,是形成高水平人才培养体系的重要内容,是“办出中国特色世界一流大学、培养社会主义合格建设者和接班人”的三项基础性工作之一[21]。从高校的根本任务角度,高校思想政治教育致力培养德智体美劳全面发展的人才,德育、智育、体育、美育、劳育五者都体现了思想政治教育的功能和内容,形成合力才能完成高校立德树人根本任务。从高校的育人体系角度,高校思想政治教育的政治性,不仅体现在讲政治本身,更融入教书育人、科研育人、实践育人、管理育人、服务育人、文化育人、组织育人的全过程全方位中,贯穿了高校教学、管理、服务各条战线。大学生思想引领,人人都有职责,事事都需纳入。从高校的治理结构角度,高校思想政治教育常态化纳入学校办学治校重要事项,与其他工作一起部署、一起落实、一起检查、一起考核,要在人才培养效果中体现思想政治教育的贡献度,要把对人才培养的贡献作为考核思想政治教育的重要标尺。

(三)着力培养担当民族复兴大任的时代新人

青年是祖国的未来、民族的希望,也是我们党的未来和希望。新中国成立

70 年来取得的成就，与一代代青年投身奋斗密不可分。每一代青年都有自己的际遇和机缘，都要在自己所处的时代条件下谋划人生、创造历史。党的十九大报告明确提出中华民族伟大复兴的中国梦将在一代代青年的接力奋斗中变为现实。实现“两个一百年”奋斗目标，千千万万青年将全过程参与。高校大学生既是中国梦的追梦人，也是民族复兴大任的圆梦人，他们的理想信念、精神状态、综合素质是一个国家发展活力的重要体现，也是一个国家核心竞争力的重要因素，将直接影响中华民族伟大复兴的事业能否实现。高校思想政治教育将更加聚焦于培养时代新人，培养担当民族复兴大任的时代新人就要培养为人民服务、为中国共产党治国理政服务、为巩固和发展中国特色社会主义制度服务、为改革开放和社会主义现代化建设服务的优秀人才。发挥思想政治教育举旗定向和激发动力的突出作用，教育引导大学生在中华民族伟大复兴的历史进程中找到奉献自己的方位，教育引导一代代大学生沿着伟大事业的方向前赴后继，最终实现伟大梦想。

（四）提升思想政治教育科学化水平

高校思想政治教育的科学化水平，体现在理论的系统性和实践的现代性。思想政治教育已经形成了相对完整的知识体系、人才培养体系和学历学位体系，但作为学科建设和发展，相对其他学科还很年轻。一方面，进一步深化思想政治教育理论研究，在遵循思想政治工作规律、教育规律和学生成长规律中不断深化思想政治教育的学理探讨；从中华优秀传统文化、革命文化和社会主义先进文化中汲取文化滋养，形成以文化人、以文育人的理论体系；不断借鉴哲学社会科学以及其他学科的知识体系、研究范式、分析逻辑，丰富和拓展思想政治教育的一般性规律。另一方面，积极开展思想政治教育实践探索，不断更新教育理念，注重问题导向，关注思想热点，适应网络时代，因事而化、因时而进、因势而新开展工作。注重理论与实践的互相转化，使思想政治教育理论成为有效“武器”，更好地指导实践，注重将实践成果和工作经验总结凝练为理论认识。注重队伍建设和学科建设相统一，在学科建设中推进队伍的专业化发展，以队伍的专业化发展提升学科的科学化水平。

（五）健全高校思想政治教育工作质量评价体系

质量评价是高校思想政治教育的重要环节，也是加强和改进工作的重要手段。内容全面、指标合理、方法科学的评价体系，是持续推进高校思想政治教育质量提升的内生动力和重要保障。高校思想政治教育需要进一步树立质量意识，研究质量标准，开展评价工作，形成保障体系，提升思想政治教育质量评价的现代化水平，充分激发高校思想政治教育的生机活力。要在思想政治教育的具体实践中把握工作质量评价，坚持工作评价和效果评估相结合，推动高校思想政治教育制度化建设，坚持定性分析和定量分析相结合，建立高校思想政治教育工作质量保障体系。在高校育人体系和管理体系中把握思想政治教育质量评价，制定开放的、可持续发展的评价指标体系，借鉴吸收面向高校相对成熟的评价的数据和结论，形成可供借鉴和运用的评价成果。在高校内部、社会层面和国家视野中把握思想政治教育工作质量评价，以质量评价推动思想政治教育对办学治校的积极作用，回应人民对美好教育质量的关切，用可视化、可量化、可感知的形式呈现思想政治教育工作成效，以实际行动完成党和国家赋予高校的使命。

参考文献

[1]冯刚，沈壮海. 中华人民共和国学校德育编年史[M]. 北京：中国人民大学出版社，2010.

[2]教育部思想政治工作司组编. 加强和改进大学生思想政治教育重要文献选编(1978—2014)[M]. 北京：知识产权出版社，2015.

[3]中共中央文献研究室. 十四大以来重要文献选编：上[M]. 北京：人民出版社，1996.

[4]中共中央文献研究室. 毛泽东文集：第7卷[M]. 北京：人民出版社，1999.

[5]根据国家需要、集中使用、重点配备和一般照顾的方针；国家统筹分配高等学校毕业生；国务院批准本届高等学校毕业生分配计划并发布指示[N]. 人民日报，1956－08－02.

[6]华北区进行高等学校毕业生分配准备工作[N]. 人民日报，1952－07－05.

[7]全国高等学校在今年暑期中，将有三万四千多人毕业参加建设[N]. 人民日报，1953－07－14.

[8]把高校办成教育和科研中心，国家科委、教育部、农林部联合召开全国高校科研工作会议，总结正反两方面经验，弄清路线是非，讨论工作着重点的转移[N]. 人民日报，1979－02－08.

[9]邓小平. 邓小平文选：第3卷[M]. 北京：人民出版社，1994.

[10]一百万新长征突击手和二十万先进团支部的代表汇集首都：全国新长征突击手先进团支部代表会开幕[N]. 人民日报，1981－11－24.

[11]共青团中央，中共中央文献研究室. 毛泽东邓小平江泽民论青少年和青少年工作[M]. 北京：中央文献出版社，2000.

[12]习近平. 决胜全面建成小康社会夺取新时代中国特色社会主义伟大胜利[M]. 北京：人民出版社，2017.

[13]冯刚,严帅.改革开放40年高校思想政治教育管理的发展历程[J].北京师范大学学报(社会科学版),2019(1):10－12.
[14]冯刚.改革开放以来高校思想政治教育发展史[M].北京:人民出版社,2018.
[15]中共中央文献研究室.毛泽东文集:第6卷[M].北京:人民出版社,1999.
[16]邓小平.邓小平文选:第2卷[M].北京:人民出版社,1994.
[17]石云霞.高校思想政治理论课建设和改革60年回顾与思考[J].思想政治教育,2010(1)3－10.
[18]习近平.把思想政治工作贯穿教育教学全过程开创我国高等教育事业发展新局面[N].人民日报,2016－12－09(1).
[19]习近平.坚持中国特色社会主义教育发展道路 培养德智体美劳全面发展的社会主义建设者和接班人[N].人民日报,2018－09－11(1).
[20]庆祝中国共产党成立95周年大会在京隆重举行[N].人民铁道报,2016－07－12(1).
[21]抓住培养社会主义建设者和接班人根本任务[N].人民日报,2018－05－03(1).
[22]中共中央国务院印发关于加强和改进新形势下高校思想政治工作的意见[N].人民日报,2017－02－28(1).
[23]习近平.谈谈调查研究[N].学习时报,2011－11－21(1).
[24]邓小平.邓小平文选:第1卷[M].北京:人民出版社,1994.
[25]江泽民.在纪念中国共产主义青年团成立八十周年大会上的讲话[N].人民日报,2002－05－16(1).
[26]习近平.用新时代中国特色社会主义思想铸魂育人 贯彻党的教育方针落实立德树人根本任务[N].人民日报,2019－03－19(1).
[27]习近平.在纪念五四运动100周年大会上的讲话[N].人民日报,2019－04－30(1).

论思想政治教育的主体和客体①

余　斌

（中国社会科学院马克思主义研究院）

一、主体间性观点辨

思想政治教育主体是思想政治教育的发起者和实施者。在思想政治教育主体的研究中，主体间性的观点十分突出。有人提出：“教育者和受教育者都是主体，他们都有主体性，这是他们的共同特点……思想政治教育主体间性是教育者与受教育者在实践基础上的有机联系。”[1]主体间性的观点的前提是，人只能是主体而不能是客体。持有这一观点的人可以找出一些马克思主义经典作家关于人是主体的论述作为依据，例如，马克思曾经写道：“无论是劳动的材料还是作为主体的人，都既是运动的结果，又是运动的出发点。”[2]还有人引用过马克思的话：“人始终是主体。”[2]但是，马克思说这话时只是针对“人通过生儿育女使自身重复出现”的情况，是要批评“谁生出了第一个人和整个自然界？”这样的抽象问题，具有挖苦的意味。

事实上，一方面，马克思曾经将人以外的东西也看成主体，例如，他曾经写道：“实际上，价值在这里已经成为一个过程的主体，在这个过程中，它不断地变换货币形式和商品形式，改变着自己的量，作为剩余价值同作为原价值的自身分出来，自行增殖着”[3]，“资本是社会劳动的存在，是劳动既作为主体又作为客体的结合”[4]。这表明，主体不是人的独有属性，从而客体也未必是物的特有属性，进而人也有可能成为客体。另一方面，马克思也的确谈到过人作为客体的情形，例如，他曾经写道：“要使作为人的人成为他自己的唯一现实的客体，他就必须在他自身中打破他的相对的定在，即欲望的力量和纯粹自然的力量”[5]。“人不是同自己的生产条件发生关系，而是人双重地存在着：从主体上说作为他自身而存在着，从客体上说又存在于自己生存的这些自然无机条件之中”[4]。“这种发展使那种成为共同体的基础的、因而也成为每一个客体的个人（即作为罗马人、希腊人等等的个人）的基础的生产方式发生解体”[4]。

---

① 本文为北京高校中国特色社会主义理论研究协同创新中心（中国政法大学）阶段性成果。

由此可见，主体间性的观点的前提并不牢固，人不仅能作为主体，而且能作为客体。马克思曾经指出，危机“甚至会把辩证法灌进新的神圣普鲁士德意志帝国的暴发户们的头脑里去”[3]。在这里，承受灌输的德国暴发户们显然是客体，而不是主体。马克思还有一句非常著名的话是：“理论一经掌握群众，也会变成物质力量。”[2]我们看到，群众是作为宾语出现的，说的是理论掌握群众，而不是群众掌握理论，这也表明群众在这里是作为客体的。实际上，思想政治教育就是要让理论掌握群众，高校思想政治教育就是要让马克思主义理论掌握学生，可见，学生的客体地位是毋庸置疑的。

有人引用习近平同志在学校思想政治理论课教师座谈会上的重要讲话中关于“发挥学生主体性作用”的论述来论证思想政治教育中的主体间性。但是，一方面，发挥学生主体性作用这个说法并不排斥学生是受教育的客体的事实，因为某些客体具有一定的主体性，也是辩证法应有之意；另一方面，习近平同志在谈到“发挥学生主体性作用”时强调的是“要坚持主导性和主体性相统一”[6]，而不是教师的主体性与学生的主体性相统一，从而，习近平同志的重要讲话并不支持一些人提出的思想政治教育主体间性的论证。

当然，教育中的主体间性还是可以存在的。如果一个学生在自学时还主动向老师请教，那么他的请教行为表现出一种教育中的主体间性，但从受教的结果来看，他本人仍然是受教育的客体。如果他只是纯粹地自学，自我教育，那也是他既作为主体又作为客体的一种情况，教育过程中的主客体关系仍然是明确的。因此，发挥学生主体性作用，只是发挥作为具有主体性的客体的主体性作用，学生仍然是客体，尽管是发挥了自身主体性作用的客体。

另一方面，高校思想政治教育中也的确大量存在主体之间的关系，但是这种主体之间的关系不是人们常说的主体间性的关系，它不是存在于或者只是极少地存在于作为教育者的教师和作为受教育者的学生之间，反而大量地或主要地存在于学校与教师，以及教师与教师之间——特别是思想政治理论课教师与专业课教师之间。当思想政治理论课教师讲授马克思主义政治经济学原理，而经济学专业教师却向学生鼓吹反马克思主义的西方经济学时，思想政治教育就会受到专业课教学的干扰，其效果就会大打折扣，因此，完全有必要对专业课教学进行思想政治教育审查，实行思想政治教育责任制，加强思想政治理论课的教师与专业课教师之间的互动，以保证专业课教学不干扰思想政治教育，甚至做到与思想政治教育相辅相成。

二、责无旁贷的主体

习近平同志在学校思想政治理论课教师座谈会上强调：“办好思想政治理论课关键在教师，关键在发挥教师的积极性、主动性、创造性。思政课教师，要给学生心灵埋下真善美的种子，引导学生扣好人生第一粒扣子。”[6] 显然，在高校思想政治教育中，教师无疑是思想政治教育的主体，但这并不意味着只有教师才是思想政治教育的主体。

马克思曾经写道：“国家的真正的‘公共教育’就在于国家的合乎理性的公共的存在。国家本身教育自己成员的办法是：使他们成为国家的成员；把个人的目的变成普遍的目的，把粗野的本能变成合乎道德的意向，把天然的独立性变成精神的自由；使个人以整体的生活为乐事，整体则以个人的信念为乐事。”[5] 这表明，在阶级社会里，国家也是思想政治教育的主体，甚至是最高主体。

当然，国家是由人组成的，其中统治阶级和统治集团是国家的代表。因此，国家作为思想政治教育的主体，就意味着统治阶级和统治集团至少是思想政治教育的主体。实际上，习近平同志早在全国高校思想政治工作会议中就已经指出，“各级党委要把高校思想政治工作摆在重要位置，加强领导和指导，形成党委统一领导、各部门各方面齐抓共管的工作格局。各地党委书记和有关部门党组书记要多到高校走走，多同师生接触，多次去高校做报告，回答师生关注的理论和现实问题”[7]。这表明，各级党委要承担高校思想政治工作的责任，具有领导和指导的职能，各部门也有齐抓共管的责任，从而各级党委和各部门各方面都应当是思想政治教育责无旁贷的主体。习近平同志本人当然更是我国思想政治教育的重要主体。

有人提出，“中国共产党由于通过对思想政治教育组织系统的设置，长期做人民群众的思想政治教育实践工作形成了相应的主体角色定位，具备了主体身份”[8]。例如，中国共产党在革命时期夺取政权之前，也可以是思想政治教育的主体。对此，有人提出，“思想政治教育主体是指为了实现自身的政治目标主导思想政治教育过程，用反映本阶级或政治集团利益和愿望的意识形态，对人们的思想施加有目的、有计划、有组织的影响，以转变其思想，影响其行为，促使其思想行为向着符合一定社会要求的方向变化发展的，一定的阶级或政治集团及其代表或代理人”[9]。不过，这个定义与其说是思想政治教育主体的定义，不如说是思想政治教育的定义，把一个简单的定义弄复杂了。

中国古代《三字经》中曾写道：“养不教，父之过，教不严，师之惰。”这实际上，是把父亲放在教师之前作为教育责任的第一位承担者。因此，哪怕这位父亲没有亲自施教，他也是教育的一个主体。马克思指出，“个体是社会存在物。因此，他的生命表现，即使不采取共同的、同他人一起完成的生命表现这种直接形式，也是社会生活的表现和确证”[2]。未成年人首先是在家庭里生活的，即便是孤儿，也有他（她）的抚养人。从言传身教的角度来看，家庭成员特别是家庭里的长辈，以及抚养人等，在日常生活中表现出来的思想政治意识都会对未成年人产生直接的影响，从而他们都是思想政治教育的主体，尽管他们作为主体发挥作用时可能是不自觉的。正因为如此，思想政治教育不仅是学校的事情，也是社会的事情和家庭的事情。

三、具有客体性的主体

马克思指出："教育者本人一定是受教育的。"[2]有人也曾以此强调主体间性，因为这意味着有另一个主体来作用于教育者。但是，马克思这句话无论如何引申不出教育者要受受教育者的教育这样的意思。这句话中所包含的意思只能这样理解：一方面，教育者本人有一个成长过程。在受教育阶段，受教育者还不是主体，而是教育的客体，成长后可以转换成主体，成为教育者，这时他要教育其他客体。另一方面，可以增加的一个意思是，教育者本人还要受继续教育，从而是具有客体性的主体。

马克思还指出："我们现在假定人就是人，而人对世界的关系是一种人的关系，那么你就只能用爱来交换爱，只能用信任来交换信任，等等。如果你想得到艺术的享受，那你就必须是一个有艺术修养的人。如果你想感化别人，那你就必须是一个实际上能鼓舞和推动别人前进的人。你对人和对自然界的一切关系，都必须是你的现实的个人生活的、与你的意志的对象相符合的特定表现。如果你在恋爱，但没有引起对方的爱，也就是说，如果你的爱作为爱没有使对方产生相应的爱，如果你作为恋爱者通过你的生命表现没有使你成为被爱的人，那么你的爱就是无力的，就是不幸。"[2]显然，思想政治教育的不幸就是主体的思想政治教育没有得到客体的认同，没有使客体成长为同质的主体。而要使思想政治教育得到客体的认同，主体和客体必须是同一个阶级的人，主体本身还必须以身作则，身体力行，成为能够鼓舞和推动客体前进的人。

列宁曾经在《致卡普里学校学员们》的信中指出："在任何学校里，最重要的是课程的思想政治方向。这个方向由什么来决定呢？完全而且只能由教学人员来决定。同志们，你们非常明白，任何'监督'、任何'领导'、任何'教学大纲''章程'等等，这一切对教学人员来说都是空谈。任何监督、任何教学大纲等等，绝对不能改变由教学人员所决定的课程的方向……我再说一遍：学校的真正的性质和方向并不由地方组织的良好愿望决定，不由学生'委员会'的决议决定，也不由'教学大纲'等等决定，而是由教学人员决定的。如果教学人员一直是完全由新的派别组织那个圈子中的人物来决定，那么，要否认学校的派性就简直是可笑的。"[10]他还告诫学员们对于这个具有派性的学校，"所有这些条件都不以你们的意志为转移。你们是不能改变这些条件的。而这些条件已经预先决定了学校的性质，你们的任何良好的意图和你们委员会的任何决议都决不能改变任何实质"[10]。在这里，列宁明确地把教学人员和学员们区分为主体和客体，甚至表明，面对这样的派性主体，学员们作为客体甚至都无法发挥客体通常能够发挥的一点主体性作用。

列宁的这封信还表明，作为思想政治教育的实施者，教师的主体作用是无可替代和最为重要的。国家也好，政党也好，其他社会团体也好，他们作为思想政治教育的主体要发挥作用，都离不开教师的配合；他们对思想政治教育的领导、规定、监督，他们对教学大纲的设定和对教材的指定，都依赖于教师本人的认可。也正因为如此，中央实施的马克思主义理论研究和建设工程所推出的教材并没有决定中国高校课程的思想政治方向，许多教师的教学内容不仅脱离这些“马工程”教材，有的甚至还进行反面的思想政治教育。

因此，要抓好高校的思想政治教育，首先要抓好高校的教师队伍建设，必须淘汰那些从事反面思想政治教育的教师，尤其是思想政治理论课的教师。对于专业课的教师，如果他是可以替代的，就用思想政治意识合格的教师替代他；如果他是不可以替代的，就对他进行批评教育，转变其思想观念，或者加强教学监督，增加相应的思想政治教育活动，消除其负面的影响。其次，要抓好高校教师的思想政治教育工作，使教育者接受（继续）教育。习近平同志要求，“各地党委书记和有关部门党组书记要多到高校走走，多同师生接触，多次去高校做报告，回答师生关注的理论和现实问题”。就是要求各地党委书记和有关部门党组书记去抓好高校教师的思想政治教育工作，使高校教师成为合格的，即能履行党的思想政治教育方针的主体。高校教师也必须明确自己是具有政治责任的教师，也就是具有客体性的主体，不是自由主体，不能自己想怎么进行教育活动就怎么进行教育活动，想向学生们灌输什么内容就灌输什么内容，而是必须严格按照党的教育方针从事教育活动，必须在思想政治教育活动中自觉接受党和政府的领导和人民群众的监督。

只有这样，高校教师才会主动地履行思想政治教育主体的职能，按照习近平同志的重要讲话精神，去“加大对学生的认知规律和接受特点的研究，发挥学生主体性作用”。只有这样，高校教师才会“不断增强思政课的思想性、理论性和亲和力、针对性”。只有这样，高校教师才会主动地去“学原著、读原文、悟原理”，不断增强自己的马克思主义理论水平，“以透彻的学理分析回应学生，以彻底的思想理论说服学生，用真理的强大力量引导学生”[6]。

四、发挥客体的主体性作用

思想政治教育的客体是思想政治教育的承受者，或者说是思想政治教育的实施对象。有些人把思想政治教育的内容作为客体，以便让承受者可以作为主体，以支持主体间性的观点。这相当于混淆了作为生产资料使用的工具和作为制造工具的生产结果，即商品的工具。这种做法只适合编写思想政治教育教材的作者，在这个作者手里，思想政治教育的内容可以是他作用的客体，但是，在面对面实施思想政治教育的师生之间，思想政治教育的内容只是主体作用于客体的工具。

思想政治教育的客体可以只是被动地承受思想政治教育，比如中国贫苦农民在国民党政府抓壮丁时面临政府剿灭共匪的宣传时；也可以发挥主体性作用，主动地接受思想政治教育，比如中国翻身农民在接受共产党政府报名参军的宣传时。

中国共产党历史上最成功地发挥客体的主体性作用的思想政治教育工作是解放战争时期的诉苦整军运动。上台诉苦的解放战士即参加解放军的国民党军俘虏，既是作为思想政治教育的客体在台上诉苦，同时又发挥了主体性作用对台下其他解放战士起到了培养阶级意识的思想政治教育的作用。相比之下，列宁要求“用先进工人的影响去教育和提高‘粗工’”“依靠群众，通过先进分子教育他们”[11]。也是发挥先进分子在思想政治教育上的主体性作用。今天，在高校思想政治教育工作中，同样需要发挥学生党员、学生团员和学生入党积极分子等的主体性作用，这也要求学生党员和学生干部，必须是学生中真正有影响力的先进分子，而不是一些关系户。

目前有些学生——实际上一直以来都有这个现象，对教师在课堂上进行的反面思想政治教育不满，予以举报。这种举报正是学生们发挥客体的主体性作用的体现，是学生们“积极参与思想政治教育活动和接受思想政治教育”的体现。但是，这种做法，被一些人称为告密，认为是不道德的。这是这些人缺乏思想政治意识的表现，或者说是这些人具有敌对的思想政治意识的表现。我们要保守的是有利于无产阶级事业、维护无产阶级利益的秘密，而对于损害无产阶级利益和中国特色社会主义道路的秘密则要无情地加以揭露。事实上，任何需要实施监督的地方，都需要消除相应的秘密，都需要所谓的告密，否则就谈不上监督。害怕告密，企图逃避监督，只能表明这些人的行为具有不可告人的目的，从而表明他们的行为绝对不是光明正大的行为，必然是损害人民群众的根本利益，是需要加以清除的行为。

在发挥学生主体性作用方面，习近平同志还提出，“要坚持灌输性和启发性相统一，注重启发性教育，引导学生发现问题、分析问题、思考问题，在不断启发中让学生水到渠成得出结论”[6]。事实上，恩格斯也曾类似地告诫在美国的德国人如何教育美国人，他在致弗洛伦斯·凯利－威士涅威茨基的信中写道：“我们的理论是发展着的理论，而不是必须背得烂熟并机械地加以重复的教条。越少从外面把这种理论硬灌输给美国人，而越多由他们通过自己亲身的经验（在德国人的帮助下）去检验它，它就越会深入他们的心坎。”因此，在加强学生们的理论学习的同时，还需要加强学生的社会实践活动，以便学生们能够通过自己亲身的经验，在教师的引导和启发下，不仅水到渠成地得出结论，而且还能检验它。

参考文献

[1]张耀灿，刘伟. 思想政治教育主体间性涵义初探[J]. 学校党建与思想教育，2006(12)8－11.

[2]中共中央马克思恩格斯列宁斯大林编译局. 马克思恩格斯文集：第1卷[M]. 北京：人民出版社，2007.

[3]中共中央马克思恩格斯列宁斯大林著作编译局. 资本论：第1卷[M]. 北京：人民出版社，2004.

[4]中共中央马克思恩格斯列宁斯大林编译局. 马克思恩格斯文集：第8卷[M]. 北京：人民出版社，2009.

[5]马克思，恩格斯. 马克思恩格斯全集：第1卷[M]. 中共中央马克思恩格斯列宁斯大林著作编译局，译. 北京：人民出版社，1956.

[6]习近平. 用新时代中国特色社会主义思想铸魂育人 贯彻党的教育方针落实立德树人根本任务[N]. 人民日报，2019－03－19(1).

[7]习近平. 把思想政治工作贯穿教育教学全过程开创我国高等教育事业发展新局面[N]. 人民日报，2016－12－09(1).

[8]李平贵，王迪. 党的思想政治教育主体地位初探[J]. 社科纵横，2018，33(10)：29－34.

[9]刘立华. 论思想政治教育主体的确定和分类[J]. 社科纵横，2012(1)147－149.

[10]列宁. 列宁全集：第45卷[M]. 中共中央马克思恩格斯列宁斯大林著作编译局，译. 北京：人民出版社，1990.

[11]列宁. 列宁全集：第60卷[M]. 中共中央马克思恩格斯列宁斯大林著作编译局，译. 北京：人民出版社，1990.

新时代思想政治教育研究

人民性是习近平新时代中国特色社会主义思想的最基本特征

李春华

（中国社科院马克思主义研究院）

“人民”这个词，是马克思主义的标识，是中国共产党的标志。当我们一说到马克思主义，一说到中国共产党，就会想到“人民”这个词，就会想到马克思主义是人民的理论，中国共产党是为人民的党，是为人民幸福谋利益、全心全意为人民服务的党。习近平新时代中国特色社会主义思想是马克思主义与中国实际相结合的又一次伟大飞跃，所以，它既是21世纪中国的马克思主义，同时又是对马克思主义和中国特色社会主义理论体系的继承和发展，因而具有马克思主义及其中国化马克思主义所具有的鲜明特征。其中，人民性就是最基本的特征，是这一理论的精髓、灵魂、核心。正确理解习近平新时代中国特色社会主义思想人民性特征，尤其是在实践中如何落实这一理念和原则尤为重要。理解好人民性这一特征，无论对于从理论上把握好习近平新时代中国特色社会主义思想，还是在实践中贯彻和落实好习近平新时代中国特色社会主义思想，都具有非常重要的意义。

一、习近平新时代中国特色社会主义思想人民性的内涵及其依据

只有理解习近平新时代中国特色社会主义思想人民性的主要内容，才能对习近平新时代中国特色社会主义思想的人民性有一个整体把握。同时，习近平新时代中国特色社会主义思想具有人民性的特征，是具有客观依据的，第一，人民性是马克思主义政党区别于其他政党的显著标志；第二，人民性是马克思主义理论最鲜明的品质。

（一）习近平新时代中国特色社会主义思想人民性的内涵

习近平新时代中国特色社会主义思想人民性的主要内容，可以概括为“人民情怀、人民立场、人民主体、人民幸福、人民力量、人民检验”六个方面。

1. 人民情怀：亲民、爱民、为民的情怀

情怀，是人发自内心深处的一种感情。一个人可以有情怀有温度，一种思想也可以有情怀有温度。学习习近平新时代中国特色社会主义思想，我们会感受到一种温暖之情、关怀之情、爱戴之情。习近平新时代中国特色社会主义思想的情怀，是中国共产党与人民水乳交融的鱼水深情的体现。

党的十八大以来，习近平总书记多次到基层考察调研，足迹踏遍中国大江南北，深入干部群众之中，问寒问暖，亲切交谈。他心中时刻牵挂着广大人民群众，他多次表示自己最大的心愿，就是要让人民群众有更多的获得感，让人民生活更加幸福美满。党的十九大报告系统阐释了习近平新时代中国特色社会主义思想，报告共 3 万多字，“人民”二字出现了 200 多次。2018 年 3 月 20 日，习近平总书记在第十三届全国人民代表大会第一次会议上发表重要讲话，讲话仅 4 000 多字，就有 84 次提到了“人民”。中国共产党对人民的深厚情感，让许多外国媒体深为感慨，“最重要的是中国共产党与人民之间的关系，时刻将人民利益放在首位，明白人民真正的需求是什么，这样才能制定正确的、有利于人民的政策，才能取得真正的成果”。

习近平总书记时刻把人民群众的冷暖安危放在心上，对人民充满挚爱和深情，心系人民，牵挂人民，与人民心连心、同呼吸、共命运，感受着人民的感受，快乐着人民的快乐，幸福着人民的幸福，同样，也忧愁着人民的忧愁，把人民疾苦时刻放在心上，与人民心心相印、同甘苦、共患难。不仅如此，习近平总书记强调，要敢于为民担当，把解决人民疾苦作为自己的使命。习近平总书记指出，我们一定要始终与人民心心相印、与人民同甘共苦、与人民团结奋斗，夙夜在公，勤勉工作，努力向历史、向人民交出一份合格的答卷。在党的十九大报告中，习近平总书记指出：“党的一切工作必须以最广大人民根本利益为最高标准。我们要坚持把人民群众的小事当作自己的大事，从人民群众关心的事情做起，从让人民群众满意的事情做起，带领人民不断创造美好生活！”习近平总书记这种亲民、爱民、为民的情怀，构成了习近平新时代中国特色社会主义思想的一个鲜明特征。

2. 人民立场：一切为了人民的价值取向

人是有意识和目的的存在物，所以人所做的一切都有目的性和价值取向。人民性体现了习近平新时代中国特色社会主义思想的鲜明立场和价值取向，从根本上回答了“为了谁”的问题，那就是站在人民的立场上，为人民说话、为人民做事，一切以人民的需要为“想问题、做事情”的出发点和归宿。习近平总书记指出：“人民立场是中国共产党的根本政治立场。”我们党作为中国工人阶级的先锋队，其性质和使命决定了党始终代表中国最广大人民的根本利益。

中国共产党除了工人阶级和最广大人民群众的利益，没有自己特殊的利益。坚定地站在最广大人民利益的立场上，忠实地代表最广大人民的根本利益，时刻牢记全心全意为人民服务的宗旨，这是中国共产党的本质特征，是无产阶级政党区别于其他政党的根本优势，也是能够得到人民信赖、拥护和支持，取得一个又一个胜利的最重要原因。从人民的根本利益出发，代表最广大人民群众利益，一切为了人民、一切依靠人民，永远是马克思主义政党和无产阶级政党的人生观和价值取向，当然也是习近平新时代中国特色社会主义思想的鲜明立场和价值取向。习近平总书记的论述处处都体现着人民立场，比如“坚持以人民为中心”“坚持人民当家作主”“坚持在发展中保障和改善民生”“满足人民过上美好生活的新期待”。2018 年 3 月 20 日，习近平总书记在第十三届全国人民代表大会第一次会议上的讲话中指出：“一切国家机关工作人员，无论身居多高的职位，都必须牢记我们的共和国是中华人民共和国，始终要把人民放在心中最高的位置，始终全心全意为人民服务，始终为人民利益和幸福而努力工作。”这些论述都深深体现了习近平新时代中国特色社会主义思想的人民立场和价值取向。

3. 人民主体：一切权力属于人民

人民当家作主是中国特色社会主义民主政治的本质特征和核心要求。人民当家作主就是要实现人民在国家政治生活和社会生活中的主体性和主人翁地位。在中国共产党领导的社会主义国家，一切权力属于人民，决不能依据地位、财富、关系分配政治权力！我国人民民主专政的本质是人民当家作主，在我国，党、国家和人民的利益根本上是一致的。习近平总书记指出，“我们要坚持国家一切权力属于人民的宪法理念，最广泛地动员和组织人民依照宪法和法律规定，通过各级人民代表大会行使国家权力，通过各种途径和形式管理国家和社会事务、管理经济和文化事业，共同建设，共同享有，共同发展，成为国家、社会和自己命运的主人”。他还指出，“民主不是装饰品，不是用来做摆设的，而是要用来解决人民要解决的问题的。人民当家作主是社会主义民主政治的本质和核心。人民民主是社会主义的生命。没有民主就没有社会主义，就没有社会主义的现代化，就没有中华民族伟大复兴。我们必须坚持国家一切权力属于人民，坚持人民的主体地位”。这些论述，充分体现了习近平新时代中国特色社会主义思想人民性的重要内容。

4. 人民幸福：把实现人民幸福作为党的奋斗目标

带领人民创造美好生活，实现人民对美好生活的向往，是习近平新时代中国特色社会主义思想的鲜明主题。习近平总书记反复强调，人民对美好生活的向往，就是我们的奋斗目标。“共产党就是为人民谋幸福的，人民群众什么方面感觉不幸福、不快乐、不满意，我们就在哪方面下功夫，千方百计为群众排忧解难。”

党的十九大明确指出，中国特色社会主义进入新时代，我国社会主要矛盾已经转化为人民日益增长的美好生活需要和不平衡不充分的发展之间的矛盾。进入新时代，我们党要着力解决这一主要矛盾，不断满足人民美好生活的需要，进一步增强人民群众获得感、幸福感、安全感。我们要实现的人民幸福是全体人民的幸福，因此，共同富裕是社会主义的最终目标。习近平总书记指出，我们追求的发展是造福人民的发展，我们追求的富裕是全体人民共同富裕。全面建成小康社会，一个不能少，共同富裕路上，一个不能掉队。要自觉用新发展理念统领发展全局，着力破解发展不平衡不充分问题，不断满足人民日益增长的美好生活需要。扶贫要同扶智与扶志结合起来，大力弘扬“幸福都是奋斗出来的”理念，鼓励人民群众艰苦奋斗、勤劳致富、守法经营，通过自身努力创造美好幸福生活。习近平总书记带领全党全国人民将一大批惠民举措落地实施，按照“脱真贫、真脱贫”的要求推进脱贫攻坚战，以坚持共同富裕的基本原则为引领，逐步实现使人民获得感、幸福感、安全感，更加充实、更有保障、继续可持续的发展目标。

5. 人民力量：一切依靠人民

马克思主义唯物史观揭示了人民是历史的创造者，是推动社会发展进步的主体力量。无论是在革命、建设还是改革中，我们党都始终紧紧依靠人民群众，没有人民的支持就没有我们的胜利。习近平新时代中国特色社会主义思想，继承和发展了马克思主义人民创造历史的唯物史观。党的十九大报告指出：“人民是历史的创造者，是决定党和国家前途命运的根本力量。”新时代，人民始终是推进中国特色社会主义建设的主体力量。我们要继续深化改革，取得各项事业的成功，依靠的依然是人民的力量。正如习近平总书记强调的，必须坚持以人为本，尊重人民主体地位，发挥群众首创精神，紧紧依靠人民推动改革。没有人民支持和参与，任何改革都不可能取得成功。

紧紧依靠人民，构成了习近平新时代中国特色社会主义思想的一个重要内容。坚持以人民为中心，发展依靠人民，就要求我们必须始终坚持贯彻群众路线，紧密联系群众，从群众中来到群众中去，充分发挥人民群众的主体地位，充分发挥人民群众的首创精神，尊重人民所表达的意愿、所创造的经验、所发挥的作用，向人民学习，吸取广大人民的智慧和力量。

6. 人民检验:人民是阅卷人

习近平新时代中国特色社会主义思想的人民性,不仅体现在我们党的一切工作出发点和落脚点是人民,而且表现在我们党的各项工作最后的结果也由人民来评判、人民来检验。坚持由人民群众评判,就是把人民群众满意作为检验工作的第一标准,让群众真满意而不是“被满意”,使党和人民的事业始终体现群众意愿,经得起实践、人民和历史的检验。

习近平总书记指出,要让人民有更多获得感,“检验我们一切工作的成效,最终都要看人民是否真正得到了实惠,人民生活是否真正得到了改善,人民权益是否真正得到了保障”。他提出时代是出卷人,我们是答卷人,人民是阅卷人,“把是否促进经济社会发展、是否给人民群众带来实实在在的获得感,作为改革成效的评价标准”。改革的目的和宗旨就是“让人民群众有更多获得感”,把人民拥护不拥护、赞成不赞成、高兴不高兴、答应不答应作为衡量一切工作得失的根本标准,用此来审视、判断、处理改革中遇到的问题,真正将以人民为中心的发展思想体现在治国理政的全部活动之中。

(二)习近平新时代中国特色社会主义思想人民性的根据

习近平新时代中国特色社会主义思想具有人民性的特征,是有客观依据的:第一,人民性是马克思主义政党区别于其他政党的显著标志;第二,人民性是马克思主义理论最鲜明的品质。下面,我就把这两点再简单梳理一下。

1. 人民性是马克思主义政党区别于其他政党的显著标志

从阶级属性的角度讲,共产党是无产阶级的政党,它没有自身的特殊利益,无产阶级的利益和全人类实现自由而全面的发展是相一致的。马克思、恩格斯在《共产党宣言》中庄严宣告:“过去的一切运动都是少数人的或者为少数人谋利益的运动。无产阶级的运动是绝大多数人的、为绝大多数人谋利益的独立的运动。”共产党人“没有任何同整个无产阶级的利益不同的利益”。共产党的这种利益立场,决定着共产党必然不同于人类社会的其他一切政党。共产党与资产阶级政党有着本质的区别,资产阶级政党代表着资产阶级利益,而无产阶级政党代表的是人民的利益。对于共产党而言,实现全人类的解放,实现人类自由而全面的发展,是其始终不变的伟大历史使命和矢志不渝的坚定信仰。

中国共产党是根据马克思主义的建党学说建立的,它必然具有以上的特征,为绝大多数人谋利益,坚持党的根本宗旨。坚持人民利益高于一切,以人民为中心,以全心全意为人民服务为宗旨,成为中国共产党人的最高追求。因此，人民性是中国共产党的核心特质和根本特征，是区别于其他政党的本质特征和根本优势。党的十九大修订的党章规定：坚持全心全意为人民服务。党除了工人阶级和最广大人民群众的利益，没有自己特殊的利益。党在任何时候都把群众利益放在第一位。人民性是我们党成立至今始终坚持的核心特质，一部中国共产党的历史就是为人民解放、人民幸福而奋斗的历史。这一点我们可以从中国共产党的历史发展中充分体会到。

十月革命一声炮响，给中国送来了马克思列宁主义。在马克思列宁主义同中国工人运动的结合过程中，1921 年中国共产党应运而生。从此，中国人民谋求民族独立、人民解放、国家富强、人民幸福的斗争就有了主心骨，中国人民在精神上由被动转为主动。中国共产党始终坚持人民本位，从全国大局出发，坚持最广泛的统一战线，调动各阶级阶层的积极性，团结一切可以团结的力量，以实现民族独立、人民解放。

新中国成立后，人民站了起来，追求更美好的生活，建设强大的国家成为人民最迫切需要，领导中国人民努力探索，为中国特色社会主义的发展奠定了坚实的基础、提供了宝贵的经验。改革开放后，我们党把工作中心转移到经济建设上，努力让人民富裕起来成为中国共产党进行改革开放的一个动力，发展社会主义市场经济，完善各项制度。党的十八大以来，以习近平同志为核心的党中央，时刻牢记全心全意为人民服务的宗旨，坚持立党为公、执政为民，切实把实现好、维护好、发展好最广大人民的根本利益作为自己的出发点和落脚点，以人民美好生活需求为目标，不断深化改革，向全面实现小康社会迈进，党始终与人民群众风雨同舟，依靠人民的智慧和力量，率领人民在实现中华民族伟大复兴梦想的道路上阔步前进，取得了前所未有的成就。从中国共产党的历史来看，中国共产党就是一个全心全意为人民服务的党，中国共产党之所以能够取得这样的伟大成就，也在于他从根本上代表人民利益，能够得到人民群众的支持。

2. 人民性是马克思主义理论最鲜明的品质

习近平总书记指出："人民性是马克思主义最鲜明的品格。"在"纪念马克思诞辰 200 周年大会"上的讲话中，习近平总书记回答了什么是马克思主义，他把马克思主义概括为四个方面：马克思主义是科学的理论，马克思主义是人民的理论，马克思主义是实践的理论，马克思主义是不断发展的开放的理论。其中，人民性是作为马克思主义的一个重要特征提出来的。那么，作为马克思主义继承与发展的习近平新时代中国特色社会主义思想，当然也具备这一特征，因为二者是一脉相承的。

在人类历史上，第一次真正站在人民的立场上探求人类自由解放之路，创立指导人民解放的科学体系就是马克思主义。恩格斯在《在马克思墓前的讲话》论著中指出："正像达尔文发现有机界的发展规律一样，马克思发现了人类历史的发展规律，即历来为纷繁复杂的意识形态所掩盖着的一个简单事实：人们首先必须吃、喝、住、穿，然后才能从事政治、科学、艺术、宗教，等等……不仅如此，马克思还发现了现代资本主义生产方式和它所产生的资产阶级社会的特殊的运动规律。"这就是我们非常熟悉的马克思的两大发现：唯物史观和剩余价值学说。这一科学体系揭示了人类社会发展的基本规律，阐明了人类解放的基本途径。

马克思主义唯物史观的创立是人类历史思想史上的伟大变革，它在人类历史的发展过程中第一次揭示了人民群众是历史的真正创造者，是推动社会进步的决定力量。相反，历史唯心主义则主张英雄史观，夸大英雄、帝王将相的作用，认为少数天才人物的意志决定历史的发展。马克思主义唯物史观揭露了英雄史观的唯心主义本质，将唯心史观长期统治社会历史领域的状况颠倒过来，实现了人类思想史上的伟大变革。

中国人民最终选择了马克思主义，选择了揭示人类社会发展本质及其规律的科学理论的马克思主义，将马克思主义同中国具体实际相结合，探索出了适合中国国情的解放之路，并在与中国具体实际相结合的过程中推动了理论的飞跃，形成了中国化的马克思主义，这就是毛泽东思想和中国特色社会主义理论体系，而习近平新时代中国特色社会主义思想，则是马克思主义同中国实际相结合的又一次伟大飞跃，是21世纪的马克思主义。因此，习近平新时代中国特色社会主义思想继承了马克思主义人民性的特征，具有人民性的特质。

习近平总书记指出："马克思主义是人民的理论，第一次创立了人民实现自身解放的思想体系。"习近平总书记多次强调，要坚持马克思主义基本原理，特别要坚持马克思主义唯物史观的基本观点和基本方法。党的十八大以来，习近平总书记主持中央政治局集体学习，其中就有三次是专题学习辩证唯物主义、历史唯物主义和马克思主义政治经济学基本原理和方法论。习近平总书记指出："人民是历史的创造者，群众是真正的英雄。人民群众是我们力量的源泉。"这些论述，都一脉相承、一以贯之地体现了马克思主义人民性的特质。

二、唯物史观视域下人民概念的内涵和外延

对人民概念的理解，直接关系到在实践中如何贯彻以人民为中心的发展思想以及如何践行习近平新时代中国特色社会主义思想的人民性。

（一）人民概念的演变

什么是人民？这个词好像是不证自明的，好像是大家都知道的事情。有人说，人民是大多数人，是老百姓，是人民群众，是穷人，是受压迫者，等等。但实际上，这些理解都不是很准确。

人民一词古今中外已有。在我国古代，“人”与“民”是分开使用的。“人”与“民”的含义是不同的。《说文解字》指出，人，天地之性最贵者也。《礼记·礼运》里说：“人者，其天地之德，阴阳之交，鬼神之会，五行之秀气也。”意思是：“人”是与“自然”相对应的，是指人这个生物体，是一个有思想、有文化、受过教育、社会化了的个体，是万物中最为杰出的存在，是万物之灵。那么“民”字呢？“民”字是“尸”和“氏”结合起来的，其意思就是“本地常住人口”或者“土著”。“民”字相对于君而言，“民”在古代主要指社会最底层的人，比如我们常说的众人、庶民、黎民百姓等。总体来说，古代的“人”与“民”是两个概念，是有对立关系的。人为官吏，民为众庶，“民”所对应的是国家和君主，主要指社会最底层的百姓、普通百姓，是为统治者“人”来服务的。当然，中国古代也有“民贵君轻”的思想，如孟子的“民为贵，社稷次之，君为轻”。但实际上，在我国古代社会，在统治者眼中，民就是臣民，甚至有刁民的含义。

在西方，柏拉图、亚里士多德等人都使用过人民概念，但他们所指的和我国古代所指的含义有很大不同，他们所指的是奴隶主和自由民，不包括奴隶。近代以来，人民的概念在西方被广泛地使用，但往往与公民、国民等词混用，泛指社会的一切成员。这与我们现在使用的人民的概念有很大区别。

（二）马克思主义语境下人民概念的科学内涵

人民的概念，在哲学社会科学的很多学科中都使用，如政治学、法学等，其含义比较复杂。目前，在中国语境下使用的人民概念，主要是指在马克思主义语境下，与中国共产党的性质、宗旨、初心密切相关的一个概念。也就是我们常说的以人民为中心、为人民谋幸福，等等。我们要用马克思主义的基本立场观点和方法来分析。

历史唯物主义的一个基本观点。人民群众有两个规定性：一是数量上的，要有一定数量的人；二是质量上的，也就是说多数人的活动，一定是对人类社会的历史起推动作用、具有促进作用的进步的社会力量。1942 年 5 月，毛泽东同志在《在延安文艺座谈会上的讲话》中指出：“那么，什么是人民大众呢？最广大的人民，占全人口百分之九十以上的人民，是工人、农民、兵士和城市小资产阶级。”1949 年 6 月，毛泽东同志在《论人民民主专政》中指出：“人民是什么？在中国，在现阶段，是工人阶级，农民阶级，城市小资产阶级和民族资产阶级。”1957 年 2 月，毛泽东同志在《关于正确处理人民内部矛盾的问题》中指出：“人民这个概念在不同的国家和各个国家的不同的历史时期，有着不同的内容。拿我国的情况来说，在抗日战争时期，一切抗日的阶级阶层和社会集团都属于人民的范围，日本帝国主义、汉奸、亲日派都是人民的敌人。在解放战争时期，美帝国主义和它的走狗即官僚资产阶级、地主阶级以及代表这些阶级的国民党反动派，都是人民的敌人；一切反对这些敌人的阶级、阶层和社会集团，都属于人民的范围。在现阶段，在建设社会主义的时期，一切赞成、拥护和参加社会主义建设事业的阶级、阶层和社会集团，都属于人民的范围；一切反抗社会主义革命和敌视、破坏社会主义建设的社会势力和社会集团，都是人民的敌人。”

从马克思主义唯物史观关于人民群众的基本原则，以及毛泽东同志关于人民概念的经典论述中，我们可以给人民下一个定义：人民，是指在一定历史条件下，在社会人口中占大多数、顺应历史发展、推动历史进步的阶级、阶层和社会集团的总和。实际上，这短短的一句话却有着非常丰富的内容。我从四个方面简单阐述一下。

其一，阶级性。阶级性是人民概念的本质属性，这是我们分析人民概念的前提和基础。现在有一种倾向是淡化阶级性，主张全民人民，这一观点在理论上是不正确的，也是不符合实际的。从上面我们讲的人民的定义中可以看出，阶级、阶层和社会集团是主题词，前面的都是它的定语。那么，什么是阶级？所谓阶级，就是这样一些集团，这些集团在历史上一定社会生产体系中所处的地位不同，对生产资料的关系不同，在社会劳动组织中所起的作用不同，因而领得自己所支配的那份社会财富的方式和多寡也不同。

阶级的定义，实际上阐明了阶级是怎样划分的。阶级划分的标准实际上是经济标准，也就是要看它在社会生产体系中或者在生产关系中对社会生产资料的占有情况是什么样的，在社会劳动组织中起到的作用是什么样的，以及最后分配已取得的劳动成果是什么样的，这是马克思主义的一个基本观点，也是马克思主义坚持物质第一性、坚持生产关系是社会基础观点的表现。

社会上客观存在着不同阶级，这是一个客观事实，也构成了人民的一个基础性内容，构成了人民的基本成分。人民是以阶级为基础存在的，这是一个前提。所以，那种否定人民的阶级属性的，也就否定了人民。在任何社会，人民都不是社会的全体成员，因此，全民人民是不可能的。在特定的历史条件下，为了反对共同的敌人，相互对立的阶级可能会结成暂时的联盟，也就是统一战线，但是这个联盟不是一块铁板。一旦革命胜利后，这个联盟就会破灭。也就是说，本来对立的阶级矛盾就会显露出来。因为这个联盟内部本身就存在阶级矛盾和阶级对立，只不过是被暂时掩盖了，并不是不存在。

总之，在一定历史条件下，剥削阶级可以成为人民群众的组成部分，但在任何历史条件下，劳动人民永远是构成人民群众的主体部分。在剥削阶级社会中，被剥削被压迫的劳动群众是人民的主体部分或基本成分；在消灭剥削阶级之后，比如在我国已经建立公有制的条件下，在生产资料是全体人民占有的情况下，剥削阶级作为一个完整的阶级不存在了，人民是国家真正的主人，在这种情况下，人民是指除了极少数犯罪分子之外的全体社会成员。因此，人民具有鲜明的阶级属性。

其二，群体性。这是相对于个人而言的。人民，不是指少数人，更不是指个人，英雄、伟人、领导者，等等。尽管他们的作用很大，但个人无法推动历史前进，其作用再大也必须通过人民群众才能发挥出来。当然，马克思主义从来不否认杰出人物在历史中的作用。但是，我们要正确理解人民群众与杰出人物在历史发展中的关系，不能夸大个人在历史上的作用。

在这个问题上也存在一些模糊的认识。比如有人认为，人民公仆、为人民服务都是对领导干部而言的，普通人不存在这个问题。这个理解也是不正确的。党的七大把全心全意为人民服务正式写入党章，作为党的根本宗旨。毛泽东同志在很多地方都提到过为人民服务。但是，最被大家熟知的是 1944 年毛泽东同志在追悼张思德同志的大会上的讲演中提到的为人民服务。毛泽东同志指出："我们这个队伍完全是为着解放人民的，是彻底地为人民的利益工作的。张思德同志就是我们这个队伍中的一个同志。人总是要死的，但死的意义有不同。中国古时候有个文学家叫作司马迁的说过：'人固有一死，或重于泰山，或轻于鸿毛。'为人民利益而死，就比泰山还重；替法西斯卖力，替剥削人民和压迫人民的人去死，就比鸿毛还轻。张思德同志是为人民利益而死的，他的死是比泰山还要重的。"张思德作为一名普通的战士能为人民服务，其他人也能为人民服务。人民是历史发展的动力，人民是历史的主人，是历史的决定因素。领导人或者个人，只有站在人民中间，作为人民的一部分，才能起到一定作用，如果站在人民之外，或者站在人民之上，就不能参与人民的历史活动，不能起到作用，反而会脱离人民群众。我们讲人民群众与英雄人物在历史进程中的作用时，从执政党的角度来谈党与人民群众的关系，给人一种印象就是英雄人物或执政党的政治精英与人民是有区别的，人民不包含历史人物、英雄人物等，这实际上都是不正确的。在我们的社会，人民当家作主，是国家的主人，我们的领导干部也是人民中的一员，是人民公仆，每个人都要为人民服务，你要为人民服务，他也要为人民服务。

其三，进步性。是不是任何多数的群体都能构成人民？也不是，除了量上的规定性之外，还有质上的规定性，也就是其作用必须是推动人类历史进步的。承认人民的进步性，是历史唯物主义的基本观点。历史唯物主义认为，人民群众是历史的创造者。毛泽东同志曾说，只有人民，才是创造世界历史的动力。因此，人民这一概念蕴含着人类的正义与进步。在纪念中国人民抗日战争暨世界反法西斯战争胜利70周年大会上，习近平总书记高呼："正义必胜！和平必胜！人民必胜！"这实际上就是把人民与正义、和平连在一起了。

因此，人民是相对于落后的、反动的势力而言的。在这里，无论是属于哪个阶级阶层，哪个社会集团，只要是对社会历史发展起进步作用的，都属于人民的范围，而那些逆历史潮流、违背历史发展规律、阻碍社会进步的，都属于人民的敌人。历史上的剥削阶级在取得统治地位之前和之后的一段时间，也可能起到一定的进步作用，这时可以说他们属于人民的范围，但当他们逐步转化为反动没落的社会势力，对社会历史发展起阻碍作用、破坏作用时，他们就是人民的敌人了。

其四，历史性。这是相对于那些把人民理解成抽象性、永恒性的错误观点而言的。在不同的历史时期，人民具有不同的含义，其结构、内在成分是随着历史条件的变化而不断变化的。因此，在不同的历史时期，人民的内涵和外延是不一样的。一切对历史发展起进步作用的阶级、阶层、群体都属于人民范围。在一定历史条件下，推动历史前进的多数人不一定是一个阶级的，而是包括多种成分的。因此，人民范围要根据当时的历史情况来看。

人民概念作为一个历史范畴，表明它具有动态性、相对性、广泛性，是具体的而不是抽象的。在任何历史条件下，人民概念都有相对确定的内容。这要根据当时的历史条件，根据革命要完成的任务，革命的对象来决定。人民概念具有广泛性，但它并不排斥阶级性。现在有一种现象是用公民来取代人民，认为人民是抽象的。这就涉及我们怎样理解人民和公民的关系。人民是一个政治术语，是标明敌我的概念。公民、居民是法律术语。公民，是指具有一个国家的国籍，并根据该国的宪法和法律规定，享有权利并承担义务的一切社会成员；居民，是指固定住在某一地方的人。

那么，人民与公民、居民的区别在哪里？第一，人民是一个集体概念，不能单独使用，对一个人不能说他就是人民，只能说他是人民中的一员；公民、居民是个体概念，可以单独使用，对一个人可以说他是公民或居民。第二，公民比人民的范围大，公民包括全体社会成员，而那些被剥夺政治权利的人是不包括在人民范围内的。因此，人民、公民与居民是有交叉的。有时，人民、公民和居民可以统一在一起，也就是说一个人可以既是人民中的一员，也可以是公民和居民；有时，人民、公民和居民也可能不互相包含。在我国，一般情况下，为人民服务，也就是为公民和居民服务，这时公民、居民和人民的概念是吻合在一起的。

(三)新时代人民概念内涵和外延的拓展

从马克思主义的基本观点来分析,人民是一个历史范畴,它的内容随着社会历史条件的不同而变化。我国现阶段的人民概念达到了空前广泛的程度,也就是说它包含的范围非常广,一切赞成、拥护和参加社会主义建设的阶级、阶层和社会集团,都属于人民范围,包括全体社会主义劳动者(工人、农民、知识分子、新的社会阶层)、拥护祖国统一的爱国者和拥护社会主义的爱国者等。相反的,一切敌视、反抗和破坏社会主义建设的社会势力和社会集团,都是人民的敌人。

在这里,我们要重点理解什么是新的社会阶层。改革开放后,我国实行公有制为主体、多种所有制经济共同发展的基本经济制度,整个社会经济结构发生了巨大变化,社会的阶级、阶层以及社会结构也发生了很大变化,包括阶级内部的构成发生变化、阶层增多以及阶级、阶层的地位发生巨大变化等,不仅原来的工人、农民、知识分子发生了极大变化,而且出现了一个以前阶级、阶层里没有的人群,即新的社会阶层。新的社会阶层,主要包括民营企业和外商投资企业管理的技术人员、中介组织,以及社会组织从业人员、自由职业人员、新媒体从业人员等。在中国共产党领导的社会主义制度下,在遵守我国宪法和法律的前提下,这些新的社会阶层,作为中国特色社会主义的建设者,毫无疑问是现阶段我国人民的重要组成部分,而且这些阶层里的很多人都已经加入了中国共产党。但对于这种现象,很多人也有不同的看法。我们要正视和理解这一客观现象,要从所面对的客观实际出发,正确理解现阶段人民范畴问题。

党的十九大报告强调:“必须认识到,我国社会主要矛盾的变化,没有改变我们对我国社会主义所处历史阶段的判断,我国仍处于并将长期处于社会主义初级阶段的基本国情没有变,我国是世界最大发展中国家的国际地位没有变。全党要牢牢把握社会主义初级阶段这个基本国情,牢牢立足社会主义初级阶段这个最大实际……”这就告诉我们,我们的一切都要从这个最大实际出发。新的社会阶层是时代发展的产物,是改革开放以来新生的社会群体和社会力量,他们得益于改革开放,是推动我国改革开放和社会主义建设的重要社会力量,也是党可以信赖的重要的社会生力军。2018 年 11 月 1 日,习近平总书记在民营企业座谈会上的讲话中强调了“三个没有变”。他说:“在这里,我要再次强调,非公有制经济在我国经济社会发展中的地位和作用没有变!我们毫不动摇鼓励、支持、引导非公有制经济发展的方针政策没有变!我们致力于为非公有制经济发展营造良好环境和提供更多机会的方针政策没有变!”

中国特色社会主义进入新时代,我们仍要坚持两个“毫不动摇”,调动一切积极因素,共同推进中国特色社会主义建设。因此,新的社会阶层属于人民的范畴，我们要团结这些新生力量，为中华民族伟大复兴而团结奋斗。

三、新时代贯彻以人民为中心发展思想的着力点

思想是行动的指南，理念是行动的先导，思想和理念最重要的是能够落到实处，指导我们的实践。学习习近平新时代中国特色社会主义思想，最终要在实践中贯彻落实，指导我们的各项工作。人民至上、以人民为中心，不是抽象的概念，也不是空洞的标签，不能仅仅停留在思想层面而陷入教条主义，也不能停留在口头上而陷入形式主义，而要扎扎实实贯彻落实到各项工作中。

中国共产党成立至今始终坚持以人民为中心的发展思想。《中华人民共和国宪法》规定："中华人民共和国的一切权力属于人民。"《中华人民共和国宪法》强调："人民依照法律规定，通过各种途径和形式，管理国家事务，管理经济和文化事业，管理社会事务。"新中国成立后，我国政府机构以及很多社会组织的名字都有人民两个字，比如中华人民共和国、人民政府、人民代表、人民日报、人民银行、人民币、人民法院，人民警察、人民教师，等等。这不仅仅是名称那么简单，而是人民主体地位的重要体现。当前，我国人民概念具有极其广泛的特点，十三亿多中国人，除了极少数违法犯罪分子不属于人民，其他都属于人民。

（一）坚持从人民的根本利益出发，处理好整体利益、长远利益与个人利益之间的关系

利益分析方法也是马克思主义唯物史观的一个重要方法论。马克思、恩格斯曾说："人们奋斗的一切都与利益相关。"马克思和恩格斯在《神圣家族》中指出："'思想'一旦离开'利益'，就一定会使自己出丑。"习近平总书记指出："党的一切工作，必须以最广大人民根本利益为最高标准。检验我们一切工作的成效，最终都要看人民是否真正得到了实惠，人民生活是否真正得到了改善，人民权益是否真正得到了保障。"

根本利益是与个人利益、眼前利益和局部利益相对而言的，就是指人民的整体利益、长远利益和集体利益。"根本"二字突出了我们党代表的不是某一阶级、阶层或者某个群体甚至是某个个人的利益，而是最广大人民的根木利益，是最广大人民的整体利益和长远利益。人民的整体利益是由各方面的具体利益构成的，在具体利益的分配上，往往会出现矛盾。这就要求我们党在实际工作中必须妥善处理各种利益关系，在兼顾各方面利益的同时，始终将最广大人民的整体利益和长远利益放在首位。

第一，整体利益、局部利益与个人利益之间的关系。整体利益是人民的根本利益，而人民的整体利益是多层次的，相对于上一个层次，下一个层次都属

局部利益。最高层次的整体利益往往表现为国家利益，就是全体人民的根本利益是由党和国家来代表的。地方、单位的整体利益则是一个地方或一个单位人民群众的根本利益。地方又分若干层次：一个地方、一个单位人民群众的整体利益，相对于本地、本单位来说是整体利益，相对于上一个层次乃至全体人民来说，它又是局部利益。

党要代表人民的整体利益，就必须协调人民内部各种利益关系，努力实现人民整体利益、局部利益和个人利益的统一。对于人民的整体利益、局部利益、个人利益的关系，我们要注意运用经济、法律、行政等手段协调好各种利益关系，制定的具体政策、措施，既要满足整体利益的要求，同时又要满足局部利益和个人利益的要求；各项政策在实施上要考虑全局，既不能伤害整体利益，又不能损害局部利益和个人利益，要让每个人都在实现整体利益的过程中各尽所能，各有所获，各得其所，从而达到整体利益、局部利益、个人利益的有机结合。

人民群众的局部利益、个人利益往往表现为非常具体的切身利益。如果忽视或忘记人民群众的切身利益，整体利益就会流于空谈，即使是最好的主张、办法，如果离开了人民群众的切身利益，也不会得到群众拥护。所以，我们必须采取切实可行的措施来满足群众的切身利益，对于生活有困难的人，要采取有效的办法改善他们的生活，从而使人民群众的切身利益得到满足。

人民的整体利益是人民的根本利益，任何时候都不能以实现群众的切身利益为满足而放弃人民的整体利益，必须坚持整体利益至上的原则，当人民的整体利益、局部利益和个人利益发生矛盾的时候，必须遵循整体利益的原则，局部利益服从整体利益，个人利益服从集体利益。我们的党员干部，我们的领导者、管理者，是国家利益、人民利益的代表，要引导人民群众正确认识集体利益、局部利益和整体利益的关系，同时，要运用法律手段纠正和打击侵犯人民整体利益的行为。作为一个地方、一个单位的领导者，代表的是局部利益，在对待利益矛盾时，必须做到局部利益服从整体利益，不能只从自身利益出发，去损害整体利益。要坚决反对本位主义、小团体主义思想。改革开放初期，从国家整体层面来说，我们先发展东部，特别是东南沿海地区，这时西部地区就要做出牺牲，后来我们推进西部大开发，向西部倾斜，也是为了整体利益，这时其他地区也要做出一定的牺牲，这就是从国家整体利益考量的。暂时牺牲局部利益，实际上是为了实现更长远、更大的整体利益。

第二，长远利益、眼前利益与个人利益之间的关系。人民的根本利益不仅是整体利益，也是长远利益。长远利益也就是从根本上满足人民更长远的、整体上的需要，而眼前利益就是那些能马上获得的实惠和好处。满足人民的根本利益，既要考虑整体利益，就是长远利益，同时也不能牺牲人民的眼前利益，要把两者很好地结合起来。俗话说，人无远虑，必有近忧。长远利益是“聪明的远虑”，为了长远的需要，舍弃眼前的某种实惠，这种眼前的实惠和长远的实惠相比，后者可能要大得多。但是，眼前利益是人民群众的切身利益，如果连人民群众的眼前利益都顾不上，人民群众就会对我们失望，我们也会失去人民群众这个基础。因此，党要正确代表人民的长远利益，就必须处理好长远利益和眼前利益的关系，既要为人民办一些眼前看得见摸得着的实事、好事，又要注重人民的长远利益。要在给人民群众解决好眼前利益的同时，为更长远的利益打下基础、做好准备。

有些地区的干部，只顾群众的眼前利益，急功近利，上一些短期的、能够马上出效益的项目，实际上这是为了短期效益而损害了人民群众的长远利益。因此，我们要克服这种短视行为，把长远利益和人民的近期利益更好地结合起来。例如，环保问题。不能为了眼前的经济利益，而不顾环境保护，造成水污染、生态破坏。这就是没有处理好长远利益和眼前利益的关系。环境治理和保护环境，投入是相当大的，还不一定能立竿见影收到成效。有人说，保护环境需要这么大的投入，还不能马上见到成效，不如拿来给老百姓发点实惠的东西，这就是只看到眼前利益而没有考虑长远利益。因此，我们必须摒弃这种短视行为，要考虑人类的长远利益。

（二）处理好不同利益群体之间的关系

当下，在人民根本利益一致的前提下，客观存在着不同群体之间的利益要求不同的现象。在这种情况下，我们就要妥善协调各个利益阶层之间的关系，最大限度地整合不同利益群体之间的利益协调问题。党和政府在制定政策时，要考虑不同阶层、不同方面利益群众的要求。制定政策时，要坚持以最广大人民根本利益为出发点和落脚点，充分考虑和兼顾社会各阶层、各方面群体的利益。

人民都有对美好生活的向往，但人民的范围又非常复杂，他们的要求也是不一样的。不同的利益群体有不同的需要，在幼有所育、学有所教、劳有所得、病有所医、老有所养、住有所居、弱有所扶等方面，富裕群体和贫困群体、城市人群和农村人群，他们的要求就有很大区别。但他们都属于人民范围。因此，坚持以人民为中心的工作理念，就要将这些方面都考虑到。我们要充分考虑各个阶层的不同利益要求，兼顾各个阶层的需要，既要考虑满足人民的基本需求，又要考虑人民需求上的差异性，兼顾不同利益群体的需求。特别要保护弱势群体，在政策上更多地帮助低收入群体，既要体现社会的公平，也要体现社会的正义。

（三）加强对广大干部群众的教育和引导

教育引导广大干部群众正确认识和处理个人利益和集体利益、局部利益和整体利益、眼前利益和长远利益的关系。总体上讲，改革开放给广大人民群众带来了巨大利益，但是，改革不能保证每个社会成员同时同等受益。因此，一方面，我们在制定政策时要最大限度地兼顾不同群体的利益，使广大人民群众共享经济社会发展的成果；另一方面，我们要积极引导广大干部群众自觉地以主人翁意识和高度社会责任感，用长远的眼光看待目前存在的问题和困难，对暂时的困难予以充分的理解，从而形成战胜各种困难和风险的强大合力。

新中国成立70年来
高校思想政治理论课设置的演进及当代启示

徐茂华　李真真

（重庆理工大学马克思主义学院）

习近平强调："思想政治理论课是落实立德树人根本任务的关键课程""我们办中国特色社会主义教育，就是要理直气壮开好思政课，用新时代中国特色社会主义思想铸魂育人"。[1]同时，2018年8月14日，中共中央办公厅、国务院办公厅印发的《关于深化新时代学校思想政治理论课改革创新的若干意见》指出："思政课是落实立德树人根本任务的关键课程，发挥着不可替代的作用。"[2]新中国成立70年来，高校思想政治理论课作为党和国家进行思想政治教育的主渠道、主阵地，其设置也随着中国社会主义的建设改革不断地发展完善。

一、新中国成立70年来高校思想政治理论课程的发展历程

我国高校思想政治理论课程是随着我国社会主义的建设和改革过程不断发展完善的。新中国成立70年来，思想政治理论课程的发展主要有以下几个阶段：

（一）初步建立阶段：新中国成立至"三大改造"完成时期（1949—1956年）

新中国成立到社会主义"三大改造"完成时期，是我国处于新民主主义向社会主义转变的历史时期。在这一时期，高校思想政治教育工作承担着引导广大学生热爱新中国、拥护中国共产党、信仰马列主义、巩固发展人民民主专政的重大使命。因此，党中央总结了革命时期的教育经验、借鉴了苏联高等教育经验的基础上，初步建立了新中国的思想政治理论课程。

在新中国成立之际，《中国人民政治协商会议共同纲领》就指出，要以"适应革命工作、国家建设工作的需要"加强对青年知识分子在思想上的政治教

育。因此,华北人民政府高等教育委员会颁布了《华北专科以上学校一九四九年度公共必修课过渡时期实施暂行办法》,规定专科以上学校公共必修课为辩证唯物论与历史唯物论、新民主主义论、政治经济学。此三门课程作为反映新的政治经济的新教育,对于肃清学生的封建思想,树立科学革命的人生观具有重要意义。1952 年 10 月,教育部根据当时国家的政治任务及要求,为了更好地提升学生的系统理论教育,对全国高等学校政治理论课程做出新的规定(课程安排见表 1)。此时的课程主要系统讲授马克思列宁主义和毛泽东思想。但是“新民主主义论”的政策部分与高级中学三年级开设的“共同纲领”课程内容重复,经济部分与“政治经济学”的新民主主义经济部分重复,故教育部于 1953 年 6 月将“新民主主义论”修改为“中国革命史”。1956 年,中国社会主义“三大改造”基本完成,社会主义制度基本建立,为了提高教学质量,培养学生的思考能力,并使政治理论课能适当与专业结合,9 月颁发了《关于高等学校政治理论课程的规定(试行方案)》,对政治理论课程的规定做出修订(具体内容见表 2)。

新中国成立至社会主义“三大改造”完成时期,新中国的思想政治理论课处于初步建立时期,形成了“52 方案”,但因初步建立,课程内容变动较大。此阶段的思想政治理论课主要是为了让广大学生深入了解学习马列主义、毛泽东思想,促进广大学生社会主义觉悟和科学人生观的建立,同时也对今后的高校思想政治理论课建设提供了宝贵经验、产生了深远影响。

表 1　1952 年“高等学校政治理论”课程

课程名称	学时	年级	备注
新民主主义论	100	一	
政治经济学	136	二	
辩证唯物论与历史唯物论	100	三	综合大学及师范大学(学院)

表 2　1956 年“高等学校政治理论”课程

课程名称	学时	年级	备注
马列主义基础	102(文)/68(理)	一	
中国革命史	136(文)/102(理)	二	
政治经济学	136(文)/90(理)	三	
辩证唯物论与历史唯物论	102(文)/68(理)	四	

（二）探索发展阶段：十年社会主义建设时期（1957—1966 年）

随着社会主义改造的完成，我国进入社会主义建设时期。在此阶段，如何对广大学生进行思想政治教育，培养出一支又红又专的工人阶级知识分子队伍，而引导其成为社会主义建设所需要的各类人才，成为我党当前面临的重要任务。高校思想政治理论课程在此任务下，进入探索发展阶段。

1957 年，由于受到波兰匈牙利事件和国内反右运动的影响，党内不少人对新形势把握不足，对国内阶级斗争形势估计得过于严重，为了提升学生的马克思主义思想水平，教育部于当年 12 月颁发了《关于在全国高等学校开设社会主义教育课程的指示》，规定在全国高等学校各年级普遍开设学习时间为一学年的“社会主义教育”课程，教材为毛泽东的《关于正确处理人民内部矛盾的问题》，每周时间规定为八小时，同时原本应该开设的四门政治课一律停开。此时，高校思想政治理论课演变成了以反右派斗争为中心的政治化教育。随着形势的变化，我国对高校的政治教育工作进行了调整，于 1958 年 4 月颁发的《对高等学校政治教育工作的几点意见（草稿）》提出重新开设“马列主义基础”“政治经济学”“辩证唯物主义与历史唯物主义”，不分年级，一律每周有三四小时的政治课。1961 年，教育部通过对过去三年的高校政治教育工作的考察，为了更好地对学生进行理论和实践统一的马克思列宁主义教育，帮助他们理解马克思列宁主义、毛泽东思想以及党的路线方针政策；引导他们以马列基本原则为指导，去观察问题、研究学问和处理工作，不断地同现代修正主义、资产阶级思想和其他反动思想的影响进行斗争[3]。故当年 4 月颁发了《改进高等学校共同政治理论课程教学的意见》，对课程内容进行了新的修改（具体内容见表 3）。1964 年 7 月至 8 月，中宣部、高教部和教育部联合召开了全国高等学校、中等学校政治课工作会议，会上对政治理论课改革的问题进行了讨论。会议形成的《关于改进高等学校、中等学校政治理论课的意见》，对政治理论课的任务、课程和教材、教学方法的改革、教师队伍的建设和党的领导等问题提出了明确的要求。同时规定高等学校的共同政治理论课除了继续开设“形势与任务”课外，还设置“中共党史”“哲学”“政治经济学”三门课程。

在十年社会主义建设时期，高校思想政治理论课虽经历波折，但在不断地探索发展，形成了“61 方案”。相对于初步建立时期，此时更加注重国内国际形势的变化，新开设了形势与任务课；同时也根据不同的学科设置了不同的课程内容。

表3　1961 年“高等学校共同政治理论”课程

<table>
<tr><th>课程名称</th><th>学时</th><th>年级</th><th>备注</th></tr>
<tr><td>中共党史</td><td rowspan="4">一般不超过课堂总时数的20%（文科各专业）；
一般不超过课堂总时数的10%（理、工、农、医各专业）；</td><td></td><td></td></tr>
<tr><td>马克思列宁主义基础</td><td></td><td></td></tr>
<tr><td>政治经济学</td><td></td><td>理、工、农、医各专业未开设</td></tr>
<tr><td>哲学</td><td></td><td>理、工、农、医各专业未开设</td></tr>
<tr><td>形势与任务</td><td>每周一至二学时</td><td></td><td></td></tr>
</table>

（三）停止徘徊阶段：“文化大革命”开始至十一届三中全会前（1966—1978 年）

随着中国进入“文化大革命”时期，全国所有的学校基本进入停课状态，高校思想政治教育遭到严重破坏，已经建立起来的高校思想政治理论课程也不复存在。由于此时的高校思想政治教育工作的指导思想是以阶级斗争为纲，使得思想政治教育的目标、指导方针被篡改，机制体制遭到了严重摧毁。“斗、批、改”取代了原来的思想政治教育，此时的高校思想政治理论课进入了暗淡的停滞发展期。

（四）恢复调整阶段：改革开放期间（1978—1989 年）

十年“文化大革命”，给初步建立发展的高校思想政治理论课程以致命打击。十一届三中全会后重新确立马克思主义理论在高等教育中的地位具有重要的意义。十一届三中全会至十三届四中全会期间，高校思想政治教育的主要任务是拨乱反正，清除林彪、“四人帮”对学生产生的影响，转变学生的思想，用马克思主义的理论武装学生的头脑，培养用红又专的人才。此时期高校思想政治理论课程处于恢复调整阶段。

1978 年 4 月，全国教育工作会议召开，明确指出了马克思主义理论课在高等教育中的定位，即“马列主义理论课是社会主义各类高等学校的必修课，开设马列主义理论课是新中国区别于旧中国大学的一个重要标志”[3]。同时对马列主义理论课的目的和任务问题做出了说明。因此，教育部在 1980 年 7 月颁发了《改进和加强高等学校马列主义课的试行办法》，对进入改革开放新时期的高校思想政治理论课做出了新的安排，即在全国高校本科开设中国党史、政治经济学、哲学三门课程。1982 年，教育部提出为了实现高等学校培养目标，把学生培养成有革命精神的人才，在高校开设“共产主义思想品德”课程。1984 年 4 月，教育部印发了《关于加强和改进高等院校马列主义理论教育的若干规定》，指出新时期必须加强对高等院校学生的马列主义理论教育，通过帮助学生系统学习马列主义、毛泽东思想，使其确立坚定正确的政治方向，树立无产阶级世界观，从而使其成为有理想、有道德、有文化、守纪律的专门人才[3]。1984 年 11 月教育部又印发了《关于高等学校开设共产主义思想品德课的若干规定》，此时高校思想政治理论课包括“马列主义理论”课程和“共产主义思想品德”课程。1986 年 9 月，为了向全民普及法律常识，国家教委提出向高等学校开设法律基础课。为了适应中国社会主义的建设和发展，推进高校思想政治理论课的教学改革工作，旗帜鲜明地坚持四项基本原则，反对资产阶级自由化，国家教委在 1987 年印发了一系列文件，《关于进一步改革高等学校马克思主义理论课（公开课）教学的意见》《关于高等学校思想教育课程建设的意见》的印发，对高校马克思主义理论课和思想教育课的设置做出新的部署（内容见表 4），即在改革开放新时期具有重要影响的“85 方案”。

在改革开放这一时期，高校思想政治理论课程通过调整恢复，使被“文化大革命”破坏了的课程体系延续了下来，并形成了重要的“85 方案”，对新时期高校思想政治理论课程的发展起到了关键性作用。这一时期的课程增加了邓小平建设中国特色社会主义理论的教育。

表 4　1985—1987 年“马克思主义理论课和思想教育课”

课程名称	学时	年级	备注
中国革命史	各校自行安排时数	一	
中国社会主义建设		二	
马克思主义原理		三	
形势与政策		每学期均开设	必修
职业道德		三	
大学生思想修养		一	因校制宜，有选择地开设
人生哲学		二	
法律基础	30		必修

（五）加强改进阶段：加快改革开放和现代化建设时期（1989—2002 年）

在我国加快改革开放和现代化建设的同时，国内外形势发生了深刻变化。

在改革开放的新形势下，为了更好地适应我国现代化建设的需要，培养社会主义事业可靠接班人，党中央加强了对青年学生的思想政治教育工作。在这一阶段，高校思想政治理论课处于加强改进阶段。

1991 年 8 月，国家教委印发了《关于加强和改进高等学校马克思主义理论教育的若干意见》，指出继续按照 1985 年 18 号文件精神，推进高校思想政治理论课教学改革，此阶段课程形式较为稳定。1994 年 8 月，《中共中央关于进一步加强和改进学校德育工作的若干意见》，提出以邓小平同志建设中国特色社会主义理论作为学校马克思主义理论教育的中心内容。国家教委于 1995 年 10 月印发了《关于高校马克思主义理论课和思想品德课教学改革的若干意见》，第一次将马克思主义理论课和思想品德课简称为“两课”，对课程内容做出规定（见表 5）。11 月份印发的《中国普通高等学校德育大纲》对高等学校德育目标、内容、原则、途径、实施等方面做出了完整的阐述，对于加快改革开放和现代化建设时期的高校思想政治理论课提出更高的要求。党的十五大把邓小平理论确定为党的指导思想，为了促进邓小平理论进教材、进课堂、进学生的头脑，教育部要求普通高校开设“邓小平理论概论”课。1998 年 6 月印发的《关于普通高等学校“两课”课程设置的规定及其实施工作的意见》，形成了“98 方案”（内容见表 6）。2001 年 7 月，教育部《关于普通高等学校“两课”教育教学中贯彻江泽民同志“七一”重要讲话精神的通知》要求将“三个代表”重要思想进课堂、进教材、进学生头脑。

表 5　1995 年“马克思主义理论”与“思想品德教育”（即“两课”课程）

课程名称	学时	年级	备注
马克思主义基本原理	文科类不少于 250 学时；理工农医类不少于 200 学时		
中国特色社会主义建设			
中国革命历史			
世界政治经济与国际关系			文科开设
思想道德修养	85		
法律基础			
形势与政策	每周不少于 1 学时		

表6　1998 年“马克思主义理论”与“思想品德”(即“两课”课程)

课程名称	学时	年级	备注
马克思主义哲学原理	54		
马克思主义政治经济学原理	36(文)/40(理)		
毛泽东思想概论	54(文)/36(理)		
邓小平理论概论	70		
当代世界经济与政治	36		文科开设
思想道德修养	51		
法律基础	34		

加快改革开放和现代化建设时期，高校思想政治理论课形成了“98 方案”，使高校思想政治理论课得到加强和改善，同时在突出了马克思列宁主义、毛泽东思想、邓小平理论一脉相承而又与时俱进的关系的基础上，通过以邓小平理论为中心教学内容，推动邓小平理论的“三进”任务。

(六)规范完善阶段:全面建设小康社会时期(2002—2012 年)

进入 21 世纪后，世界发生了翻天覆地的变化，世界多极化，经济全球化迅猛发展，我国也进入了全面建设小康社会时期。党的十六大的胜利召开，“三个代表”重要思想也被确立为我们党必须长期坚持的指导思想。为了适应新形势、新任务的要求，进一步推进“三个代表”重要思想的“三进”工作，党中央从“培养什么人、如何培养人”的战略高度，对高校思想政治教育做出了新的部署安排。在这一时期，高校思想政治理论课处于规范完善阶段。

2004 年 8 月，中共中央、国务院《关于进一步加强和改进大学生思想政治教育的意见》(16 号文件)出台，对加强和改进大学生思想政治教育的指导思想、原则、任务等进行了全面的论述和要求。2005 年颁发的《关于进一步加强和改进高等学校思想政治理论课的意见》，对新形势下加强改进思想政治理论课的重要性、指导思想和总体要求等进行了说明和阐述。教育部为了更好地贯彻落实中央的意见精神，有针对性地出台了具体的实施方案，新的教学方案，即“05 方案”(内容见表 7)。党的十七大将科学发展观写入党章，为了贯彻学习党的十七大会议精神，推进科学发展观的“三进”任务，教育部印发了《关于在高校思想政治理论课中开展科学发展观专题教育活动的通知》，要求高校思想政治理论课学习实践科学发展观。

在我国全面建设小康社会时期，高校思想政治理论课程形成了“05 方案”，将新的中国化的马克思主义理论纳入高校思想政治理论课程体系中，开启了以育人为本、德育为先的全面育人观点下的新一轮改革建设，推动了高校思想政治理论课的规范完善发展。

表 7　2005 年“思想政治理论”课程

课程名称	学分	年级	备注
马克思主义基本原理	3		
毛泽东思想、邓小平理论和“三个代表”重要思想概论	6		
中国近现代史纲要	2		
思想道德修养与法律基础	3		
形势与政策			
当代世界经济与政治			选修

（七）创新升华阶段：党的十八来以来(2012 年至今)

党的十八大以来，以习近平同志为核心的党中央高度重视高校思想政治工作，立足于为实现中华民族伟大复兴，培养中国特色社会主义合格建设者和接班人的战略高度，紧紧围绕高校“培养什么人、怎样培养人、为谁培养人”这一根本问题，推进高校思想政治理论课的改革发展，推进其进入创新升华阶段。

为了贯彻落实习近平总书记系列重要讲话精神，推动马克思主义中国化最新成果进教材、进课堂、进学生头脑，2015 年 7 月，教育部印发《关于高校思想政治理论课 2015 年修订版教材和教学大纲使用的通知》，将高校思想政治理论课程的教材及教学大纲进行了全面修订。不久又印发了《普通高校思想政治理论课建设体系创新计划》，对高校思想政治理论课当下的重要性艰巨性、指导思想、基本原则、目标任务、重点建设内容做出规定，整体推进教材、教学、教师等方面的改革创新。9 月，教育部印发的《高等学校思想政治理论课建设标准》，建立了包含 5 项一级指标、22 项二级指标、39 项三级指标的体系。由此，高校思想政治理论课演变为“15 方案”（内容见表 8）。2017 年，教育部先后印发了《关于加强和改进新形势下高校思想政治工作的意见》《高校思想政治工作质量提升工程实施纲要》，为新时期高校思想政治工作创新提供了新的蓝图。习近平总书记高度重视高校思想政治理论课，先后与哲学社会科学工作者、学校思想政治理论课教师举行座谈会，强调了思想政治理论课的关键性作用。2018 年 8 月，中共中央、国务院办公厅印发了《关于深化新时代学校思想政治理论课改革创新的若干意见》，从重要意义和总体要求出发，完善思政课课程教材体系，建设一支政治强、情怀深、思维新、视野广、自律严、人格正的思政课教师队伍，不断增强思政课的思想性、理论性、针对性和亲和力，加强党对思政课建设的领导等六个方面做了具体要求，为深化新时代学校思想政治理论课改革创新提供了遵循，指明了新时代学校思想政治理论课改革创新的正确方向，也必将助推新时代高校思想政治课的创新升华。

表 8　2015 年“思想政治理论”课程

课程名称	学分	年级	备注
马克思主义基本原理概论	3		
毛泽东思想和中国特色社会主义理论体系概论	4		
思想政治理论课综合实践	2		
中国近现代史纲要	2		
思想道德修养与法律基础	3		
形势与政策			

十八大以来，高校思想政治理论课在党中央的高度重视下，不断地改革创新，用习近平新时代中国特色社会主义思想铸魂育人，为培养担当民族复兴大任、德智体美劳全面发展的社会主义建设者和接班人做出了贡献。

二、新中国成立 70 年来高校思想政治理论课设置的主要特点

（一）政治性

新中国刚成立后的《中国人民政治协商会议共同纲领》就指出中国的文化教育为新民主主义的，是培养国家建设人才的，需要肃清封建的、法西斯主义的思想[3]。这说明新中国的文化教育是具有政治性的，是为新中国服务的。而高校思想政治理论课作为对大学生思想政治教育的主渠道，始终坚持以马列主义、毛泽东思想、邓小平理论、“三个代表”重要思想、科学发展观和习近平新时代中国特色社会主义思想为指导。随着中国社会主义的发展，高校思想政治理论课程的设置方案也不断地进行修改完善，但是高校思想政治理论课的指导思想和总体要求始终按照坚持社会主义方向，促进社会主义建设和改革的目标发展，充分体现出了高校思想政治理论课对大学生进行思想政治教育的政治诉求具有鲜明的阶级性，通过对其进行思想政治教育使其拥护党的方针政策，提高其政治意识，使其紧密团结在党的领导下，进而以更加坚定的

信心，高举中国特色社会主义伟大旗帜，走中国特色社会主义道路。

（二）科学性

首先，科学性体现在它的指导思想上。高校思想政治理论课始终以马克思主义中国化的思想为根本指南，而这些思想都是中国70年建设发展的经验总结和理论的升华，是被实践证明了的真理，具有高度的科学性。其次，科学性体现在教学内容上。高校思想政治理论课程的内容始终都是根据中国发展过程所形成的理论成果进行设置的，其内容本身就有科学性。再次，科学性体现在它的教学方法上。高校思想政治理论课的教学方法不再是教师讲学生听的灌输式、填鸭式的，而是采用启发式教学，通过分组讨论、主题演讲、情景模拟、案例分享等不同形式丰富课堂，让学生真正地参与其中、乐在其中，挖掘学生独立思考学习的能力，这体现出教学方法的科学性。最后，科学性还体现在教师队伍的结构上。高校思想政治理论课的教师队伍始终受到国家的高度重视，不仅对教师自身的教学能力和素质素养严格要求，而且还通过将政府机关领导、学校党政领导、企事业单位研究人员与思想政治理论课专任教师相结合的方式，打造出一支政府、企业、学校相融合的教学队伍，这支队伍具有鲜明的科学性，为高校思想政治理论课建设提供了有力保障。

（三）时代性

时代性首先体现在它的课程内容设置上。高校思想政治理论课承担着传播社会主义意识形态的重大使命，它是为社会主义政治、经济、文化事业的建设服务的。随着中国社会主义建设的不断发展，马克思主义中国化的理论也在不断地形成与发展，而高校思想政治理论课是以马克思主义为指导，以马克思主义中国化理论为核心教学内容的，故在整个高校思想政治理论课程发展历程中，不断地将邓小平理论、“三个代表”重要思想、科学发展观和习近平新时代中国特色社会主义思想纳入其课程体系中，这体现出其时代性的特点。时代性还体现在教学方式上，随着社会的发展，科技水平的提高，互联网、各种多媒体设备以及交互网络的出现，高校思想政治理论课程的教学方式和手段也在不断地发展进步，从原来的书本课堂到现在的各种多媒体辅助系统和设备的应用，从原来的面对面教学到现在的各种公开课和远距离网络授课，等等，无一不体现着高校思想政治教育理论课的时代性。

（四）针对性

首先，针对性体现在教育对象上。处于中国社会主义不同发展阶段的高校思想政治理论课设置虽不同，但是每个阶段的方案对教育对象都体现出了针对性。这主要体现在高校思想政治课程设置是根据不同的大学类别、学校层次、专业、年级设置的。如:综合性大学和师范类大学与专门学院的课程设置不同;大学与专科的课程设置不同;文科专业与理工农医等专业的课程设置不同;不同年级的课程设置也不同。这些不同表现在课时量的多少,具体课程内容的安排。其次,针对性还体现在教育内容上。高校思想政治理论课设置是随着中国社会主义的发展和政治、经济、文化的进步不断地调整完善的。它的设置都是根据每个阶段的国内外环境、具体的形势任务、国家的发展要求和方针政策的变化而变化的。随着中国社会主义发展对当代大学生提出的新的要求,以及当代大学生要承担的新的历史重任,进行有针对性的教育。

三、新中国成立70年来高校思想政治理论课设置的现实启示

(一)坚持党的领导,确保高校思想政治理论课的社会主义方向

习近平指出,办好我国高等教育,必须坚持党的领导,牢牢掌握党对高校工作的领导权,使高校成为坚持党的领导的坚强阵地[4]。党委要保证高校正确办学方向,掌握高校思想政治工作主导权,保证高校始终成为培养社会主义事业建设者和接班人的坚强阵地。党历来重视方向问题,思想政治理论课程是否坚持了正确的方向至关重要,关系到社会主义现代化事业的发展全局,关系到“培养什么人、怎样培养人、为谁培养人”这个根本问题。方向问题一旦错了,对社会主义的教育事业影响是巨大的。因此,要始终坚持社会主义办学方向,努力培养担当民族复兴大任的时代新人,培养德智体美劳全面发展的社会主义建设者和接班人[1]。

(二)高度重视高校思想政治理论课,落实立德树人的根本任务

党对高校思想政治工作历来高度重视,作为思想政治工作的主渠道,承担着对学生进行系统的马克思主义理论教育的历史重任,充分认识新时代下高校思想政治理论课的重要性具有重大意义。习近平在学校思想政治理论课教师座谈会上指出,“青年阶段是人生的‘拔节孕穗期’,最需要精心引导和栽培”“思政作用不可替代,思政课教师队伍责任重大”[1]。因此,为了更好地夯实高校思想政治教育的主渠道,落实立德树人的根本任务,必须摒弃以前“思政课无用”“专业技术课至上”“建设国家还是要靠技术”的老旧观点,将思想政治理论课的重要性提升到一个历史新高度,将思想政治理论课与国家的发展建设紧密联系起来,将思想政治理论课与学生自身的发展紧密联系起来。真正地用好课堂教学这个主渠道,使思想政治理论课在改进中加强,提升思想政治教育亲和力和针对性,满足学生成长发展需求和期待[4]。

（三）推进高校思想政治理论课学科建设，完善课程教材体系建设

马克思主义理论体系对高校思想政治理论课起着坚实的支撑作用，推进高校思想政治理论课的建设必然要求对马克思主义发展史、马克思主义中国化理论进行深入的研究探讨，不断总结学科的发展经验和基本规律，推进学科体系的发展完善，提升对马克思主义与时俱进的理论品质的认识，使其更好地适应时代的发展，提升其自身强大的生命力。同时将马克思主义中国化的最新理论成果“三进”，即进教材、进课堂、进头脑，不断完善高校思想政治理论课课程体系的建设，使编撰内容与时代相贴合，制作出高质量的课堂教材和辅导用书，设计出精彩绝伦、学生喜爱的热点课堂，真正地使马克思主义中国化的最新理论成果“入耳、入脑、入心”，从而使高校思想政治理论课迸发出生机活力。

（四）打造一支高素质教师队伍，发挥教师的主导作用

在学校思想政治理论课教师座谈会上，习近平强调“办好思想政治理论课关键在教师，关键在发挥教师的积极性、主动性、创造性。思政课教师，要给学生心灵埋下真善美的种子，引导学生扣好人生第一粒扣子”[1]。教师作为学生的指导者和引路人，责任重大，因此打造一支高素质教师队伍对新时代高校思想政治理论课程的建设至关重要。首先，党和国家要高度重视高校思想政治理论课教师，创设有利于其成长发展的社会环境，构建合理完善的评价体系和相关优待政策；其次，学校党政领导要齐抓共管，在科研投入、深造培训、政策保障、发展空间等方面给予适当倾斜；最后，广大高校思想政治理论课教师要以更加严格的标准要求自己，坚定政治立场，加强政治理论学习，提升专业及相关知识，提高授课技巧，使自己善于学习而又乐于学习，提升自己各方面的能力素养，真正地做到“政治要强、情怀要深、思维要新、视野要广、自律要严、人格要正”[1]。

（五）实施“课程思政”改革，构建大思政格局

习近平在全国高校思想政治工作会议上强调“做好高校思想政治工作，要因事而化、因时而进、因势而新”“要用好课堂教学这个主渠道”“其他各门课要收好一段渠、种好责任田，使各类课程与思想政治理论课同向同行，形成协同效应”[4]。随着时代的发展，各个学科交叉呼应，彼此你中有我，我中有你。新事物、新情况的出现，也对高校思想政治理论课提出了新要求。要求高校思想政治理论课与其他学科相互交融，构建出全员、全过程、全方位以及全课程育人格局，与其他学科、课程，形成协同效应[5]。从而使学生在学习专业知识

的同时也能够受到思想政治理论的熏陶，反过来又能促进学生对高校思想政治理论课的了解和认同，进一步推进思想政治理论课的建设和发展。因此，要实施“课程思政”改革，搭建协同发展平台，构建高校思想政治教育大思政格局。

（注：本文表1－表7内容均根据教育部社会科学司组编的《普通高校思想政治理论课文献选编（1949—2008）》内容整理而来）

参考文献

[1]吴晶，胡浩. 一堂特殊而难忘的思政课[N]. 人民日报，2019－03－19(1).

[2]中共中央办公厅国务院办公厅印发：关于深化新时代学校思想政治理论课改革创新的若干意见[N]. 延安日报，2019－08－15(1).

[3]教育部社会科学司. 普通高校思想政治理论课文献选编（1949—2008）[M]. 北京：中国人民大学出版社，2008.

[4]习近平. 把思想政治工作贯穿教育教学全过程开创我国高等教育事业发展新局面[N]. 人民日报，2016－12－09(1).

[5]敖祖辉，王瑶. 高校“课程思政”的价值内核及其实践路径选择研究[J]. 黑龙江高教研究，2019，37(03)：128－132.

习近平新时代中国特色社会主义思想“三进”研究

王保军　杨富文

（中共怀柔区委党校）

习近平新时代中国特色社会主义思想于党的十九大正式提出并庄严写入《中国共产党章程》，涉及内政、军事、外交等不同层面，涵盖政治、经济、文化、社会、生态等各个领域，内容丰富、体系完整、架构科学、立足实际、着眼长远且博大精深，“是对马克思列宁主义、毛泽东思想、邓小平理论、‘三个代表’重要思想、科学发展观的继承和发展，是马克思主义中国化最新成果，是党和人民实践经验和集体智慧的结晶，是中国特色社会主义理论体系的重要组成部分，是全党全国人民为实现中华民族伟大复兴而奋斗的行动指南，必须长期坚持并不断发展”[1]。任何片面的、割裂的、生硬的研究学习或教育培训，都可能导致习近平新时代中国特色社会主义思想难以“入脑”“入心”或出现误读误判。为此，应该根据党员、干部、群众等不同对象，大中小学生、研究生和博士生等不同层次，知识分子、工人和农民等不同群体，国内和国外等不同地区，有针对性地研究探索，将习近平新时代中国特色社会主义思想“因材施教”，进而实现习近平新时代中国特色社会主义思想在中华大地形成生动实践，使其在世界舞台上闪耀璀璨光辉。

一、习近平新时代中国特色社会主义思想“三进”的重大意义

习近平新时代中国特色社会主义思想“三进”既体现在高校师生的教材、课堂和头脑中，还应该是全域性的，包括全国各地区、各部门的广大党员干部和职工群众等各类社会群体（即本文所研究的主要对象）。习近平新时代中国特色社会主义思想实现全域性“三进”有着极为深刻的理论与现实意义。

一是从政治层面看，这是坚决做到“两个维护”最直接的体现。当前加强党的政治建设的首要任务就是“坚决维护习近平总书记党中央的核心、全党的核心地位，坚决维护党中央权威和集中统一领导”。中国共产党 98 年的奋斗历程告诉我们，“两个维护”关乎党的事业成败、关系党的前途命运。早在

1945 年 4 月中共六届七中全会通过的《关于若干历史问题的决议》(以下简称《决议》),为党的七大确立毛泽东思想的指导地位,进一步巩固毛泽东在党中央和全党的核心地位做了充分准备。《决议》是我们党第一次对自己的历史经验做出的系统总结,分析了我们党从早期充满挫折、磨难,乃至一度到了濒临失败的危境,而后又如何走出困境,实现发展壮大。在中国共产党成立初期,从 1927 年八七会议到 1935 年遵义会议,"左"倾错误在党中央的统治给中国革命和中国共产党带来了严重损失。在这一时期,出现这些"左"倾错误、导致这么多挫折的原因是复杂的,但其中非常突出的一个原因,就是邓小平后来总结的:"从毛刘周朱开始,中国共产党才真正形成了一个稳定的成熟的领导集体。"《决议》指出:"遵义会议集中全力纠正了当时具有决定意义的军事上和组织上的错误,是完全正确的。这次会议开始了以毛泽东同志为首的中央的新的领导,是中国共产党最有历史意义的转变。"这是我党在新民主主义革命时期的重要历史文献,她从历史的经验与逻辑层面,充分说明了有没有一个成熟稳定的领导核心、能否确保党中央权威和集中统一领导,事关着党的事业成败与前途命运。

二是从理论层面看,这是中国共产党建党理论丰富发展的最新成果。"以毛泽东同志为主要代表的中国共产党人,把马克思列宁主义的基本原理同中国革命的具体实践结合起来,创立了毛泽东思想。毛泽东思想是马克思列宁主义在中国的运用和发展,是被实践证明了的关于中国革命和建设的正确的理论原则和经验总结,是中国共产党集体智慧的结晶。在毛泽东思想指引下,中国共产党领导全国各族人民,经过长期的反对帝国主义、封建主义、官僚资本主义的革命斗争,取得了新民主主义革命的胜利,建立了人民民主专政的中华人民共和国;新中国成立以后,顺利地进行了社会主义改造,完成了从新民主主义到社会主义的过渡,确立了社会主义基本制度,发展了社会主义的经济、政治和文化。"[2]而后,在党的十一届三中全会以来,以邓小平、江泽民、胡锦涛等同志为代表的中国共产党人与时俱进地创立了邓小平理论、"三个代表"重要思想和科学发展观,我党的建党理论不断得到丰富和发展。"十八大以来,以习近平同志为主要代表的中国共产党人,顺应时代发展,从理论和实践结合上系统回答了新时代坚持和发展什么样的中国特色社会主义、怎样坚持和发展中国特色社会主义这个重大时代课题,创立了习近平新时代中国特色社会主义思想。习近平新时代中国特色社会主义思想是对马克思列宁主义、毛泽东思想、邓小平理论、'三个代表'重要思想、科学发展观的继承和发展,是马克思主义中国化最新成果,是党和人民实践经验和集体智慧的结晶,是中国特色社会主义理论体系的重要组成部分,是全党全国人民为实现中华民族伟大复兴而奋斗的行动指南,必须长期坚持并不断发展。"[2]

三是从实践层面看,这是中国特色社会主义进入新时代的行动纲领。在这一思想指导下,中国共产党领导全国各族人民统揽伟大斗争、伟大工程、伟大事业、伟大梦想,进一步明确了新时代坚持和发展中国特色社会主义的总目标、总任务、总体布局、战略布局和发展方向、发展方式、发展动力、战略步骤、外部条件、政治保证等基本问题,并且根据新的实践对经济、政治、法治、科技、文化、教育、民生、民族、宗教、社会、生态文明、国家安全、国防和军队、"一国两制"和祖国统一、统一战线、外交、党的建设等各方面做出了理论分析和政策指导。从实践层面,更好地坚持和发展了中国特色社会主义。

二、习近平新时代中国特色社会主义思想"三进"的基本原则

一是旗帜坚定。为什么要全面推动习近平新时代中国特色社会主义思想"三进"? 因为,"思想建设是党的基础性建设""党要团结带领人民进行伟大斗争、推进伟大事业、实现伟大梦想,必须毫不动摇坚持和完善党的领导,毫不动摇把党建设得更加坚强有力"[1],要"不忘初心,牢记使命"[1],高举中国特色社会主义伟大旗帜,"为实现推进现代化建设、完成祖国统一、维护世界和平与促进共同发展三大历史任务,为决胜全面建成小康社会、夺取新时代中国特色社会主义伟大胜利、实现中华民族伟大复兴的中国梦、实现人民对美好生活的向往继续奋斗"[1]。要通过不同形式、各个层面的学习交流或教育培训活动,切实让党员干部、群众职工和广大学生军人等每名中国人都能够深刻理解并一致认同"三进",用实际行动阐释习近平新时代中国特色社会主义思想的深刻内涵,将理论与实践充分结合,进而实现深入人心且刻骨铭心。

二是覆盖全域。"党政军民学,东南西北中,党是领导一切的。""全党要深刻领会习近平新时代中国特色社会主义思想的精神实质和丰富内涵,在各项工作中全面准确贯彻落实"[1]。由此可见,推动习近平新时代中国特色社会主义思想"三进"应该是全域性的,即辐射全国各领域工作和各类社会群体的一项蓝图巨著,它的界域应该是全覆盖、无疏漏、无死角、无真空。

三是方法多元。进入新时代以来,习近平总书记先后于2013年8月19日,在全国宣传思想工作会议上强调:"宣传思想工作创新,重点要抓好理念创新、手段创新、基层工作创新,努力以思想认识新飞跃打开工作新局面,积极探索有利于破解工作难题的新举措新办法,把创新的重心放在基层一线"[3];2015年12月11日,在全国党校工作会议上强调,要"创新教学和科研方法"[4];2016年5月18日,在全国哲学社会科学座谈会上强调:"要实施哲学社会科学创新工程,搭建哲学社会科学创新平台,全面推进哲学社会科学各领域创新"[5];12月7日,在全国高校思想政治工作会议上指出:"做好高校思想政治工作,要因事而化、因时而进、因势而新",等等。进入新时代,宣传和思想

政治教育工作要高度重视方式方法的多元化创新，没有创新、不能做到细致入微，就很难做到深入人心。为此，只有保证宣传思想政治教育工作生动具象、活力创新，才能确保习近平新时代中国特色社会主义思想“三进”在各领域、各类社会群体中取得实实在在的效果。

三、习近平新时代中国特色社会主义思想“三进”的路径选择

早在 1941 年，毛泽东同志就曾指出：“对于在职干部的教育和干部学校的教育，应确立以研究中国革命实际问题为中心，以马克思列宁主义基本原则为指导的方针，废除静止地孤立地研究马克思主义的方法。”[6]

邓小平同志强调：“马克思主义必须发展。我们不把马克思主义当作教条，而是把马克思主义同中国的具体实践相结合，提出自己的方针，所以才能取得胜利。过去我们以农村包围城市，取得了革命的胜利，这一点在马克思列宁主义书本里是没有的。现在我们还是坚持马克思列宁主义、毛泽东思想。这里有继承的部分，有发展的部分。我们建设社会主义，准确地说是建设有中国特色的社会主义，这样才是真正地坚持了马克思主义。我们历来主张世界各国共产党根据自己的特点去继承和发展马克思主义，离开自己国家的实际谈马克思主义，没有意义。”[7]

习近平新时代中国特色社会主义思想正是与当今中国实践相结合，发展了的马克思主义。为此，全面推动习近平新时代中国特色社会主义思想全域式“三进”，也必须运用马克思主义活的灵魂，即具体地分析具体情况。“要把中央的指示、上级的指示同本单位的实际情况结合起来，分析问题，解决问题，不能当‘收发室’，简单地照抄照转”[8]。在路径选择上，笔者认为应该从以下几个方面着手：

一是整合各领域的优势资源，形成集中合力。“要充分利用各方面资源，不求所有、但为所用，只要能够提高党校师资水平和教学水平，可以‘八仙过海，各显神通’，各种办法都可以用。”[4]笔者认为，仅从区县级党校而言，想要全面推动习近平新时代中国特色社会主义思想全域式“三进”，就要积极借助上级党校、社科院或行政学院、各类高校或有关科研机构在师资、研究成果、实践经验等方面的资源优势，诸如探索建立兼职师资团队、开展课题合作研究、共建教学基地、委托师资培养等多种合作共享方式，实现地区资源利用效益最大化。

二是梳理各地区的特色实践，加大交流互鉴。目前，我国共有 34 个省级行政区划，设市级 657 个，2 000 多个县级行政区划，各地的政治、经济、文化、社会、生态等发展情况各有差异，在全面推动习近平新时代中国特色社会主义思想全域式“三进”的过程中，在把握原汁原味、读懂弄通的前提下，也应“因

地而异、因时而异、因材施教”，避免“千人一面”“以会议落实会议”等问题的发生。“他山之石，可以攻玉”，习近平新时代中国特色社会主义思想植根于广袤的中国大地，全国各地区都应在保持区域特色的前提下，进一步加大学习交流，相互借鉴，让习近平新时代中国特色社会主义思想入脑入心，成为全国人民为实现中华民族伟大复兴中国梦不懈奋斗的内生动力，绘就五彩斑斓的美好画卷。

三是推动方式方法不断创新，实现落地生根。“要润物细无声，运用各类文化形式，生动具体地表现社会主义核心价值观，用高质量高水平的作品形象地告诉人们什么是真善美，什么是假恶丑，什么是值得肯定和赞扬的，什么是必须反对和否定的。”[9]社会主义核心价值观是习近平新时代中国特色社会主义思想的重要组成部分。“一种价值观要真正发挥作用，必须融入社会生活，让人们在实践中感知它、领悟它。要注意把我们所提倡的与人们日常生活紧密联系起来，在落细、落小、落实上下功夫。”[9]为此，要全面推动习近平新时代中国特色社会主义思想全域式“三进”，必须在形式和方法上不断创新，在细微处下功夫，能够让无论是党员干部还是职工群众，无论是耄耋老人还是少年顽童等各类社会群体，都喜看爱听，且能够积极付诸实践，就如同习近平新时代中国特色社会主义精准扶贫思想一样在全国各地以不同的形式或载体呈现出来，仅短短五年时间就已经结出累累硕果。

四、习近平新时代中国特色社会主义思想“三进”的生动实践

以北京市怀柔区为例，在推动习近平新时代中国特色社会主义思想“三进”的过程中，开拓创新、勇于实践，让全区党员干部和职工群众等不同社会群体纷纷受益，取得了实实在在的效果。

一是通过抓师资源头培训打好理论基础。组织领导干部和党校教师对《习近平谈治国理政》《习近平的七年知青岁月》等书籍进行学习研讨，还对党的十八大以来习近平总书记的历次重要讲话中与区域发展密切相关的重点内容，如习近平总书记两次视察北京重要讲话精神等进行学习并撰写了心得体会，以及邀请权威专家解读等，确保“传真经”不走样、不跑偏。据统计，仅十九大之后到2019年上半年，怀柔区委党校教师外出宣讲习近平新时代中国特色社会主义思想理论方面的内容就近200场次，涵盖乡镇（村）、街道（社区）、党政机关和企事业单位等不同部门，受众数万人次。

二是抓特色乡土教材研发主题明确。为深入学习宣传和贯彻落实党的十九大精神、习近平总书记在全国党校工作会议上的重要讲话精神，纪念改革开放40周年、新中国成立70周年，怀柔区委党校已经组织编写完成努力推动习近平新时代中国特色社会主义思想落地生根系列教材：《新时代怀柔区域创新

实践100例》《怀柔区党性教育基地概览》《怀柔区情简明读本》等5本书，以用于全区党员干部和职工群众教育培训。在乡镇层面，被誉为“北极之乡”的北京喇叭沟门满族乡也编写了努力推动习近平新时代中国特色社会主义思想在当地生动实践的系列教材。

三是抓新时代党性教育入脑入心。在喇叭沟门满族乡党性教育基地，创设了“守初心担使命”融式党性教学新模式。其核心内容以习近平新时代中国特色社会主义思想为根本遵循，以推动习近平新时代中国特色社会主义思想在喇叭沟门满族乡形成生动实践为行动指南，将理论教学、知识教育与党性教育进行了融会贯通，以“十个一”的教学体系设计，创设了将案例式、研讨式、体验式、访谈式和现场教学融为一体，“守初心担使命”立体化、具象化的党性教学新模式，笔者称之为“融式教学”。刚刚投入运行还不到一个月，就有湖北省武当山特区青年干部培训班、河北省怀安县委党校、北京市圆明园管理处党支部书记培训班等两百余人次来此调研学习。学习的主要内容为：

一堂“不忘初心、牢记使命”的访谈式教学。2019年6月25日，经过9个多月打造，一场特殊的乡党性教育基地揭牌仪式在喇叭沟门满族乡中榆树店村进行。来自怀柔区委组织部、党校、各镇乡街道党校的50余名工作人员观摩了《“不忘初心、牢记使命”——全国劳模“草帽书记”彭兴利访谈式教学》，这标志着喇叭沟门满族乡党性教育基地正式投入使用，而这堂访谈式教学也是“守初心担使命”“十个一”融式教学的核心部分。之所以将这堂访谈式教学称之为融式教学的核心部分，是因为中榆树店村党支部书记彭兴利30多年坚守初心、勇担使命，带领全村乡亲通过玉米制种、发展养牛、兴办民俗到如今搞精品高端民宿，最终实现了乡村振兴。他作为全国农业劳动模范代表在2017年12月28日受到了习近平总书记的亲切接见。作为村党支部书记，他是30多年的奋斗者，也是农村改革开放的见证者，彭兴利的“有钱要让老百姓先挣”，当书记就要“没私心”，正是大家身边新时代党性教育的最好教材。

党的十九大将习近平新时代中国特色社会主义思想庄严写入《中国共产党章程》，刚刚颁布的《2018—2022年全国干部教育培训规划》明确提出：“开发一批学习贯彻习近平新时代中国特色社会主义思想的现场教学点。”为此，在区委党校的指导下，该乡建立了极富新时代特色的喇叭沟门满族乡党性教育基地，党性教育就此成立。

此外，还有践行习近平生态文明思想的美丽乡村实地走访；一堂习近平新时代中国特色社会主义思想理论课；一场以“不忘初心、牢记使命”学习践行习近平新时代中国特色社会主义思想的深刻研讨等。以上“十个一”的融式教学模式，可以根据不同培训对象、培训时间进行灵活多变的设计组合，最终力争达到习近平总书记提出的：“针对不同对象、不同专题和不同内容，采取灵活有效的培训方式和手段，因人施教，因材施教，增强培训的互动性、实践性和实效性。”

党的十九大以来，北京市怀柔区始终以习近平新时代中国特色社会主义思想为引领，努力推动这一思想在怀柔形成生动实践。在打造怀柔科学城、雁栖湖国际会都、中国影都，实施乡村振兴战略、建设美丽乡村的路上，因地制宜确立并实施了以科学城为统领的“1＋3”融合发展新格局，生态文明的纯净底色已经成为怀柔创新发展的核心优势，而“两山理论”在这里也得到了最好的印证，转化成了广大党员干部和人民群众的自觉行动，实现了落地生根。从怀柔推动“三进”的实践中，我们可以得出以下几点启示：

一是要学懂弄通原理进而转化为自发自觉的行动。只有深刻理解习近平新时代中国特色社会主义思想的历史定位和历史贡献，才能把准思想的指针，指导正确的实践。马克思列宁主义教给我们的是方法论，是真理。随着时代的发展，历史环境和具体条件都发生了深刻的变化，因此，必须与时俱进，用习近平新时代中国特色社会主义思想指导中国实践，以确保中国道路不偏航、不倒退、不变色。只有将这一原理学通悟透，才能够将“两山理论”“生态文明”“人类命运共同体”等融会贯通、自觉践行，而怀柔在践行习近平生态文明思想，全方位做好“一带一路”等大型国际峰会的服务保障工作方面的担当作为恰恰印证了这一点。

二是要因地制宜才能确保入耳入脑入心有实效。党的十九大报告指出，当前我国社会主要矛盾已经转化为人民日益增长的美好生活需要和不平衡不充分的发展之间的矛盾。不平衡不充分，这既包括物质基础层面发展水平的不平衡不充分，也应包含精神思想层面的理解认识不平衡不充分。特别就当代中国的马克思主义习近平新时代中国特色社会主义思想而言，内涵极其深刻、内容极其丰富、谋划极其深远，各地应该在全面学习的基础上，结合当地经济、政治、文化、社会、生态等各领域工作的实际发展情况，以问题为导向，针对性地学习内化，进而找到解决实际问题的方法对策，这也应该是杜绝“形式主义”“官僚主义”“浮夸之风”的题中应有之义。而怀柔确立的以生态涵养为核心，以科技创新、会议休闲、影视文化为支撑的“1＋3”发展格局，进而在怀柔区委五届十次全会上提升为以科学城为统领的“1＋3”融合发展新格局，正是基于对区情的正确研判，其取得的显著成效即是最好的证明。

三是要牢记和践行以人民为中心的工作理念方得始终。以人民为中心的工作理念是对党全心全意为人民服务宗旨在新时代的深刻诠释。当前全党开展“不忘初心、牢记使命”主题教育，总要求是“守初心、担使命，找差距、抓落实”，具体目标是理论学习有收获、思想政治受洗礼、干事创业敢担当、为民服务解难题、清正廉洁做表率[11]。这也是党对新时代党员干部思想、政治、作风、能力、廉政方面的基本要求。作为党员干部，就要在学习践行习近平新时代中国特色社会主义思想上当先锋做表率，其最根本的体现就是在为民想事干事上担当奉献，即“民有所呼，我即有应”“我将无我，不负人民”。而怀柔涌现出的受到习近平总书记亲切接见的全国劳模、“草帽书记”彭兴利等一大批“不忘初心、牢记使命”、敢于担当、无私奉献的党员干部正用他们的实际行动为习近平新时代中国特色社会主义思想做着生动的注脚。

参 考 文 献

[1] 中国共产党第十九次全国代表大会文件汇编[M]. 北京：人民出版社，2017.

[2] 中国共产党章程[M]. 北京：人民出版社，2017.

[3] 习近平在全国宣传思想工作会议上强调胸怀大局把握大势着眼大事努力把宣传思想工作做得更好[J]. 师资建设，2013(10)1.

[4] 习近平. 在全国党校工作会议上的讲话[J]. 求是，2016(9)3 - 13.

[5] 习近平. 习近平在哲学社会科学工作座谈会上的讲话[N]. 中国教育报，2016 - 05 - 19(1).

[6] 毛泽东. 毛泽东选集：第3卷[M]. 北京：人民出版社，1991.

[7] 邓小平. 邓小平文选：第3卷[M]. 北京：人民出版社，1994.

[8] 邓小平. 邓小平文选：第2卷[M]. 北京：人民出版社，1994.

[9] 把培育和弘扬社会主义核心价值观作为凝魂聚气强基固本的基础工程[N]. 人民日报，2014 - 02 - 26(1).

[10] 习近平. 在不忘初心牢记使命主题教育工作会议上的讲话[J]. 求是，2019(13)4 - 13.

习近平新时代中国特色社会主义思想融入高校思政课的路径研究

——以“马克思主义基本原理概论”课为例

张剑英　张海燕　田明　武玉荣

（河北北方学院法政学院）

习近平新时代中国特色社会主义思想是马克思主义中国化的最新理论成果，是中国特色社会主义理论体系的重要组成部分。高校肩负着学习研究宣传马克思主义、培养中国特色社会主义事业建设者和接班人的重大任务。高校思想政治理论课承担着用马克思主义中国化最新成果武装大学生头脑的重大使命，习近平新时代中国特色社会主义思想为改进、加强与创新高校思政课既提供了理论指导，又赋予了新时代内涵。如何把握和领会习近平新时代中国特色社会主义思想的精神实质和丰富内涵，做到学懂弄通做实，切实增强政治认同、思想认同、理论认同和情感认同，培养自觉担当中华民族复兴大任的时代新人，既是现阶段高校思政课教育教学的战略任务，又是加强和改进高校思政课教育教学的迫切需要。因此，研究探讨习近平新时代中国特色社会主义思想融入高校思政课教学的路径势在必行，以进一步增强高校思政课的时代感和时效性。

一、习近平新时代中国特色社会主义思想融入高校思政课的重要意义

习近平新时代中国特色社会主义思想为凝聚中国力量实现中国梦奠定了理论基础，为社会主义现代化建设提供理论指导和方法论，是新时代社会主义现代化建设不断开拓新境界的行动指南。大学生是担当民族复兴大任的时代新人，党的十九大提出的伟大斗争、伟大工程、伟大事业和伟大梦想“四个伟大”需要每一位青年学子深刻理解习近平新时代中国特色社会主义思想的指导意义、历史地位、丰富内涵、精神实质和实践要求，需要全面领悟其中蕴含的新理念、新思想、新观点、新论断的价值内涵，领会其所体现出的政治立场、使

命意识、担当精神;学会运用马克思主义的立场、观点、方法,不断提升政治觉悟和思想理论水平。因此,当前高校思想政治教育的重点,就是要将习近平新时代中国特色社会主义思想融入高校思政课的教学中,引导大学生加深对习近平新时代中国特色社会主义思想的理解和认识,坚定大学生的理想信念,增强道路自信、理论自信、制度自信、文化自信,成为中国特色社会主义事业的合格建设者和可靠接班人。

第一,习近平新时代中国特色社会主义思想与高校思想政治理论课的内在一致性为其融入奠定了基础。一方面,习近平新时代中国特色社会主义思想只有通过高校思想政治理论课的深入贯彻和宣传落实才能为大学生所接受和认同。另一方面,作为马克思主义中国化的最新理论成果,习近平新时代中国特色社会主义思想本身就是高校思政课教学的题中之意,二者主体内容高度契合、本质目的趋同、意识形态的功能一体等,具有高度的内在一致性。

第二,以往中国化的马克思主义理论成果的成功“三进”为习近平新时代中国特色社会主义思想融入提供了历史经验。改革开放以来,从邓小平理论到科学发展观,每一个马克思主义中国化的重大理论成果在其形成后,都经历了一个融入高校思政课的教学实践过程,且积累了不少成功经验。回顾与总结这些历史经验,有助于发现、掌握和运用马克思主义中国化理论成果“进教材、进课堂、进头脑”的客观规律,从而增强习近平新时代中国特色社会主义思想融入的自觉性,减少盲目性。

二、习近平新时代中国特色社会主义思想融入“原理”课教学的原则

(一)充分认识“马克思主义基本原理概论”课的课程性质

习近平新时代中国特色社会主义思想是高校思政课教学的核心内容。马克思主义基本原理概论(以下简称“原理”)课的课程性质和特点与其他几门思政课有所不同。“原理”课从总体上阐述马克思主义的基本原理,同时为其他课程提供理论支撑。“原理”课以辩证唯物主义和历史唯物主义为理论基础,以政治经济学为主要内容,最终的核心和灵魂是科学社会主义和共产主义,从而达到对大学生世界观、人生观和价值观的教育和引领。“原理”课内容的突出特点是马克思主义理论所揭示的人类社会发展的一般性、普遍性规律,这必然要求我们在进行党的十九大精神进课堂的过程中,一定要充分认识党的十九大报告所蕴含的对新时代中国特色社会主义所做的普遍性的结论和规律性的认识,既体现出党的十九大精神所具有的时代性、科学性和深刻性,又能够体现出“原理”课所固有的课程属性和基本特点。因此,我们在推进党的

十九大精神进课堂的过程中，要深入研读习近平新时代中国特色社会主义思想的深刻内涵，从中概括、凝练出马克思主义的基本原理和基本规律，升华、抽象出马克思主义的基本原则和基本方法，并使之与“原理”课教材有机融合和统一。

（二）坚持科学性和意识形态性的高度统一

马克思主义是无产阶级的世界观和方法论，是人民群众认识世界和改造世界的科学理论和思想武器。习近平新时代中国特色社会主义思想与马克思主义一脉相承，是新时代中国社会的主导性意识形态。为新时代中国特色社会主义建设指明了方向。习近平新时代中国特色社会主义思想“以人民为中心”的发展思想鲜明体现了马克思主义阶级属性。所以，习近平新时代中国特色社会主义思想融入“原理”课必须坚持科学性和意识形态性的统一。“原理”课在加强高校意识形态建设中发挥着主渠道作用，这是由高校的培养目标和思想政治理论课的性质使命决定的。持续不断地将党的理论创新成果融入、贯穿到马克思主义基本原理的理论体系之中，使马克思主义理论、观点通过其科学性、学术性彰显其强大的意识形态功能，从而在根本上坚持马克思主义指导思想的地位，坚持社会主义的发展方向。

（三）立足于马克思主义原理“两点论”和“重点论”的统一，把习近平新时代中国特色社会主义思想与马克思主义基本原理有机结合起来

“原理”课主要是使学生通过学习马克思主义基本原理，从根本上理解、把握和运用马克思主义。要把“原理”课的讲授与习近平新时代中国特色社会主义思想有机结合，有助于学生更好地理解习近平新时代中国特色社会主义的内涵，有意识地将马克思主义基本原理转化为中国特色社会主义理论，根据我国的国情和现实矛盾认识问题、分析问题、解决问题，最终实现中华民族的伟大复兴梦。党的十九大报告内容诸多而丰富，但在实际教学中，不是所有的内容都要进课堂，分析到每一个问题，这既不现实也不合乎“原理”课的要求。因而，坚持“两点论”和“重点论”的统一既是马克思主义原理的基本观点，又符合“原理”课的教学规律。教学重点是习近平新时代中国特色社会主义思想所彰显的马克思主义的一般世界观和方法论。教师必须读懂、弄通习近平新时代中国特色社会主义思想，在讲课中唯物辩证地与马克思主义原理相结合，既能使习近平新时代中国特色社会主义思想的讲授有理论的深度，又能体现马克思主义原理的现实针对性。

三、习近平新时代中国特色社会主义思想融入"原理"课教学的路径

(一)推进习近平新时代中国特色社会主义思想融入"原理"课课堂教学

习近平新时代中国特色社会主义思想融入高校思政课教学就要充分发挥课堂教学这一主渠道。为推进习近平新时代中国特色社会主义思想"进教材、进课堂、进头脑",教师通过集体备课、教学培训等学习方式,积极主动地把习近平新时代中国特色社会主义思想融入"原理"课课堂教学中。

第一,教师必须学懂、弄通、系统领会习近平新时代中国特色社会主义思想,唯有真学、真懂,方能真信、真教。在"原理"课教学中及时将习近平新时代中国特色社会主义思想融入教学大纲及相关章节中,用最新理论成果充实完善和创新教学内容,并列为考核内容。增强"原理"课教学的时代感,提高大学生对习近平新时代中国特色社会主义思想学习的重视度。党的十九大系统总结了党的十八大以来我国社会主义建设取得的丰硕成果,描绘了未来中国发展的美好蓝图。"原理"课教学更要把党的十八大以来改革发展取得的各方面成果作为教学的典型案例,增强理论教学的说服力,增强大学生对中国特色社会主义的自信心。

第二,突出重点,抓住关键。在"原理"课教学中开设习近平新时代中国特色社会主义思想专题,对大学生系统讲解习近平新时代中国特色社会主义思想,帮助学生全面深刻理解习近平新时代中国特色社会主义思想的基本内涵和精神实质。习近平新时代中国特色社会主义思想坚持并创造性地运用了马克思主义基本原理的基本立场、基本观点和基本方法,旗帜鲜明地对马克思主义基本原理给予了与时俱进的历史性回答。在专题讲授中以习近平新时代中国特色社会主义思想所彰显的一般世界观和方法论作为教学的主线,把学习习近平新时代中国特色社会主义思想同马克思主义基本原理贯通起来,把学习贯彻党的十九大精神同把握党的十八大以来我们进行伟大斗争、建设伟大工程、推进伟大事业、实现伟大梦想的实践贯通起来。在此基础上着重把握新时代这一个基本国情,以及党的十九大所做出的重大决策部署。

第三,在"原理"课教学中始终要强化习近平新时代中国特色社会主义思想对大学生"三观"的引领作用。习近平新时代中国特色社会主义思想是马克思主义基本理论运用于当代中国的结果,因此,在"原理"课教学中融入习近平新时代中国特色社会主义思想,不仅是深化教学内容和增强"原理"课时效性的需要,而且是广大思政课教师义不容辞的政治责任。

例如："原理"课的导论是系统地向学生讲述什么是马克思主义，马克思主义的创立和发展及当代价值。教师要结合习近平新时代中国特色社会主义思想，阐述共产党的执政规律、社会主义建设的规律和人类社会发展的规律，进而让学生用全新的视野深化了解我党在执政过程中的态度，认识马克思主义，认识具有中国特色的马克思主义。结合新时代、新问题、新挑战讲清马克思主义的基本观点、基本立场和基本方法；在讲授哲学原理时，要融入新时代观点、"金山银山论""人民为中心"的思想，让学生深刻地理解习近平新时代中国特色社会主义思想的精髓。如：习近平新时代中国特色社会主义思想的核心理念是人民主体地位，以人民为中心，该思想的哲学基础是人民群众是历史的创造者这一基本原理，是马克思主义基本原理在当下中国治国理政的应用，因此，可以将"人民为中心"的思想融合到"人民群众是历史的创造者"这个马克思主义基本原理中讲解。同时在教学中将梁家河大学问与习近平新时代中国特色社会主义思想相结合，与学习党的十九大精神相结合。梁家河是习近平总书记知青插队的地方，是他立下为人民奉献信念的地方，是他读懂人生、读懂人民、读懂中国的重要起点，是习近平新时代中国特色社会主义思想的认识来源和实践根基。在梁家河，习近平通过向人民学习，理解了人民群众的美好生活需要，并永远把人民对美好生活的向往作为奋斗目标。这是习近平总书记在十八大期间提出的重要论述。在十九大报告中，习近平总书记再次庄严宣示——"人民是历史的创造者，是决定党和国家前途命运的根本力量。必须坚持人民主体地位，坚持立党为公、执政为民，践行全心全意为人民服务的宗旨，把党的群众路线贯彻到治国理政全部活动之中，把人民对美好生活的向往作为奋斗目标，依靠人民创造历史伟业"[1]。习近平总书记在纪念马克思诞辰200周年大会上的讲话中指出，"人民性是马克思主义最鲜明的品格"[2]，可见习近平新时代中国特色社会主义思想同马克思主义理论在内涵上的传承和辉映。

思想政治教育不仅要教给学生正确的思想观念、理论知识，更要用伟大人物的真实故事激励青年学子的人生梦想和奋斗精神，在润物无声中讲好中国故事，讲好中国共产党的故事，讲好领袖人物的故事。在"原理"教学中融入"梁家河大学问"，把习近平总书记的知青故事讲给学生听，把《梁家河》书中的相关内容作为教学案例融入讲稿、进入课堂；渗透到对大学生的"三观"教育中，让青年学子从习近平总书记的奋斗足迹中、从梁家河大学问里汲取智慧、更好地引导青年学生"爱国、励志、求真、力行"[3]；既增强思政课教学的生动性和感染力，又有利于提升思政课教学质量和水平。

（二）推进习近平新时代中国特色社会主义思想融入“原理”课实践教学

习近平新时代中国特色社会主义思想是中国共产党人把马克思主义基本理论与新时代建设中国特色社会主义伟大实践相结合的产物，是全党集体智慧的结晶。理论教育只有融入实践才能真正让群众掌握。课堂教学只能解决学生“知”的问题，而实践教学则能解决学生“行”的问题，让学生达到“知行合一”，这是思政课的最终目的。习近平新时代中国特色社会主义思想融入“原理”课教学，不能闭门造车，必须实现从理论向实践的创造性转换。要抓好实践教学这个重要环节，设计实践教学方案，制订相关实践教学计划，开辟实践教学基地，引导大学生真学真懂真用，增强习近平新时代中国特色社会主义思想入脑入心的实效性。

实践教学可分为校内实践教学和校外实践教学，校内实践教学，教师可根据习近平新思想的相关内容，组织学生在校内聆听主题报告、参加重大纪念日活动等，如教育部开展的“学习新思想全国高校千万师生同上一堂课活动”。在课堂上组织学生观看视频、讨论交流等，加深学生对习近平新时代中国特色社会主义思想的理解。

近年来校内实践教学成效突出的有三项：1. 经典回放——学习贯彻落实十九大精神，激励大学生学习习近平新时代中国特色社会主义思想的热情，增强大学生的历史使命感和责任感。组织学生观看党的十九大献礼片《辉煌中国》，并要求写出观后感。2.“走近马克思”实践教学是习近平新时代中国特色社会主义思想融入“原理”课的崭新有益的探索。2018 年是马克思主义的创始人卡尔·马克思诞辰 200 周年，也是马克思和恩格斯撰写的《共产党宣言》发表 170 周年。为了纪念这位伟人，充分展示马克思人生的文化内涵和理论魅力，激发大学生学习马克思主义理论的热情，增强大学生对习近平新时代中国特色社会主义思想的认识和理解，引导青年学子走近马克思，信仰马克思主义，做坚定的马克思主义者。在“原理”课教学中开展了“走近马克思”的实践活动。向学生布置“走近马克思”系列参考选题：马克思的世界观、马克思的革命精神与职业理想、马克思与科学研究、马克思的学习方法、马克思的青年时代和大学时代、马克思的人生、马克思的爱情、马克思的友谊、马克思与当代世界、马克思与中国文化、马克思与中国共产党的十九大，等等。让学生围绕选题去查阅资料写文章。最后，我们从 5 000 多篇文章中按专题分类筛选出优秀文章集为《走近马克思——纪念马克思诞辰 200 周年》。“走近马克思”活动对于当代大学生应该如何学习马克思，如何学习马克思主义，如何用习近平新时代中国特色社会主义思想武装自己，如何增强思想政治理论课的学习主动性、自觉性起到了一定的示范作用。通过活动，我们看到马克思在青年学子眼里依然充满魅力，今天的青年依然需要马克思主义。“走近马克思”的活动是“马克思主义基本原理概论课”实践教学中紧跟时代步伐，贯彻习近平新时代中国特色社会主义思想“进教材、进课堂、进头脑”，而进行的有益探索。3. 开展“哲学与生活讲坛”实践教学活动。“哲学与生活讲坛”是原理教研室为了切实搞好“原理”课教学而创办的实践教学形式之一，主要围绕课堂教学，关注社会热点，理论联系实际，用大学生喜闻乐见的形式传播马克思主义理论最新成果，使课堂教学更加贴近实际、贴近生活、贴近学生，努力提高思想政治理论课的感染力和吸引力，增强思想政治教育活动的针对性和实效性。教师要求学生以小组（10 人一组）为单位，指导学生依据“原理”课中的理论联系大学生自身的实际、围绕社会生活中的热点、焦点及同学们感兴趣的内容，精心设计主题，每组选择一个主题，利用网络、图书、报纸、杂志查找资料，课前认真准备，写出文档做出 PPT，然后利用课堂教学时间，每组推选一个代表走上讲台讲授，发言时间控制在 5 ~ 8 分钟，最后教师做出点评和总结，指出学生讲授内容的精彩之处和进一步努力的方向。这项活动激发了学生的主观能动性，课堂气氛活跃，掌声不断，师生互动密切；把理论学习与实践活动结合起来、把课堂教学与生活体验结合起来，极大地增强了学生对教学过程的参与性，既提高学生用马克思主义的世界观和方法论分析问题和解决问题的能力，又强化马克思主义对大学生世界观、人生观、价值观的引领和主导作用。

校外实践教学：建设高校思政课实践教学基地，借鉴生动鲜活的现实案例和教学资源，使大学生走出课堂，走进社会。带领学生到红色教育基地、革命遗址、新农村、社区等地参观考察调研。我们组织师生代表开展了走进西柏坡、走进正定“追寻总书记青春足迹，筑梦红色之旅”的主题实践活动和赴梁家河的“追寻总书记的初心路，感受人生境界的大学问”的实践教学活动。2019 年按照教育部的要求，开展“小我融入大我，青春献给祖国”的主题社会实践活动。

此外，还可以进行网络实践教学，通过主题教育网站、微信公众号、微博等网络新媒体，解答当代大学生的思想困惑，特别是有关信仰、生活、做人等方面的问题。如利用公众号推送《习近平七年知青岁月》《梁家河》《习近平在正定》等相关文章，引导学生学习青年时期习近平同志矢志不渝的信念、真挚为民的情怀、勤奋好学的精神、务实担当的品格、带头实干的作风等。加深大学生对习近平新时代中国特色社会主义思想的理解，对于引导大学生树立正确的世界观、人生观、价值观具有重要的导向作用。

（三）推进习近平新时代中国特色社会主义思想融入思政课教研和科研

习近平新时代中国特色社会主义思想是发展着的马克思主义。高校推进习近平新时代中国特色社会主义思想融入思政课教学，要把学习与研究结合起来，教师要认真研究十九大报告和习近平系列文献材料，设计相关研究选题，集体攻关，在不断探索和实践中提炼总结有教学参考价值的研究成果，并将研究成果运用到教学中，拓宽教学内容，提升教学水平，帮助学生全面深刻把握这一创新理论；要坚持教学和研究相统一。以申报课题为契机促进研究，组建科研团队。习近平新时代中国特色社会主义思想既给高校思政课带来了新机遇和新课题，也为高校思政课建设提出了新要求，增添了新内容；是党的十九大以来人文社科类的重要研究选题。教师结合自己的学科背景和教学科研实际，聚焦习近平新时代中国特色社会主义思想“八个明确”“十四个坚持”基本内容。遴选研究课题，认真思考，积极申报，不断提高对新思想的认识能力和理解水平。对习近平新时代中国特色社会主义思想的学习和研究不断深化与拓展，大大增强“三进”的理论自信。

习近平新时代中国特色社会主义思想融入高校思政课教学工作是一项涉及诸多因素的系统工程，不是一蹴而就的。应在各高校党委统一领导下，充分发挥学校各部门的作用，齐抓共管，营造学校推进习近平新时代中国特色社会主义思想融入思政课教学的良好氛围，形成“大思政”宣传格局。此外，教师要不断更新教学观念，探索教学规律，改革教学手段和方法，努力使自己“成为先进思想文化的传播者、党执政的坚定支持者，更好担起学生健康成长指导者和引路人的责任”；为培养中国特色社会主义事业合格建设者和可靠接班人贡献自己的力量。

参 考 文 献

［1］习近平. 决胜全面建成小康社会夺取新时代中国特色社会主义伟大胜利［N］. 人民日报，2017－10－28(5).

［2］习近平. 在纪念马克思诞辰200周年大会上的讲话［N］. 新华每日电讯，2018－05－05(2).

［3］习近平. 在北京大学师生座谈会上的讲话［N］. 人民日报，2018－05－03(2).

新时代党校政治理论课教学新经验与新探索

何洪华

（中共重庆潼南区委党校）

中国特色社会主义进入新时代，世界正处于百年未有之大变局。如何在纷杂的社会思潮中坚守马克思主义主流意识形态，让我们的继承者、接班人能够不忘初心、承继前志，从这一层面来讲，政治理论课和思政课教师的作用不可谓不大，担子不可谓不重。习近平总书记从党和国家事业发展的全局出发，深刻阐述了办好思政课的重大意义，深入分析了教师的关键作用，明确提出了推动思政课改革创新的重大要求，坚定了广大思政课教师把思政课办得越来越好的信心和决心，为我们推进思政课建设指明了前进方向、提供了重要遵循。面对新时代，我们要深入贯彻落实习近平新时代中国特色社会主义思想和党的十九大精神，推动党校政治理论课教学走在时代的前列，进一步提高政治理论课教学质量和吸引力，笔者结合自己上政治理论课教学经验，谈一点个人体会，仅供党校教师参考。

一、以“动心、心动”为出发点，突出政治理论课教学的新题目、新观点、新释疑，内化于心，科学构建“理性和感性”认同，不断增强教学的吸引力

作为政治理论课教师，我们要坚决贯彻习近平总书记在学校思想政治理论课教师座谈会上的重要讲话精神，不断提高自身素养，坚持“八个相统一”，让思政课成为一门有温度的课程。随着大数据信息时代的到来，政治理论课发生了变化，但是一些教师却未能重视新主题新内容的教学，这使得学员出现了厌学的现象，因此影响了政治理论课课堂教学的效率。为了改变这一现状，党校教师都应该从自身出发，以学员“怦然心动”为出发点，寻找新题目、新内容、新亮点，解答新问题。

1. 新题目。政治理论课教学犹如写理论文章，首先题目要新。中国政治经济社会发展，为党校政治理论课教学拓宽了很大的选题空间，只要我们从不同角度、不同层面进行研究探讨，新题目一定会让学员感到有较强的现实性和针对性。比如党校安排我讲《资本论》解读，如果单纯讲《资本论》内容，学员

听了肯定枯燥无味。我把题目变为"《资本论》与中国经济发展",讲《资本论》与中国经济改革发展轨迹,讲《资本论》与习近平经济思想,讲《资本论》与当前经济社会热点问题,理论与实践相结合,充分体现了时代性、实践性,学员听后反响很好。讲好理论要有好题目,这就要求我们不断提高题目的思想性、理论性、针对性。当前,党校培训的新题目就是要推动习近平新时代中国特色社会主义思想进教材、进教案、进课堂、进师生头脑,让学员深刻认识习近平新时代中国特色社会主义思想的科学体系、精神实质,进一步坚定马克思主义和中国特色社会主义信仰。

2. 新观点。政治理论课有了好题目,还要有好的观点。即政治理论专题下面的一级目录和二级目录的观点要新。一句话,一个目录,一个简单的道理,都要有自己独特的认识和理解。政治理论课教育不同于国民教育的知识授课,也不同于干部大会的政策解读。政治理论课教育的特殊性决定了党校教师在授课时必须做到理论的要点要新,学员听后要有耳目一新的感觉。所以未来党校政治理论课教学质量的提升,关键在教师能否从不同角度、不同方位进行理论创新,提出新思维、新东西。对政治经济社会存在的问题提出新对策,努力提升教学针对性和吸引力,最终让学员获得更多收获。在创新新观点中,还要强调的是政治理论教育要求党校教师做好"布道者"。党校教师作为马克思主义"布道者",就是要旗帜鲜明、一以贯之地布马克思主义之道,布共产主义之道,布习近平新时代中国特色社会主义思想之道。习近平总书记在学校思想政治理论课教师座谈会上的重要讲话指出:"办好思想政治理论课,最根本的是要全面贯彻党的教育方针,解决好培养什么人、怎样培养人、为谁培养人这个根本问题""办好思想政治理论课关键在教师""要理直气壮开好思政课,用新时代中国特色社会主义思想铸魂育人"。习近平总书记在讲话中逻辑清晰地点出了办好思想政治理论课问题的根本,指出了解决问题的关键。因此,政治理论课教师要多吸"理论之氧",常补"精神之钙",自觉锤炼忠诚品质,真正做到心无杂念,德无杂质,行不乱章,各种新观点自觉与党中央保持一致。

3. 新释疑。当前,以电视、网络、报纸等为媒介的主流信息传播飞速发展,种类应有尽有,多角度思维,多层次的信息传播,使党员干部的知识更新速度明显加快,综合能力得到明显提升。政治理论课教学的关键是如何帮助干部更好地解决实际工作调到的问题,如何提高干部的执政能力,如何提升干部综合素质,这就要求党校教师有比较扎实的理论功底,需要对政策的理解非常熟悉,理解透彻到位,释疑解惑到位。政治理论课要加强对社会思潮的辨析和引导,面对错误思想观点,要善于释惑,防止社会上一些错误思潮的侵袭。要把共产主义当作科学,真学、真信、真懂、真用;要明辨是非,坚持中国特色社会主义的"道路自信、理论自信、制度自信和文化自信"，要充分发挥政治理论课作为党的重要思想理论阵地和意识形态前沿与"重镇"的作用，让习近平新时代中国特色社会主义思想旗帜在党校这块阵地上高高飘扬。

二、以"动脑、入脑"为目的，突出政治理论课教学的新论述、新视角、新境界，内化于思，坚持"灌输与启发"相结合，不断增强教学的内生力

习近平总书记强调："思政课教师，要给学生心灵埋下真善美的种子，引导学生扣好人生第一粒扣子"。这就涉及如何讲好思政课的问题，那么，思政课老师如何把"有意义"的课程讲得"有意思"。教师讲课，有了好的提纲，还必须有好的论述，好的讲解。马克思主义"灌输"原则是我党思想政治教育工作长期坚持的原则之一，党校教师必须正确理解并在政治理论课教育中加以运用。这就需要党校教师以学员"动脑、入脑"为目的，坚持"灌输与启发"相结合，使课堂"有声有色"，让学员在学习中感悟，在感悟中思索，在思索中奋进。

1. 新论述。现在是大数据信息网络时代，信息化为党校教师在论述方面提供了广泛而丰富的论述资料来源，党校教师应多多运用。上政治理论课都应采取多种方式进行阐述论述。有些政治理论课程，需要历史透视和哲理的思辨，如马列经典的导读；有些政治理论课程需要条分缕析，结合现实详细讲解，如中央精神和政策的解读；有些政治理论课程需要学员互动、热烈地交流、讨论，如党的历史、领导执行力等课程；有些政治理论课程需要进行现场教学，直观感受那段历史、那段岁月；有些政治理论课程，需要运用视频、课件、图表说明问题，更形象直观，生动具体，更具有说服力。政治理论课程不同，教学内容不同，教学论述阐释也应该有所不同。政治理论课教师阐述理论问题要有独特见解，切实做到以理服人。在论述中要运用马克思灌输理论来提升党校政治理论课的实效性。有效的灌输必须将教师的外部灌输与学员自我灌输融合，让学员将政治理论内化为自己的思想、品格和自觉行动。

2. 新视角。前面我讲了，老题目可新讲。有的教师要问，怎样做到新讲呢？实际上关键是教师的新视角。政治理论课教师要用新的视角来讲老问题，让"老树发出新芽"。比如讲《中国共产党纪律处分条例》和《中国共产党廉洁自律准则》，有许多教师往往比较注意原文的讲解，这样很容易让学员感到枯燥。我在讲这两个条例中，把它变为《时时讲规矩，永远守纪律》，从党员干部遵守《中国共产党纪律处分条例》和《中国共产党廉洁自律准则》的经验和不遵守的教训入手，谈惩处，谈人生得失，效果非常好。当前多媒体的发展使党校政治理论的课堂教学有了更多的生动性和新视觉性，教师制作的课件在课堂上对学员是一个感官的刺激，既能调动他们的学习积极性，也能加深学

员们对学习内容的理解和记忆。因此我在讲政治理论课时，在课件的制作上也下了非常大的功夫。在保证展示授课提纲和政治理论框架的基础上，加上了一些关键性的语言，加上了一些能支撑观点的图片、视频、音乐等，使课件整体清晰明朗，丰富多彩。不仅从图片、音像资料方面体现全新的视角，而且从理论层次方面，也以不同的角度来共同探讨，往往能收到奇效。

3. 新境界。党校教师政治理论授课就是要产生“磁铁效应”，牢牢吸引住学员的听力和眼球，让学员坐了3小时感觉只坐了半小时，学员上洗手间都需要快跑，不想错过一句话、不想错过一个观点，这就达到了教学的一个新的层次。教学效果显著的教师往往有着鲜明的课堂教学风格，能够给学员留下深刻印象，学员专心致志，听得满意；教师讲得生动，课堂活跃，那么这一堂课，我认为就是成功的，就达到了政治理论课课堂教学的新境界。

三、以“动情、真情”为主线，突出政治理论课教学的新方法、新艺术、新共鸣，内化于情，促进“理论与艺术”的交融，不断增强理论教学的感染力

提高思想政治理论课的质量和水平的关键在教师，提升新时代思政课亲和力和针对性的关键也在教师。习近平总书记的重要讲话高屋建瓴，在思想政治理论课教育教学的各方面都进行了系统阐述，对不断增强思政课的思想性、理论性、亲和力、针对性具有重要指导意义。

党校教师既是知识的传播者，又是理论的宣传者；既是理论工作者，又是实践经验探索者；既是一名教育者，又是一名艺术工作者。不断变化的党校教育形势要求党校政治理论课教学方法不断创新，教学手段不断创新，促进“理论与艺术”的交融；通过情感再现、互动交流，让学员产生思想共鸣和情感共振。

1. 新方法。党校教师政治理论课必须积极面对新形势新任务，主动适应新常态，进一步创新教学方法艺术，着力构建教与学相统一、学习理论与研究实际问题相统一、课堂教学与交流研讨相统一的教学新体系。要大力推进结构化研讨，进一步规范案例式、情景模拟式、访谈式、体验式、学员论坛等教学方法，创新“菜单式选学”模式，通过唱、说、训、练等实践操作，把教学内容通过渐进式传授给学员。中央党校教授王东京说过：“在党校讲课，有思想是第一位的，而好的语言表达和讲课技巧也同样重要。”井冈山干部培训中心采用的现场教学、体验式教学模式、情景式教学等值得党校政治理论课教学借鉴和学习。比如在井冈山培训，吃红米饭，喝南瓜汤，走红军路，唱红军歌，采用准军事化管理，以现场体验式教学为主，对学员进行革命传统教育，弘扬井冈山精神，让学员坚定信念，提高素养，增强内在精神力量。近年来，我们党校积极探

索教学新方法，采用了访谈式教学、现场教学及情景模拟式教学，打造的《与烈士心灵对话》《三块石精神访谈》等教学专题，深受学员欢迎，收到了很好的效果。

2. 新艺术。教学是一门艺术。党校教师要向相声艺术家学习，在说、唱、演等方面下功夫，如果能在这方面突破，将非常了不起。俗话说："熟能生巧。"作为教师，首先对自己所讲的政治理论课的内容烂熟于心，也就是要想明白；自己想明白了，才能在课堂上讲明白，才能让学员听明白。语言是思想的"外壳"。讲政治理论课要擅长于擘肌分理、抽丝剥笋、深入浅出地讲道理；擅长理论联系实际，授课案例丰富、生动，内容有极强的现实意义和针对性，对社会现象的剖析往往独辟蹊径，与众不同，分析问题能突出历史发展脉络。或者习惯于旁征博引，滔滔不绝，妙语连珠；习惯于娓娓道来，有条不紊。教学语言诙谐幽默，意味隽永。在党校讲政治理论课，要追求"铁一般的逻辑、诗一样的语言"。要以自己独特的语言风格说服人、感染人，让学员真正听得懂、记得住、忘不了，使政治理论教育入耳、入脑、入心。

3. 新共鸣。增进学员情感共鸣是党校理论教育新方法新艺术的主要形式。党校教师要有针对性地设计多样化的党校理论教育课教学方案，以实现对不同干部群体内心世界和情感差异的"点对点"触动。党校教师上政治理论课，哪怕是一句话、一个观点、一张幻灯片，若能让学员在今后的工作中，有所收获，有所共鸣，这堂课就是成功的。所以党校教师要从不同方面，对上课的内容、上课的课件有所创新，对上课的方法、上课的艺术风格也要有所创新。创新是保持党校教学生命力的源泉。只有创新才能使学员产生新的共鸣。

参考文献

[1]苏海舟. 存"道"精"业"提升思政课教师理论修为与教学水平[N]. 吕梁日报，2019-03-24(2).

[2]李永胜. 讲好思政课，如何发挥好教师这一关键主体的作用[N]. 吕梁日报，2019-03-31(2).

[3]孙兰英. 办好思想政治理论课用好课堂教学这个主渠道[N]. 吕梁日报，2019-04-01(2).

[4]王玉堂. 党校教师要努力加强自身修养[J]. 新世纪领导者，2012(8)41-42.

[5]汪信砚，李成龙. 治学态度、治学方法和学风[J]. 学术月刊，2013，45(9)：169-176.

遵循“三因”理念，实现习近平新时代中国特色社会主义思想“三进”全覆盖

胡传明　戴文颖

（南昌大学马克思主义学院）

党的十九大把习近平新时代中国特色社会主义思想确立为中国共产党必须长期坚持的指导思想和行动指南，习近平新时代中国特色社会主义思想是马克思主义中国化最新成果，是党和人民实践经验和集体智慧的结晶，是中国特色社会主义理论体系的重要组成部分，是全党全国人民为实现中华民族伟大复兴而奋斗的行动指南。推进习近平新时代中国特色社会主义思想“三进”工作，即“进教材、进课堂、进头脑”，是新时代高校思想政治教育工作开展的首要任务和头等大事。习近平总书记在全国高校思想政治工作会议上强调，高校思想政治教育工作要“因事而化、因时而进、因势而新”，“三因”理念不仅仅是做好思想政治工作的重要理念，也是发展和创新马克思主义思想的典范，我们应该依循“三因”理念，实现习近平新时代中国特色社会主义思想全覆盖。

一、因事而化：将“软性”的中国故事化入教材体系，讲好习近平新时代中国特色社会主义思想“硬核”理论

习近平总书记指出：“要坚持政治性和学理性相统一，以透彻的学理分析回应学生，以彻底的思想理论说服学生，用真理的强大力量引导学生”。习近平总书记在一系列重要讲话和文章著作中，经常旁征博引，用鲜活生动的故事、激动人心的事例和入木三分的比喻，把深刻的理论通俗化，把抽象的道理具体化，达到直抵人心的效果。而理论体系是教学之本，“任何一个阵地，如果我们不去占领，敌对势力、错误思潮和一些负面的东西就会乘虚而入”[1]。一定意识形态的盛行，足以颠覆整个时代。要想旗帜鲜明地保障好习近平新时代中国特色社会主义思想在意识形态领域的领导权、管理权、话语权，就必须做好习近平新时代中国特色社会主义思想“进教材”这个基础性工作，借鉴“借事喻理”的文化传统，尝试用“软性”的中国故事，通俗化传递“硬核”的习近平新时代中国特色社会主义思想。让青年学生在作为文化自信“三大基石”

之首的中国优秀传统文化的推广传播进程中，有参与、有鉴别、有创见；让青年大学生在举世瞩目的“中国成就”下，有底气、有共鸣、有力量。

（一）深入挖掘中国优秀传统文化资源，增强习近平新时代中国特色社会主义思想的趣味性和说服力

物有本末，事有终始；知所先后，则近道矣。中国传统文化是中华民族历史上各种观念形态的总体表征，是中华民族最大的文化软实力。中国优秀传统文化中积淀的家国情怀是中华民族最深沉的精神追求，中国优秀传统文化中涵养的奋斗精神始终代表着中华民族独特的精神标识，中国优秀传统文化中坚守的担当意识是中国人不变的思维方式和行为方式，支撑着中华民族五千余年来生生不息、傲然屹立。党的十八大以来，习近平总书记多次强调传承中国优秀传统文化的重要性，他指出：“讲清楚中华优秀传统文化是中华民族的突出优势，是我们最深厚的文化软实力。”习近平新时代中国特色社会主义思想吮吸着中华民族五千多年来漫长奋斗所积累的文化养分，要想推进习近平新时代中国特色社会主义思想“三进”工作，就要充分利用好中国优秀传统文化强大的思想引领作用和价值观引导作用，拓宽渠道、创新方式、发散思维将其引入教材，实现中国优秀传统文化由精神滋养层面向理论体系转化。

要实现中国优秀传统文化“进教材”，必须充分挖掘和汲取中华优秀传统文化中的宝贵资源。求木之长者，必固其根本；欲流之远者，必浚其泉源。广大的思政课教师要增强“守土有责、守土尽责、守土为责”的责任意识，深耕中国优秀传统文化这亩良田，深挖相关的教学资源，融入相关教材体系中去。要深挖价值观资源，提炼中华优秀传播文化中蕴含的“义者，天理之所宜；利者，人情之所欲”的义利观、“立心以忠信，不欺为主本”的诚信观、“积善之家必有余庆，积不善之家必有余殃”的道德观，构建价值体系，融入马克思主义价值理论研究中去。要深挖政治路径资源，用宋真宗的《文武七条》中“反腐倡廉”的思想、文景之治“三十税一”与民休息的政策、“轻徭役、薄赋税”的政府改革目标等古老的“中国智慧”为坚持走中国特色社会主义道路增添文化自信。要深挖经济发展资源，用对中国古代经济思想中“相地而衰征”的朴素的级差地租观、“以工立国、振兴实业”的富国理论、“耕者有其田”的重农观念等的深刻阐释，续写新时代建设中国特色社会主义经济的新篇章。

实现中国优秀传统文化“进教材”，必须促进中国优秀传统文化与当代社会相适应、与现代文明相协调、与世界文化发展趋势相符合。面对新时代推进习近平新时代中国特色社会主义思想“三进”的新任务、新要求，我们对中华优秀传统文化资源的转化和利用还存在明显的不足，还有浩繁艰苦的工作要做，还有钩深索隐的广袤天地。我们应继续运用马克思主义的世界观和方法论，

更进一步地细致梳理和深入挖掘中国优秀传统文化，结合时代特征，切实做到古为今用，使中国优秀传统文化既保持浓厚的古典韵味，又内含鲜明的时代精神，并且与全人类的优秀文化相汇通、相交融。这就需要正视中国优秀传统文化所面临的语言艰涩难懂和群众普及度不高的双重困境，要以通俗易懂的话术和群众喜闻乐见的方式来诠释和阐发中国优秀传统文化的时代价值。要“重视深入挖掘中国优秀传统文化中讲仁爱、重民本、守诚信、崇仁义、尚和合、求大同的时代价值”，要将“天下为公”的天下观融进“人类命运共同体”的美好设想中去，要将“民为贵，社稷次之，君为轻”的民本思想融进“以人民为中心”的发展观中去，要将“尚贤者，政之本也”的人才观具化到新时代的人才选拔机制中去。

（二）着力讲好“中国成就”，激发习近平新时代中国特色社会主义思想的强烈感染性

19 世纪德国哲学家黑格尔曾说“历史从中国谈起，可中国由于排除了每一种变化的可能性，至今仍停留在世界历史之外”[2]。但今天，中国作为一个发展中的社会主义大国，正从世界舞台的边缘向中心大步迈进。十八大以来，中国取得的成就是全方位的，统筹推进改革发展稳定、内政外交国防、治党治国治军，在政治、经济、文化、生态等各个领域各个方面都取得了辉煌的成就；十八大以来，中国取得的成就是深层次的，收拢五指、全面发力、重拳出击，啃掉“硬骨头”、涉过“险滩”，改革涉及的范围之广、出台的方案之多、触及的利益之深、推进的力度之大，前所未有；十八大以来，中国取得的成就是开创性的，确立了“五位一体”总体布局和“四个全面”战略布局，解决了许多长期想解决而没有解决的难题，办成了许多过去想办而没有办成的大事。

这些有关于“中国成就”的话术声声入耳、激动人心，但是“入耳”仅仅是推动习近平新时代中国特色社会主义思想“进教材”工作的基础，耳过十遍，不如一看。同声相应起于相知，同道相成起于相识。因此，深入推进习近平新时代中国特色社会主义思想“进教材”，首先要学会辩证唯物主义和历史唯物主义，从“中国成就”中汲取智慧滋养，要用好实践成果这一最鲜活的教材来增强青年大学生的认同感。习近平新时代中国特色社会主义思想的正确性首先体现在十八大以来取得的一系列重要的成就当中。广大的思政课教师要讲好马克思主义中国化的故事，讲好改革开放的故事，讲好中国共产党执政的故事，讲透十八大以来取得的“中国成就”，将这极不平凡的七年融进思政课教材中去，让这一个个鲜活生动、激动人心的“中国故事”，讲述出伟大复兴的“中国梦”，让这宏伟的“中国梦”引领青年学生带着信念学、带着情感学，在春风化雨、润物无声中引导学生树立正确的理想信念，将习近平中国特色社会主义思

想内化于心、外化于行。其次，必须不断进行理论武装方式方法的创新，强化文化自信对理想信念的涵养支撑。应当注重让“中国成就”从抽象变得生动，从无形变得有形，充分激发学生的主动性、探索性，不断自觉推动习近平新时代中国特色社会主义思想往实里走、往深里走、往心里走，进一步达到“入耳”“入脑”“入心”的效果。

二、因时而进：与时俱进，推动习近平新时代中国特色社会主义思想多渠道“进课堂”

智者顺时而谋，愚者逆理而动。时代是思想之母，实践是理论之源。中国特色社会主义进入新时代这个全新的历史方位，是世情、国情、党情变化的必然结果，是社会主要矛盾转化的必然结果，也是十八大以来党和国家事业发生历史性变革的必然结果。面对新时代复杂多变的教育环境和多媒体融合的发展格局，深入推进习近平新时代中国特色社会主义思想“进课堂”工作，就要把握新时代的方向定位，跟上时代的发展步伐，以创新理念、发散的思维拓展教学方法与模式，综合开展问题导向性教学，实地情境式教学，推动习近平新时代中国特色社会主义思想多渠道进课堂。

（一）坚持问题导向，开展问题教学，学懂习近平新时代中国特色社会主义思想活的内涵

习近平总书记指出：“坚持问题导向是马克思主义的鲜明特点，我们中国共产党人干革命、搞建设、抓改革，从来都是为了解决中国的现实问题。”[3]“八个明确”和“十四个坚持”作为习近平新时代中国特色社会主义思想的重要内容，每一条都体现着强烈的问题意识，体现了发现问题的政治智慧。新时代面临着新的问题，实事求是地认清这些问题、全面精准地把握这些问题、科学严谨地解决这些问题，才能够推动习近平新时代中国特色社会主义思想不断向前迈进。

深入推进习近平新时代中国特色社会主义思想“进课堂”工作，首先，广大思政课教师要清晰把握“按需‘备菜’”这个观念。思想传播工作从根本上说是做凝聚人心的工作，教师必须尊重学生在课堂中的主体地位，准确地掌握学生的思想脉搏、心理脉搏，要懂得学生喜欢什么、想要什么、疑惑什么，收集、梳理、分类学生关注关心的问题，在深入剖析习近平新时代中国特色社会主义思想深层次内涵的基础上，经过分析整合，为学生准备既有针对性又专题化的“菜品”，只有这样的菜才能勾起学生的胃口。其次，要精心“上菜”，不能只向课堂要知识。思政课老师不能只是知识点的搬运工，而应该是学生内化思想理论的领路人。要给予学生一个机会，在讨论中融会贯通地理解和运用习近

平新时代中国特色社会主义思想的核心要义，在辩论中把习近平新时代中国特色社会主义思想同学习马克思主义基本原理相关联，在争论中把习近平新时代中国特色社会主义思想同理解各项战略部署相贯通，在碰撞中把习近平新时代中国特色社会主义思想同指导青年学生实现伟大梦想相协同。

（二）贯彻实干精神，开展情境式教学，弄通习近平新时代中国特色社会主义思想历史缘来

马克思深刻地指出："每个原理都有其出现的世纪。"习近平新时代中国特色社会主义思想，是从中华优秀传统文化、革命文化和社会主义先进文化中传承弘扬出来的，是从十八大以来的历史性成就和历史性变革中深刻总结出来的，是从习近平总书记几十年艰苦磨砺和从政实践中积累得来的。特别是在梁家河，播下了习近平新时代中国特色社会主义思想的种子，是这一伟大思想的历史起点、实践起点、情感起点。

深入推进习近平新时代中国特色社会主义思想"进课堂"工作的开展，要把握住这一伟大思想的实干精神内核，实地观摩，现场教学，直面这一伟大精神的摄人力量。正如习近平总书记所说："陕北高原给了我一个信念，也可以说是注定了我人生过后的轨迹。经过了陕北这一堂人生课堂，就注定了我今后要做什么，它教了我做什么。"[4]在梁家河的七年时光里，习近平总书记读懂了什么是农业、什么是农村、什么是农民，读懂了什么是中国社会。实践是理论之源。这七年的实践经验，成了习近平新时代中国特色社会主义思想的活水源头。党的十八大以来，习近平总书记提出的"四个全面"战略布局、牢牢抓住供给侧结构性改革、深入实施"一带一路"的倡议等大政方针，无一不是深深植根于中国特色社会主义的伟大实践，无一不是从世情、国情、党情实际出发，始终贯穿着强烈的实干精神。触动心灵的教育才是最成功的教育。实地感受习近平新时代中国特色社会主义思想的历史缘来，将习近平总书记七年的知青岁月化作思想传播的舞台，从习近平总书记"天下大事必作于细"的务实精神中汲取营养，从习近平总书记"执古之道以御今之有"的政治智慧中感悟磅礴力量，使原本抽象的、说教式的思想理论被赋予最强的心灵震撼和精神升华，引导着青年学生继续在习近平新时代中国特色社会主义思想这一座理论富矿中埋头苦干、不断开垦。

三、因势而新：立足时代大势，拿出具体管用的新办法推动习近平新时代中国特色社会主义思想"进头脑"

习近平总书记指出："今天，宣传思想工作的社会条件已经大不一样了，我们有些做法在过去有效，现在却未必有效；有些做法在过去不合时宜，现在却

是势在必行；有些过去不可逾越，现在则需要突破。”[5]习近平新时代中国特色社会主义“进头脑”工作“不日新者必日退”，无论何时，都必须因势而变，顺势而为，不断根据国内国际情势的变迁而相应调整工作方式和工作方法，不断创新工作内容与工作形式，立足新时代发展大势，拿出具体管用的新办法推动习近平新时代中国特色社会主义思想谋求新的发展。

（一）观念、态度、行动三维发力，推动习近平新时代中国特色社会主义思想进入老师的“头脑”

习近平总书记指出：“办好思想政治理论课关键在教师，关键在发挥教师的积极性、主动性、创造性。”“师者，人之模范也”，思政课教师“吐辞为经、举足为法”，一言一行都将给学生以极大影响。因此，要推动习近平新时代中国特色社会主义思想“进头脑”，首先要切中问题的要害，抓住事物的本质，要发挥好教师这一关键主体的作用。

首先，政治要强，要从观念上“进头脑”。推动习近平新时代中国特色社会主义思想“进头脑”是一项科学性与意识形态性深度融合的工作，既要给学生讲透其中承载着的科学理论、思维、方法与精神，更要给学生传递其中深刻蕴含着的马克思主义的信仰体系。因此，广大的思政课教师要增强“守土有责、守土尽责、守土为责”的责任意识，扎扎实实、原原本本地学习和研读马克思主义经典著作，系统地学习领悟习近平新时代中国特色社会主义思想理论知识，不仅仅要将马克思主义作为自己的“看家本领”，更要将习近平新时代中国特色社会主义思想变成自己的“拿手绝活”。要坚持不懈地贯彻教育者先受教育的观念，要坚持不懈地落实在认识上高一筹、在思考上深一层、在行动上快一脚，牢牢把握住新时代的发展要求，强化政治意识，树立政治理想，把握政治方向，站稳政治立场，提高政治能力，保持政治定力。深刻领悟习近平新时代中国特色社会主义思想的深层次意蕴，久久为功，善作善成，力求在学通、弄懂、悟透上下足功夫。

其次，情怀要深，要从态度上“进头脑”。“让有信仰的人讲信仰，让有信念的人讲信念，才会有底气、有生气、有力量，理想信念才能传得开、信得过、扎下根。”[6]广大的思政课教师必须要澄清认识误区，转变观念态度，将学术责任和社会责任融为一体，不断提升思想教学工作的素质技能。绳短不能汲深井，浅水难以负大舟。做好习近平新时代中国特色社会主义思想“进头脑”是一项战略工程、固本工程、铸魂工程，事关党的前途命运，事关国家长治久安，事关民族凝聚力和向心力，要确保习近平新时代中国特色社会主义思想“进头脑”工作的科学性、准确性、针对性、彻底性，没有两把刷子是干不好的，没有高素质、好把式、真功夫是干不出漂亮活的。为此，仅仅只是做到“多学”是不够的，还必须避免蜻蜓点水、浅尝辄止、基本功不扎实、真本事不多的现象，必须筑牢思政课教师的思想理论根基，鼓励教育者自觉加强习近平新时代中国特色社会主义思想的学习，要不打任何折扣、不要任何小聪明，不搞任何小动作地学，不断增强自身对习近平新时代中国特色社会主义思想的理论认同、政治认同和情感认同，努力成为开展习近平新时代中国特色社会主义教学工作的“行家里手”。

再次，自律要严，要从行动上“进头脑”。马克思曾说过：“如果你想感化别人，那你就必须是一个实际上能够鼓舞和推动别人前进的人”[7]。新时代的历史方位之下，那种“一朝学成而终身受用”的观念已经无法满足当今社会的发展需要了，且思政课本身就责成教师要坚持“终身学习”理念，要把学习当作第一精神需要，当作饥饿者的食物。广大的思政课教师首先要通过严格自律塑造自己，修炼自己，要把学习习近平新时代中国特色社会主义思想作为一种生存状态、生活方式和内在追求，每时每刻、持续终身地学。要以只争朝夕的精神、隙穴之窥的毅力、精益求精的追求，努力学习新观点，不断掌握新本领。

（二）坚守理论信仰、坚持实践定位，推进习近平新时代中国特色社会主义思想进入学生的“头脑”

迈入新时代，风正扬帆当有时，青年学子勇做弄潮儿，接力奋斗中国梦。学生是学习的主体，是思想传播的参与者，是理论发展的探索者，是精神引导的研究者，青年兴则国家兴，青年强则国家强。推动习近平新时代中国特色社会主义思想“进头脑”最根本的诉求还是进学生的“头脑”。

首先，要坚持学而信，坚守理论信仰，切实改造主观世界。冯友兰先生曾说：“读书要‘解其言、知其意、明其理’”，说的就是读书不仅要读懂文字，还要领会精神，明晓其中的深刻道理。习近平新时代中国特色社会主义思想是一个立意高远、思想深邃、内容广博的思想理论体系，学好这一思想，必须潜心研读党的十九大报告和党章，认真领会习近平系列工作文集，仔细琢磨《习近平谈治国理政》，把握其精神实质，真正学通、弄懂、悟透；学好这一思想，必须深刻领会其理论渊源，把它同马克思列宁主义、毛泽东思想、邓小平理论、“三个代表”重要思想和科学发展观结合起来进行学习，既了解其历史担当，又把握其时代定位；学好这一思想，必须把握其对世界社会主义发展史和人类社会发展史的重大意义，把握其宽广深邃的历史视野和勇于担当的大国气魄。“学而思则智，知而行则通”，只有深刻领会其理论精髓，理解这一思想是“实事求是、人民中心、知行合一”三个维度的有机统一；深刻领会其实践意义，理解这一思想是全党全国各族人民为实现中华民族伟大复兴而奋斗的行动指南；深刻领会其价值立场，理解这一思想着力践行以人民为中心的发展观念，才能不断强化价值引领，深化认知认同，不断将理论学习成果转化为根深蒂固的理想信念，将习近平新时代中国特色社会主义思想铸入灵魂、融入血脉、深入骨髓，并付诸实践。

其次，要坚持学而用，内化于心、外化于行。对习近平新时代中国特色社会主义思想的认识，只是胜利进行新时代社会主义建设的前提，扩展思维，坚持实事求是，在实践中加深对理论的深层次感悟，这既是一个真正的唯物主义者或辩证唯物主义者必须具备的品格，也是胜利完成新时代社会主义建设的重要保障。因此，学生首先要充分发挥自身职能。明确学生的定位和本职工作，积极主动融入习近平新时代中国特色社会主义思想教学过程中去，在与教育者的思想碰撞中，不断对教育者施教的新思想、新理论进行思考、总结和提炼，形成自己个性独特的认识，积极主动地将这一思想融入自己的精神血脉中，进而鼓舞自己伴随新时代的号角，树立起与这个时代主题同心同向的理想信念。学生还需要不断提高理论转化能力和基层实践水平，要积极主动地参与到各项中国特色社会主义建设的基层实践活动中去，从实践中得出体悟，从实践中深化体悟，实实在在地学习好、宣传好、贯彻好、落实好这一思想，将这一思想深深烙印在自己的脑海中。

参考文献

[1]习近平. 之江新语[M]. 杭州：浙江人民出版社，2007.
[2]黑格尔. 历史哲学：人对私利的追求是历史的原动力[M]. 张作成，车仁维，译. 北京：北京出版社，2008.
[3]教育部习近平新时代中国特色社会主义思想研究中心. 坚持和发展对真理标准的科学认识[N]. 人民日报，2018－11－12(7).
[4]中央党校采访实录编辑室. 习近平的七年知青岁月[M]. 北京：中共中央党校出版社，2017.
[5]熊若愚. 推动宣传思想工作不断强起来[N]. 学习时报，2018－08－24(1).
[6]大力推动思想政治理论课改革创新[N]. 解放军报，2018－03－21(1).
[7]马克思. 1844 年经济学哲学手稿[M]. 中共中央马克思恩格斯列宁斯大林著作编译局，译. 北京：人民出版社，2018.

《习近平谈治国理政》第二卷融入本科生思想政治理论课教学初探①

张　国

（北京建筑大学马克思主义学院）

习近平总书记指出："中国共产党第十九次全国代表大会，是在全面建成小康社会决胜阶段、中国特色社会主义进入新时代的关键时期召开的一次十分重要的大会。"[1]在这次重要的大会上，将习近平新时代中国特色社会主义思想确立为党必须长期坚持的指导思想，再次彰显了党的指导思想的与时俱进性。毫无疑问，习近平新时代中国特色社会主义思想是具有原创性、时代性的21世纪中国的马克思主义。在当前本科生思想政治理论课的教学中，习近平新时代中国特色社会主义思想"进教材、进教室、进头脑"无疑是一项必须完成的重要任务。为了顺利完成这项重要任务，除了要将党的十九大报告融入本科生思想政治理论课的教学之中，还要将《习近平谈治国理政》第二卷也融入进去。其原因就在于，这部重要著作生动记录了以习近平同志为核心的党中央团结带领全党全国各族人民在新时代坚持和发展中国特色社会主义的伟大实践，集中反映了习近平新时代中国特色社会主义思想的发展脉络和其中的主要内容。[2]因此，对高校思想政治理论课教师而言，应当全面深入地学习和研究这部重要著作，将其中的内容精准地融入本科生思想政治理论课各门课程的教学之中。目前，在本科生思想政治理论课教学中，使用马克思主义理论研究和建设工程重点教材的课程分别是《毛泽东思想和中国特色社会主义理论体系概论》（以下简称《概论》）、《中国近现代史纲要》（以下简称《纲要》）、《思想道德修养与法律基础》（以下简称《基础》）、《马克思主义基本原理概论》（以下简称《原理》），这四门课程的教材均是2015年修订版，充分体现了中共十八大、十八届三中和四中全会的精神。在此，本文探讨的就是在使用该版教材的背景下如何将《习近平谈治国理政》第二卷这本重要著作的内容

① 本文为2018年度首都大学生思想政治教育课题（专项课题）"经典著作研读融入本科生思想政治理论课教学研究"的阶段性成果。

精准地融入本科生思想政治理论课各门课程教学之中。

一、《习近平谈治国理政》第二卷简介

《习近平谈治国理政》第二卷是由中共中央宣传部会同中共中央文献研究室、中国外文出版发行事业局共同编辑,并于2017年11月由外文出版社公开出版发行。这部重要著作收录的是习近平总书记在2014年8月18日至2017年9月29日期间的重要著作,共有讲话、谈话、演讲、批示、贺电等99篇,是学习和研究习近平新时代中国特色社会主义思想的权威读本。具体而言,这部重要著作共分为17个专题,即专题一:坚持和发展中国特色社会主义,实现中华民族伟大复兴的中国梦;专题二:决胜全面建成小康社会;专题三:将改革进行到底;专题四:建设社会主义法治国家;专题五:推动全面从严治党向纵深发展;专题六:坚定不移贯彻新发展理念;专题七:适应、把握、引领经济发展新常态;专题八:发展社会主义民主政治;专题九:坚定文化自信;专题十:在发展中保障和改善民生;专题十一:建设美丽中国;专题十二:开启强军兴军新征程;专题十三:坚持"一国两制",推进祖国统一;专题十四:推进中国特色大国外交;专题十五:坚持和平发展,促进合作共赢;专题十六:促进"一带一路"国际合作;专题十七:推动构建人类命运共同体。通过认真研读这部重要著作中十七个专题的内容,就能够准确地把握习近平新时代中国特色社会主义思想的发展脉络和精神实质,并能够全面地掌握这一重要思想的主要内容。

二、思想政治理论课教师要深入学习和研究《习近平谈治国理政》第二卷

为了将《习近平谈治国理政》第二卷精准地融入本科生思想政治理论课的教学之中,高校思想政治理论课教师首先应当抽出时间和精力深入地学习和研究这部重要著作。具体而言,在这部重要著作的学习和研究中,高校思想政治理论课教师至少应当从以下几个方面去努力:

1. 必须结合所讲授的课程内容深入地研读

在认真研读《习近平谈治国理政》第二卷时,高校思想政治理论课教师应当做到有的放矢,主要是根据所讲授的本科生思想政治理论课某一门课程的相关章节来进行有重点的深入研读,从中全部找出能够融入课程教学的相关内容。在此基础上,高校思想政治理论课教师要深入思考这些相关的内容是直接融入课程教学还是需要在合理转化之后再融入课程教学的问题,从而在教学设计上避免生搬硬套,努力实现两者之间的有机融合。鉴于目前本科生思想政治理论课的四门课程(《概论》《纲要》《基础》《原理》)的教学中使用的

都是2015年8月修订版的教材,因此,高校思想政治理论课教师在研读这部重要著作时,要着重研读其中收录的2015年8月之后习近平总书记的讲话、谈话、演讲、批示、贺电。

2. 要扩展性地研读相关的权威文献

为了将《习近平谈治国理政》第二卷的内容学懂弄透,高校思想政治理论课教师应当抽出一定的时间和精力扩展性地研读一些相关的权威文献。首先,高校思想政治理论课教师应当抽出时间和精力认真研读党的十九大报告十三个部分的内容,从而有助于准确地把握这部重要著作中相关内容的最新表述。其次,高校思想政治理论课教师应当拿出时间和精力来认真研读2014年10月由外文出版社公开出版发行的《习近平谈治国理政》第一卷。《习近平谈治国理政》第一卷共十八个专题的内容,它同《习近平谈治国理政》第二卷是一脉相承、有机统一的整体。在深入研读中,应当将《习近平谈治国理政》两卷作为一个整体来学习,同时将两卷中相似内容做比较,这样做既有助于更为全面地掌握习近平新时代中国特色社会主义思想产生和发展的具体历史脉络,也有助于更为全面地掌握这一重要思想的丰富内涵。最后,高校思想政治理论课教师要抽出时间和精力认真研读中央文献出版社出版的《十八大以来重要文献选编》的内容,这既有助于进一步全面地把握习近平新时代中国特色社会主义思想的主要内容,也有助于正确认识党的十八大以来中央领导集体的重要成员在这一重要思想的创立和发展中所做出的重要贡献。

3. 扎实地推进相关的研究工作

在认真研读《习近平谈治国理政》第二卷和相关权威文献的同时,高校思想政治理论课教师应当从马克思主义理论学科的视角开展好相应的具体研究工作,而这种研究既可以是从整体上对文本框架结构的宏观研究,也可以是对其中某些具体内容的深入研究。随着研究工作的不断推进,高校思想政治理论课教师应当持续性地产出较高质量的研究成果,而较高质量研究成果的主要形式是学术论文、专著和研究报告。在开展研究的过程中,高校思想政治理论课教师应当积极地申请各种相关的科研项目,从而有助于在一定程度上解决研究工作的经费支撑问题。在取得了相应的研究成果之后,高校思想政治理论课教师应当将这些成果及时地应用到本科生思想政治理论课各门课程的教学之中,实现以科研促进教学的目的。

三、将《习近平谈治国理政》第二卷的内容精准地融入本科生思想政治理论课各门课程的教学

当前，在本科生思想政治理论课的教学中，为了顺利完成习近平新时代中国特色社会主义思想“进教材、进课堂、进头脑”的重要任务，在将党的十九大报告的内容精准地融入本科生思想政治理论课各门课程教学之中的同时，还要将《习近平谈治国理政》第二卷的内容精准地融入这些课程的教学之中去。

1. 将《习近平谈治国理政》第二卷的全部内容精准地融入《概论》的教学中

在使用马克思主义理论研究和建设工程重点教材开展《概论》分章节教学的过程中，《习近平谈治国理政》第二卷中十七个专题的内容均可以直接地融入进去。具体而言，专题一中的中国梦、“四个全面”、全面小康社会等内容融入《概论》第六章社会主义的本质和建设中国特色社会主义总任务第三节的教学中，马克思主义中国化、时代化、大众化，纪念邓小平同志诞辰 110 周年座谈会上的讲话（节选）等内容分别融入《概论》第一章马克思主义中国化两大理论成果第一节、第三节的教学中，党的领导的内容融入《概论》第十二章建设中国特色社会主义的领导核心第一节的教学中。专题二中的全面建成小康社会的内容融入《概论》第八章建设中国特色社会主义总布局第一节的教学中，扶贫和脱贫的内容融入《概论》第六章社会主义的本质和建设中国特色社会主义总任务第一节的教学中。专题三中的全部内容融入《概论》第七章社会主义改革开放理论的第一节、第二节和第三节的教学中。专题四中的全部内容融入《概论》第八章建设中国特色社会主义总布局第二节的教学中。专题五中的全部内容融入《概论》第十二章建设中国特色社会主义的领导核心第三节的教学中。专题六和专题七中的全部内容融入《概论》第八章第一节的教学中。专题八中的全部内容融入《概论》第八章建设中国特色社会主义总布局第二节的教学中。专题九中的全部内容融入《概论》第八章建设中国特色社会主义总布局第三节的教学中。专题十中的全部内容融入《概论》第八章建设中国特色社会主义总布局第四节的教学中。专题十一中的全部内容融入《概论》第八章建设中国特色社会主义总布局第五节的教学中。专题十二中的全部内容融入《概论》第十一章建设中国特色社会主义的根本目的和依靠理论第四节的教学中。专题十三中的全部内容融入《概论》第九章实现祖国完全统一的理论第一节和第二节的教学中。专题十四、专题十五和专题十七中的全部内容融入《概论》第十章中国特色社会主义外交和国际战略第一节和第二节的教学中。专题十六中的全部内容融入《概论》第七章社会主义改革开放理论第三节的教学中。

2. 将《习近平谈治国理政》第二卷的部分内容精准地融入《纲要》的教学中

在使用马克思主义理论研究和建设工程重点教材开展《纲要》分章节教学的过程中，《习近平谈治国理政》第二卷中部分专题的内容要精准地融入进去。具体而言，专题一中的纪念邓小平同志诞辰110周年座谈会上的讲话（节选）、中国共产党领导的重要性、2016年七一讲话（节选）对中国共产党95年历史的回顾等内容都融入《纲要》第四章开天辟地的大事变到第十章改革开放与现代化建设新时期相关内容的教学中，延安市梁家河村近半个世纪变化的内容融入《纲要》第九章社会主义建设在探索中曲折发展和第十章改革开放与现代化建设新时期相关内容的教学中，长征精神的内容融入《纲要》第五章中国革命的新道路第二节的教学中，新中国成立以来尤其是改革开放以来的历史回顾融入《纲要》第八章社会主义基本制度在中国的确立到第十章改革开放与现代化建设新时期的教学中，十八大以来中国历史的内容融入《纲要》第十章改革开放与现代化建设新时期第五节和第六节的教学中。专题二中的有关小康社会奋斗目标融入《纲要》第十章改革开放与现代化建设新时期第二节的教学中。专题五中的以焦裕禄等为代表的县委书记的事迹、中央党校早期的部分历史、党的早期支部组织生活的历史分别融入《纲要》第九章社会主义建设在探索中曲折发展、第六章中华民族的抗日战争第四节、第五章中国革命的新道路第一节的教学中，革命和建设时期普通党员先进典型的内容融入《纲要》第六章中华民族的抗日战争第四节和第九章社会主义建设在探索中曲折发展第二节的教学中。专题六中的毛泽东在党的七大作总结报告的部分内容融入《纲要》第六章中华民族的抗日战争第四节的教学中。专题七中的改革开放以来中央推动非公有制经济发展的政策融入《纲要》第十章改革开放与现代化建设新时期第三节到第五节的教学中。专题八中的毛泽东和周恩来有关协商民主的论述分别融入《纲要》第七章为新中国而奋斗第四节、第八章社会主义基本制度在中国的确立第二节与第三节的教学中。专题九中的毛泽东论文艺的人民性融入《纲要》第六章中华民族的抗日战争第四节的教学中。专题十一中的河北塞罕坝林场建设的情况的内容融入《纲要》第九章社会主义建设在探索中曲折发展第三节和第十章的教学中。专题十二中的红军时期政治工作情况融入《纲要》第五章中国革命的新道路第一节和第二节的教学中。专题十三中的我国台湾被侵占被殖民的历史、1949年以来两岸关系的历史、香港回归20年来的历史分别融入《纲要》第二章对国家出路的早期探索第二节、第七章为新中国而奋斗第四节、第十章改革开放与现代化建设新时期第三节的教学中。专题十四和专题十七中的有关世界反法西斯战争和中国抗日战争历史融入

《纲要》第六章中华民族的抗日战争第五节的教学中。

3. 将《习近平谈治国理政》第二卷的部分内容精准地融入《基础》的教学中

在使用马克思主义理论研究和建设工程重点教材开展《基础》分章节教学的过程中,《习近平谈治国理政》第二卷中只有专题一、专题四和专题九的内容能够融入进去。具体而言,专题一中的纪念邓小平同志诞辰 110 周年座谈会上的讲话(节选)的内容融入《基础》第四章注重道德传承加强道德实践第三节的教学中,中国梦的内容融入《基础》第一章追求远大理想坚定崇高信念第三节的教学中,长征精神的内容融入《基础》第二章弘扬中国精神共筑精神家园第一节和第二节的教学中,2016 年习近平七一讲话(节选)中有关革命理想信念的内容融入《基础》第一章追求远大理想坚定崇高信念的第一节、第二节和第三节教学中,2016 年习近平七一讲话(节选)中以人民为中心的发展思想融入《基础》第三章领悟人生真谛创造人生价值的第一节和第二节的教学中。专题四中的鉴于党的十八届四中全会精神已经体现在《基础》2015 年修订版教材中,在此主要分析该专题中其他内容融入《基础》教学的情况;在这一专题中,有关领导干部尊法学法守法用法的内容融入《基础》第七章树立法治观念尊重法律权威第二节和第三节的教学中,有关深化司法体制改革的内容融入《基础》第六章学习宪法法律建设法治体系第四节的教学中;有关坚持依法治国和以德治国相结合的内容融入《基础》第七章树立法治观念尊重法律权威第一节的教学中。专题九中的有关坚持以人民为中心的创作导向的内容融入《基础》第三章领悟人生真谛创造人生价值第一节和第二节的教学中,有关人民有信仰的内容融入《基础》绪论第三节、第一章追求远大理想坚定崇高信念第一节与二节、结语的教学中,有关坚持和巩固党对意识形态工作的领导的内容融入《基础》第一章追求远大理想坚定崇高信念第一节和第二节的教学中,有关网络安全和信息化的内容融入《基础》结语的教学中,有关家风家教的内容融入《基础》第五章遵守道德规范锤炼高尚品格第三节的教学中。

4. 将《习近平谈治国理政》第二卷的部分内容精准地融入《原理》的教学中

在使用马克思主义理论研究和建设工程重点教材开展《基础》分章节教学的过程中,将《习近平谈治国理政》第二卷的内容精准地融入时,有直接融入和间接融入两种形式。具体而言,一方面,将这部重要著作的部分内容直接融入《原理》的教学中,即将第一专题的内容和第三专题的内容直接融入该课程的教学中。从整体上来说,将专题一的内容融入《原理》第七章共产主义崇高理想及其最终实现第二节的教学中，将专题三的全部内容融入《原理》第三章人类社会及其发展规律第二节的教学中。从部分上来看，第一专题中不同部分的内容要融入《原理》不同章节的教学中，即将其中纪念邓小平同志诞辰110周年座谈会上的讲话（节选）的内容融入《原理》第三章人类社会及其发展规律第三节的教学中，将其中有关继续推进马克思主义中国化、时代化、大众化的内容融入《原理》绪论第一部分、第四部分和第五章资本主义的发展及其趋势第二节的教学中，将2016年习近平七一讲话（节选）中马克思主义中国化、远大理想与共同理想、全面深化改革、坚持以人民为中心的发展理念的内容分别融入《原理》绪论第四部分、第七章共产主义崇高理想及其最终实现第二节、第三章人类社会及其发展规律第二节、第三章人类社会及其发展规律第三节。另一方面，针对这部重要著作中不能直接融入《原理》教学的内容，在教学的过程中要努力实现间接融入，即先是找出这部重要著作中同《原理》课程具有较大相关性的内容，然后在课堂授课的过程中，运用马克思主义基本原理对这些内容进行深入分析，以此彰显出习近平总书记始终坚持运用马克思主义基本的立场、观点和方法来分析和解决治国理政中面临的重大现实问题，这就使得《原理》课程的教学更加贴近当代中国发展的伟大实践。

参考文献

[1]习近平.决胜全面建成小康社会夺取新时代中国特色社会主义伟大胜利[M].北京：人民出版社，2017.

[2]中央宣传部中央组织部要求认真组织学习《习近平谈治国理政》第二卷[J].半月谈，2017(23)95.

大数据视野下高校日常思想政治教育精准化析论

成守勇　傅红冬

（淮阴师范学院马克思主义学院）

大数据时代，无论你是否意识到或者说是否重视它，形式各异、种类不同的数据已渐次弥漫遍布于我们日常生活世界，尤其在熟悉现代各种社交网络软件及自媒体运用的青年大学生一代中，更是能随时通过手机、电脑、穿戴设备等媒介生产大量的数据信息。这一客观现象对高校思想政治教育工作而言，一方面，在变化不已、海量的资讯信息环境下，思想政治教育工作有效开展面临着前所未有的复杂性与艰巨性；另一方面，这些大量复杂的信息数据也为思想政治教育工作内容的具体化、工作对象的个体化、工作方法的多样化及工作成果的有效化等提供了一种实践解决之道。

一、大数据时代

20世纪五六十年代，当美国白领人数超过蓝领时，约翰·奈斯比特敏锐指出美国“已经进入了一个以创造和分配信息为基础的经济时代。”[1]半个多世纪以来，随着计算机技术的飞速发展，信息总量爆炸式扩张首先在天文学及生物基因工程领域内全面展开，而随着互联网与移动通信技术成熟运用于日常生活中，数据信息总量增长之迅猛不仅导致整个日常世界充斥着通过不同途径产生的海量信息，而且，人们日益认识到这些庞大数据信息所具有的价值及其给人类生活、工作与思维带来的变革。正是在上述意义下，大数据（big date）一词风靡于世，大数据时代不期而至。当下，全球产生的数据总量正以“拍字节”“艾字节”和“泽字节”①为计量单位，据预测，至2025年，互联网上的数据信息总量将超过整个地球人类的脑容量总和。[2]

大数据并非一个意义始终明确清晰的概念，这个概念一开始产生是与计算机处理数据能力相关，指需要处理的信息超出计算机所能使用的内存总量，

① 拍字节（PB）=250字节；艾字节（EB）=260字节；泽字节（ZB）=270字节。

从而使得计算机工程师不得不改进处理数据信息的工具与方法；就大数据及其所具有的价值而言，现在人们普遍认为，“大数据是人们获得新的认知、创造新价值的源泉；大数据还为改变市场、组织机构，以及政府与公民关系服务。”[3]可见，大数据由原来需要解决的技术难题华丽转身成为创造新价值的源泉活水，当然，这种转变与人类处理信息技术能力高度发展密不可分。大数据一词也由原来对超大量信息数据的事实描述衍变成为具有价值意蕴且挑战人们理解和预测现实的技术处理的重要对象。从形式上看，一般而言，大数据具有如下特点：

volume（容量）：数据量数巨大，这是大数据最为鲜明的特点。当下一般数据量已经由GB（2^{30}字节）、TB（2^{40}字节）增长到PB（2^{50}字节）、EB（2^{60}字节）、ZB（2^{70}字节），甚至更高的量级。

variety（种类）：数据类型多样，一般包括视频、音频、图片、文字，也包括网络日志、社交媒体、互联网搜索信息、网页浏览、地理位置、手机通话记录，以及各种电子设备产生并被记录的多种类型的数据。

velocity（速度）：一则指数据总量衍生增长迅速；同时，要求数据存储、获取及分析处理等速度要迅捷。

value（价值）：一般而言，价值密度的高低与数据总量的大小成反比，数据总量越大，单条数据所具有的价值就越低。而大数据思维则是依凭机器算法在巨量的表面不相干数据中完成数据提纯，从而对未来的趋势与发展模式进行深度复杂的分析；在合理算法支持下，数据量越大，分析预测越具有现实性。

complexity（复杂）：复杂主要表现为两个方面，一方面是数据信息自身迭代更新迅捷及存在着人造虚假信息等，无疑给大数据处理造成一定困扰；另一方面，针对不同的数据类型与真伪性，针对大数据的处理和分析的难度更高，同时，由于数据种类来源繁多，也使得分析处理数据的工具和方式具有复杂多样性。

大数据除了形式上具有如上特点外，其根本思维特点是：人们可以通过对收集到的与某一现象或事物、群体或个体相关的大量数据的分析，来识别或预测对象之特征与发展趋势；这样，就使得原来貌似乱漫无羁的信息数据皆构成认识事物的因子。在上述意义下，我们部分同意美国学者维克托·迈尔－舍恩伯格与肯尼思·库克耶所指出的大数据时代分析数据信息时思维方式上的三个转变：不依赖于随机采样获得的信息而可以分析处理与某个现象相关的所有数据；不热衷于追求精确度而追寻发展方向与趋势；不热衷于寻找因果关系而是探察相关关系①。也就是说，大数据蕴含着如下思维方式之转变：即重视整体信息数据而非个体信息数据、重视总体趋势性而非个体精确性、重视数据与对象之间的内在关联性而非线性因果性。

二、日常思想政治教育

2019 年 3 月 18 日，习近平总书记在思想政治教师座谈会上强调“思想政治理论课是落实立德树人根本任务的关键课程。青少年阶段是人生的‘拔节孕穗期’，最需要精心引导和栽培。我们办中国特色社会主义教育，就是要理直气壮开好思政课，用新时代中国特色社会主义思想铸魂育人办中国特色社会主义教育”[4]。总书记的论断是建立在社会主义制度的先进性、独特性、优越性与思想政治教育的本性上。思想政治教育是指导人形成正确思想行为的实践活动，具体而言，是指社会或社会组织机构等运用一定的思想理论、政治观念、道德规范对其成员有目的、有计划、有步骤地施加影响，以期使之形成符合社会所期待的政治情怀信念与思想品德素养。马克思曾指出：“如果从观念上来考察，那么一定的意识形式的解体足以使整个时代覆灭。”[5]所谓“一定的意识形式”，其核心无疑指向政治信念抱负与思想道德素养；可见，思想政治观念及意识形态与社会存在的稳定发展之间有着至为重要的关系。

大学生无疑是社会主义事业的继承者、建设者与发扬者，大学生的思想政治素养关乎中国特色社会主义发展的根本。思想政治理论课程教学是思想政治教育主要渠道，毋庸置疑的是，在思想政治教育教学与大学生日常生活之间存在着一定的间隙：即重视理论学说，轻忽人格感召；重视宣传颂扬，轻忽正身践行；重视课堂讲解，轻忽课外生活；这无疑使知识教育与价值引塑分离，整体教育与个体关怀异调，理智世界与生活世界龃龉。也就是说，纯粹的理论教学无疑忽略每个受教对象自身鲜活的具体性，因为人“不是处在某种虚幻的离群索居和固定不变状态中的人，而是处在现实的、可以通过经验观察到的、在一定条件下进行的发展过程中的人”[6]。如何使大学生思想政治教育卓有成效，除了努力从整体上提高思想政治教育课堂教学质量，也应尝试注重开拓挖掘各种渠道，注重使大学生在日常生活经验中即可接触从而接受思想政治教育。日常思想政治教育概念正是有鉴于此而提出的，以期弥合思想政治理论课堂教学与日常生活之间的间隙，从而在高校实现全员育人、全程育人、全方位育人。

---

① 这里涉及对因果关系理解之不同，我们通常理解的因果关系指向的决定论意义上确定的条件与确定的结果，而大数据时代，处理数据信息问题的方式可视之为一种输入 - 输出模式，这种模式虽无明确的决定性链式因果关系，但其中更多呈现出的是一种概率性的因果关系。

与日常思想政治教育相关的概念最早出现于1980年7月教育部印发的《改进和加强高等学校马列主义课的试行办法》通知中。该通知指出“日常思想政治工作主要解决学生的学习态度、思想作风、政治表现和道德品质中存在的问题”,可以看出,“日常思想政治工作”的提出就是针对思想政治教育教学实际效果不尽如人意问题而展开的。当下,在思想政治教育理论中,视思想政治教育教学为主渠道,日常思想政治教育为主阵地已成为学界通识。

所谓日常思想政治教育,是与思想政治理论教育课程化与课堂化相对,即将思想政治教育日常化与生活化从而融入大学生日常生活中去。具体而言,是指高校党团组织或辅导员与班主任以社团、班级等组织形式,以贴近大学生思想、学习与生活实际而开展的以实践性、交互性、针对性为特征的思想政治教育活动,以使大学生在确立正确“三观”的基础上坚定理想信念、培育家国情怀、养成规范美德、坚持全面发展。日常思想政治主要包括党团活动、主题教育、校园文化、社团活动、心理健康教育、社会实践、资助育人、创业就业教育等方面。在现实教育实践中,日常思想政治教育取得良好的效果,但也存在着一定的不足。[7-8]尤其是在当前虚拟网络空间的生成及普及,使得常态化的日常思想政治教育很难覆盖到大学生网络空间,也就难于具体而微地了解大学生生活实际。

简言之,日常思想政治教育不足主要呈现为如下五个方面:第一,日常思想政治政治教育活动与实际生活契合不够。多数活动浮于大学生生活之上,难于贴合学生有机整体生活,很多活动之举办往往是为活动而活动,甚至在日常生活管理中的工作方法策略与思想政治教育理论明显相悖;第二,从施教主体看,日常思想政治教育队伍及领导自身存在着重视不够或者存在着“夫子教我以正,夫子未出于正”之弊,致使教育实际效果欠佳;第三,从教育内容及形式上看,对当代大学生认知水平与心理情感认知不够,过于理论化和理想化,从而与当下大学生认知心理水平不符,使得良好殷切的愿望找不到扎根现实的土壤;第四,从具体的教育方法与教育载体的选择上,有简单化、形式化与片面化之偏,不能真正走近大学生内心情感深处,引领他们在当前社会现实下去思考家国天下、自我与社会,从而明确自身的角色、贞定自身担当;第五,在日常思想政治教育成效考核与评价机制上,存在着可以从知识上考察,但对学生的情感态度、品格能力与价值取向缺乏真正有效的了解与考核方式。

事实上,在大数据时代,无论是主动还是被动,每个大学生都已成为大数据信息的提供者,从常见的个人日常信息,到网络社交平台(微信、QQ、陌陌、微博、贴吧等)、网页浏览搜索信息、自媒体、视频观看、音频收听、各种APP程序所开放的互动功能,乃至购物、消费、健身、旅游等数据信息。这些数据既记录了大学生日常真实的点滴生活状态,又内在反映了大学生真实的观念、想法。而大数据视野使我们在获取大量数据基础上，为了解掌握大学生真实生活及思想状态提供了可能，也为思想政治教育工作者有针对性发挥日常思想政治教育功能奠定基础。正是在上述意义下，大数据技术与思维之引入，恰好可有效针对日常思想政治教育诸多不足，并使之做出改进。

三、大数据与日常思想政治教育精准化

从现实层面看，大数据可以从工作思维上、工作性质上及有效沟通交流上为日常思想政治教育精准化提供了可能。

首先，从工作思维上看，依靠翔实的数据信息而非经验去了解掌握学生思想动态与生活实际状况显然较以往的经验认知更具合理性。大数据的运用，可以为高校日常思想政治教育提供一个新的了解大学生实际状况及思想政治情况等方面信息的渠道。在传统日常思想政治工作中，比如要了解帮助贫困生，首先要学生自我申请，居住地开具证明，班主任或辅导员调查了解，然后学校相关人员评审公示。在这一过程中，不仅需要麻烦诸多人员参与，耗时耗力，而且也不大可能去查验证明材料之真伪。同时，在甄别、遴选贫困生过程中，往往会侵犯学生隐私、无形中会伤害学生自尊。南京理工大学“暖心饭卡”、电子科技大学“智慧助困系统”、重庆邮电大学“精准资助管理系统”等都是通过采集学生校园日常消费数据，或者是勤工俭学、社交特征、行为轨迹等方面情况，通过大数据挖掘与分析，自动生成需要帮助的贫困大学生名单，这种助困方式最具人性化，现正成为高校资助贫困生的新潮流[9]；也是当下利用大数据真实了解学生现实情况的最好典范。通过对一系列数据信息的采集、分析和处理，而不是依靠个人的经验认知去开展相关工作，无疑更为真实地了解掌握了学生实际情况。

其次，从工作性质上看，大数据运用为科学开展大学生思想政治教育提供可能。马克思深刻指出，“任何一门科学只有成功地运用到数学的时候，才算真正达到科学的程度”。而科学首先意味着对事实的尊重，大数据除了能更真实地了解学生情况之外，还能为日常思想政治教育提供具体的量化研究数据，使思想政治教育更具有针对性与实效性，从而使得日常思想政治教育更具有科学性。如在以往的日常思想政治调研活动中，由于时间、人力、财力之有限，所获得的数据也有限，而外界因素及调研对象的不稳定性也往往使调研结果丧失其准确性。而大数据的应用则不仅拓宽了数据搜集的广度，也细化了数据搜集的深度，通过对收集到的数据深入分析与挖掘，调研的对象和问题皆能以量化分析的方式显现于教育者和受教育者眼前，从而显著增加了日常思想政治教育的科学性。

最后，大数据环境也为高校日常思想政治教育提供了新的沟通可能。随

着科技的发展,尤其是网络数据传输技术的发展,万物互联已经成为一种不可移易的大趋势。人们的工作、学习、生活信息皆可转化成数据通过云端存储起来,同样的,人们也可通过各种终端程序及网络平台进行深入而全面的交流。整个大数据环境构筑起一个立体、动态、多维的交流空间,使思想政治教育真正融入日常生活的每个角落中去。与面对面沟通方式所受时间、空间等限制性因素不同,以大数据为基础建立在网络或云端等平台的交互式交流甚至可以是匿名沟通,更有助于大学生敞开心扉,说出自己思想的困惑,为解决大学生实际的思想困难提供新的便捷有效的沟通交流方式。

从理想层面看,可以说,如果思想政治教育施教者主体较为充分地掌握大学生各方面真实的数据信息,借助于良好的程序算法,就可以为每个大学生提供卓有成效的精准化的日常思想政治教育。这种理想可能是由大数据不受时间与空间限制,加之其对大学生信息覆盖之全面性、数据之客观性所决定的。依靠大数据平台之充分而又真实的信息数据,使大数据思维与技术融入日常思想政治教育,可很好地回应日常思想政治教育存在的不足:

第一,精准开展日常思想政治教育活动,使每次日常政治教育活动都能精准推送到每个感兴趣及真正想参与其中的大学生之中,同时也使每个大学生都能够找到其真正感兴趣并且能影响其思想政治信念与情感从而受益终身的活动。这样,就可以使日常思想政治教育活动有针对性地与受教者生活实际有机结合起来,使思想政治教育活动有效地融入学生日常生活中,从而避免为活动而活动的现象。

第二,精准活动内容与形式,以契合学生认知心理水平与情感态度认同。学生真实的思想认识与政治情感认同不加掩饰地表现于其日常生活的每个细节中;而大数据平台的构建会使大学生日常生活的每个细节均成为反映思想情感与政治认同的具体表现。这样,日常思想政治教育活动就可针对不同个体的不同情状,即其关注问题特点及其理解认识水平而推出与其认知水平相近的可为其易于接受的教育内容及活动形式,从而使这种日常思想政治教育活动更易于为学生所接受。

第三,精准教育方法与教育载体;与上述精准活动内容与形式相应的是采取精准的教育方法与相应的教育载体以针对具体的不同对象,使日常思想政治教育活动取得更具针对性的效果。

第四,精准考核。所谓考核,是指对一定行为或现象的评价。在以往的日常思想政治教育活动过程中,由于活动主体的多样性及其活动内容的丰富性,使得个性化考核难以实现。建立在大数据平台上的日常思想政治教育考核,无须专门提出相应的考核形式,而是可以根据其考核时所具有的学习、生活状态做出相应的评估,这种评估可以称之为无须考核的考核,即不需要专门制定相应的考核形式,却能真实反映出学生在日常生活中所具有的思想道德状况及政治信念情怀等思想政治教育考核关注的核心内容。

此外,精准施教者,可更好地提高日常思想政治教育的实效性。建立在大数据平台基础上的各种活动,似乎对施教者无所要求,但事实上并非如此。任何教育最终的有效性不仅体现在具体的教学内容与教学形式上,更重要的是施教者自身的专业素养。就以"立德树人"为宗旨的思想政治教育而言,更应重视施教者自身的思想政治水平。古语所谓"同气相求,同声相应",无疑对思政教育工作者自身思想政治提出要求。即便是在大数据时代,也不能忽视思想政治教育工作者自身素养。

要之,依靠大数据平台之充分而又真实的信息数据,使得高校日常思想政治教育可以精准到个体,精准到个人具体状况,精准到个体不同阶段不同问题,精准到不同个人解决问题方案不一。

目前,基于大数据技术,国内很多高校都开展了精准化与个性化日常思想政治教育创新实践探索,除了上面提到的成功典范——精准助困——之外,大数据还广泛地应用于学生自我发展与职业规划、心理健康教育及精准教育等方面。电子科技大学的"学生画像"①,南京大学大数据匹配室友,中南民族大学"学生发展指数"②,这些大数据应用实例无疑为思想政治教育精准化、科学化、个性化及多样化开创了新的局面。当然,上述日常思想政治教育之有效性是奠基于对大学生日常生活行为、学习风格及思想行为等数据信息充分有效的采集以及对这些数据进行深入的挖掘分析与合理算法设计之上。

当然,上面言及日常思想政治教育之精准化,首先能够构建高校教育大数据一体化平台,其中可包括学习态度与风格、生活方式与作风、人际沟通与交流等各方面数据信息整合到一个平台中;在此基础上创建良好的算法程序并根据实际情况不断迭代更新以获得每个学生"精准画像",为精准引塑、精准培育、精准管理、智慧服务、精准助困、精准疏导、精准就业等各方面提供有效支撑,从而提升日常思想政治教育现实有效性与针对性。

由于人类生活的复杂性,大数据在为高校日常思想政治教育提供精准化服务的过程中,亦存在着大数据的滥用、产生偏见与可能侵犯隐私之虞。客观地看,大数据本身是中性的,如何利用大数据、数据挖掘分析与算法设计是导致人对大数据运用产生隐忧的根本原因。对此可以追问如下问题:

谁拥有数据?或者说大数据掌握在谁手中?

---

① 根据学生学习、生活状态,预测学生成绩,为教师更好地辅导学生提供帮助。

② 这些指数包括交往指数、学霸指数、阅读指数、经济指数、职业指数、自律指数、卓越指数。根据以上各项指数生成学生的发展年度报告,包含学生的学业发展、能力特长、思想素质三方面,体现学生学业规划合理度与实现度、学业质量满意度。

怎样使用大数据?

利用大数据的目的是什么?

在构建高校一体化大数据平台时,高校显然是这些数据的拥有者,怎样使用大数据涉及数据挖掘分析与算法程式设计原理及相应的伦理准则,其中,更为关键的是利用大数据的目的是服务于师生,服务于立德树人这个高校思想政治教育的基本目标;从日常思想政治教育精准化这个视角看,大数据的运用是培养学生树立正确"三观",坚定学生理想信念、培养学生家国天下情怀、养成良善美好品德、坚持全面发展与健康成长,任何背离这一宗旨的运用无疑都是让人担忧的。

参考文献

[1]奈斯比特. 大趋势:改变我们生活的十个新趋向[M]. 孙道章,等,译. 北京:新华出版社,1984.

[2]戴维斯,帕特森. 大数据伦理:平衡风险与创新[M]. 赵亮,王健,译. 沈阳:东北大学出版社,2016.

[3]迈尔,库克耶. 大数据时代:生活工作与思维的大变革[M]. 盛杨燕,周涛,译. 杭州:浙江人民出版社,2013.

[4]习近平. 用新时代中国特色社会主义思想铸魂育人 贯彻党的教育方针落实立德树人根本任务[N]. 人民日报,2019-03-19(1).

[5]中共中央马克思恩格斯列宁斯大林著作编译局. 马克思恩格斯文集:第8卷[M]. 北京:人民出版社,2009.

[6]中共中央马克思恩格斯列宁斯大林著作编译局. 马克思恩格斯选集:第1卷[M]. 北京:人民出版社,2012.

[7]王火利. 大学生日常思想政治教育调查分析(上)[J]. 思想教育研究,2017(11)70-75.

[8]徐冶琼. 大学生日常思想政治教育调查分析(下)[J]. 北京教育(德育),2016(1)58-62.

[9]舒圣祥. 给利用大数据资助贫困生点个赞[N]. 南方法治报,2017-05-19(16).

社会主义核心价值观融入思想政治理论课教育教学的有效途径

——手机+教学模式初探

盛　瑾

（杭州师范大学马克思主义学院）

我们长期奋斗在高校思政理论课第一线，忧心地关注到即便是“春天来了”，高校思政课教学仍然存在不少问题，比如学生的学习态度问题、教师的素质和教学方法问题、教材内容的与时俱进以及因地制宜问题等，深感通过创新来提高高校思政理论课教学效果的迫切性。目前的研究成果主要是从教学观念的提升、教学手法的转变等角度探讨如何提高高校思政课教学效果，全国思政是一家，大家都憋足劲寻求新时代新技术的破解之道。而如何协同新时代前进的步伐、利用当下科技飞跃的“集大成者”——手机，深究高校思政理论课“低头族”的“抬头率”、听课率、关注度、入脑入心程度的却比较少。

“手机时代”已然降临，不论是学生还是社会人，人人机不离身、低头刷屏不止似乎早就是大家熟视无睹、见怪不怪的常态了，尤其是大学生这个群体，更是其中表现最活跃、最典型、最“卓越”的一族。智能手机是强大的好工具，善用则能量巨大；但那仅仅是工具而已，万不可使人反过来异化成了手机的工具。我们认为一定要创新当下“手机时代”的高校思政理论课的教学模式——“万能的”手机既然已经成为现代生活不可或缺的一部分，与其消极排斥与对抗，不如积极融合与利用。

习近平总书记多次强调社会主义核心价值观的重要性，指示要让社会主义核心价值观的种子在少年儿童的心中生根发芽、要把培育和践行社会主义核心价值观融入国民教育全过程——本课题的研究不仅较为系统地梳理了高校思政课教学的互动关系问题，更重要的是能够在不排斥、不对抗的前提下很好地利用实际时代特质解决社会主义核心价值观等重要的思政理论“三进”问题，同时又大大提升了高校思政课教学的地位、形象和效果，并最终惠及和谐校园、和谐社会的建设。

一、当前高校思政课教学的尴尬以及社会主义核心价值观教育的现状

我们已经连续几年在所任课的班级学生(累计16万余人次)当中进行了有针对性的正式和非正式调查,比较清楚地了解到了学生们对于思政理论课的看法及大致原因;比较清晰地了解了相关情况与问题及成因。同时我们借助现代的手段了解到部分兄弟院校的相关信息,通过比较研究,对于高校思政理论课问题有了系统性、整体性、普遍性和代表性的掌握与解析。我们在此基础上,继续深入研究,在多所高校各个年级、不同年纪的学生当中同时展开全面的调研。在采用问卷调查、圆桌会、访谈、夜话等方法充分掌握第一手资料的基础上利用历史研究方法、比较分析方法等进行整合,比较科学地具体分析了导致目前思政课尴尬现象的真实原因,以及手机进课堂的必要性与可能性,还有手机如何进课堂、如何助益课堂教学等相关的具体操作方案与协调程序。

在我们所接触的16万余人次学生当中,基本上是毫不犹豫或者是略作思考之后普遍都认为思政理论课是有用的,甚至是很有用的一门课。但是,也有少数几百位同学认为思政理论课一无所用——虽然从比例上讲微乎其微,虽然是管中窥豹,所反映的问题还是具有一定代表性的。更何况,我们并不十分明确部分学生之认为思政理论课大为有用是出自真心还是某种违心的因素。因为我们同时发现,认为思政理论课有用的学生当中将近五成的学生感觉到思政理论课虽然有用但是用不出来;三成的学生则说不出思政理论课有用在何处。这种情况很典型,不知如何学以致用而认为学无以致用。那么学生们又是如何对待这门"有用的思政课"的呢!部分学生实事求是地承认自己和同学们的学习态度不够认真,甚至还会有一种轻视乃至是蔑视的态度。学生们在探寻原因的时候强调最多的就是课程设置的重复、内容的反复,以及枯燥乏味、落伍脱节、缺少新意、空洞说教等方面。颇耐人寻味的是,我们的思政理论课教材已经特别与时俱进、教学更是紧跟时代步伐,却仍然阻止不了部分学生如是顽固的成见。我们在几十年的调研中发现,大约有11万人次的学生表示,自己上课的认真程度取决于授课老师的个人魅力和上课技巧,坦言喜欢"眼前为之一亮"的创新奇招,但是又认为"哗众取宠"的审美疲劳来得也特别快、特别早;大约2.2万人次的学生觉得无论课程如何、老师怎样,自己总要认认真真的,这让人很安慰;而剩余的2.8万人次则表示无论如何也不可能做到认真听讲的;而几乎有六成的学生认可上思政理论课(也包括其他课程)是可以开开小差、走走神、发发呆、做做小动作的。有兴趣就听,没兴趣就不听,是大家的共识。而所谓的有兴趣、没兴趣似乎又全在于老师的"本事"了。那些从头到尾都认真听讲的同学也承认自己更多的是出于自身良好的行为习惯而

不是出于对课程的热爱；更有同学坦言，他们竟然是因为上课的某一瞬间“偶然”听到老师的一句入耳的话引起了共鸣和兴趣才开始关注本课程的。所以，上思政课还可以各忙各的，甚至直接就不用去上课。自由主义蔚然成风哪！有近8万人次的学生建议，上思政理论课的时候多放放图片、多播播视频，因为这样可以大大吸引学生的眼球，可以造成貌似课堂效果优良的现象；有4.4万人次的学生要求老师设置完美的奖惩机制，“逼迫”学生认真上课；有3.6万人次学生则认为老师一定要严厉，“传道、授业、解惑”之前首先还得是纪律委员，必要时还得学会“发发飙”。基本上这16万人次的学生一致认为要搞好思政理论课教学需要学生、老师、学校以及家庭和社会的多方协同努力。但是很可惜，我们鲜少看到他们自己的努力；而老师则要必备“十八般兵器”、需会“十八般武艺”。

这是我们几十年教学当中，经过持久的调研所掌握的情况。我们一致认为，由于种种原因，当前高校学生对于思政理论课的认识存在着诸多不够理性和客观的评价。结合我们从事高校思政理论课教学工作几十年的经历，我们发现学生们普遍认为思政理论课只是辅课，远不及专业课重要。专业课都是独立的小班上课，思政理论课却是合成大班上课，少时有六七十人（学校统一排课改学生自由选课后，少时可能会是三四十人），多则一百几十人乃至二三百人，甚至更多，可谓人头攒动、济济一堂哪！但是随之而来的是：自然班的“熟人社会”秒变选课班的“生人社会”，不确定性因素骤然剧增，课堂管理变得越来越不容易、师生互动渐趋不可能，教学效果自然逊色多了。加之学生们又极其主观地认为思政理论课内容枯燥、重合、反复、落伍、说教、“洗脑”，在内心都比较排斥上思政理论课。几乎所有的学生坦言，拿到教材的第一反应是：“怎么又学这个！”然后丢到一边，不到上课时间不会再去触碰。甚至有几十位学生索性就都“找不到”教材了。我们做过一个时间上连续十数年的系列调查，发现一般情况下，思政理论课的迟到、早退以及缺旷课现象要比专业课来得多一些，学生们学习的认真程度、活跃程度也不及专业课，甚至有一小部分学生还将思政理论课课堂当作了休息课、英语课、作业课、社交课、娱乐课……相当多的学生来不来上课、课上认不认真完全视任课老师的态度和个人魅力而定：老师太严厉不行太随和也不行，声音太洪亮不行太低沉也不行，讲课本内容不行补充课外知识也不行，课堂点名不行不点名也不行，穿着古板不行穿着时尚也不行……使高校思政理论课教师特别惶恐不安、不知所措、心力交瘁。这里还需要特别指出的是综合性高校的音乐、体育、美术等专业的迟到、早退、课堂上随意进出、缺课、旷课等现象尤其严重；而一些半军事化管理的高校的思政理论课课堂则几乎没有类似的纪律规范方面的问题，因为他们平时训练有素、纪律有专人负责，但是端正笔直的坐姿背后的不认真还是会从眼睛和面部表情当中流露出来。高校思政理论课的地位尴尬早已经不是什么秘密,如此已经流传很多年头了。可是,我们也发现了一个非常奇怪的现象:虽然学生们当时先入为主地不喜欢思政理论课,到后来他们感触最深的、最感谢的恰恰却是思政理论课。所以我们认为破解思政理论课尴尬难题的重点是要扭转正在接受思政理论课教学的学生的认知态度和学习作风。

高校的课程设置中,思政理论课教学势必担当着社会主义核心价值观教育的重任。有鉴于前面所诉高校思政理论课教学现状的种种问题,高校的核心价值观教育也未如人意。“少年强则国强,少年进步则国进步。”未来总是我们现在的学生的。然而,我们的学生莫名地对马克思主义敬而远之,普遍缺失远大的理想,价值观出现紊乱,比较急功近利,而创新则流于标新立异。

我们学生都十分明确马克思主义是作为永远的指导思想的,但是很多学生分明都带有几分不屑。16 万人次的学生之中近 2 万人次曾经直言不怎么喜欢马克思主义。他们的意见没有任何的政治色彩,只是觉得世界变化太快而马克思主义在他们的主观印象中仿佛年代已经过于久远了;或者是以前懵懂时就已经接受了太多这方面的灌输,现在逆反了、嫌烦了,于是选择简单粗暴地对待高校的思政理论课教学和社会主义核心价值观教育的全过程。这对于我们一贯的教学模式是一个极大的警醒,也是一个很大的挑战。

我们的学生都有着各自不同的理想、抱负,很多同学还有一种天下舍我其谁的远大志向呢!可是一说到共同理想,恐怕就没有那么远大了,“他人是地狱”的想法还是有一定市场的。“龙”和“虫”的故事甚至被引为经典加以自嘲。道理人人懂,行动盼他人,问题还是不少的。

同时,我们的学生都非常爱国,因此忧国忧民。我们曾经就“出国与爱国”、朝韩冲突中的中国元素、男女平权、中美关系、移民潮等论题展开激烈的辩论,同学们一个个慷慨激昂,仿佛是一点就着的火药桶。可惜一叶障目,剑走偏锋,又走上容易过热和偏激的绝径。

社会主义荣辱观的教育可以说是深入人心的,但是也的的确确折射出“知易行难”的问题。大道理大家都知道,小事情都等着别人去做。在我们的调查和访谈中还颇为感慨的是,我们学生的知识面真是相当宽广的,但是普遍欠缺深度的探索、高度的拓展、温度的激扬;我们学生的知与行仍然存在比较大的落差。调研中我们发现,科学的大力普及仍然任重道远,艰苦朴素的当下内涵需要进一步诠释,新时代劳动观念需要进一步培育,人民利益高于一切的理念仍然需要大力弘扬,团结互助、诚实守信、义利的取舍、遵纪守法等皆需当下层面的诠释与推广。

高校社会主义核心价值观教育一如与之紧密相关的思政课教学一样,虽然大问题没有,但是小问题迭出,尚不能尽如人意。

二、手机教学模式的必要性和可能性

高校的思政理论课教学要求深入学习党的十九大精神并全面研究和阐释党的十九大报告中提出的中国特色社会主义道路、中国特色社会主义理论体系等一系列重大战略思想和部署，结合当前改革开放和现代化建设的实践，全面、深刻、准确地领会党的十九大精神的深刻内涵、基本要求和现实意义。我们须知思政理论课在整个思想教育中的地位十分显著，应当谨记思政课的功能，但是在高校教学中又身处尴尬，对思政理论课教学效果的估计不宜过高——高校学生普遍存在着思政理论课认识上的误区，高校学生心目中思政理论课的实际地位普遍偏低，甚至对于高校思政理论课教师的辛勤耕耘还存在某些腹诽乃至不屑。我们完全可以通过“手机时代”高校思政理论课的教学模式创设和完善、尊重包容存异，努力贯彻以人为本，达成社会思想的共识、整合多元价值，从而在高校思政课理论教学中和谐互动、共同提升。

“手机时代”，智能手机通行天下、捕获人心。但是手机再智能，也不过是工具而已；工具好不好，关键还在于用的人。智能手机里面无限的互联网信息、浩瀚的知识海洋、强大的搜索功能，为什么不可以为我们所用并且助益于我们思政理论课的教学呢？不能武断地说，一低头就是错，一刷屏就是罪吧？我们通过长时间的调研发现，学生们也是在捧着手机低头刷屏间寻求社会存在感和社交认同感；一些学生课堂上听到疑惑处也会首先拿出手机搜寻释疑然后再请教老师。不少学生终日捧着手机低头刷屏，真的并非是患上了严重的手机依赖症，而更像是婴孩时期叼着安慰奶嘴：不给他叼，他就老是惦记着，总感觉浑身不舒服而无所适从；适时地给他叼一下，那么他也就无所谓了，从而可以在老师的引导下获得远离手机的机会和力量。我们认为，手机也有必要进课堂，而且也可以进课堂，这个也是当下势在必行的。我们已经阻止不了手机时代的发生和发展，与其消极被动、疲于应对、处境尴尬，不如积极主动、因势利导、运筹帷幄，开展手机进课堂的手机＋教学模式。

我们须知思政理论课教学只有在学生参与的情况下才有效。高校思政理论课教学过程中不宜采取灌输的方式方法，而应当多多倚重于合理、合适、合宜的疏导。抓住学生热血青春的心理、利用学生放不下的智能手机诸多功用，加强社会主义核心价值体系的理论研究，增强社会主义意识形态的说服力，使得学生自觉自愿地转变对高校思政理论课的错误认识和错误态度；加强社会主义核心价值体系的宣传教育，增强社会主义意识形态的吸引力，使得学生自觉自愿地走进高校思政理论课讲堂；加强社会主义核心价值体系的实践转化，增强社会主义意识形态的感召力，使得学生自觉自愿地探索高校思政理论课问题。在高校的思政理论课教学中我们可以通过多种途径加强社会主义核心价值体系的建设与完善，在加强社会主义核心价值体系的建设与完善的过程中又可以提高高校思政理论课教学的效果与地位。

三、手机 + 教学模式初探：手机如何进课堂与手机进课堂的效果把控

我们深入现实，继续在杭州的多所高校各个年级的学生当中同时展开全面的调查研究，发现手机问题和手机现象普遍存在。一定要注意，让万能的智能手机服务于思政理论课的教学，势在必行。

长年的教学经验告诉我们，对待新鲜事物最好的方法不是躲避、不是逃避，更不是打击打压，而是尝试与利用。我们认为教育不能流于形式，而应该重在内涵和实效。社会主义核心价值体系的内容包括马克思主义指导思想、中国特色社会主义共同理想、以爱国主义为核心的民族精神和以改革创新为核心的时代精神、社会主义荣辱观。我们的学生莫名地对马克思主义敬而远之，普遍缺失远大的理想，比较急功近利，而创新则流于标新立异。我们必须协同学生们一起高举中国特色社会主义伟大旗帜，深入贯彻落实科学发展观，紧紧围绕“培养中国特色社会主义事业的建设者和接班人”的目标，以“武装学生、引领学生、服务学生”为研究重点，坚持改革创新，深入研究“更加突出针对性和实效性，更加突出用马克思主义中国化最新成果武装大学生，更加突出为大学生成长、成才解决实际问题，更加突出思想政治教育工作队伍建设”等事关大学生思想政治教育的重要问题，为进一步加强和改进大学生思想政治教育提出新思路和切实可行的对策建议，充分发挥大学生思想政治教育科研在人才培养工作中的重要作用。我们认为首先应该保证学生们人到、心到、头脑到，也就是说，要让学生们自觉自愿地走进思政理论课讲堂、快快乐乐地学习思政理论课内容、认认真真地思考思政理论课问题。要做到这“三到”，不仅需要相关政策的倾斜、社会舆论的积极引导、校方的大力关注，更加需要借着高校思政理论课教师的素质与人格魅力以及学生主体性的充分展现。思政理论课教师特别需要保证教书育人的思想观念、专业知识、教学手法等的与时俱进，合理尊重并适度体现学生的教学主体性。我们发现注意授课技巧、增加课堂互动还是很有效的。我们可以通过教学考核与奖惩模式的适度调整适当地组织学生开展相关调查研究、进行主题发言或者主题讨论、小讲课等活动，让学生融合进来，从而达到全面完善核心价值观教育、全面提升高校马克思主义理论课教学效果的目的。

我们思政理论课当前处境尴尬，要破解该难题的重点是要扭转正在接受思政理论课教学的学生的认识和态度。让万能的须臾不可离开的手机大大方方走进思政理论课的教学课堂，并非一时冲动，也非标新立异、吸引眼球之举，

更不是盲目退让的权宜之计。我们要让万能的手机成为新一代的教学工具和媒介，不仅要让它合理合法走进思政理论教学的课堂、助力思政理论课教学，而且也要发挥它在思政理论课课堂教学之后的教育阵地作用。我们有充分的理由相信，广大学生绝对会被这种创新的手法所吸引并为之一振。当然，我们也不能将手机进课堂当作噱头，而是应该落到实处：我们就像之前利用电脑QQ一样组建教学班的交流学习群，于其中提前发布最新的课堂讨论话题并且请学生畅所欲言提供他们喜爱的议题；课堂教学中也可以拿出手机查看和讨论发布其上的案例，利用手机记录课堂笔记；还有教学后续的跟进等。

那么，万能的智能手机如何合法、合理地走进思政理论课的教学课堂，又如何让确保走进课堂的手机是服务于教学的呢？新鲜事物是个好东西，手机的诱惑难以抗拒，如何引导至为我所用之境是个难题，需要一段时间的探索与琢磨。

我们目前的做法是：

第一步，教师前期准备。这个准备要充分，教师要下很多苦功夫。主要是教师自己要熟悉智能手机的强大网络功能，以及共享主题的严格筛选审核，等等。

第二步，设立实验班，从创设教学班QQ群、微信群等开始，在此平台中布置和收交课程电子作业，以及发布预习和复习资料等，与此同时随时对比实验班和常规班由此教学模式变化所带来的教学效果之差异，实时监管、调整。

第三步，教师可以在实验班的班级群发布学生关注的热点焦点话题以供讨论，并且尽可能全程参与和引导舆论。同时可以开展多姿多彩的、以学生喜闻乐见的众多话题为主的探讨与交流。同时，抓紧对比研究实验班和常规班的教学效果变化，归纳总结致变的具体因素。

第四步，前两步信息回馈，进行利弊分析和协商共议，尝试推广。这个过程，同样也需要学生的参与和介入。一定要利用好教师和学生两个积极主体，毕竟课堂是我们师生共有、共建、共享的。

第五步，教师在课堂上随机应用实验班班级群，比如随堂讨论的案例发布、思考题的展示、网络课程资源的共享等。这种当堂发布的随机应用次数不宜过多、信息不宜过于庞大、案例不宜过于复杂、问题不宜过于简单、耗时不宜过长……总之，这个过程当中，教师一定要实时注意课堂教学力度的掌控。

第六步，查漏补缺、精益求精，使现代手机服务于现代教学。随着工作的开展、实验向纵深的发展，有意想不到的收获，也有预料不到的问题，需要随时进行调整和把握，方能取得经得住检验的成效、并获得可以推广的价值。

为此，我们普遍设立了实验班和常规班；当然，这个设置是随机的，并不受教师本人的偏好影响。这样为整个实验班设立交流学习群还是首次，因为之前的全是局部的甚至是个人的。但是,从各群的交流学习情况来看,效果和反响都是非常好的,从中我们可以看到手机进课堂已经取得的初步效果:全班同学都是第一时间扫码入群,入群之后于第一时间纷纷建立了各自的小讲课组,并且热烈讨论交流小组的小讲课主题和新闻点评材料与注意事项等。来自不同的学院、不同的专业、不同的班级的百人原本只是在一起上一门思政理论课,彼此之间没有什么交集,也没有思政理论课教学班级的班集体概念;现在,全部都有了,这种感觉是非常奇妙而美好的,大家都很重视和珍惜。实验班较之于常规班,展示出更大的学习热情、更为良好的学习作风、十分出色的课堂表现、非常活跃的思维、相当融洽的师生关系、特别和谐的同学同窗友谊……我们欣喜地注意到,手机这个"安慰奶嘴"在课堂上对学生的吸引力大大降低了,课堂上学生的"抬头率"大有改善、课堂关注度也大有提升、课堂互动更加活跃、课堂交流更加精彩。其中还有很多令人感动的画面:教师只是于上课前一天晚上在实验班的班级群里面留言说明天"新闻时间"可以大家点评,竟有10%的学生认真做了准备,其中有两位学生还特别准备了长长的纸质发言稿!实验班里有某专业唯一一名学生,他一开始与谁都不认识,组队困难,群里面一透露,马上就有很多团队愿意吸纳他,而他也很快就融入大集体了!更有心思细密的女生,为了给劳心劳力的教师减负,主动请缨担任群管理员一职,并且发布群公告、设立群规范、提醒注意事项……因为班级群,实验班有了班级的概念和事实,大家的集体荣誉感得到强化;因为班级群,大家有了共同的阶段性奋斗目标;因为班级群,相关信息及时上传下达,透明度高、知情权充分;因为班级群,有问题及时沟通协商,做到交流无障碍;因为班级群,教师和学生两个积极主体都被充分调动起来;因为班级群,交流多了、障碍少了、理解多了、感情深了;因为班级群,我们更认真、更积极、更努力!

综上,我们始终认为,现代手机既然已经成为当下大学生的一部分,我们就不能忽视乃至蔑视此种现象。与其消极排斥和抗拒,不如积极融合利用,让手机光明磊落走进高校思政理论课的讲堂,于课里课外服务于我们的教学工作。不过,需要注意的是,目标明确了,也不能急功近利、急于求成,还是需要在理论与实践的相互作用下因势利导、随机应变、循序渐进。

本课题研究有利于课堂创新、有利于学校形象、有利于课程建设、有利于教师主导、有利于学生主体,既尊重学校课程教学的至高无上地位、又照顾到广大学生切实所感所需,理论上有支撑、实践上有尝试、初步有成果,应该不难实验推广。何况,学校平台高大上,我们队伍专精尖,共期创新手机教学新景象、同创"手机时代"思政理论课教学新模式!

参 考 文 献

[1]中共中央办公厅印发《关于培育和践行社会主义核心价值观的意见》[J].前进论坛,2014(2)22 -25.

[2]邱秀华.高校思想政治理论课加强大学生社会主义核心价值体系教育的思考[J].思想理论教育导刊,2009(11)72 -75.

[3]吴细玲,曾令超.思想政治理论课与大学生对社会主义核心价值体系的认同[J].思想政治教育研究,2009(4)75 -78.

[4]袁贵仁.社会主义意识形态的本质体现[N].人民日报,2008 -4 -21(7).

[5]拉思斯.价值与教学[M].谭松贤,译.杭州:浙江教育出版社,2003.

[6]万斌,张应抗.高校思想政治教育新论[M].北京:社会科学文献出版社,2005.

人类命运共同体视域中的思想政治教育探析

杨业华　陈亚杰　王南芳

（湖北大学马克思主义学院）

构建人类命运共同体是党的十九大提出的新时代建设中国特色社会主义的基本方略，是新时代中国担当大国责任、参与全球治理的中国方案和中国智慧。思想政治教育如何适应构建人类命运共同体引发的思想政治教育环境新变化，回应构建人类命运共同体对思想政治教育提出的新要求，把人类命运共同体教育传播作为当前思想政治教育的重要任务，主动围绕构建人类命运共同体开展思想政治教育，通过积极有效的人类命运共同体教育传播，在全世界范围内大力倡导和强化人类命运共同体意识，不仅使中国人民了解和认同人类命运共同体，而且让全世界各国政府和人民了解和认同人类命运共同体，认识到构建人类命运共同体的中国方案是为人类谋幸福的方案，使建设持久和平、普遍安全、共同繁荣、开放包容、清洁美丽的世界的人类命运共同体中国主张深入人心，充分发挥思想政治教育在构建人类命运共同体中的“生命线”作用，是新时代思想政治教育的新课题。

一、深入研究构建人类命运共同体引发的思想政治教育环境新变化

构建人类命运共同体意味着中国将迈开步伐走向世界，在全球治理中发挥更大的作用，必将使思想政治教育环境发生重大变化，国际环境对思想政治教育及其对象思想的影响会越来越大，思想政治教育环境将更加多样化和复杂化。思想政治教育是在一定的环境中进行的，环境是思想政治教育必须凭借而且不能够摆脱的一个重要影响因素。在构建人类命运共同体进程中加强和改进思想政治教育，充分发挥思想政治教育在构建人类命运共同体中的作用，必须深入研究构建人类命运共同体引发的思想政治教育环境新变化，力求把握思想政治教育环境变化发展的规律，增强思想政治教育的主动性和权变性。

第一，要研究构建人类命运共同体引发的国际政治环境新变化及其对思想政治教育的影响。“近年来随着中国国家力量的不断上升，‘中国威胁论’

甚嚣尘上。一些西方媒体将中国的强大描绘为对国际秩序的威胁，揣测中国会走国强必霸的历史老路，威胁其他国家的安全和利益。‘中国威胁论’影响广泛，表现在中国外交的方方面面。近年来，中国周边领土纠纷频发，背后就有‘中国威胁论’的影子。中国加大同非洲发展中国家的经济合作，也被‘中国威胁论’者描绘为‘新殖民主义’。甚至中国通过孔子学院等文化机构，与世界各国加强人文交流，都被‘中国威胁论’者打上了‘文化入侵’的标签。”[1]因此，当前要重点研究“中国威胁论”等形形色色国际政治上不利于我国“推动构建人类命运共同体”的错误思想对思想政治教育及其对象思想的影响，积极主动地组织力量对这些错误思想进行有力的批评，积极有效地化解国际社会对我国“推动构建人类命运共同体”的误解，令人信服地向全世界清晰阐明构建人类命运共同体在全球治理中的重要价值，赢得世界对中国推动构建人类命运共同体的充分理解和认同，为我国“推动构建人类命运共同体”营造良好的国际政治环境，尽可能减少国际政治上不利于“推动构建人类命运共同体”的错误思想对思想政治教育及其对象思想的负面影响。当前，要重点研究以美国为核心的西方敌对势力在国际政治上对我国“推动构建人类命运共同体”进行的种种丑化、诬蔑和责难对思想政治教育及其对象思想的影响。

第二，要研究构建人类命运共同体引发的国际经济环境新变化及其对思想政治教育的影响。要重点研究国际经济环境有哪些方面有利于“推动构建人类命运共同体”？有哪些方面不利于“推动构建人类命运共同体”？它对思想政治教育及其对象思想产生了怎样的影响？如何利用其积极影响抑制其不利影响？为“推动构建人类命运共同体”营造良好的国际经济环境。当前，要重点研究我国实施“一带一路”倡议引发的国际经济环境新变化以及对思想政治教育及其对象思想的影响，思想政治教育如何适应环境的新变化，充分发挥思想政治教育在“一带一路”建设中的作用。要特别重点研究美国在国际经济上发起的贸易战，特别是对我国发起的贸易战对“推动构建人类命运共同体”以及对思想政治教育及其对象思想的影响，探讨如何采取有效措施化解美国发起的贸易战对“推动构建人类命运共同体”以及对思想政治教育及其对象思想的负面影响，为我国经济持续稳定发展创造良好的环境。“自美国挑起贸易战以来，中美之间贸易摩擦和争端不断升级，国内外舆论对白宫的谴责一直不断，但也有一些似是而非的观点在网上流布。一种是把责任归咎于中国，说是“中国在战略上‘过分自信和高调’，招致了美国的组合拳”；一种是批评中国不该反击，说是“及早妥协让步，贸易战就不会愈演愈烈”。言下之意，只要中国“服软”，美国就会“高抬贵手”，中美“贸易战”也就不会打了。对这些错误观点我们必须予以有力的回击，教育引导广大人民群众正确认识美国挑起贸易战的真实目的。

第三，要研究构建人类命运共同体引发的国际文化环境新变化及其对思想政治教育的影响。要重点研究在多元文化背景下如何有效开展思想政治教育；思想政治教育如何在"尊重世界文明多样性，以文明交流超越文明隔阂、文明互鉴超越文明冲突、文明共存超越文明优越"方面发挥其应有作用；国际文化环境方面有哪些方面有利于"推动构建人类命运共同体"；有哪些方面不利于"推动构建人类命运共同体"；它对思想政治教育及其对象思想产生了怎样的影响；如何利用其积极影响抑制其不利影响；如何为"推动构建人类命运共同体"营造良好的国际文化环境。当前，要重点研究以美国为代表的西方文化对"推动构建人类命运共同体"以及对思想政治教育及其对象思想的影响。

第四，网络环境方面，应研究"推动构建人类命运共同体"引发的网络环境新变化及其对思想政治教育及其对象思想的影响。要重点研究"推动构建人类命运共同体"引发的国际国内网络舆情的新变化及其对思想政治教育及其对象思想的影响，及时运用有利的网络环境加强和改进思想政治教育，充分发挥思想政治教育在构建人类命运共同体中的作用，及时发现并抑制不利的网络环境。当前，要重点研究5G问世以后网络环境的新变化对构建人类命运共同体以及对思想政治教育及其对象思想的负面影响，占领网络思想政治教育主阵地。

第五，要重视国际环境与国内环境相互影响，立足国内，面向国际，不断优化国内外思想政治教育环境，形成国际环境与国内环境之间的良性循环。因为相对于国际环境而言，国内环境是比较容易控制和优化的。因此，思想政治教育环境建设的立足点应放在国内环境建设上，要深入研究"推动构建人类命运共同体"引发的国内环境新变化及其对思想政治教育及其对象思想的影响，为充分发挥思想政治教育在构建人类命运共同体中的"生命线"作用营造良好的环境。在此基础上，尽可能采取有效措施不断优化思想政治教育的国际环境。

二、把人类命运共同体教育传播作为当前思想政治教育的重要任务

构建人类命运共同体不仅需要对内开展人类命运共同体教育，提高全党全国人民的人类命运共同体意识，而且对外要采取切实有效措施进行人类命运共同体传播，培养一大批适应构建人类命运共同体需要的人。这就要求把人类命运共同体教育传播作为新时代思想政治教育的重要任务，在国内和国际深入开展人类命运共同体教育传播活动。

第一，要以习近平新时代中国特色社会主义思想引领人类命运共同体宣传教育，开创新时代思想政治教育新局面。习近平新时代中国特色社会主义思想是我们党的指导思想，是新时代引领我们各项工作的指针。构建人类命

运共同体不仅是习近平新时代中国特色社会主义思想的重要组成部分，而且是习近平新时代中国特色社会主义外交思想的主线。因此，我们要把习近平新时代中国特色社会主义思想宣传教育与人类命运共同体宣传教育结合起来，以习近平新时代中国特色社会主义思想引领人类命运共同体宣传教育。党的十九大以来，不仅习近平新时代中国特色社会主义思想引起了国际社会的广泛关注，而且人类命运共同体理念也引起了国际社会越来越多的关注与认同。我们要及时把握国际社会广泛关注习近平新时代中国特色社会主义思想和人类命运共同体理念这一机遇，以习近平新时代中国特色社会主义思想引领人类命运共同体宣传教育，把人类命运共同体宣传教育作为当前思想政治教育的重要任务，不仅要采取切实措施对全党全国人民进行人类命运共同体宣传教育，而且要"致力于向世界人民阐释'构建人类命运共同体'的丰富内涵、重大历史及现实意义等，要让世界了解中国的主张，也要让世界了解中国为此所做出的努力，从而最大限度地达成共识"[1]。

第二，树立面向世界、面向未来的教育理念。构建人类命运共同体标志着思想政治教育国际化程度进入了一个新的阶段，中国将在更大范围内和更深程度上走向世界，参与经济全球化的进程，积极主动地在全球治理中发挥作用。这就要求思想政治教育不仅要面向世界，具有开放的观念，具备面向世界的战略眼光，而且要着眼于人类未来的发展，密切关注人类面临的共同问题，才能够适应新情况，解决新问题，取得新成效。人类命运共同体教育传播的落脚点不仅要符合国家的需求与利益，更应该满足人类长远发展诉求和利益，要面向世界、面向未来，将国家发展与全人类发展紧密联系起来，具有全球视野和未来眼光。要积极主动适应构建人类命运共同体发展的趋势，以开放的胸怀和宽阔的视野，站在全人类的高度审视思想政治教育，在继承中国共产党思想政治教育优良传统的基础上，以海纳百川的气势科学地借鉴和吸收世界各国思想政治教育有益的经验，不断推进新时代思想政治教育的创新，不断提高思想政治教育科学化水平，不断增强思想政治教育的国际影响力，不断提高人的人类命运共同体意识，培养一大批适应构建人类命运共同体需要，具有国际视野，能够担当民族复兴大任的时代新人，充分发挥思想政治教育在构建人类命运共同体中的作用。要打破不同性质思想政治教育不能够接触、交流的思想障碍，扩大同世界各国，特别是西方国家的思想政治教育交流，借鉴其他国家有益的经验发展完善自己。"思想政治教育是中国共产党的优良传统和政治优势，但不是中国共产党的'专利'。我们不能因为世界上其他的国家不使用'思想政治工作'这样一个名词，就否定它们进行思想政治工作的事实。只要我们实事求是地分析世界上一些国家公民教育、共同价值观教育、民族振兴教育、品质教育、传统文化教育、宗教教育、道德教育等，不难看出它们进行的都是思想政治工作。”[2]要积极应对推动构建人类命运共同体过程中思想政治教育所面临的挑战，增强危机意识和忧患意识。

第三，教育者要在人类命运共同体教育传播过程中发挥表率作用。教育者要先受教育，是党的思想政治教育一个重要原则。以习近平新时代中国特色社会主义思想引领人类命运共同体教育传播，首先，要求教育者要创造性地学习人类命运共同体有关理论，做学习人类命运共同体有关理论的表率。要将学习与研究结合起来，针对人类命运共同体教育传播的实际，研究人类命运共同体教育传播过程中的理论问题和实践问题，探索人类命运共同体教育传播的规律，为人类命运共同体教育传播做出自己的贡献。其次，教育者要不断提高自身人类命运共同体意识，以自己的实际行动做构建人类命运共同体的表率。教育者在以习近平新时代中国特色社会主义思想引领人类命运共同体教育传播过程中，要把真理的力量与人格的力量结合起来，凡是要求教育对象做到的，教育者应尽可能首先做到，凡是要求教育对象不要做的，教育者应该首先不做。思想政治教育者的威望取决于自己是否能成为社会先进理论的践行者，成为人们行为的模范。思想政治教育者不断提高自身人类命运共同体意识，以自己的实际行动做构建人类命运共同体的表率，对教育对象人类命运共同体教育传播的确立具有重要的导向和示范作用。思想政治教育者不断提高自身人类命运共同体意识，以自己的实际行动做构建人类命运共同体的表率本身就是人类命运共同体教育传播无声的力量。[3]

第四，要立足国内，面向世界，把对内教育与对外教育相结合。在国内，要充分发挥形势与政策教育在人类命运共同体宣传教育中的作用，要把人类命运共同体学习宣传教育作为形势与政策教育的重要内容。紧紧围绕构建人类命运共同体深入开展形势与政策教育，积极主动教育引导广大人民群众用马克思主义立场、观点和方法正确认识和分析我们党提出的构建人类命运共同体的主张，正确认识和分析国际国内形势发展变化，在国际国内形势发生变化的同时保持清醒头脑，达到统一广大人民群众思想的目的。要根据习近平有关人类命运共同体的重要论述精神，按照充分体现人类命运共同体科学内涵和精神实质的要求，坚持贴近实际、贴近生活、贴近学生的原则，将人类命运共同体宣传教育融入各级各类学校思想政治课教学之中，使人类命运共同体宣传教育进教材、进课堂、进大学生头脑，充分发挥思想政治课在青少年学生人类命运共同体宣传教育中的主渠道作用。要加强我国外交人员、出国出境民众的人类命运共同体宣传教育，提升他们的人类命运共同体意识，因为他们的一言一行，实际就是一种最好的人类命运共同体宣传教育。要通过各种途径加强外国来华人员特别是来华留学生的人类命运共同体宣传教育，让他们成为传播人类命运共同体的使者。对外，“要有效利用各种双边、多边场合，从各国国家利益的角度向各国政府及政治领导人、议会、党派团体、重要社会组织、社会活动家等深入传播人类命运共同体理念，扩大国际社会对此问题的利益共识。"[4]要精准定位受众群体。"人类命运共同体理念的提出，是回应世界各国共同面对的矛盾和问题。因而在向外传播时，应把重点放在有共同观念和认识的群体。例如在西方国家，社会精英群体多秉持自由主义世界观，反对民粹主义和逆全球化思潮。在国内民粹主义压力下，西方的社会精英也需要向外寻求理论共鸣。在西方出现逆全球化思潮的情况下，联合国等国际组织更需要来自不同国家的理论支撑。近年来，西方的学者和联合国的相关机构已多次引用人类命运共同体的概念。通过西方精英的引用和介绍，人类命运共同体理念也在西方国家中实现二次传播、本土传播。"[6]"当前需要利用西方广泛接受世界公民教育的时机，以'人类命运共同体'理念引领世界公民教育思潮。世界公民教育思潮与'人类命运共同体'理念在内涵上有广泛的契合之处。但世界公民教育思潮程度上还是一种西方主导，附带西方价值观的思潮，其本质特征也呈现矛盾性。需要以'人类命运共同体'理念为引领，引领与重构世界公民教育思潮的公民资格观、公民教育观、主导主体、理论基础和思潮版图，使其成为中国融入世界、展现开放包容的思想武器。"[6]总之，人类命运共同体宣传教育"既要做到内外有别，又要实现内外协同，由内而外，才能达到润物无声的效果"[7]。

第五，人类命运共同体宣传教育不能停留在理论教育层面，要把理论与实践相结合，解决思想问题与解决实际问题相结合，用实际行动让全世界人民感受到构建人类命运共同体的中国方案是为人类谋幸福的方案。因为人类命运共同体宣传教育不是说出来的，而是做出来的。人类命运共同体宣传教育只有把理论与实践相结合，解决思想问题与解决实际问题相结合，把真理的力量与人格的力量相结合，才能够使全世界人民看得见，摸得着，才能够真正使人信服。这就要求我们要重视加强中国与全人类共同推动构建人类命运共同体的实践的宣传教育，用一个个鲜活的令人信服的中国带领全人类共同推动构建人类命运共同体的故事，教育全世界人民，提升他们的人类命运共同体意识。"党的十八大以来，我国实施'一带一路'倡议，发起创办亚洲基础投资银行，设立丝路基金，举办首届'一带一路'国际合作高峰论坛、亚太经合组织领导人非正式会议、二十国集团领导人杭州峰会、金砖国家领导人厦门会晤、亚信峰会、中国共产党与世界政党高层对话会等。""目前，中国累计派出 3.6 万余人次维和人员，成为联合国维和行动的主要出兵国和出资国。现在，数以万计的中国科学家、工程师、企业家、技术人员、医护人员、教师、普通职工、志愿者等正工作在众多发展中国家，同当地民众共同努力、改变命运。"[7]上述这些就是中国为推动构建人类命运共同体，为全球发展而付出的实际行动，我们要大力加以宣传，用全世界人民容易接受的方式方法讲好这些故事。

第六，要发挥新媒体在人类命运共同体教育传播中的作用。新媒体与传统媒体相比较，在人类命运共同体教育传播上更加具有及时性、开放性、交互性、自由性、隐蔽性、共享性的特征，为我们进行人类命运共同体教育传播提供了新载体和新思路。运用新媒体进行人类命运共同体教育传播，打破了传统教育在空间和时间上的局限性，通过新媒体进行人类命运共同体教育传播，可以随时随地与世界各国人民进行平等的交流沟通，有助于拉近与世界各国人民之间的距离，提高交流与沟通的效果。“中国要以世界范围内的活动为突破口，抢抓互联网发展机遇，利用新媒体特性在网络空间搭建渠道，积极快速准确发声，进行议题设置，争夺国际话语权，携手发展中国家共同推进全球传播生态平衡。在阐释和推进人类命运共同体理念的实践中不断积累和总结经验，将构建人类命运共同体从理念愿景落实为现实行动，共建国际舆论引导新格局，推动全球传播秩序向更加公平、有序的方向发展。”尤其要善于运用国际媒体和社交媒体，以受教育者接受效果为导向，用草根故事阐述人类命运共同体理念，吸引他国受众。2016 年杭州交警机智处理道路塌陷的视频被 CNN 抓拍放到 Facebook 上，不到一天时间，点击量达 300 万次，转发 15 000 次，全球网民点赞“中国英雄交警”，世界多个知名新闻媒体纷纷报道此事。这样的“非官方”传播，比在纽约时代广场播国家形象广告更有效果，也更容易被接受。

参考文献

[1]曹磊，白贵. 培养全球的文明观与“共情”的沟通能力[J]. 新闻记者，2018(2)31－39 .

[2]杨业华. 思想政治工作要面向世界[J]. 学校党建与思想教育，2002(7)50－52.

[3]杨业华. 思想政治教育创新的价值基础[M]. 北京：中国社会科学出版社，1999.

[4]张霆. 人类命运共同体理念跨文化传播与认同探微[J]. 浙江传媒学院学报，2017(6)65－71 .

[5]周鑫宇，杨然. 人类命运共同体理念的国际传播[J]. 对外传播，2018(2)9－11.

[6]宋强. 新时代“人类命运共同体”理念引领世界公民教育思潮的理路[J]. 教育学报，2018(3)28－34.

[7]颜晓峰. 传播好人类命运共同体的重大理念[N]. 中国社会科学报，2018－4－13(4).

将人类命运共同体思想融入高校思想政治理论课的理与路

王春英

（黑龙江大学马克思主义学院）

2019 年 8 月，中共中央办公厅、国务院办公厅印发了《关于深化新时代学校思想政治理论课改革创新的若干意见》，在思政课课程体系建设方面强调，要加强以习近平新时代中国特色社会主义思想为核心内容的思政课课程群建设。本科阶段在开设“马克思主义基本原理概论”“毛泽东思想和中国特色社会主义理论体系概论”“中国近现代史纲要”“思想道德修养与法律基础”课的基础上，各高校要重点围绕习近平新时代中国特色社会主义思想，党史、国史、改革开放史、社会主义发展史，宪法法律，中华优秀传统文化等设定课程模块，开设系列选择性必修课程。构建人类命运共同体是习近平新时代中国特色社会主义思想的重要组成部分，因其内蕴与时代发展的高度契合，一经提出很快引起世界的广泛共鸣。但是，纵观 2018 版的高校思政课教材，除概论课在论述新时代外交时提及人类命运共同体外，这一重要思想在其他思政课教材中并未得到应有体现。因而，为了更好地贯彻中央精神，使习近平新时代中国特色社会主义思想在高校思政课中得到全面立体展现，本文将试图在高校原有的思政课及拟开设的选择性必修课的构建中，就如何更好地融入人类命运共同体思想展开论述，在理论资源、融入路径等方面提出拙见。

一、“理”——将人类命运共同体思想融入高校思政理论课的理论资源

虽然从名词意义上来讲，人类命运共同体是中国共产党人在新时代提出的历史命题，并因习近平总书记的深刻阐释及在世界重要场合中的宣讲而广为人知，但是并不意味着这个思想是在没有任何源流基础上横空出世，从其内蕴可以看出，人类命运共同体思想的形成有着极为深厚的理论基础和文化渊源。马克思主义原理、中华文明的文化底蕴、四个自信的理论支持，都为人类命运共同体思想的形成与传播提供了丰富的理论给养，成为其理论价值的有

力背书。

1. 马克思主义坚实的理论基础

中国共产党自诞生那一刻起就始终以马克思主义为自己的强大思想武器。众所周知，马克思主义最终的理论诉求即人的自由全面发展，也就是实现全人类的解放，因而对于现实的人的关照是马克思主义重要的理论品格。马克思从人的类存在、类本质出发为我们描绘了人从背离类本质的异化状态走向类本质回归的历史画卷。

人的类存在与共同体。从自然界的构成来看，人与他物具有共性，是构成色彩斑斓的大千世界中诸多物种之一，但很显然，人又与他物有异。正如被众人所熟知的马克思关于“两种尺度”的思想所指出，“动物只是按照它所属的那个种的尺度和需要来建造，而人懂得按照任何一个种的尺度来进行生产，并且懂得处处都把内在的尺度运用于对象”[1]。自由的有意识的生命活动掘出了一条人之外的其他生命体永远无法逾越的鸿沟。马克思在《1844年经济学哲学手稿》中提出：“动物和自己的生命活动是直接同一的。动物不把自己同自己的生命活动区别开来。它就是自己的生命活动。人则使自己的生命活动本身变成自己意志的和自己意识的对象。他具有有意识的生命活动”。[1]人因有意识的生命活动与其他物种相区别，使人成为不同于其他物种的“类存在”，正如高清海先生所指出，人具有自然给予的“种生命”和超越了物种生命的“类生命”，从而使生命具有了双重的内涵。当人的思想意识生长出“我”这个概念的时候，也意味着有无数个“他我”与“我”共存，“我”与“他我”的集结从而构成类。人的有意识的生命活动以实践为展开路径，在实践中“我”向自然敞开，通过对象性活动，改造自然为“我”所用，实现了与自然的否定性统一；同时也向“他我”敞开，通过交往结成社会关系，形成共同体，使人对自然的改造和超越在更为理想的水平上变为现实。由此可见，人的类存在本身就蕴含着共同体形成的天然条件，也正因为如此，在意识积淀的经验中人类对共同体的存在产生依赖和依恋，从而提高人类的实践水平，并且使人获得精神上的归属感。

共同体的异化与复归。从上文分析可见，马克思的类观念思想中蕴含着人类共同体形成的机制，但是在共同体的演进过程中，由于种种制约因素的存在，导致共同体被异化，出现了马克思所说的“虚幻的共同体”。正如学者所言：“在历史和现实中，存在着种种把人与人隔离开来的、造成人与人相对立和冲突的抽象力量。在前现代社会，这种抽象力量最典型地表现为共同体中‘支配一切的抽象权力’，在现代社会则最典型地表现为‘支配一切的资本逻辑’。”[2]所谓支配一切的抽象力量，是指统治阶级借助自己的地位优势掩盖了阶级差异的事实，将自己扮演成共同体的代言人，将自身的利益宣讲为共同体的利益，从而导致共同体内部与共同体之间的对抗与分裂。现代社会中，以资本为纽带结成的共同体带来的对人的自由的僭越及共同体的异化则更加显而易见。因此，只有不断剔除这些导致共同体异化的因素，真正的人类命运共同体才能达成。正如马克思在《德意志意识形态》中所指出：“只有在共同体中，个人才能获得全面发展其才能的手段，也就是说，只有在共同体中才可能有个人自由”；然而，“从前各个人联合而成的虚假的共同体，总是相对于各个人而独立的；由于这种共同体是一个阶级反对另一个阶级的联合，因此对于被统治的阶级来说，它不仅是完全虚幻的共同体，而且是新的桎梏”。因此，只有“在真正的共同体的条件下，各个人在自己的联合中并通过这种联合获得自己的自由”[1]。

总之，结成共同体是人类社会生活的应有之意，然而由于历史阶段的局限，真正符合人类发展的共同体被异化。随着时代的发展，人类被虚幻的共同体所拖累的程度也日益加剧。被中国所倡导的人类命运共同体的构想正是纠正这种异化的努力，构建人类命运共同体明确了构建自由人联合体，从而实现人类解放。反之，马克思主义也为构建人类命运共同体的努力提供了坚实的理论支持。

2. 中华文明的文化底蕴

人类命运共同体思想既与马克思主义有着密切的理论渊源，同时五千年的中华文明也为其提供了深厚的文化底蕴。中华文化内涵的多元共生的本体论、和而不同的价值观、兼爱天下的道德观都为人类命运共同体思想提供了丰厚的理论给养。

多元共生的本体论。哲学在古希腊被指称爱智慧的学问，而本体论则是早期哲学家最钟爱的话题，甚至在当代依然魅力不减。然而东西不同的文化源流也形成了东西方哲学在本体论问题上的不同认识。以古希腊为起始的西方哲学，在早期即形成了一元本体论的思维取向。被公认为西方第一哲学家的泰勒斯提出水是万物的本原、赫拉克利特提出世界是一团永恒燃烧的活火、毕达哥拉斯提出世界的本原是数……无论是具有物质形态的水火，还是抽象的数，古希腊哲学家都把万物的本原指向了“一”而不是“多”，由此也形成了西方哲学在本体论问题上的思维方式。无论是宗教哲学中的上帝，还是黑格尔的绝对精神，均出此一辙。中国哲学则形成了与此不同的思维风格。在中国传统文化中，关于世界本原问题的回答，不是封闭的，而是开放的、多元的。这种思维特点在《国语》中有着非常有意思的体现。“夫和实生物，同则不继”[3]，和实生物是如何体现的呢？“故先王以土与金木水火杂，以成百物”[3]

“声一无听，色一无文，味一无果”[3]生动体现了中国传统文化对多元共生本体论取向的青睐。在中国传统文化看来，世界的本原并非源自一宗，而是多种元素共同成为万事万物生发的基础。如果世界归复为一，那么丰富多彩的世界将变得单调乏味。这种多元共生的本体论思想充分体现出中国传统文化海纳百川的包容精神，这也正是人类命运共同体思想所要开放包容的思想精要之所在。

和而不同的价值观。和是中国传统文化中一个重要的概念。和而不同这句话出自论语。子曰：“君子和而不同，小人同而不和”，君子虽意见各异，但能和谐相处，小人处处迎合别人，但是内心并不一定抱着和谐友善的态度。关于和与同的区别，《左传》中有非常精彩的释义。《左传·昭公二十年》记载：“公曰：和与同异乎？对曰：异。和如羹焉，水火醯醢盐梅以烹鱼肉，燀之以薪。宰夫和之，齐之以味，济其不及，以泄其过。君子食之，以平其心。……若以水济水，谁能食之？若琴瑟之专一，谁能听之？同之不可也如是。”[4]羹汤之所以美味，就在于多种食材、调料的搭配，如果只是用水来调制，何谈美味。这段精彩的对白给予我们十分深刻的启示。世界的和谐并非来自整齐划一，正所谓百花齐放春满园，如果只是一枝独秀，即使是最艳丽的牡丹也会因天长日久而让人感到乏味。世界因不同而精彩，物之不齐物之情也。世界的和谐不是要排除异己，而是要学会与不同和谐相处。如同当前的世界，正因为有不同的国家、民族、文化，才色彩纷呈。不同文明之间要学会互相尊重，“以它平它谓之和”[3]，用“和”的心态和胸怀化解彼此的矛盾纷争，消除丛林法则、修昔底德陷阱的思想误区，打造和谐美丽、共同繁荣的世界。这正是我们倡导构建人类命运共同体的善意和初衷。

兼爱天下的道德观。美国著名德育专家诺丁思开创了关怀伦理学的研究向度，强调要从学会关心入手培养学生良好的品德，从而使对德育情感维度的强调达到了一个新的高度。其实，从爱出发对百姓实施教化，在中国古已有之。孔子强调“仁者，爱人”，孟子的“老吾老以及人之老，幼吾幼以及人之幼”都充满了对他人的友爱之心。中国传统道德不仅强调爱人，而是将爱推演到整个世界。张载的“民胞物与”思想、王阳明的“万物一体”思想等都展现出中国古人对天地自然的敬畏，对世界万物的一种博大的爱。由对物、对同胞的爱，势必生发王道德政的主张。王道与霸道相区别而对存，强调敬德保民、为政者要克明俊德、为政以德，这才是统治者的为政之道。“己所不欲勿施于人”“己欲立而立人，己欲达而达人”，同理，爱自己的子民同样要爱别人的子民，爱天下苍生。故，与邻国相处要讲信修睦，尊奉“仇必和而解”的外交原则。同时，还要竭力救他人于危难之中，正所谓“达则兼济天下”，实现天下大同。由此可见，中华文化是和平主义的倡导者。历史上，中国经常处于世界强国之林，但是中国却没有走国强必霸的道路。郑和下西洋传播的是中华文明，实现的是与不同民族之间的平等交流，而不是如西方列强一样对外扩张的每一步都伴随着人民的血泪史。这种兼爱天下的道德观为人类命运共同体的倡导提供了有力的注脚。中国倡导的人类命运共同体不是要划分自己的势力范围，而是要与世界各国人民携起手来维护和平，实现共同繁荣，共同保卫人类美好的家园。

3. 四个自信的理论支持

在十九大报告中，习近平总书记郑重宣告，中国特色社会主义进入新时代。新时代不仅体现在社会主要矛盾和发展目标的变化，更为重要的是新时代体现出的伟大历史意义。新时代以中国特色社会主义取得的伟大成就为依托，向近代中国的历史证明中国走了一条正确的发展道路；向社会主义发展史证明，世界社会主义在东方的中国焕发出新的生机与活力；向世界人民证明，中国经验给世界上那些既希望加快发展又希望保持自身独立性的国家和民族提供了全新选择，为解决人类问题贡献了中国智慧和中国方案。这些伟大成就也进一步激发和强化了我们在道路选择、制度建设、理论创新、文化发展方面的自信。

回首沧桑历史，近代中国千疮百孔、积贫积弱。整个中国近代史是华夏大地不断被列强瓜分的历史，也是中华儿女励精图治寻求国家独立解放的历史。无数仁人志士用血的代价为发展之路的探索做出了巨大牺牲。经历了改良主义、民族民主革命的失败，中国人民终于在中国共产党的带领之下走上了新民主主义革命和社会主义建设道路。事实证明，这条道路越走越宽广、越走越光明。而道路的选择之所以获得成功在于中国人民从自己的国情出发，选了一条适合自己国家的社会主义建设道路。

中国特色社会主义制度是道路探索取得成功的保障。苏联十月革命开启了社会主义制度发展之路。然而，众所周知，在 20 世纪八九十年代，世界社会主义运动遭遇了重创。苏欧剧变给国际共产主义运动蒙上了厚重的阴影。世界上最强大的社会主义国家苏联的解体，宣告了苏联社会主义模式的失败。然而，苏联模式的失败不意味着社会主义的失败，在制度建设方面，我们既借鉴了苏联的经验，又及时根据国家实际摒弃了其弊端和不足。在坚持、改革和创新的推动下，社会主义制度在中国日臻完善，在老牌资本主义国家增长乏力，发展中的资本主义国家陷入“增长不发展”怪圈的情况下，中国的社会主义制度展现出独特的魅力和优势，为社会制度和发展模式的选择带来了有益的思考。

社会主义事业的成功离不开正确理论的指导。中国的成功不仅在于始终坚持了马克思主义的指导，更在于坚持了实事求是、解放思想、与时俱进、求真务实精神的指引，开创了中国特色社会主义理论，始终保持了理论的先进性。

中国民族优秀传统文化则为社会主义的发展提供了丰厚的精神给养与人文底蕴。如学者所言，“社会主义理念如果不是与中国传统文化如‘天下大同’等理想相契合，是不可能内化为中国的国家属性和受到广大中国人民拥护的”[5]。

在改革开放伟大成就和四个自信精神鼓舞下，中国共产党人进一步清醒地认识到了中国共产党不仅是为中国人民谋幸福的政党，更是为人类进步事业而奋斗的政党。中国共产党始终把为人类做出新的更大的贡献作为自己的使命。在当前这个使命主要体现在推进人类命运共同体的构建之中，使中国在道路、理论、制度、文化建设中取得的经验为广大的发展中国家带来更多的选择和思考。中国正在通过一带一路、亚投行等平台，使中国的发展成果更好地惠及世界。同时，在推进国际政治秩序合理化发展中中国不负众望、积极发声，为建立相互尊重、公平正义、合作共赢的新型国际关系而努力。在世界和平、安全、文化、生态等领域中，中国也崛起为越来越有国际影响力并且承担相应责任的国家，树立了良好的国家形象，在世界范围内延展了中国共产党的初心和使命。正如2018年4月8日，习近平总书记在会见联合国秘书长古特雷斯时指出，“我们所做的一切都是为人民谋幸福，为民族谋复兴，为世界谋大同”。

二、“路”——将人类命运共同体思想融入高校思政理论课的现实路径

正如前文所言，人类命运共同体思想是中国特色社会主义理论中具有广泛世界影响的重要内容，但是在2018版高校思政课教材中除概论课之外，没有充分的融入和体现，因此，广大思政课教师要抓住课程创新改革之契机，及时妥当地将这一思想融入其他三门思政必修课及国家要求探索开设的选择性必修课中。

1. 将人类命运共同体思想融入高校思想政治理论课的路径探析

我国高校对本科生主要开设四门思想政治理论课，因概论课中人类命运共同体已经得到关注，本文拟按教育部要求的开设顺序，以教材体系为视角，逐一探讨将人类命运共同体思想融入其他三科课程的具体路径。

融入《思想道德修养与法律基础》（下文简称《基础课》）课的路径。2018版的《基础课》教材由绪论和六章内容构成。全书以做怎样的人与怎样做人为逻辑主线，从新时代对大学生的新要求入手，引导学生思考世界观、人生观、价

值观等人生课题，从而树立远大的人生理想，并自觉以中国精神和核心价值观为奋斗的精神指南和价值引领，以道德和法律为规范准则，最终成为有理想、有本领、有担当的时代新人。笔者认为，绪论在铺陈新时代对大学生的新要求的内容中即可融入人类命运共同体的相关思想，在课程以时代背景出场时即增加关注世界的维度，明确我国提出构建人类命运共同体的时代需求与伟大意义，并在人才培养目标中预设全球胜任力①的发展期待，强化大学生的责任感、使命感。在树立共产主义远大理想的内容中，可以从理论与实践相结合的维度阐释人类命运共同体与共产主义之间的联系。在中国精神中将人类命运共同体作为解读民族精神和时代精神一个视角；在传统美德的教育中，深入挖掘中国传统义利观、仁爱观等内容的世界意义；在法律部分应该适当增加国际法的内容，可以一如教材重法律原则而非具体法条的风格，着重介绍国际法的制定原则、当今世界国际法的效力及中国在捍卫国际法中的表率作用。进而分析国际法对建立合理的国际秩序乃至人类命运共同体建构的保障作用。

融入《中国近现代史纲要》（下文简称《纲要》）课的路径。《纲要》课以时间为线索回顾和展示了从鸦片战争到新中国成立之后我国社会主义革命和建设的恢宏的历史画卷。意大利著名历史学家克罗齐曾经做过这样的比喻，他说历史是生活的教师。如果我们以人类命运共同体思想为视角从中国近现代史这位老师那里得到的最深刻的教诲就是，人类要用休戚与共代替相互倾轧和挞伐，也就是要用命运共同体思想替代为资本逻辑所左右的霸权主义、丛林法则。近代中国成为列强侵略瓜分的对象，中国人民对霸权主义造成的伤痛有深切的体会，因此，强大起来的中国走上了反对霸权主义的道路，倡导构建人类命运共同体，消除被异化了的共同体，各民族彼此尊重、平等相待、互帮互助，实现世界大同。在纲要课综述部分——风云变幻的八十年中融入人类命运共同体的思想再恰当不过了，对帮助大学生树立正确的历史观大有助益。同时可以在上编从鸦片战争到五四运动前夜、中编从五四运动到新中国成立适当融入维护世界持久和平的重要意义的内容。可以组织学生就维护和平的路径展开讨论。在下编中国特色社会主义进入新时代部分，可以结合新时代中国与世界关系的历史性变化的讲解融入中国提出构建人类命运共同体的时代背景、现实基础及为此付出的努力。在讲解中国共产党的初心和使命的内容时，在阐明中国共产党以为人民谋幸福、为民族谋复兴为初心和使命的同时，也兼顾在国际视野中的拓展，那就是为世界谋大同。

---

① 全球胜任力是由经济合作与发展组织实施的当今世界最具影响力的学生评价项目之一。全球胜任力是指“在尊重人性尊严的前提下，个人拥有从多元观点批判性地分析全球与跨文化议题的能力；能充分理解差异是如何影响自我及他人的观点、判断与诠释；能够开放、适宜、有效率地与不同文化背景的人沟通的能力”。由知识、认知技能、社会技能和态度、价值四个维度构成。

融入《马克思主义基本原理概论》(下文简称《原理》)课的路径。在2018版的《原理》课教材中有一处提及了人类命运共同体。在分析全球化的影响时,教材指出,经济全球化是一把双刃剑,不能将当今世界出现的问题全部归罪于全球化。全球化负面影响产生的原因在于资本主义制度的本质。资本主义在发展过程中通过法制、分权制衡、选举、政党制度,辅之以庞大的意识形态体系,制造出绚丽的民主形式和思想理论,但是这一切都无法改变资本主义对私有制的维护和对个人主义的捍卫。因此,这些弊端不改变,全球化带来的诸多危机就无法根除。因此,要以构建人类命运共同体的理念来引领全球化,"以文明交流超越文明隔阂、文明互鉴超越文明冲突、文明共存超越文明优越"[6],"推动经济全球化朝着更加开放、包容、普惠、平衡、共赢的方向发展"[6]。表面上看,只是中国提出了不同于西方主导的全球化理念,实质上两种不同的发展理念反映的是社会主义与资本主义两种不同制度的分野,是两种社会制度本质的鲜明体现。依笔者之见,还应在《原理》课中对人类命运共同体产生的机理进行分析,将前文阐述的人的类存在、类本质与共同体之间的关系融入教材之中,增加人类命运共同体理念征服学生的彻底性。

2. 将人类命运共同体思想融入选择性必修课板块的构想

根据中央《关于深化新时代学校思想政治理论课改革创新的若干意见》要求,各高校要重点围绕习近平新时代中国特色社会主义思想,党史、国史、改革开放史、社会主义发展史,宪法法律,中华优秀传统文化等设定课程模块,开设系列选择性必修课程。人类命运共同体是开设相关课程的重要考量视角。围绕这一思想笔者认为可以开设和平教育、安全教育、世界文明史、生态文明教育的相关课程。

和平教育。人类命运共同体关注的主要议题之一就是构建持久和平的世界。世界人民普遍渴望和平,然而普遍和平并没有如愿而至,因此要分析导致和平被破坏的原因。和平被破坏一定是多种原因所致,但不容置疑的是,人们思想中和平意识的缺失一定是其中的重要原因,因而,和平教育势在必行。世界范围内的和平教育由来已久,一些国家的学校还开设了相关的课程。如20世纪80年代英国针对北爱尔兰地区不同教派的信徒之间冲突不断的现状,开展了以相互理解为主题的和平教育,并取得积极的效果。我国是一个倡导和平主义的国家,聚焦和平诉求的思想资源极为丰富,我们可以整合这些资源,同时适当借鉴国外开展和平教育的经验,开设和平教育的相关选修课。和平教育的课程不仅有助于大学生掌握维护国际和平方面的理论知识,同时可以培育大学生对待他人和社会的友善心态,在思想深处埋下和平的种子,成为维护世界和平的新生力量。

安全教育。随着时代的发展人类安全领域也呈现出与以往不同的状况，在传统的国土安全、军事安全等问题的基础上又出现了文化安全、信息安全、科技安全等新问题，并且许多安全问题跨越了国界成为威胁世界人民的共同问题。安全形势的变化要求全世界要结成命运共同体，共同应对。这些新问题、新形势需要大学生及时了解。同时，要积极开展中国所倡导的“共同、综合、合作、可持续”的新安全观教育，明确我国在维护国家和世界安全方面所做出的努力。如国际维和行动、斡旋和解决武装冲突、维护国际海洋通道安全等，激发大学生的自豪感和爱国热情，坚定践行新安全观的信心。同时，要对大学生大力开展网络安全教育。当代大学是伴随着网络成长起来的一代，熟练掌握网络技术。但是，由于安全意识不强，他们往往也在有意与无意间成为破坏网络安全的推手。加强网络安全教育的任务现实而迫切。

世界文明史教育。2019 年 5 月 15 日上午，亚洲文明对话大会开幕式在北京举行。大会聚焦亚洲文明交流互鉴与命运共同体的主题，为亚洲国家展示各自的文明成果、交流互鉴搭建了平台。习近平在主旨演讲中提出了四点主张，彰显了中国对待不同文明的开放包容态度及美美与共的价值诉求。正如习近平总书记在演讲中首先回顾亚洲文明的辉煌成就一样，世界文明史的教育也旨在回顾世界各民族在文明发展中取得的卓越成就，从而培养大学生形成欣赏不同文明之美的眼睛，为世界文明的发展作出贡献。

生态文明教育。近年来，随着全球生态环境问题的日益严峻，生态文明问题被世界各国所关注。大学生是未来生态文明建设的主要参与者，为维护生态的可持续发展，必须大力开展对大学生的生态文明教育。教育可以从宏观和微观两个方面展开。从宏观上，我们不仅要让大学生意识到生态问题的严峻，而且要让他们明确“生态危机的背后隐藏着基本价值的危机。对全球环境治理的反思必须首先明确其价值支点。确切地说，是到底立足于国家主义还是全球主义”[8]。当前许多生态问题是由于发达国家为维护高消耗的生活将高能耗、高污染产业转移至发展中国家所导致的。因此，在生态文明教育问题上必须教育大学生要树立全球意识、命运共同体观念。在环境危机爆发的情况下，任何人都不能独善其身。从微观上，要积极培养大学生绿色低碳的生活方式。每个人细微习惯的改变，将为清洁美丽世界的到来作出不可估量的贡献。

总之，人类命运共同体思想的历史意义正在世界范围内彰显，高校思想政治理论课务必积极将这一思想融入教材和教学体系之中。人类命运共同体美好愿景的实现需要具有共同体意识的人来推进，广大的思政课教师责无旁贷。

参 考 文 献

[1]中共中央马克思恩格斯列宁斯大林著作编译局. 马克思恩格斯选集:第1卷[M]. 北京:人民出版社,2012.

[2]贺来. 马克思哲学的“类”概念与“人类命运共同体”[J]. 哲学研究,2016(8)3-9.

[3]徐元诰. 国语集解[M]. 北京:中华书局,2002.

[4]孔子,左丘明. 春秋左传:下[M]. 哈尔滨:北方文艺出版社,2013.

[5]王义桅. 习近平新时代中国特色社会主义思想的世界意义[J]. 前线,2017(11)118-121.

[6]邹广文. 以文明交流超越文明隔阂[N]. 光明日报,2018-06-21(2).

[7]深刻感悟和把握马克思主义真理力量[N]. 新京报,2018-04-25(5).

[8]王帆,凌胜利. 人类命运共同体[M]. 长沙:湖南人民出版社,2017.

新时代理论经济学人才培养问题的反思与探索

石晶莹　赵　楠

（天津财经大学经济学院）

党的十九大报告指出，“经过长期努力，中国特色社会主义进入了新时代。这一时代，乃是承前启后、继往开来、在新的历史条件下继续夺取中国特色社会主义伟大胜利的时代”[1]。在这一崭新的时代，举什么旗、走什么路、坚持什么样的发展理论、达到什么样的发展目标、完成什么样的历史任务、进行什么样的战略安排等问题是中国现阶段的首要问题，而这些问题的解决都与“为谁培养人才及培养什么样的人才”这一问题密切相关。习近平总书记在2018年9月的全国教育大会上指出，“培养什么人，是教育的首要问题。我国是中国共产党领导的社会主义国家，这就决定了我们的教育必须把培养社会主义建设者和接班人作为根本任务，培养一代又一代拥护中国共产党领导和我国社会主义制度、立志为中国特色社会主义奋斗终身的有用人才”[2]。习近平总书记提出的有用人才的培养，对我们教师队伍的能力和水平提出了更高的要求。同时，人才培养目标的定位以及人才培养目标的实现更是时代赋予我们高等院校教师们的新任务。

我国高等院校的诸多学科都肩负着为国家培养人才的重任。由于学科性质不同，决定了不同学科具有不同的研究范围和研究手段，这也就决定了不同学科的人才培养目标以及达到各自目标的培养任务和培养方式有所不同，因此学科性质的定位对于人才培养目标的实现至关重要。如果学科性质定位不准确就会造成人才培养方式的偏差，难以达到培养合格人才的目标。自20世纪90年代以来，随着当代西方资产阶级经济学的引入，我国高校理论经济学的学科定位逐步产生了偏差，距离社会科学越来越远，反而更加趋向于自然科学的定位。表现在无论是课程设置还是学科研究中都过分注重数理逻辑为主的技术分析，忽视了传统政治经济学的辩证唯物主义和历史唯物主义的世界观和方法论的培养，使人才培养目标及训练手段逐步陷入了机械化、片面化和形式化的误区。为此,我们必须及时反思理论经济学人才培养工作中存在的问题,准确判断理论经济学的学科属性,才能完成党的十九大提出的“更多更好地培养时代需要的创新性人才”的培养目标及培养任务。笔者认为这种创新性人才培养,不应该仅仅停留在专业化的技术创新层面,更应该注重培养对象的正确世界观的形成、准确的判断力和综合力的提升,以及对国家对社会高度责任感的加强等方面。只有培养出这种全面发展的具备高度综合性素质的人才,才能完成高等教育为中国特色社会主义培养合格建设者和接班人的任务。

一、准确定位学科性质完成理论经济学的人才培养使命

(一)自然科学与社会科学的研究对象不同决定其各异的人才培养方式

众所周知,自然科学与社会科学是人类认知体系中的两大领域。自然科学领域内的诸多学科,都是以现实存在的不以人的意志为转移的客观事物和现象作为研究对象,以探寻自然物体及事物之间的客观规律为研究目标,所用方法大多是物理实验和数学计算等学科的方法。一般而言,具有自然科学属性的学科特别注重人才的专业性和技术性等方面能力的培养,在培养方式上注重数理计量等凸显形式思维逻辑能力的训练;而社会科学总体来说是以人类社会再生产过程中所形成的人与人之间的社会关系为研究对象,以探索和揭示人类社会发展规律为研究目标的学科。而人们对社会历史发展规律的揭示,是离不开对人类世代之间历史传承性的考察,也更离不开对人类追求自身理想的主观能动性的关注的。一般而言具有社会科学属性的学科大都注重人才的人文性、历史性、思想理论性等综合素养的培养,在培养方式上注重洞察力、判断力和概括力等凸显人类辩证思维逻辑的训练。同时,随着人类进行科学研究的手段和方法的发展及深入,不排除社会科学中某些学科的研究也经常借用自然科学的思维和手段,而且还取得了很突出的研究成果。但是这也不能说明在理论经济学的人才培养方面自然科学方法就可以完全替代社会科学方法的训练,毕竟自然科学和社会科学所取得的众多成就及培养的诸多人才还是主要倚重其各自最根本的培养和训练方法。

(二)理论经济学过多地借用了自然科学的研究方法和人才培养方式

理论经济学学科是社会科学的一个分支学科,是以人类社会再生产过程中的人与人之间的物质利益关系为研究对象,其研究方法也主要是以人文性、

历史性和思辨性为特征的综合性思维方法。但是自 19 世纪 70 年代以来，边际效用学派把工程技术领域的数理分析方法引入理论经济学，引起了理论经济学的一次“方法论革命”之后，理论经济学似乎就逐渐远离自己原本的人文的、历史的综合性思辨方法，而更经常地采用数理逻辑、计量实证等自然科学的研究手段，对人才的培养也主要注重标准化、单一化的数理模型、计量实证等训练，理论经济学的教学与研究也不再关注经济学理论的历史条件性及历史传承性，只关注经济现象的客观实证性了。这一时期的理论经济学也不再采用传统的“政治经济学”这一名称，而采用了“经济学”或“现代经济学”这一名称了。从此开始，理论经济学的研究及人才培养工作给人一种“越实证”就“越现代”，“越现代”就“越科学”的印象了。我国高校自 20 世纪 90 年代引入“当代西方经济学”之后，理论经济学学科的学术研究和人才培养工作迅速同西方国家的主流经济学接轨，逐渐弱化甚至放弃了马克思主义政治经济学所运用的辩证唯物主义和历史唯物主义等历史性、综合性的辩证思维方法。在人才培养方面也不再注重具有历史传承性理论素养的培养，更不注重对现实诸多社会矛盾给予价值判断和人文关怀的品质培养，转而更加注重数理模型、计量实证等标准化、单一化、程式化的思维训练。针对这种程式化的思维训练，台湾学者何宗武写道：“在依赖数学模型的研究方法之下，经济学知识的产生过程，如同制造业一样。可以通过一个标准化的生产线，大量生产出来。这种类型的知识，没有历史内容，没有语言逻辑，也没有社会性，只有抽象的市场和复杂的数学运算符号”。我们应该看到，运用这种标准化、单一化和程式化的实证工具是无法把握和判断复杂多样的现实经济世界的，也更无法解决复杂多样的现实经济问题的。在这种思维的训练之下，培养对象就会逐渐失去对人类社会历史进行审视的广博视野，失去了对现实的复杂经济现象进行综合分析及判断的兴趣和能力，失去了对社会事物的人文关怀，更失去了对国家发展和民族未来的责任感，变成了目光短浅的冷冰冰金钱计算的理性工具。这样的培养对象所创作出来的科研成果，大都是论证“其他条件不变情况下的，两个变量之间的相关关系”的用以检验实证工具的掌握和运用，而不是以真正理解和解决现实经济问题为目的的科研成果。这就是理论经济学过多地借用自然科学的数学工具来代替理论经济学应有的思想理论素养培养而造成的人才培养工作的偏差。

（三）理论经济学在人才培养和训练方式上出现定位偏差

我们应该认识到，作为社会科学组成部分的理论经济学，其研究方法和人才培养手段虽然可以借鉴和使用数学分析的方法，但是数理模型和计量实证等数学方法仅仅是理论经济学可以运用的方法之一，绝不是唯一的方法。一般情况下，数学模型和计量实证等方法仅仅满足于局部的数据推理和具体的事物分析，无法把握具有整体性、历史性和宏观性的经济运行规律；或者说，数理模型和计量实证这种局部性分析工具只有在全面性、规律性的历史分析和理论分析基础上的使用才有意义，才能得出真正有价值的研究结论；更重要的是，数学方法尽管是抽象度、精密度最高的方法，但是其思维逻辑本质上乃是适合于自然科学研究的形式逻辑，不太适用于研究人与人之间行为逻辑关系的社会科学。理论经济学属于研究人与人之间社会关系的社会科学领域，数学方法在理论经济学的研究中仅仅属于具体工具层次，仅仅限于对既有思想和理论的逻辑推演以及既有研究结论的论证检验，仅用数学方法是不会洞察出也更不会产生出新的思想和理论的。相反，与数学方法相对应的哲学方法，就是以马克思的辩证唯物主义和历史唯物主义为代表世界观层次的方法。辩证唯物主义和历史唯物主义方法的形成，乃是马克思恩格斯等经典作家对前人关于自然、社会和人类思维的思想及理论进行的概括和总结，并把这种具有整体洞察力和动态视角特征的概括和总结运用到自然和社会实践中去检验和证明，而得出的具有自然规律性和历史规律性的方法。尤其是历史唯物主义这一哲学性质的方法，反映了马克思对人类社会制度更迭的整体洞察力和广博动态性的把握，这种世界观层次的方法是最高层次的方法，它决定着人们思维及认识的概括性和真理性、人们思想和理论的深度和广度，以及人们得出各种具体论断的科学性，这种哲学的方法才是社会科学尤其是理论经济学所应该掌握和运用的最根本方法。其实，马克思在《资本论》的写作过程中也多次运用过数学方法进行演算、建立简单的数学模型，只不过这种数学方法的使用在马克思的强大哲学思辨方法面前显得太过薄弱了，只起到了补充方法的作用。

总之，为了纠正理论经济学人才培养的偏差，一定要准确定位理论经济学的学科性质。只有学科性质定位准确了，才能选择合适的人才培养方式，防止理论经济学的人才培养方式陷入单一化和简单化的误区。首先，理论经济学属于社会科学的一个分支，对人才的培养一定要注重历史性、综合性、整体性思维的培养。所以一定要加强培养对象的理论素养的培育，使之学会运用马克思辩证唯物主义和历史唯物主义的世界观和方法论来分析问题和解决问题；其次，只有掌握了马克思的辩证唯物主义和历史唯物主义这一根本方法，并且能够运用这种方法来把握整体性、深层次性的社会发展规律，才能谈到加强数学工具的使用和训练，学会运用数理模型和计量实证来解决局部性、个别性的问题。因此，为了完成党的十九大提出的人才培养任务，在理论经济学的人才培养问题上，切忌用简单化、单一化的数学工具代替历史性、整体性和综合性的理论素养培养。

二、提高教师的综合理论素养打造人才培养的师资基础

对于理论经济学的人才培养而言，学科性质的定位固然重要，但更重要的是对学科性质定位意义的认识和理解。如果教师不理解和不关心理论经济学的学科定位，就会在人才培养方式和训练方法上陷入“盲从单一”的误区，最终达不到十九大要求的人才培养的目标。而关于学科性质定位的认识和理解以及完成合格人才的培养任务等问题，都要求从事理论经济学教学与科研的教师具有较高的社会、历史、政治、经济、文化等方面的综合理论素养。因此，在完成新时代理论经济学人才培养任务的问题上，对高校教师的综合理论素养提出了更高的要求。笔者认为，高校理论经济学教师的综合素养的提升应该重点关注以下三方面问题：第一，知识结构的完善和理论基础的夯实；第二，正确认识和处理教学和科研的关系；第三，充分认识自己的职业性质和历史使命。这三方面问题的解决乃是“完成十九大提出的人才培养任务”的师资基础。

（一）夯实理论基础实现知识结构的自我完善

随着人类认知能力的提高，学科体系逐步成熟，专业化的研究与培养成为人们深入认知世界以及人才培养的主要手段。凭借“专业化”研究手段，人们在自然科学和社会科学所辖的各个学科领域取得了诸多突出的成就。在笔者看来，专业化研究手段虽然具有专门性和深刻性的认知优点，但是也容易忽略不同事物及不同学科之间普遍联系的特性。由于自然科学与社会科学所关注的领域不同，专业化研究对两者而言就应该体现出不同的宽度和深度。如果说自然科学领域成就的取得主要得益于专业化深度方面的研究，那么社会科学领域成就的取得就不仅仅是依赖于专业化深度研究，还需要综合性的跨专业宽度方面的研究。尤其是作为社会科学组成部分之一的理论经济学学科，其研究对象主要涉及的是以人类社会经济利益关系为基础的资源配置问题，其研究方法除了可以运用数学工具之外，还必然涉及社会的、历史的、伦理的、心理的、政治的等多方面问题。因此，理论经济学研究中所体现出的跨专业的综合性特征已经远远超出其形式上所要求的单一专业化特征。然而，自当代西方经济学引入我国以来，理论经济学的各个二级学科在学术研究和人才培养方面也都越来越突出了专业化特征，在课程设置和学术选题方面更加重视与国际接轨的数理和计量等专门化训练内容。这种专门化训练造成了这样的结果，即在所谓初级、中级和高级等理论经济学课程的设置上主要体现的是论证手段的数学化升级，而不是对经济思想和经济理论认识的深化。众所周知，专业化是学科分类的基础，专业化研究是每个学科都必须运用的最根本方法。

对于理论经济学而言，专业化研究及人才培养本身没有异议，问题在于近年来理论经济学把专业化等同于数学化，用数理模型和计量实证的专门化训练代替了理论经济学应有的历史人文等综合性理论素养的培养。经过这种数理计量等专门化培养和训练的人才，往往知识结构单一、综合性理论素养薄弱，课堂教学缺乏魅力效果不佳，学术文章大都是缺乏理论底蕴的数字符号的推演。我国目前高校理论经济学的中青年教师在读硕士或博士期间，大多数都经过这种专门化（数学化）的强化培养和训练，忽视了历史和人文方面的知识积累和理论熏陶，缺乏对马恩列斯等经典作家的经济思想的学习、消化与传承，更谈不上掌握与运用辩证唯物主义与历史唯物主义的世界观和方法论问题。因此，在笔者看来，十九大提出了教师队伍建设这一任务，针对高等学校理论经济学学科建设而言的关键，就是唤醒教师的自我提升理论素养的意识，使教师们能够在教学与科研工作中努力拓展自己的知识范围和理论视野，自觉地加强马恩列斯等经典著作的阅读与理解，掌握辩证唯物主义和历史唯物主义的世界观和方法论，并在此基础上学习、借鉴和使用现代经济分析工具。只有这样，才能夯实经济学的理论基础，实现知识结构的自我完善，完成培养人才的重任。

（二）树立"教学与科研"为人才培养服务的宗旨

近年来，随着高等院校的绩效考核和职称晋升数量化评价体系的建立，发表论文的篇数和申请科研项目的个数成为衡量教师工作业绩的主要指标。在这种评价体系之下，高校教师的"重科研、轻教学"风气大有愈演愈烈之势，有些教师甚至把教学与科研看成是非此即彼、相互替代的矛盾关系，提出了关于划分"科研型教授"和"教学型教授"的意向，个别高校还把这一意向付诸了实践。关于这种划分意向的优劣及其实施效果我们暂不做评论，在这里想搞清的问题是，高校的教学与科研到底是互相替代、还是互相促进的关系？在笔者看来，对于这一问题的回答，必须从静态表象到动态本质两个层次，以及从教学与科研所服务的对象来考察才能弄清楚。首先，从静态表象的时间层次上看，每人每天可以用来工作的时间有限，教学时间占用多了留给科研的时间必然就少、科研的时间占用多了势必要减少教学活动时间，为了完成既定的量化考核目标，教学与科研确实是此消彼长的替代关系；其次，从动态本质层次来看，教学与科研乃是相互促进的二位一体的工作，不应该做出截然不同的割裂与划分。即教师通过讲授新知识新理论发现科研切入点并激发学术灵感，再通过科学研究加强自身的学术认知和理论素养，学术认知和理论素养的提高可以增加课堂教学的质量和魅力；最后，通过前面的分析可知，要想达到教学与科研的相互促进而不是相互替代，就一定要保证我们的教学与科研工作是为培养人才服务，而不是为了追求数量化的衡量指标服务的。因此，对于一个有使命感、有责任心、能够肩负起人才培养重任的高校教师而言，随着自身学识的积累和教学经验的丰富，是能够做到、也应该做到使“教学与科研的相互替代关系转化为教学与科研的相互促进关系”的；此外，从学科角度来看，同自然科学领域的许多技能型、应用型学科相比，属于社会科学领域的理论经济学学科，其教学与科研互相促进的一体化性质更加明显。理论经济学学科的科研成果更多地体现在对经济规律的认知、对经济现象的解读、对经济政策的分析等方面，很少受到应用型学科的发明权、专利权及保密时间段的限制，所以更容易也更应该把学术研究成果融合和渗透在教学过程中，启发学生的思维、提高课堂的教学质量，为培养高水平的人才服务；与其他学科相比，理论经济学的重要特性还在于，不是以传授培养对象某方面技能为主的学科，而是以提高培养对象的洞察力和判断力等综合性思维能力，并在培养对象综合性思维能力提高的基础上，增强其对国家对社会的责任感和使命感为主的学科。因此，理论经济学的教学与科研的关系就更不应该是顾此失彼、此消彼长的矛盾关系，而更应该是密切结合、二位一体的相互促进关系。

从以上的分析可知，对于理论经济学而言，“教学与科研之间的矛盾”本身就是一个假命题。理论经济学的教学与科研之间的关系比其他学科更加密切，理论经济学的科研一定要渗透到教学中才具备人才培养的意义，理论经济学的教学只有以科研做支撑才能体现出讲授的魅力，才能做到让学生主动地“坐到前排来、把头抬起来，提出问题来”。其实，这里的“教学与科研之间的矛盾”到底是真命题还是假命题的问题，关键在于理论经济学的教学与科研为什么目标服务的问题，如果理论经济学的教学与科研为论文篇数和项目个数的排名服务，教学与科研就永远是此消彼长、互相替代的矛盾关系；如果理论经济学的教学与科研为培养合格人才服务，那么两者就是互相促进的一体化的关系。为了完成十九大交给理论经济学培养人才的任务，我们从事理论经济学教学与科研的教师一定要树立“教学与科研”为人才培养服务的宗旨，处理好教学与科研的关系，从注重论文项目的数量排名向真正培养人才的目标转变，不断提高自己的教学与科研水平。

（三）充分认识自己的职业性质和历史使命

韩愈的《师说》一文，给教师这个职业下了一个简短的、内涵丰富的定义，即“师者，所以传道授业解惑也”。这个定义指出了，成为师者必须满足三个层次的要求：第一层次，传道，通过引导、启发及传授使学生通晓自然规律和社会规律以及做人的道理，成为一个对国家对社会有责任感和使命感的人；第二层次，授业，即在教学的过程中老师有义务传授给学生某种专业知识或某方面的技能,使学生能够凭借这些知识和技能养家糊口并立足于社会;第三层次,解惑,即学生在学习和生活中遇到困惑不解的问题时,老师有义务也有能力给予解答。可见,按照韩愈对教师的定义,“解惑、授业”这两个层次是对教师的最基本要求,而达到“传道”这一层次乃是对教师最高要求,而要想成为一名合格的教师,这三个层次的要求都必须兼顾与涵盖。因为,一名合格的教师只有满足了这三个层次的要求,才能完成即教书又育人的职业使命。从现实的社会生活中我们看到,能够成为一名高校教师,势必经过国家多年的培养,经过本科、硕士或者博士阶段的学习和训练,在这期间享受和耗费了国家的许多公共教育资源,所以从回报国家和社会这一角度出发,高校教师也一定要认清自己的职业性质和所肩负的历史使命。习近平总书记在 2016 年 5 月的全国哲学社会科学工作座谈会上的讲话着重强调,“自古以来,我国知识分子就有‘为天地立心,为生民立命,为往圣继绝学,为万世开太平’的志向和传统。一切有理想、有抱负的哲学社会科学工作者都应该立时代之潮头、通古今之变化、发思想之先声,积极为党和人民述学立论、建言献策,担负起历史赋予的光荣使命”[3]。学习习近平总书记的讲话,使我们更加深刻地认识到,高校教师绝不仅仅是一份赚钱养家的普通职业,也绝不仅仅是传授学生某方面的专业知识和职业技能的职业,而是一个培养人们树立正确世界观、价值观和人生观的职业,更是一个肩负着为国家为民族培养合格接班人和建设者使命和责任的职业。

通过前边的分析可知,理论经济学属于解决人与人之间关系的社会科学领域,以经济现象、经济规律及经济理论为研究中心,同时涉及哲学、历史、伦理、心理和数学等各个领域的研究内容,其专业基础的口径比较宽。与其他凸显“授业、解惑”的应用性和技能型学科相比,理论经济学由于自身的学科性质和专业特点,在人才培养上更应该注重“传道、授业和解惑”三者的统一,尤其应该通过“授业”和“解惑”的过程来凸显“传道”功能,在传授培养对象一定的专业知识和专业技能的过程中,帮助培养对象塑造正确的世界观、价值观和人生观,这乃是理论经济学学科所肩负的责任。此外,也应该注意到,在理论经济学的人才培养过程中,虽然存在对“传道、授业和解惑”三个不同层次的内容划分,但并不存在三个层次内容实施顺序的先后性问题,“传道、授业和解惑”乃是一个统一完成的过程。或者说,在理论经济学“传道、授业和解惑”的“同一课堂的教学过程中”应该体现出三个层次的境界与效果:第一,仅仅传授了本专业的理论知识和方法,完成最基本的培养任务;第二,在传授本专业理论知识和训练方法的同时,更加注重交叉学科的理论知识和方法的运用,防止所传授的知识及所研究的问题陷入忽视普遍联系的“只见树木不见森林”的境地,避免使人才培养工作陷入机械化和片面化;第三,在传授专业知识和训练综合思维能力的基础上，培养学生形成正确的世界观、人生观和价值观，成为肩负社会责任和国家民族使命的合格人才。所以，只有在"同一教学过程"中完成三个层次的教学任务，才能达到培养合格人才的目标，培养者也才能算作一个合格的高校理论经济学教师。如果仅仅完成第一层次任务，教师最多只能算作"匠人"，仅仅教给学生某一专业知识和某种生存技能；在第一层次基础上又完成了第二层次的任务，能够算作"博学者"给予培养对象以综合思维能力的启发和训练；只有在前两个层次的任务完成的基础上，才能升华为第三层次的高度，而这第三层次的高度对于理论经济学来说是最重要的，因为理论经济学不是以传授某方面技能为专长的学科，理论经济学必须上升到世界观和人生观的高度才能完成自己的人才培养使命。

目前，我国正处于建设中国特色社会主义经济体系时期，迫切需要培养更多的中国特色社会主义建设者和接班人。习近平总书记十八大以来关于高等教育工作的一系列讲话中，都强调了"形成高水平人才培养体系，是当前和今后一个时期我国高等教育改革发展的核心任务"。在这一新的历史时期，作为从事高校理论经济学教学与科研的教师一定要充分认识自己的职业性质和历史使命，时刻牢记习近平总书记的教诲："教师做的是传播知识、传播思想、传播真理的工作，是塑造灵魂、塑造生命、塑造人的工作。教师不能只做传授书本知识的教书匠，而要成为塑造学生品格、品行、品位的'大先生'"[4]。

三、提炼学科方向和优化课程设置是实现人才培养目标的条件保证

新时代理论经济学人才培养目标的实现，不仅需要准确的学科定位以及素养深厚的师资基础，还需要培养方案的合理设计及有效实施作为条件保证，而培养方案设计及实施的重点内容就是学科方向的提炼和课程设置的优化两部分。自西方经济学引入我国以来，理论经济学的人才培养逐渐向西方主流经济学的人才培养模式靠拢，无论学科方向的选择还是专业课程设置都呈现出"重前沿轻历史""重工具轻理论""重接轨轻本土"的倾向。在各大学的学科建设工作中，"把握经济学前沿""选用数学分析方法""与国际接轨"等词句充斥于培养方案的文件中。同时，这些词句也经常出现在各种学术会议的研讨主题中、各类期刊刊登学术文章的题目中，成为理论经济学学术界所青睐的研究焦点。如果我们不对这种"轻历史、轻理论、轻本土"的理论研究及人才培养倾向进行分析与反思，而是盲目跟从并放任这种倾向，会给理论经济学的学科建设及人才培养目标的实现造成很强的误导和阻碍。

借助前文对理论经济学学科性质及专业特点的定位，我们可以对这三种倾向及其影响做出如下剖析。

（一）“重前沿轻历史”与理论经济学的学科性质不相符

恩格斯曾经指出，“政治经济学本质上是一门历史的科学，它所涉及的是历史性的即经常变化的材料”[5]。理论经济学的学科性质决定了其研究对象不仅具有一定的宽度（涉及政治、文化、社会等各个领域），而且更体现其纵向的历史深度。因此，任何“前沿”经济问题的出现都是其历史条件变迁所达到的结果，相应地，任何“前沿”经济学理论都有其与时俱进的理论发展轨迹，理论经济学的历史传承性是其与生俱来的学科特点。不重视历史轨迹的“前沿问题研究”只能局限于对经济热点问题的表层分析，无法探索经济问题的深层规律性，久而久之就会让人们感到无所适从，陷入“言之无物”的抽象和空洞。目前，众多前沿问题研究的所谓创新，也只能是研究方法和研究手段的创新，很少有在历史分析基础上的经济理论和经济思想的创新。习近平总书记曾指出：“历史是一个民族、一个国家形成、发展及其盛衰兴亡的真实记录，是前人的‘百科全书’，即前人各种知识、经验和智慧的总汇”[6]。邓小平也把了解历史看作是“中国发展的一个精神动力”，明确指出“总结历史是为了开辟未来”，反复强调“要用历史教育青年，教育人民”[6]。党和国家领导人重视历史的相关论断，对我们理论经济学的学科建设具有重要的指导意义。我们不反对“关注前沿经济问题”的研究，我们反对的是“脱离历史的抽象的前沿问题”研究。因此，在理论经济学学科的研究方向及课程设置上一定要重视历史，尤其要关注“中国社会主义经济建设的史”“中国改革开放经济史”的研究，在人才培养问题上坚决反对历史虚无主义。

（二）“重工具轻理论”与新时代人才培养目标相违背

正如前文所述，近年来理论经济学在人才培养过程中，过于重视分析工具尤其是数学工具的使用，而忽视了对马克思主义经典作家的理论学习和探索，这极不利于培养对象的辩证唯物主义和历史唯物主义世界观与方法论的形成与掌握。其实，理论经济学是阶级性和意识形态性非常强的学科，在培养人的世界观、人生观和价值观方面有自己的独特优势，如果忽视其自身的学科特点，而把研究自然科学的数学手段当成唯一的训练手段，那就难以达到新时代人才培养目标的要求。习近平总书记在第二十次全国高等学校党的建设工作会议上强调指出，“高校是教育培养青年人才的重要园地，也是用社会主义核心价值体系武装青年的重要思想阵地。高校党的建设要紧紧围绕培养中国特色社会主义事业合格建设者和可靠接班人这个根本任务，为建设能够培养高质量大学生的社会主义大学提供坚强的思想、政治和组织保证”。所以，理论经济学在学科方向和课程设置方面，应该加强对经济学经典著作的研究，尤其是马恩列斯毛的经典著作研究，无论是西方经济学专业还是政治经济学专业都应该开设“马恩列斯毛经典著作选读”这门课程，帮助学生树立正确的世界观、人生观和价值观，完成新时代人才培养目标的任务。

（三）“重接轨轻本土”与新时代构建中国特色社会主义政治经济学体系的要求相脱离

为了跟上时代与社会的步伐，无论社会科学与自然科学都提出了“与国际接轨”的要求，这与国家安全与经济发展战略的要求相一致。如果自然科学诸多领域的发展落后于其他国家，在国家安全和发展问题上就会陷入被动的境地，因此，“与国际接轨”是发展中国家维持其生存和发展的最根本、最迫切的要求；而在人文社科领域，发展中国家也需要学习和掌握发达国家的新思想和新理论，但是这种“与国际接轨”仅仅是出于借鉴与比较、而不是出于最迫切、最根本的要求。因为，作为人文社会科学组成部分之一的理论经济学，不仅具有阶级性，而且还有民族性、国家性，不同的国家由于发展阶段的不同、文化传统不同，其所适用的经济学理论也应该有所不同。恩格斯曾经指出，“政治经济学不可能对一切国家和一切历史时代都是一样的……火地岛的居民没有达到进行大规模生产和世界贸易的程度，也没有达到出现票据投机或交易所破产的程度。谁要是把火地岛的政治经济学和现代英国的政治经济学至于同一规律之下，那么，除了最陈腐的老生常谈以外，他显然不能揭示出任何东西”[5]。恩格斯的这段话揭示了不同的国家所处的经济发展阶段不同，体现出不同的经济发展规律，因而不可能用一种“同一”的经济学理论来揭示这些不同发展阶段的规律。而这种为了“与国际接轨”而采用“同一”的经济学理论来解决不同发展阶段上的经济问题，是违反历史唯物主义原则的。近几十年来，当代西方经济学把自己打造成“客观的、中立的世界主义”经济学理论，并把这种理论推广到苏东、拉美、东南亚等国家，去指导这些国家的市场经济实践，造成了这些国家纷纷陷入了“中等收入陷阱”的泥潭。这充分说明了，在指导经济的理论选择上，一定要考虑本国的经济发展阶段及现实国情，不能盲目地追求“与国际接轨”，而不去关注和探索适用于指导本国经济的特色理论。

中国目前正处于经济发展“新常态”的历史时期，也即新时代中国特色社会主义市场经济的建设时期。这一特殊的历史时期，给理论经济学提出了构建中国特色社会主义政治经济学理论体系的新任务。习近平总书记在十九大报告中指出，“新时代中国特色社会主义思想，是对马克思列宁主义、毛泽东思想、邓小平理论、‘三个代表’重要思想、科学发展观的继承和发展，是马克思主义中国化最新成果，是党和人民实践经验和集体智慧的结晶，是中国特色社会主义理论体系的重要组成部分”[1]。可见，中国特色社会主义政治经济学理论体系是中国特色社会主义理论体系的组成部分之一，它的构建除了需要继承马克思主义的世界观和方法论、以劳动人民为本的阶级立场之外，还要结合中国经济发展的特定历史条件以及中国本土文化和根本经济制度的特点，适当借鉴西方经济学理论以及西方国家经济发展的经验，才能完成这一构建任务。因此，理论经济学的学科方向的提炼及课程设置一定要体现新时代中国特色社会主义市场经济的特点、体现马克思主义时代化和中国化的理论特征，需要设置“中国特色社会主义政治经济学理论体系研究”“新时代中国特色社会主义市场经济理论与实践研究”“马克思主义经济思想史研究”等课程，并把这些课程推广到理论经济学下属的各个二级学科，才能最终完成培养新时代社会主义建设者和接班人的任务。

总之，理论经济学学科要很好地完成新时代人才培养的任务，必须具有准确的学科定位，具备理论素养深厚的教师队伍，并制定出符合时代、符合中国化特点的学科研究方向及课程设置，三方面要求缺一不可。

参考文献

[1]习近平. 决胜全面建成小康社会夺取新时代中国特色社会主义伟大胜利[M]. 北京：人民出版社，2017.

[2]办好人民满意的教育[N]. 北京：人民日报，2018－09－12(1).

[3]习近平. 在哲学社会科学工作座谈会上的讲话[J]. 中国文学年鉴，2017(1)21－32.

[4]习近平首次点评“95 后”大学生[N]. 人民日报，2017－01－03(2).

[5]中共中央马克思恩格斯列宁斯大林编译局编译. 马克思恩格斯文集：第 9 卷[M]. 北京：人民出版社，2009.

[6]习近平党校十九讲[M]. 北京：中共中央党校出版社，2014

新时代创新青年群体思想政治教育形象教育的基本路径

吴　健

（湖北中医药大学马克思主义学院）

思想政治教育形象教育是指思想政治教育主体间根据思想政治教育目标有意识、有目的地将思想政治教育融入丰富多彩的形象之中，运用生动、直观、富有感染力的形象，教育引导人们提高思想政治品德素质的一种教育方法。思想政治教育形象教育具备许多显而易见的优势，特别是在网络时代视觉时代的今天，思想政治教育形象教育能够以一种由表及里润物无声的方式对教育对象产生潜移默化的影响，减少了教育对象对教育者的教育阻抗，发挥教育对象自身的主体意识，经由外在形象感染达成内在情感共鸣心理折服，最终实现思想政治教育者的教育意图，提升思想政治教育工作的有效性。青年群体思想活跃，受教育程度高，是我国实现伟大复兴中国梦建设社会主义现代化强国的主力军，青年群体思想政治教育工作的成败直接关系到未来中国往何处去、“打什么旗，走什么路”的问题，加之一个人的青少年时期正是他们思想价值观趋于成熟定型的关键期，因此青年群体就成为思想政治教育形象教育创新的重点对象。广大思想政治教育工作者必须适应青年的成长环境、语言习惯和关注倾向，只有得到他们的真心喜爱热情支持才能更好地发挥思想政治教育的基础性作用，这里应全面借力思想政治教育形象教育，在教育资源的选取和教育方法的革新上下功夫，筑牢阵地，使青年群体心悦诚服欣然领悟。

一、与新媒体相结合

何谓“新媒体”？联合国教科文组织的定义是：“以数字技术为基础，以网络为载体进行信息传播的媒介。”美国《连线》杂志则将其定义为：“所有人对所有人的传播。”事实上新媒体不妨看作是有别于传统媒体的一切数字化媒体，有论者指出“新媒体是受众深度卷入的数字化的媒体（工具、产品、渠道、平台）。所以它最本质的特点是：深度卷入。深度卷入的量化标准是：当用户不进行任何操作时，这个新媒体就无信息了。换而言之，新媒体是用户互相满足用户的东西"[1]。

1. 风口:知识革命的先声

值得关注的是,当前的中国正在掀起一场"静悄悄"的知识革命,越来越多的人开始花自己的钱为自己投资,近年来的"知识付费"风潮正是依托新媒体的大行其道席卷神州大地,中国也得益于这种改变向"学习型社会"大步迈进。"在内容付费和知识服务付费方面,2017 年中国知识付费产业的规模约为 49 亿元,2020 年将达到 235 亿元。在内容付费方面,2017 年延续了上一年度快速发展的势头,用户规模持续扩大,截至去年年底达到了 1.88 亿人,较 2016 年有 9 300 万人的增长,增长幅度达到 102.2%"[2]。知乎、果壳、喜马拉雅 FM、得到等一大批知识付费平台如雨后春笋一般迅速占领了知识群体的手机,即便是各大主流娱乐平台优酷、爱奇艺、腾讯也搭上了这趟快车纷纷推出自己的课程,现在有理有趣的知识分享人已经成为稀缺资源,以"得到"APP 为例,其最受欢迎的课程是《薛兆丰的经济学课》,199 元的定价,订阅人数高达 27 万余人,足见这个市场之大与热度之高。

2. 端口:占领主流阵地

活在网上、学在网上已经成为年轻人的基本生活方式,以青年群体中的一个重要组成部分大学生群体而言,他们的新媒体使用习惯又是怎样的呢?根据 2017 年《中国大学生思想政治教育发展报告》显示,"大学生使用微博或微信的比例高达 96.5%,对于'您更喜欢运用下列哪种新媒体来了解时事信息',分别有 36.3%、32.7% 的学生选择了微博、微信,16.6% 的学生选择主题网站,8.4% 的学生选择 APP 客户端,另有 6% 的学生选择贴吧等其他方式。80.1% 的大学生使用微博、微信主要用于'浏览动态、了解信息',13.4% 的大学生主要为'发表自己的观点或更新状态'。可见,微信、微博是大学生了解信息的最主要来源"[3]。

思想政治教育和宣传思想工作者要利用新媒体合成了文字、图片、视频以及各种超链接的优势,将主流声音做大做强,习近平总书记在这方面也有专门论述"互联网技术和新媒体改变了文艺形态,催生了一大批新的文艺类型,也带来文艺观念和文艺实践的深刻变化。由于文字数码化、书籍图像化、阅读网络化等发展,文艺乃至社会文化面临着重大变革。要适应形势发展,抓好网络文艺创作生产,加强正面引导力度。近些年来,民营文化工作室、民营文化经纪机构、网络文艺社群等新的文艺组织大量涌现,网络作家、签约作家、自由撰稿人、独立制片人、独立演员歌手、自由美术工作者等新的文艺群体十分活跃。这些人中很有可能产生文艺名家,古今中外很多文艺名家都是从社会和人民中产生的。我们要扩大工作覆盖面，延伸联系手臂，用全新的眼光看待他们，用全新的政策和方法团结、吸引他们，引导他们成为繁荣社会主义文艺的有生力量”[4]。现如今各大主流媒体如《人民日报》《光明日报》《求是》、人民网、新华网等都有自己的微博和微信公众号，能够通过自己的权威发布发出自己的声音，广大人民群众跟帖互动，形成社会正能量，起到了正本清源以正视听的效果。一些时政类微信公众号如政治学与国际关系论坛、瞭望智库、侠客岛、占豪等多依托于《人民日报》、新华社这样的主流媒体，图文并茂，语言风格或犀利或俏皮或深邃，在表达观点的同时提供大量背景资料，增强了读者对时局的自我判断能力，不失为了解中国现状反击各种流言蜚语的一扇窗户。

3. 入口：流媒体的兴起

2017 年因为《朗读者》的出现，加之带动了诸如《见字如面》《中国诗词大会》《中国故事大会》《中国汉字听写大会》《中国成语大会》《国家宝藏》《百心百匠》等一大批文化类综艺节目的爆红，被称为央视文化节目元年。之所以爆红，是因为这些节目在网络的播放量超乎想象的高，这一方面是因为现在年轻人的收视习惯已经发生了翻天覆地的变化，从电视完全转向了网络，常规的电视广播节目沦为各种视频音频流媒体节目的内容源头；另一方面也是因为这些节目无一例外地成功吸引了年轻族的注意，成为他们讨论关注的热点。“《我在故宫修文物》在央视首播时，并未引起广泛关注，之后却在 B 站（哔哩哔哩网站）走红，点击量超过 296 万，累计约 7.1 万条弹幕评论，引发了‘故宫网红’等一系列文化现象；《见字如面》以电视台带动互联网，单期网播量近千万，掀起热议；《朗读者》在电视台播出七期之后，阅读量突破 10 万的微信公众号文章已经达到 145 篇，手机客户端的收听量达 2.07 亿次，相关视频全网播放近 5.4 亿次，网络的口碑效应放大了文化节目的影响”[5]。年轻人不再满足于单纯的观看，而是要边看边说，这种表达的欲望就兑现为“弹幕”这一新兴事物，“弹幕”既可以是吐槽，也可以是情感的抒发，更可以是有见地的意见，众人拾柴火焰高，弹幕量现在甚至已经成为一档流媒体类节目成功与否的评价标准之一。

持续不断推进马克思主义中国化、时代化、大众化是共产党人永恒的命题，如何使青年人在人生的关键期接受马克思主义理论的熏陶，感受到这一思想体系的魅力，就涉及创新传播途径的问题。由中共上海市委党校、阿基米德 FM 等五家单位联手打造的《给 90 后讲讲马克思》是一档原创音频流媒体节目，在马克思诞辰 200 周年之际，该音频党课着力呈现了马克思一生中的 19 个小故事，这些故事以时间为序环环相扣，年轻人用“追剧”的方式紧跟这位思想巨人成长的脚步，而讲述这些故事的全都是上海市委党校的 80 后青年教师,这种80后带动90后的形式也说明了思想政治教育工作者在普及马克思主义方面一种自觉,本课程的最大特点就是用青春化的语言和青年人的视角来审视和解读马克思,力图将马克思光辉灿烂的一生用碎片化的方式呈现出来。这种言说方式有别于那种严肃的高头讲章,而是从生活的细节出发,让听众了解一个有血有肉的马克思,比如其中有这样一段"金牛座的马克思从小就展现出了卓越不凡的思辨和天才。他在很小的时候就在日记里写下了关于何为具体何为抽象的思考:'今天早晨我起来妈妈在做饭,我打开具体的窗户,吸了一口抽象的空气。'"伟大的思想背后一定有一颗有趣的心灵,年轻人首先对作为"一个有趣的人"的马克思产生兴趣,进而按图索骥自动自发地去捧读他那些闪光的思想。截至2018年5月6日,节目总收听量累计逾2.7亿人次,如果不是紧紧抓住了年轻受众的心,这一结果是很难想象的。

二、从语言切入

青年对语言非常敏感,他们一方面对有时代气息与时俱进的语言风格非常欢迎,同时又对那种千人一面古板说教的语言十分警惕,这就要求广大思想政治教育工作者发挥形象教育的语言优势,将年轻人认同的表达方式和语言偏好吸收进自己的教育过程,这样既可以使青年人经由对教育者的肯定达成对教育内容的接受,也可以使自己的教育更接地气更有魅力。

以2017年为例,国家语言资源监测与研究中心发布了的"2017年度十大网络用语"分别是:"十九大,新时代,共享,雄安新区,金砖国家,人工智能,人类命运共同体,天舟一号,撸起袖子加油干,不忘初心、牢记使命",这既代表了主流媒体的声音,也反映了普通百姓对国家前途命运的关注,而习近平总书记的系列讲话包括新年献词往往都会被提炼成当年热词,也充分说明当前宣传调性的转向。相较于这十个颇具官方色彩的热词,人民日报微博发布的"2017十大网络流行语"可能更受青年人的青睐,排在前三位的分别是"你有freestyle吗""扎心了,老铁""贫穷限制了我的想象力",这些语言带有强烈的互联网属性,如果不是对青年的亚文化和他们的生活方式异常熟悉,思想政治教育工作者可能难以掌握,因为这些语言本身自带其产生的语境和应用场景,思想政治教育工作者如果不能和青年同频共振而是置身其外,导致的一个直接后果就是视这些语言如洪水猛兽如天书,更谈不上适时应用了。

现在各种文宣类电视专题节目已成燎原之势,党的宣传工作者和思想政治教育工作者正在研究新问题应对新挑战,通俗理论电视节目《厉害了,我们的新时代》《社会主义有点潮》《马克思是对的》之所以能在年轻人中间掀起巨大反响和收视热潮,也源于在语言上的革新精神。首先从标题上就不难看出这些节目想要占领青年群体的"企图",用一个个青年人中耳熟能详的网络用语夺人眼球，彰显了节目的青年气质，自然受到青年人的追捧。节目的小标题也独具匠心，《社会主义有点潮》坚持鲜明的问题导向，“乌托邦是座什么岛？”“《共产党宣言》是一本什么书？”“阿芙乐尔号为什么开炮？”“南湖的红船为什么能破浪前行？”“中国特色社会主义特在哪？”“中国梦是个什么梦？”六个问题串联起整个世界社会主义五百年。嘉宾和在场的青年学生金句迭出，比如说恩格斯是一个名副其实的“富二代”马克思是一个“贫困的青年”“青春就是用来奋斗的”“想吃天鹅的蛤蟆成了月宫里的金蟾，坐井观天的青蛙成了饭桌上的田鸡”等，语言犀利俏皮，但又催人上进。

三、加强思想政治理论课教育改革

大学生是青年中的优秀群体，理应在思想武装和道德践履上走在前列，高校思想政治理论课作为大学生思想政治教育中的关键环节，一直以来都起到了主渠道、主阵地的作用，如何提高高校思想政治理论课的含金量，真正将其建设成为大学生真心喜爱、终身受益的课程，思想政治教育形象教育大有可为。

1. 发挥青年自我教育能力

自我教育实质上就是发挥受教育者的主体性，自觉提高自己的思想道德水平和认识能力的教育方法。思政课作为高等教育中把方向的基础性课程，过去一直以来给人以板着脸孔教育人的刻板印象，但近年来随着思政课改革的力度越来越大，广大思政课教师已经形成这样的共识，即需要给青年学生更大的课程自由度，充分发挥学生的积极性和主动性，只有学生真正参与到课程建设中来，真正成为课程的可变因子，那么课程才会有生命力，才能牢牢抓住青年学生的心。

发挥青年学生的自我教育能力就意味着要放弃过去那种单纯灌输式的教育模式，“在灌输式教育中，知识是那些自以为知识渊博的人赐予在他们看来一无所知的人的一种恩赐。把他人相像成绝对的无知者，这是压迫意识的一个特征，它否认了教育与知识是探究的过程”[6]。灌输式教育省略了学生独立思考的过程，而学生只有通过批判性的思考才能获得真知，这种知识不是任何人强加给他的，而是他自己习得的，只有经过学生自身对于知识的转化环节这种学习才是持久有效的。新型的教育关系强调“对话”，“通过对话，教师的学生（students of the teacher）及学生的教师（teacher of the students）等字眼不复存在，新的术语随之出现：教师学生（teacher students）及学生教师（students teacher）。教师不再仅仅是授业者，在与学生的对话中，教师本身也得到教益，学生在被教的同时反过来也在教育教师，他们合作起来共同成长”[6]，这正是中国传统教育观中一直讲求的“教学相长”。

教育部将2017年确定为“高校思想政治理论课教学质量年”，在教育部委托南开大学举办的“践行核心价值观·凝聚最美中国梦”——全国高校学生讲思政课公开课活动中，学生自己准备教案自己授课，南开大学大二学生何昭宇等同学选择了《红色文化与文化自信》这个主题，将“长征路上半条棉被”“瑞金十七棵松”“沂蒙好军嫂”三个红色故事融入其中，学生搜集资料并将其转化为课程的过程就是一个学习中国红色文化加强文化自信的良好契机。清华大学承办的首届全国高校思想政治理论课“赤子初心”大学生艺术作品巡展也是一次很好的尝试，旨在调动艺术类学生学习钻研马克思主义理论掌握中国近现代史基础知识，参展的作品包括革命领袖雕塑、核心价值观剪纸、重大革命历史题材绘画、“一带一路”手工路线图等多种主题形式的艺术作品，多为平时思政课教学活动产生的作业，学生既完成了课程的日常学习，又发挥所长亲身实践，将中国共产党百年光辉历程和社会主义建设的一个个瞬间通过艺术创作定格下来，既检验了自己的艺术创作能力，又增强了对党对社会主义的心理认同。

2. 增加思想政治理论课的技术含量

2016年12月习近平总书记在全国高校思想政治工作会议上强调，做好高校思想政治工作，要因事而化、因时而进、因势而新。要运用新媒体新技术使工作活起来，推动思想政治工作传统优势同信息技术高度融合，增强时代感和吸引力。2017年3月中共中央、国务院印发了《关于加强和改进新形势下高校思想政治工作的意见》要进一步办好高校思想政治理论课，充分发挥思想政治理论课的主渠道作用，深入实施高校思想政治理论课建设体系创新计划，完善教材体系，提高教师素质，创新教学方法，增强教学的吸引力、说服力、感染力。教育部部长陈宝生在十二届全国人大五次会议新闻发布会上谈到思政课教学面临“配方”比较陈旧，“工艺”比较粗糙，“包装”不那么时尚的问题，导致亲和力下降，抬头率较低。当前随着经济全球化的不断深入，信息技术特别是互联网的飞速发展以及高等教育大众化的稳步前进，一方面把“培养什么人、如何培养人”这一我国社会主义事业发展中必须解决好的根本问题更加鲜明、具体地提到了人们面前；另一方面，思想政治教育工作者也感受到了一种深深的焦虑，即我们的课堂教学的有效性受到质疑，出现了很多亟待解决的问题，思政课教育教学改革日益提上议事日程。

现在各个高校都在积极探索如何利用新媒体增加课堂黏性，各种服务于课堂教学管理的APP如对分易、雨课堂、蓝墨云等可以实现组建班级、课堂考勤、分享资源、发起讨论、课堂提问、布置作业、调查问卷、教学评价等一系列功能，教师与学生的互动明显增强。武汉大学于2016年9月在“爱课程”教学平台整体上线了四门思想政治理论课慕课，这些课程均由本领域内富有建树教学经验丰富的教师团队联合打造，兼顾课程大纲的知识体系与学生接受，精心选取的案例、深入浅出的语言风格、相得益彰的电脑动画都为这门课程增色不少。由于慕课这种大规模、开放、在线的特征，打破了学校围墙的限制，使思政课“飞入寻常百姓家”，给了社会大众一个接触名校思政课教学、与马克思主义理论专家面对面的机会，开课以来累计有20余万人次参与线上学习，极大地拓展思政课的教学辐射半径。上海连续十天推出“奋斗吧，我和我的国！”音频思政课，将授课对象瞄准基层党员、普通群众，平均每天1.5万~1.8万人次的听众，这是高校校园里的思政课不可想象的。这些课程全部来源上海实施的“中国系列”思政选修课，在充分考虑到普通受众的接受程度的基础上，进行了多轮打磨，用对听众有共鸣的生动故事说话，更加贴近群众的现实生活。随着VR技术的发展，不少专业团队开始开发配合思政课教学的衍生产品，比如借助VR技术《重走长征路》，只需一副眼镜，就可以完成爬雪山、过草地等虚拟体验，完全仿真的环境使学生犹如身处一个沉浸式剧场之中，刮在脸上的冰雪和老班长的声声呼唤都是那么真切，线上的身体感知和线下的理论学习得到了贯通交融，思政课走进了学生心里，做到了以理服人和以情感人的二重奏。

3. 突出实践教学环节

实践教学是思想政治理论课的有机组成部分，过去受制于安全稳定、资金投入等现实因素实践教学多少有流于形式之嫌，但现如今实践教学已经成为课堂教学的有益补充。“纸上得来终觉浅，绝知此事要躬行”，通过实践青年学生对过去的峥嵘岁月、老一辈无产阶级革命家的奋斗历程有更深的临场感受，通过实践可以对改革开放以来我国社会主义现代化建设所取得的伟大成就有更加感性的认识，通过实践可以对当今中国发生的重大变化和面临的一系列挑战有更清醒的体察，实践可以是参观考察、寻访遗迹，也可以是亲身参与完成一个项目或课题，总之目的是为了理论和实践相结合，消化课堂教学内容，内化于心，外化于行。

武汉大学的同学走出课堂，结合当前社会热点问题，自寻主题，交出了一份别有特色的形势与政策课课程作业——微电影《春到茶山》。《春到茶山》聚焦湖北恩施白果树村精准扶贫实施情况，通过现场拍摄驻村干部的工作轨迹，对乡村精准扶贫战略落地的一系列问题进行了思考，这种对社会现实问题的关注与其中浸润的情感关怀是课堂教学难以覆盖的。中国乡村的山山水水、一草一木、风土人情都会对行进其间的大学生产生感召，而大学生通过拍摄微电影作品又对这种体悟进行了反刍，电影传播开来既提示了更多的社会大众关注精准扶贫问题，又能对摄制团队的身心带来正向的影响。清华大学的学生远赴印度、巴西、泰国，用英文向海外宣讲十九大，充足的准备、翔实的数据、丰富的图片，擘画出一个十八大以来生机勃勃高速发展的中国。与此同时，另外两支清华实践队实地探访马克思和列宁的故乡，在原版《资本论》的实物面前追溯马克思主义的诞生及思想源头，在阿芙乐尔号巡洋舰所在的涅瓦河边回顾十月革命的一声炮响，抚今追昔，加深了对当代资本主义经济社会发展新变化的了解，弥补了基于书本学习马克思主义理论的不足。

参考文献

[1]范卫锋. 新媒体十讲[M]. 北京:中信出版社,2015.

[2]尹韵公. 中国新媒体发展报告 2018[M]. 北京:社会科学文献出版社,2018.

[3]徐冶琼. 大学生日常思想政治教育调查分析(下)[J]. 思想教育研究,2017(11)76-81.

[4]习近平. 在文艺工作座谈会上的讲话[M]. 北京:人民出版社,2015.

[5]刘晓燕. 文化价值回归是时代所需[N]. 光明日报,2018-01-11(16).

[6]弗莱雷. 被压迫者教育学[M]. 顾建新,赵友华,何曙荣,译. 上海:华东师范大学出版社,2014.

贴近青年生活世界的思想政治教育方法论建构

张　徽

（哈尔滨工程大学马克思主义学院）

习近平总书记2019年3月在学校思想政治理论课教师座谈会上强调,办好思想政治理论课,最根本的是要全面贯彻党的教育方针,解决好培养什么人、怎样培养人、为谁培养人这个根本问题。早在2017年底全国高校思想政治工作会议上习近平总书记就指出,要把思想政治工作贯穿教育教学全过程,实现全程育人、全方位育人。认识论层面的澄清更加明确了培养什么人和为谁培养人两个问题,但也使怎样培养人的方法论问题,显得更为棘手,围绕"怎么办"展开的方法操作性问题成为思想政治教育过程中不可回避的重要课题。青年生活世界作为要素最鲜活、最生动、最丰富的教育场所,承载着当代中国思想政治教育最前沿的实践活动,贴近青年生活世界的思想政治教育方法论建构对于实现育人目标具有重要的理论和实践意义。

一、马克思"生活世界"观对青年思想政治教育方法论建构的理论关照

1. 马克思"生活世界"是思想政治教育方法论建构的重要场域

"生活世界"概念最初来源于胡塞尔对于科学主义和历史主义的双重批判,他率先完成了回归生活世界的思想历程,在胡塞尔的视界中,"生活世界""日常生活世界"和"周围世界"等具有相同的内涵,意指我们生活于其中的具体的、前给予的"周遭世界",他说:"我们生活在自己的具体的周围世界中,而且我们的一切关注和努力都指向这个世界"[1]。

马克思虽然在字面上没有像胡塞尔那样明确提出和使用"生活世界"概念,但他的理论主旨和关注历来是极其重视现实生活的。马克思的生活世界是生成的,具有实践的反思性;而胡塞尔自然态度的生活世界是现成的、前反思的,后者在马克思看来根本不存在[2]。在马克思主义经典作家那里,生活世

界被看作是以实践为基础的人的现实的、感性的活动和主观活动相统一的世界[3]。

思想政治教育的初衷和终极目的在于塑造人，无论是思想政治教育要素作用的发挥，还是思想政治教育接受效果的检验，其真正的土壤和疆场都是实践的生活世界。当下，青年生活世界是最广阔的思想政治教育平台，是思想政治教育的现实基础，本文建构的逻辑起点依靠的也是马克思主义的实践的“生活世界”的观点。

2. 贴近青年生活世界的思想政治教育方法论内涵及特征

思想政治教育方法论属于具体学科的方法论，它既具有方法论的一般性征，是关于方法的理论，又有其特殊的学科特点，它是思想政治教育教育领域中关于思想政治教育方法的理论体系。思想政治教育方法论是指导人们从事思想政治教育实践活动，解决思想政治教育问题和矛盾，实现思想政治教育目的和任务的理论武器[4]，应起到科学有效指导思想政治教育实践，提高思想政治教育实效的作用。方法是连接理论与实践的“纽带”，是具有一定稳定性的科学理论体系，思想政治教育方法论具有很强的与时俱进的实践品质。贴近青年生活世界的思想政治教育方法论建构和深化，有助于提升思想政治教育的亲和力和有效性，有助于打通全过程和全方位育人的渠道，有助于丰富思想政治教育手段和方法，为合格人才的培养提供更多更先进的思想政治教育方法，为中国特色社会主义事业的发展保驾护航。

因此，贴近青年生活世界的思想政治教育方法论建构要体现出以下三个特点：一是潜隐性。生活世界形态下的思想政治教育活动潜隐于松弛的生活环境中，以生动、活泼、自然的形式吸引教育对象的注意力，有利于青年群体形成良好的情绪体验和接受准备，隐性思想政治教育将教育目的、内容以隐蔽的方式附着于各种载体中，通过各种暗示、熏陶、感染、体验等心理活动巧妙地向教育对象施教。二是渗透性。寓教于乐是教育的至高境界，生活世界形态下的思想政治教育活动突破时空的限制，将教育内容渗透到各种教育活动中，多角度、全方位、异质化释放教育能量，以多样化、喜闻乐见的活动形式使教育对象随时随地接受教育内容、感知教育精神。三是持久性。知行合一是思想政治教育工作的重点，入脑入心是思想政治教育工作的难点，生活世界形态下的思想政治教育活动自发产生的领悟和将是最持久的，健康的世界观、人生观、价值观等心理品质和行为方式一旦植根于青年人内心，将是最持久稳定的精神动力。

青年生活世界得益于马克思“生活世界”观点的理论关照，思想政治教育方法论的发展是思想政治教育工作的题中之义，二者的结合带有鲜明的针对青年群体的实践特征。

二、贴近青年生活世界建构思想政治教育方法论的必要性解析

习近平总书记谈及青年人的教育培养，曾多次提出要“于实处用力，从知行合一上下功夫”，他曾说：“一种价值观要真正发挥作用，必须融入社会生活，让人们在实践中感知它、领悟它。要注意把我们所提倡的与人们日常生活紧密联系起来，在落细、落小、落实上下功夫。”这是马克思“生活世界观”在新时代的发展和细化。自由、和谐、全面发展的未来社会一代新人，将具有崭新的劳动方式、交往方式、生活方式、思维方式，将在道德、智力、体力、劳动技能、什么教养等方面都得到发展，成为集崇高理想与实践活动、渊博学识和美好道德、现代技术和审美情趣、健康体魄和优良气质的和谐发展于一身的新人[5]。怎么帮助青年一代成为这样的新人，要求思想政治教育过程在守好课堂主阵地、主渠道的同时，也要走出课堂，拉开历史的视角观测教育对象，对教育主体坚持生活全过程、资源全方位的方法论，实现主导性和主体性的统一、显性教育和隐形教育的统一、理论性和实践性的统一。

1. 思想政治教育目标要求突破教育视野的即时性，展开全过程育人广角镜头。全过程的维度之一，是指贴近青年生活世界的思想政治教育方法论关注的核心是党的教育方针的有效执行，是思想政治教育的有效性，教育主体不再是此时此刻眼前的某个人或某个群体，而是要分析教育对象从何处来、怎样来，未来要去往哪、怎样去。贴近青年生活世界的思想政治教育方法论既符合思想政治教育过程中客体变化发展的规律，又高度契合学科发展的动态过程，能够使学科得以反思、进步、发展。全过程的维度之二，是指方法作为联系主客体的中介，贯穿于思想政治教育全过程，甚至可以说在教育主体尚未面对客体时，方法的选择和建构就已经开始了；在面对客体的思想政治教育活动结束后，方法的筛选和分析、总结和提炼仍然在继续。从这个意义上讲，方法的本质是一种概括，概括了主客体认识和实践活动过程的一般规律，而且这种概括蕴含在思想政治教育活动的所有过程和所有内容之中。简言之，方法“无时不在，无处不在”。

2. 思想政治教育目标要求深入教育主体现实生活和精神世界，寻找思想政治教育与社会生活的契合点。贴近青年生活世界建构思想政治教育方法论是青年成长发展问题和回溯生活根源模式的拓展，近年来思想政治教育心理学蓬勃发展，当前时代背景下，青年群体的许多思想问题是由心理问题引起的，是由早期的养育和成长失当造成的，因此，针对青年群体的发展性心理问题咨询和职业心理素质培养，成为思想政治教育过程无法回避的问题，这些盘

旋在青年群体内心的核心问题不解决，思想政治教育效果就无从谈起。实践证明，从心理认知和行为调试角度开展思想政治教育，的确是受到青年群体的欢迎的，正如列宁同志所讲“没有人的感情，就从来没有也不可能有对于真理的追求”[6]。在思想政治教育接受活动中，内化与外化是辩证统一的，内化是外化的前提和依据，不经过内化，个体就不可能接受，外化也不可能存在。外化是接受的实现形式，是内化的目的和归宿，没有外化，内化就失去存在的意义。无论内化还是外化，思想政治教育目标的实现都要在教育主体现实生活和精神世界两个层面起作用，带来拓展思想政治教育全员参与的教育呼唤和资源需求。

3. 思想政治教育目标要求增强交互性和有效性，全方位、人性化地挖掘青年群体的思想动因。贴近青年生活世界的思想政治教育方法论建构其中关注场域之一是思想政治教育模式的拓展，既应秉持理论加实践模式的拓展，又应开辟课内线上和课外线下模式的拓展，尝试课堂讲授和课外个案剖析相模式的拓展。例如课内“雨课堂”等时时互动模式的开启，大大提高了政治理论课的抬头率，线下“翻转课堂”教学手段的改良更让青年学子感受到了良好的互动体验和主体关注。再以马克思主义哲学部分的授课为例，同一原理的讲述投射到百余名不同受众的脑海中，形成的是结合主体不同成长经历、不同社会经验的不同思维模式的投射反应，唤醒的是主体完全不同的思维回想，引发的是主体完全不同的认知动因，这种投射和思维的进行，带有鲜明的个人色彩，只依靠群体讲解是不能够完全满足主体需求的，教育主体往往展现出个案探寻的愿望，需要思想政治教育工作者给予个别的谈话和咨询，以教育主体为中心，全方位挖掘其成长背景、现实需求和成长条件等思想动因。

三、贴近青年生活世界的思想政治教育方法论建构模型

思想政治教育过程是教育者根据一定社会的思想政治品德要求和受教育者的思想政治品德形成与发展的规律，对受教育者施加有目的、有计划、有组织的教育影响，促使受教育者产生内在的思想矛盾运动，以形成一定社会所期望的思想政治品德的过程[7]。习近平总书记在学校思想政治理论课教师座谈会上强调，要坚持现行教育和隐形教育相统一，实现全员全程全方位育人。贴近青年生活世界的思想政治教育方法论建构就是以教育主体为中心，重视隐性育人因素发挥，突出全员参与性、全程交互性和全方位支持性的建构模型。

1. 关注青年生活世界起点，回溯原生家庭影响，关注社会化原点的健康出发。原生家庭是一个人的教育起点，是具有相对稳定性的系统，在家庭成员交互过程中产生了固定的规则，形成比较稳定的系统结构，在每个家庭成员间都能看到特定的交流模式。家庭是最基本和最重要的生活单位，家庭中隐藏着

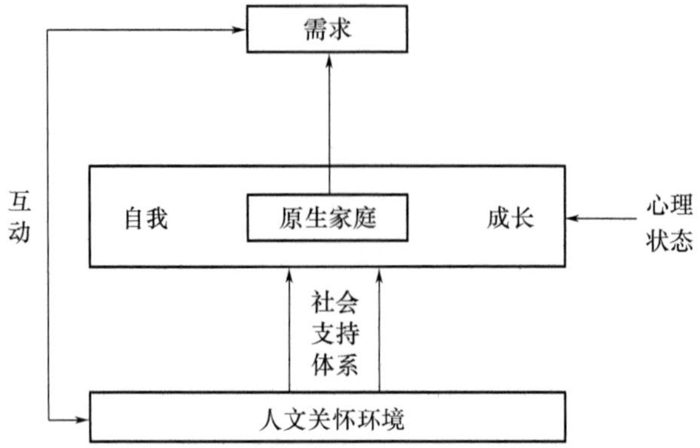

图1　贴近青年生活世界的思想政治教育方法论建构模型图

的某些动力影响无形地操控者家庭成员，影响其心理、思想及其价值观念。我国留守儿童和单亲家庭孩子是心理问题高发青少年群体，究其深层次原因，就是缺乏有效的家庭支持体系的沟通交流。因此，良好的家庭支持及其沟通交流对青年身心健康起到重要的积极作用。青年群体作为一个特殊的需要保护和加以引导的群体，正处在价值观形成时期，其心理的健康程度直接关系到国家的未来和民族的希望，而家庭对于青年的支持和肯定，对于青年心理的健康成长起到基础和关键作用。良好的家庭支持和沟通有助于青年树立积极向上的人生态度，给予青年强大的内心支持与动力，增加青年学习、追求和对未来的信心，有助于青年正确评价自己，减少焦虑、抑郁和缺乏安全感等心理问题，使其更好地投入到学习生活中来。

沟通是彼此传递信息和分享信息的过程。强化家庭支持体系的沟通交流，营造人文关怀环境，构建强有力的青年社会化心理支持体系，可以从如下几个方面着手：一是构建和谐家庭氛围。平等、民主对待青少年人群，尊重青年主体地位，对于其积极做法予以支持和肯定，培养自尊心、自信心，建立轻松平和的家庭氛围，推动与家庭成员之间的互动。二是鼓励青年主动向家庭沟通。只有青年有主动意愿向家庭倾诉，变传统的家长追问式的被动为愿意倾诉的主动，才能开始家庭支持体系的沟通交流。三是家庭悉心倾听。要使青年群体愿意向家庭成员倾诉，家庭成员的倾听态度是首要条件。在青年向家庭倾诉过程中，家庭成员应耐心倾听，合理运用语言、动作、表情和声调等沟通方式与其进行交流沟通。四是提供意见与指导。对于青年群体存在的问题，家长在聆听和交流后，能够针对存在的问题给予建议和帮助，给予青年有力的心理支持，减少心理压力，形成其对家庭的信任和归属感。

2. 关注青年生活世界过程，营造人文关怀环境，构建强有力的青年社会生活支持体系。马克思认为,“需要是人类心理结构中最根本的东西,是人类个体和整个人类发展的原动力”[8]。青年阶段是个体人生重要的转折时期,其人格与心理渐趋成熟,对青年心理健康的影响因素错综复杂,个体需求的满足,个体能够获得积极的社会支持对于一个人的成长与发展起着至关重要的作用。迄今为止,对于社会支持这一概念仍然没有一个统一的界定,社会学上比较正式的定义是指一定社会网络运用一定的物质和精神手段对社会弱势群体进行无偿帮助的行为的总和。社会支持是指人与人之间保持着亲密的联系,属于社会互动范畴。社会支持是青年群体通过自身与社会组织的联系、交流、学习、反思,起到减轻心理应激反应、缓解紧张焦虑状态、提高社会适应能力的效果,通过向社会支持体系的学习,青年拓展了自身的思维广度和深度,感受到与他人交流,自己得到了接纳与关心,能够增强青年的价值感与存在感,增强其对未来的自信心,另外,认识自身的不足,客观审视自身的优势和劣势,完成思想政治教育任务的同时,也确实起到了提升认知能力、丰富社会阅历、实现自身超越的积极影响效果。

当前青年群体主要的社会支持来源包括父母、朋友、同学和教师。要想构建针对青年群体的有力的心理支持体系,必须要拓展社会支持来源。多项研究均以表明,家庭主要成员和朋友、同学(尤其是寝室同学)是目前青年群体社会支持的主要来源,而教师社会支持相对较弱,因此可以强化教师社会支持,加强教师与青年的交流沟通,探寻强化教师对青年学生精神支持的方法路径。另一方面,青年群体的社会支持从支持的类型来看主要有信息支持、陪伴支持、物质支持和情绪支持。现实生活中青年群体获得的物质支持要远多于精神支持,性别不同、所处学习阶段不同,所受到的四种支持也各不相同,所以要针对青年个体的不同情况来给予相应的支持。

3. 丰富青年生活世界交互性通道,注重与社会支持体系的学习拓展,构建强有力的自我教育体系。自古以来,内省方法就是个体自我道德修养的一个重要形式,从曾子的“吾日三省吾身”一直到宋明理学的“慎独”,直至清代李颙“悔过自新”,都在讲内心自我省察。同时,内省又称自我观察法,也是心理学研究的基本方法之一,因为如果以直接经验为心理学的研究对象,那么每个人自己的直观心理活动便是研究的最佳经验材料。中国传统的内省伴有以道德规范为标准进行自我衡量、自我评判的过程,而且有根据评判结果继续完善改进,向道德规范靠拢的责任。在思想政治教育中,内省主要跟教育的内化相关联,即把由外部施加的教育影响内化为自己的东西,这也就是自我教育。

自我教育是指通过教师的积极引导,从自身的实际情况出发,根据自身发展需求与定位,依照社会标准,能够自发地进行自我认识、控制、评价和反思,最终能够合理有效地调控自我的思想和心理。当前,思想政治教育需要提升青年群体的心理参与度和情感关注，注重引导其进行自省和自我调节。青年群体的自我教育、自我组织、自我管理是面向生活世界开展思想政治教育方法体系中必不可少的重要组成部分，需要加以重视与发展，也是未来思想政治教育发展趋势的重要选择。首先，通过教师课堂积极引导，提高青年人自省的主动性。各类社会资源和教育场所应当综合利用各种教育方式、创新教育手段，增强与青年群体的交流与互动，改变填鸭式与灌输式教育，提升思想政治教育活动参与度和实践性，增强青年的自主性与积极性，引导青年树立正确的人生观、价值观和世界观，引导青年主动认识、理解和判断教育内容，使其养成自省的习惯。其次，实施多渠道网络学习模式，加强青年自省的选择性。网络不仅是思想政治教育心理学实施平台，更是青年群体自我教育和自省的主要工具，教育者应当充分掌握和利用这一重要的隐性自我教育的平台，增强青年自省的选择性。坚持科学指导思想，充实网络教育内容，加强网络策划、引导、互动和监督，使网络真正在青年自省教育中产生正向作用。最后，使理论与实践相结合，增强青年群体自我教育时效性。在自我教育工程中，青年不仅要把理论知识内化为自己的知识、素养等，还要在日常学习与生活过程中通过外在行动表现出来，实践教育可以检验理论知识内化成效，以便个体能够主动进行自省，为建立良性的自我教育循环体系做准备。

此外，发挥榜样鼓舞作用也是重要的自我教育方法。作为思想观念的传递者，教育者首先必须是示范的榜样，如果教育者言行不一致，一方面表明连教育者自身都没有信服这些需要传递的思想观念，直接削弱了这些思想观念的可信度，使教育对象产生困惑。这直接让受教育者对教育内容的态度体验出现反面意动倾向。另一方面则给教育者本人的品质形象打下污点，致使受教育者对其产生负面态度，进而排斥传授内容。与此相反，如果教育者能够做到以身为范，就具有了令人崇敬和信任的力量，促使作为态度主体的受教育者趋向一致态度。

4. 尊重青年个体生活世界差异，兼顾个体关注与青年群体思想政治教育规律探寻。长期以来，主张“社会高于个人，集体高于个体”的集体主义和社会本位主义观念在思想政治教育领域曾有过深远影响，思想政治教育工作研究容易出现过分强调人的共性、忽视人的个性问题，其体现在方法论的建构上，就是容易出现“人学空场”和“人的缺位”。对于青年来说，个性才是其身为人这一主体性存在的确证，个性的充分发扬恰恰是人类的本质的体现。

由于每一个人既是自主的，也是个别的，还是独特的，其有别于其他同类的特殊性就在于个性。而作为思想政治教育对象的人也正是这存在着个性差异的人，差异是具体的、现实的，人的个性是现实的人所特有的，现实的个人的存在是处在一定环境中独一无二的生命实体。生命所具有的遗传特点决定了生命只有一次，影响人个性形成的社会历史微观环境条件的不可重复以及个人在这些条件下进行一定的活动创造出不可重复的个人经验，组合融汇在一起，形成了人独一无二的个性。这就要求思想政治教育合理把握人的个性特质，以生成与发展人的个性。

根据马克思主义哲学的观点，任何现实的事物都是特殊性和普遍性、个性和共性的有机统一，人自然不例外。思想政治教育试图揭示关于人思想行为的普遍性规律，但普遍性离不开特殊性，普遍性寓于特殊性之中，人的共性体现在每一具有独特个性的单独个体身上。没有特殊性也就没有普遍性，在特定情境中，只能从特殊性中提取出普遍性，而无法自普遍性获得特殊性，所以，共同规律的探寻必须以个别的人的研究为基本前提。此外，由于对事物的科学认识也遵循否定之否定的规律，有一个从低级到高级、从简单到复杂的周期性螺旋式上升和波浪式前进的发展过程。任何规律性认识的获得都需要在个别案例的应用实践中加以检验，任何关于人的思想行为形成变化规律认识都要在个体身上加以印证，以实现否定之否定的渐进发展。也因为如此，思想政治教育虽然以研究和应用共性的规律为主，同样不能忽视对个案的关注。

在思想政治教育实践中，同样的教育内容和教育方法用在不同的个体身上往往会出现不同的效果，而同样的研究路线面对不同个体也不一定能得出相同的结论，这正是由人比一般事物更加特殊的个性所决定的。贴近青年生活世界的方法论出于对人不同于任何自然物的独特性的认识，坚持心理经验的个别描述和整体理解，这体现的是对人之为人的价值和意义的肯定，对个别的、个性化的人的尊重。不可否认，思想政治教育具有社会属性的规定性，社会属性要求它以社会为本位，强调用先进的正确的思想观念改革落后的错误的思想观念。思想政治教育实践在方法的选择和运用时，一般都会将社会需要与受教育者的思想状态相联系。但若由此忽视个人的需要和个人的价值，看不到活生生的人所具有的自主意识，思想政治教育就不可能得到认可和内化。因而，思想政治教育同样必须在共同规律的探寻时，兼顾对个体的关注。

社会历史发展与人的历史发展总是高度趋于一致，今天建设有中国特色的社会主义的伟大实践，是一个前所未有的宏伟壮丽的历史工程，在世界面前营造了全新的中国形象，它迫切需要也必将造就更加自由、和谐、全面发展的一代新青年，推动人的解放、人的全面发展的历史洪流奔涌向前。

参考文献

[1]胡塞尔. 现象学与哲学的危机[M]. 吕祥，译. 北京：国际文化出版公司，1988.

[2]戴劲.马克思和胡塞尔伦生活世界问题[J].当代国外马克思主义评论,2018(12)281－288.

[3]汪希,龚丽萍.大思想政治教育目的回归生活世界的实践路径探讨[J].社科纵横,2018(12)132－136.

[4]邹绍清.当代思想政治教育方法论发展研究[M].北京:人民出版社,2013.

[5]王东.马克思十大理论创新[M].北京:中央编译出版社,2018.

[6]列宁.列宁全集:第45卷[M].中共中央马克思恩格斯列宁斯大林著作编译局,译.北京:人民出版社,1990.

[7]张耀灿,陈万柏.思想政治教育学原理[M].北京:高等教育出版社,2001.

[8]中共中央马克思恩格斯列宁斯大林著作编译局.马克思恩格斯选集:第1卷[M].北京:人民出版社,2012.

爱与服务:新时代思想政治教育的新使命与新要求

吴胜红　周　辉

(南京工业大学马克思主义学院)

思想政治教育作为捍卫意识形态安全的重要手段,其内涵、方法、受众群体随着时代的发展在不断发生改变。“从教育上提高党内的政治水平”是党的重要任务之一。思想政治教育也是我国高等院校培养人才不可或缺的一环,大学生的政治素养水平关系到其能否坚定理想信念为社会主义事业奋斗终生,能否将个人理想融入社会主义建设,是关系到高等教育事业发展的头等大事,更是关系到党和国家前途与命运的头等大事。进入新时代,在全面建成小康社会,实现第一个百年目标的关键节点上,思想政治教育要把握好新中国成立70年以来的历史经验,坚持立德树人,坚持与时俱进,坚持以人为本,精准定位国家发展对人才的需求,促进学生健康全面发展,为社会主义培养更多建设者和接班人。

思想政治教育工作说到底就是做人的工作,“做在日常,做到个人”,必须坚持以学生发展为本的教育理念。从新中国成立70年以来的思想政治教育发展规律来看,政治属性是一以贯之的,同时也逐渐迎合社会经济发展对人才的需要,由“斗争”功能演变为捍卫意识形态安全的“保障”功能,再发展到服务于人全面发展的思想引领功能。通过对学生进行思想政治教育,不断地提高他们的社会主义觉悟,培养他们的马克思主义世界观和共产主义道德品质,通过思想道德素质的提高,促进他们健康成长。思想政治教育对大学生思想行为的导向作用也就注定着必须要围绕学生发展服务,这既是关系到高等教育的成败,更关系到国家和社会发展事业的全局。而思想政治工作者的表率作用和人格魅力是影响受教育者思想认识、行为方式的关键因素,也是当前思想政治工作中的核心问题。在新时代,思想政治教育要继续紧随时代潮流而“有的放矢”,用合理、合情、合应发展全局的方法,继续坚持对每一个学生全面发展的个性塑造,坚持从学工与学生的双向互动视角审视思想政治教育,才能够更好地办好社会主义大学,为社会主义伟大事业提供坚强的思想和人才保障。

一、坚持以马克思主义中国化最新理论成果指导思想政治教育新实践

对于一个以马克思主义为指导思想的无产阶级政党来说，思想政治教育首先要保证学生政治立场的绝对正确，要在复杂的国际形势及意识形态冲突下，扛起捍卫意识形态安全的重任。中国共产党历来都坚持把思想政治教育作为一项极端重要的工作，早在三湾改编时期，毛泽东就提出“支部建在连上”，开启系统化、制度化、全员化的思想政治教育，奠定了中国革命胜利的基础。新中国成立70年以来，思想政治教育的成果也是有目共睹，在中国共产党的领导下，坚持通过思想政治教育培养了大批理想信念坚定的社会主义建设者，坚持走中国特色社会主义道路实现了经济社会发展的快速腾飞。随着时代的进步与发展，尤其是当中国特色社会主义进入新时代，全新的历史定位肯定了过去的成就，也树立了未来奋斗的旗帜，更加提出了明确的奋斗目标，思想政治教育的理念和方法亟须与时俱进。

思想政治教育要贯彻党的十九大精神，牢牢把握社会主要矛盾的变化，紧扣思想政治教育发展现实，结合好理论与实践的深度、历史与现实的长度、国内与国外宽度，走出一条具有新时代特色的思想政治教育新实践道路。习近平指出，做好高校思想政治工作，要因事而化、因时而进、因势而新。新时代，我国社会主要矛盾已经转化为人民日益增长的美好生活需要和不平衡不充分的发展之间的矛盾，新判断表明人民对于美好生活的要求日益广泛，不仅对物质生活有了更高的要求，更有对精神富足的要求，对社会主义民主、文明、和谐、公平、法治、生态的要求。这也直接要求思想政治教育要结合社会发展的要求，将习近平新时代中国特色社会主义思想的最新成果融入其中。

二、学生的个性化发展需求为新时代思想政治教育带来新挑战

思想政治教育要在以人为本的基础上，为社会发展服务，在社会主要矛盾变化的影响下，思想政治教育需要转变视角才能清晰新时代的发展需要对思想政治教育有着什么样的新要求。在传统的思想政治教育中，学校作为施教者与学生作为受教育者总是保持一种单向的知识灌输关系，内容较为单调刻板。毫无疑问，面对师资力量不足与教学课时的紧张情况，这是一种高效率的思想政治教育模式，能够在有限的教学课时内完成教学任务，但教育效果要打上问号。思想政治教育绝不仅仅是教室里，课堂只是在完成教学任务，而如何主动让学生接受思想政治教育，如何使学生主动建立起为社会主义事业奋斗的理想信念才是思想政治教育的根本目的。这是一项极具挑战性的工作，也

是只靠知识灌输无法实现的目标。在学生视角里，老师没有行政岗与教学岗之分，校园中的任何一个老师都在时刻发挥着言传身教的作用，其思想及行为都会引来模仿和学习：老师们做得好，学生自发认可党和国家的奋斗精神与发展理念；老师做得不好，学生会无形的将对教育者的不满情绪转移到对党和国家的不满，在学生心智尚未成熟的阶段及其容易产生错误的群体性负面情绪。因此，思想政治教育不仅需要体系化、制度化的全方位支撑，更需要站在学生的角度去思考，思考学生需要接受什么样的教育，需要在什么样的环境下接受教育，而我们又应当如何为学生提供他们渴望接受到的教育。

在一项针对本科生进行的关于人才培养满意度的问卷调查中，采用问卷调查的方式，通过学生对高中及大学期间对学校人才培养情况的主观感受和评价，找出制约高校人才工作良性发展的突出问题及原因。研究主要采取随机抽样对400余名学生进行网络问卷调查，从办学条件、管理水平、素质教育等方面进行综合评比，通过学生对高中阶段与本科阶段所接受教育的满意度进行评价，了解学生在德智体美劳等方面对学校方面培养模式的满意性判断，在此基础上得出制约学生进步与高校发展的突出要素。调查问卷采取“李克特5级量表”的形式进行表达，1～5级分别代表强烈反对、不同意、既不同意也不反对、同意、坚决同意。

由表1可知，学生对高中教育满意程度分值均处于3.5分及以上，在列出的12个满意度选项中，有5项分值高于4分，对于课堂学习、师德修养及考风考纪等方面尤为满意，对于课余活动及生活条件方面满意度略低。这主要是由于高中学习紧张，无论是学校、家长和学生，主要精力均放在备战高考，几乎是人生中学习压力最紧迫的阶段，因此对学校兴趣爱好等课余活动的安排多有不满。这也从侧面说明学生进入大学后极有可能对发展自身兴趣爱好有着一定的渴望，对大学完善的生活设施会有所期待。从总体上看学生对高中阶段教育的实施效果认同度很高。

表1　高中教育的满意度评分情况

题目/选项	1	2	3	4	5	平均分
1.你对高中的办学现状满意吗	3.46%	4.11%	16.67%	34.2%	41.56%	4.06
2.你对高中创建迎评江苏省普通高中星级评估工作满意吗	5.41%	4.11%	21.86%	30.3%	38.31%	3.92
3.你对高中提供的学习、运动条件满意吗	3.46%	5.19%	19.48%	32.68%	39.18%	3.99

表1(续)

题目/选项	1	2	3	4	5	平均分
4. 你对高中教师的师德修养满意吗	3.25%	3.46%	10.39%	29.87%	53.03%	4.26
5. 你对教师的课堂教学方法满意吗	3.46%	3.03%	14.94%	35.06%	43.51%	4.12
6. 你对高中安排的体育课、活动课满意吗	4.11%	7.14%	17.53%	29.65%	41.56%	3.97
7. 你对入学时分快慢班或实验班满意吗	6.71%	5.63%	18.18%	32.47%	37.01%	3.87
8. 你对课外(家庭)作业负担满意吗	4.76%	7.58%	21.43%	32.9%	33.33%	3.82
9. 你对高中课外活动、社团活动满意吗	6.71%	13.42%	22.73%	23.81%	33.33%	3.64
10. 你对高中食堂、宿舍管理质量满意吗	6.06%	11.26%	21.21%	25.97%	35.5%	3.74
11. 你对高中的学风、考风满意吗	2.81%	5.84%	12.55%	31.82%	46.97%	4.14
12. 你对高中的办学特色满意吗	2.81%	5.19%	14.94%	31.39%	45.67%	4.12
小计	4.42%	6.33%	17.66%	30.84%	40.75%	3.97

由表2可知，学生对于大学阶段的教学以及实践技能的培养均比较满意，但是缺乏主动表达自己观点与质疑老师的能力。总体上看，学生对于学校所提供的教育质量还是很满意的，但同时，学生向他人推荐本校的意愿并不强烈，对就读经历的满意度也并不高，说明其对学校还缺乏认同感与归属感。经过相关访谈也得知，学生对于学校不满意的地方主要在于生活中琐事及对自身发展不全面的不满，而不是学习。这也说明学生工作还没有做到学生心里，仍有部分学生无法对学校产生归属感、认同感，也导致思想政治教育效果打了折扣。由此可见，从高中向大学的转变过程中，学生对高等教育提出了更高的要求与期盼，既渴望知识学习和技能获取，也要求能够实现自身多元化发展的目标。学校不仅要在教学上下功夫，更要把学生的日常管理工作做进学生心里，让学校成为学生认可的精神家园。

表2　大学人才培养质量的满意度评分情况

题目/选项	1	2	3	4	5	平均分
你认为大学教育对拓展知识面和视野有着积极作用吗	3.03%	4.11%	15.15%	40.26%	37.45%	4.05
你认为大学教育对获得专业知识和技能有着积极作用吗	2.6%	3.9%	15.15%	40.69%	37.66%	4.07
你认为本学年专业知识和技能提高的幅度较大吗	2.16%	6.06%	21%	39.83%	30.95%	3.91
你能够在课堂上质疑老师的观点吗	8.44%	15.15%	28.79%	24.89%	22.73%	3.38
你在完成专业课程论文、报告时能提出自己的观点并进行论证吗	2.38%	7.58%	30.09%	33.98%	25.97%	3.74
你能在学习上遇到不懂的问题会去查阅工具书或其他相关资料吗	2.81%	3.9%	18.4%	38.1%	36.8%	4.02
你会与不同国籍、城乡、民族背景进行深入交流吗	2.6%	8.01%	23.81%	34.2%	31.39%	3.84
你会在与他人交流中，分享自己的观点和知识吗	2.38%	3.9%	15.15%	41.34%	37.23%	4.07
你所学专业强调培养实践动手能力吗	2.81%	3.9%	15.8%	39.83%	37.66%	4.06
你所学专业的实验能够提高你的实践动手能力吗	3.03%	3.9%	16.23%	39.83%	37.01%	4.04
你向其他人推荐所读大学的意愿强烈吗	4.33%	6.93%	25.97%	35.5%	27.27%	3.74
你对在学校就读经历非常满意吗	2.38%	6.49%	23.81%	37.45%	29.87%	3.86
小计	3.25%	6.15%	20.78%	37.16%	32.67%	3.90

三、“爱与服务”的育人理念是思想政治教育创新发展的新动力

学生工作要以人为本、理念先行，做好学生工作可以牢固学生主动接受思想政治教育的思想基础。理念可以指导实践，是人对客观事物的主观性判断，

可以影响个体一系列的行为。理念也可以有很多种，国家有“创新、协调、绿色、开放、共享”的新发展理念，中国共产党有“全心全意为人民服务”的执政理念，高等院校也应当有服务于学生学习生活、思想建设的教育管理理念。习近平总书记在全国高校思想政治工作会议时的重要讲话中指出，学生工作要“围绕学生，关照学生，服务学生”。这十二字箴言也正是教育部43号令《辅导员队伍建设规定》的第四条“辅导员工作要求”中的表述。辅导员新九条职责将学生工作具体化分别为：思想理论教育和价值引领、党团和班级建设、学风建设、学生日常事务管理、心理健康教育与咨询工作、网络思想政治教育、校园危机事件应对、职业规划与就业创业指导、理论研究和实践研究。九条职责从学生的切实需要出发，对学生工作提出了极为全面的要求，可以说学生工作已经远远超出了一份工作的范畴，这是一项在“爱与服务”理念下，用爱育人、用心服务的光荣幸福的伟大使命，更是教师红烛精神真实生动的展现。

（一）学工之爱就是心系学生，就是热心投入、倾心奉献

高校教育管理理念在于管理走向治理、走向服务，因为高等教育管理工作是以学生为中心，以服务于学生全面发展为基本诉求，所以要从学生发展的角度出发，从高校行政管理体制改革与创新的趋势出发。因此，当下学生工作需要秉持和深化“爱与服务”的育人理念。学生工作是将爱融入教育的过程，是发挥好教育对学生思想引领功能的重要前提。爱，引领学生学习和思想建设的灵魂，自然也是学生工作的灵魂，更是服务学生成长发展的动力源。做学生工作需要有学工情怀，要热爱工作，热爱学生。学生学习成长需要用爱来浇灌，学生工作者要爱这份职业，爱这个工作，特别是要爱自己的学生。没有爱，便没有对学生持续的温暖地助其成长的服务，学生工作也就变得无足轻重、可有可无。心系学生就是心中装着学生，把学生放在最重要位置，以学生为中心；强调工作投入，是因为投入和付出是做好学生工作的基础、保障和关键性的过程指标。贴心关照，就是对学生的贴心服务、全面服务，心智陶冶、心灵塑造，主要的方面就是思想教育和价值引领。

（二）学工之服务就是贴心关照，就是以文育人、以文化人

现代大学制度要求人才培养以社会的用人标准和学生的自身需求为轴心，把教育视为一种服务，树立服务为核心的价值观。因此，简单地说，学生工作就是服务。爱与服务的育人理念就是要求我们把握学工之爱、明晰学工服务之重心和要义。服务，是学生工作的内在要求和实践形态，是爱地焕发，是爱地付出，是爱地实现。没有服务，爱便空心，学生工作也就失去依托、没有着落。当下最要强调的是责任担当与使命担当，而服务就是担当的具体化，突出

担当的路径是服务。服务又是教育“四个服务”的具体化，即教育为人民服务，为中国共产党治国理政服务，为巩固和发展中国特色社会主义制度服务，为改革开放和社会主义现代化建设服务。全国教育大会提出的“九个坚持”原则中的第八个坚持，就是坚持把服务中华民族伟大复兴作为教育的重要使命。也就是说，学生工作的服务统一于对上服务和对下服务，上为党和国家服务，下为学生成长服务。

（三）“爱与服务”理念下的学工就是“围绕学生，关照学生，服务学生”

“爱与服务”是把解决实际问题与解决思想问题结合起来，把握学生成长发展需要，提供精准服务，增强供给能力，积极帮助解决学生学习成长中的合理诉求，在关心人、帮助人、服务人、教育人、引导人。新时代学生工作，正在从单纯强调思想政治教育和学生管理，转变为以提供专业咨询与服务为主要内容，从而发挥思想政治教育功能、学生管理功能和促进学生成长发展功能。学生工作正在实现转型发展，服务贯穿于学生工作育人的全过程。“爱与服务”理念下的学生工作，就是紧扣立德树人根本任务，紧贴人才培养中心工作，紧紧围绕服务学生学习成长、促进学生全面发展来设计和开展学生工作，树立以服务为核心价值的工作取向，建立起服务型的学生工作体系。“爱与服务”理念下的学生工作，就是以学生为中心，以服务为宗旨，以育人为根本，构建起以全面服务学生为实践形态和工作路径，以服务学生成才为目标，以服务学生发展为重点，服务机制健全、服务供给充畅、服务质量优良，服务领域不断拓展、服务内容不断丰富，服务队伍专业化、服务流程现代化、服务方式人性化的学生工作运行系统。同时，以学生为中心，即对象本位而不是自我本位，而是以学生学习为中心，以学生发展为中心，而不是以学生事务为中心，因为事务只是外在形式，学习成长才是本质内涵。

四、“爱与服务”理念是学工体系建设面向未来的新使命

学生工作秉持“爱与服务”理念，汇成一句话就是坚持以学生为中心的思想，全心全意为学生服务；简言之为 8 个字：以生为本，服务学生。坚持“爱与服务”就是在关心人、帮助人、服务人、教育人、引导人，在爱学生、服务学生中培养学生、造就学生。一个好老师就是一种好教育，一条学生线就是一支服务队，汇聚起“爱与服务”的磅礴力量，做一个有情怀、善服务的学生工作者，做一个学生成长发展缺少不了的，学生爱找上门来求交流、求帮助、求指点的知心朋友，做一个受学生喜爱、被问道引路的人生导师。只要坚持不懈地这样做下去，学生工作才会更有温度、思想引领才会更有力度、立德树人才会更有效度。

贯彻“爱与服务”理念最重要的，是以习近平新时代中国特色社会主义思想为根本指南，把立德树人根本任务置于中心环节，作为衡量工作好不好的根本标准。贯彻“爱与服务”理念最根本的，是每一个学工人的投入付出、担当作为，并由此迸发和凝聚学生工作团队的整体力量。贯彻“爱与服务”理念最紧迫的，是发现问题、分析问题和解决问题，就是把自己的学生了解透，紧跟上去服务。贯彻“爱与服务”理念最关键的是满足学生学习成长需求。学校和院系都要在加大优质学生培养资源和服务资源的供给上多下功夫、多做文章，在思想引领、党团建设、服务体系、信息化工作等方面提升科学化、精准化水平。如果学工人不深入学生中去，不去了解、关心、解决，不去引导、立规矩，口头上爱学生，反过来学生感觉不到爱，又要求学生参加各种校园及思政活动、做这做那，但实际成效却要打上问号。因此，做了什么只是第一步，收获了什么才是做好学生工作的关键所在。贯彻“爱与服务”理念最迫切的，是将思政教育、学工服务融入教育体系、管理体系，就是灵魂与身躯的一体化，就是一张皮而不是两张皮。离开思政、离开服务的纯粹事务就脱离了育人价值。离开事务的思政和服务，剩下的是抽象与空洞，脱离了现实、脱离了载体也就没有了生命力。用服务去做学生事务，才是回归教育本源。我们必须了解哪个年级班级专业宿舍，哪门课哪个学生状况好、比较好、一般、不太好，学生中有什么状况、有什么问题、有什么诉求？我们要深入下去了解掌握、分析研究，精准化、精细化开展工作，服务做在日常、做到个人，以构建完善的学工服务体系。

（一）法治思维

学工服务体系建设要有法治思维。依法治校、按章办事。自由平等公正法治，都是核心价值观。物质决定意识，环境决定教育。一切事物的安排与执行都不可逾越法律法规、校规校纪的红线，这是对学生工作者的基本要求，也是维护学生工作者形象最基本的方法。要为学生营造积极向上的育人环境，才能够发挥灵魂工程师的思想引领作用，才能使学生主动接受思想政治教育。

（二）一流队伍

学工服务体系建设需要一流队伍。人才始终是发展的核心与前提，任何一项伟大事业都离不开人才的基础。毫无疑问，高等院校一线教学老师均是各专业的宝贵人才，在各个领域培养祖国下一代建设者。学工体系更需要有一流的人才，建设一流的队伍，既要有分工又要有协同的专业化队伍。在学工人才培养方面要建设辅导员职业发展中心、辅导员工作坊，搭建理论提升平台、构建工作创新平台、创建高端培训平台，等等。只要每一个学工人都发光发热，发挥榜样带头作用，才能使学生自觉的靠近党的思想引领。

（三）先进体系

学工服务体系建设需要先进的工作体系和运行系统。思想政治教育作为我党一贯的思想建设法宝，是传统但也要迎合社会发展与时俱进。在工作体系方面，合格的学工体系要包含学生成长成才服务体系、要有先进的工作流程、服务流程等。在运行系统方面，学工体系要坚持以学生为本，顺应信息化时代潮流，积极通过网络化平台建设优化学工服务质量，提高学工服务“用户体验”。

五、结语

思想政治教育是立德树人的重要途径，也是贯穿教育全过程的时代要求，如何更好地践行教育使命需要信念坚定的教育者、与时俱进的育人理念、科学先进的学工体系。高校教师要坚持教育者先受教育，努力成为党的教育方针坚定贯彻落实者，才能发挥好表率作用，担当起学生领路人的责任，帮助学生“扣好人生第一粒扣子”。学生工作只有秉持“爱与服务”育人理念，才能让学生感受到学校与各级党组织的关心爱护，才能促使学生主动将个人理想融入祖国建设，回馈社会，回报祖国。构建好先进的学工服务体系才能够打好学生与学校沟通的基础，才能让学生的需求“事事有着落，件件有回应”，才能将“爱与服务”理念落实到学生工作的每一个角落。总之，进入新时代，面对社会环境的变化，只有始终坚持以人为本，创新理念，才能切实提高高校思想政治教育效果，才能守好高校意识形态阵地。

关于课程思政和思政课程相结合的几点思考

赵丽华

（太原科技大学马克思主义学院）

一、习近平总书记高度重视思想政治教育

党的十八大以来，习近平总书记围绕培养什么人、怎样培养人、为谁培养人这一根本问题，以高远的历史站位、宽广的国际视野、深邃的战略眼光，高度重视培养中国特色社会主义建设者和接班人，将中国特色社会主义事业后继有人作为一项重大战略任务，对加强学校思想政治教育发表了一系列重要讲话，做出了一系列重要部署。

短短几年内，习近平总书记多次进校考察，对强化青少年思想政治教育做出重要指示。习近平总书记的足迹：他在北京市海淀区民族小学考察，提出学校要把德育放在更加重要的位置，让社会主义核心价值观的种子在少年儿童心中生根发芽；他到北京市八一学校考察，提出基础教育是立德树人的事业，要旗帜鲜明加强思想政治教育、品德教育，加强社会主义核心价值观教育，引导学生自尊自信自立自强；他在北京大学专门考察了马克思主义学院，强调用马克思主义武装大学生；他又到南开大学强调要加强对大学生的思想政治教育……

2019 年 3 月 18 日，习近平总书记在与思政课教师座谈会上再次强调：青少年阶段是人生的“拔节孕穗期”，最需要精心引导和栽培。青少年是祖国的未来、民族的希望。必须加强对青少年的思想政治教育。他说，我们党立志于中华民族千秋伟业，必须培养一代又一代拥护中国共产党领导和我国社会主义制度、立志为中国特色社会主义奋斗终身的有用人才。这一次又一次的春风化雨，润物无声。

为什么习近平总书记和党中央如此高度重视对青少年的思想政治教育，高度重视高校的思想政治教育工作？

二、课程思政和思政课程相结合提出的时代背景

（一）百年未有之大变局与新时代的交汇点

我们正处于百年未有之大变局与新时代的交汇点。

1. 世界正处于百年未有之大变局

百年未有之大变局突出表现为：世界政治经济的权力中心首次开始向非西方世界转移。具体表现为：

第一，世界经济中心首次开始向亚太地区转移。自欧洲开启工业化以来，世界经济重心向西方转移，由此世界分为发达国家群体和发展中国家群体。长期以来，西方发达国家一直是世界经济的重心，曾占全球经济总量的 80% 以上。如今，发展中国家的经济有了大幅提升，按国内 GDP 计算，占到世界经济总量 50%，按购买力评价计算，已经超过发达国家。根据预测，到 21 世纪中叶，发展中国家的经济总量可占到世界的 65% 以上。重要的是，现在拉动世界经济的增量部分将主要来自发展中国家。

第二，世界权力中心首次开始向非西方世界转移。回顾历史，自十六世纪"大航海"时代使五大洲结束彼此孤立状态，形成全球意义上的世界权力中心以来，这一权力中心始终在西方世界内转移。16 世纪的西班牙、17 世纪的荷兰、18 至 19 世纪的英国、20 世纪的美国，这些当时的权力中心都是西方世界的成员。过去西方的历史就是世界的历史。进入 21 世纪，随着老牌资本主义国家普遍性衰落，中国、印度等新兴经济体群体性崛起，国际权力不再是少数西方国家你输我赢的"换手"，百年来国际主导权"西方化"的历史惯性有望发生改变。

第三，国际格局首次开始"东升西降"。数百年来一直由西方国家主导的国际格局正在发生根本性转变。在西方国家占主导地位的格局下，西方国家对世界的发展方式、制度建构乃至思想文化都起着导向作用。随着中、印等一大批新兴国家和发展中国家的群体性崛起，所代表与力争的不同利益、权益、治理、价值和文化等都必然体现出来。新兴国家对全球治理的广泛参与，全球治理的理念、机制和形式都在发生显著变化。

第四，世界文化、人类文明开始多元之变。随着众多亚非拉国家日益发展和文化自信，西方自由主义民主意识形态的影响力下降，人类社会的文化、观念、思想和制度，正变得日益多元，逐渐形成多元文化并存的状态。

2. 中国进入新时代

中国特色社会主义进入了新时代，这是一个中国人民从站起来到富起来，

再到强起来的时代,中国前所未有地进入了世界舞台中心,但也面临前所未有的各种挑战。

中国处于百年未有之大变局与新时代的交汇点,全球动荡源和风险增多,不稳定和不确定性增大,一些西方势力对中国崛起采取打压姿态。特朗普在演讲中说:中国是二战以后美国最强大的对手。特朗普挑起对中国的贸易战、经济战、外交战、文化战,甚至军事挑衅,中国只有借力战略机遇期,乘势应对大变局,才能屹立于世界,实现强国梦想。

(二)高校和高校思想政治教育的新使命

1. 高校的新使命

我国正处在"两个一百年"奋斗目标的历史交汇期、全面建成小康社会的关键时期,实现党的十九大确定的战略目标,夺取中国特色社会主义新胜利,需要一代又一代人的拼搏努力,需要培养一代又一代能够担当复兴大任的时代新人。高校面临百年未有之大变局,应对全球动荡和风险加剧,助力中国实现新时代的战略目标,其必须承担的新使命是培养出一批又一批能够驾驭变局、担当民族复兴大任的新时代人才,培养出中国特色社会主义事业的合格建设者和可靠接班人。

2. 高校人才培养存在的根本性问题

在百年未有之大变局与新时代的交汇点,高校的使命重大,任务艰巨。然而高校人才培养的现状不容乐观。

音乐学院学生药家鑫,开车撞到人,连捅被撞人七八刀。被害人张妙的父亲质问:"都是知识分子,为什么那么狠心";女大学生毛苒,杀死人后,问她为什么,她说:"就是因为他是我男朋友";苏州大学一对情侣跳楼自杀;更有的大学生为了私利,不惜骗人、杀人,甚至成为间谍收集出卖国家机密情报。

上述种种情况,说明国家花巨资培养的大学生、研究生,甚至是博士研究生这些青年学生极端自私,心里只有自己,为了自己的欲望、享乐、感情,完全不顾父母亲人的痛苦,不惜他人的生命,不顾国家的安危。产生这样事件的原因,一方面是由于新时代大学生尚处在世界观、人生观、价值观形成的关键时期,容易受到多元社会思潮甚至资本主义价值观的影响,诸如个人利己主义、拜金主义、功利主义、历史虚无主义等不良社会思潮的冲击和影响,使大学生的思想价值观念,偏离社会主义,甚至转向资本主义。另一方面是由于高校思想政治教育存在着根本性的问题,这就是只重视知识培养,忽略了大学生世界观、人生观、价值观的教育,高校思想政治教育没有能够很好地承担起培养中国特色社会主义事业接班人的重大使命。

3. 高校思想政治教育的新使命

高校的根本任务在于立德树人,育人是其核心目标所在。培养人才不仅要注重专业技能的培养,还要重视思想品德的培养,引导大学生成为德才兼备、又红又专、全面发展的人才。新时代的人才首先要正确的政治方向,具有坚定的理想信念、优良的品德、丰富的知识、过硬的本领,成为对国家和社会有用的人才。高校思想政治教育的新使命就是贯彻立德树人的目标,探讨对大学生加强思想政治教育的有效途径,培养一代又一代拥护中国共产党领导和我国社会主义制度、立志为中国特色社会主义奋斗终身的有用人才。

三、实施课程思政的必要性

首先,课程思政是在上述时代大背景下完成高校新使命的要求。处于百年未有之大变局与新时代的交汇点,高校的新使命是立德树人,习近平总书记指出:“要用好课堂教学这个主渠道,思想政治理论课要坚持在改进中加强……其他各门课都要守好一段渠、种好责任田,使各类课程与思想政治理论课同向同行,形成协同效应。”正是按照习近平总书记用好课堂教学这个主渠道的重要指示,提出来课程思政的新理念和新思路。

其次,实施课程思政的必要性还在于,高校思政课程难以独立承担起对大学生进行思想政治教育的全部使命。实施“课程思政”是由现实问题倒逼而采取的应对措施。当前思政课教学现状中,教育的实效性不强。学生上课“抬头率”低、“点头率”低、课堂“亲和力”差,马克思主义理论学科协同性弱、思想政治教育课程融合度低,思政课教师陷于“单兵作战”的尴尬境地,思政课教学困于“孤岛化”窘境;教师队伍中部分教师育德意识、育德能力有待提高,思政课价值引领作用得不到有效发挥;在高等教育中存在着马克思主义被边缘化的现象,等等。

总体来说,当今社会价值多元化、人们利益诉求多样化,仅依靠思想政治理论课对大学生进行价值引导显得苍白无力,亟须发挥多学科优势,将更多的学科资源转化为育人资源,与思想政治理论课同向同行,协调统一,实现共同价值目标。在此理论背景和实践探索基础上,“课程思政”应运而生。

再次,改变现有课程教学脱离思想政治教育状况的必要性。一直以来,在高校课程实施中,重视学科知识传授,淡化课程育人功能,重智轻德现象,“只教书,不育人”现象依然存在,这就严重偏离、背离了课程育人本源。著名教育家陶行知说:“先生不应该专教书,他的责任教人做人;学生不应该专读书,他的责任是学习人生之道。”可见,在课程教学中,向学生传授知识固然重要,更为重要的是要让学生懂得做人做事的道理，这才是课程的初衷和真谛。“课程思政”改革将知识传授与价值引领统一，强化了课程自身的思想政治教育元素所承载的育人功能，体现了课程育人的价值本源。

四、“课程思政”和“思政课程”相结合的实施路径

（一）构建课程思政和思政课程相结合的课程新体系

要根据学科专业特点，深入挖掘提炼其中蕴含的思政价值和思政元素，不断深化各学科专业课程思政的教学改革，构建课程思政和思政课程相结合的课程新体系。

一是深化思政课教学改革。各高校要以马克思主义理论学科建设为支撑，以增加思想政治理论课实践指导功能为导向，不断探索创新思想政治理论课教育教学改革，通过开发建设网络教学平台、探索课堂内外教学实践新模式、改革课程学习评价方式、组建特色教学团队等，推进思想政治理论课教材体系到教学体系的转化，推出一批示范课堂、优秀课程及选修课程群，提升思想政治理论课教师的教学科研积极性，打造一支觉悟高、素质好、业务精、学生爱的师资队伍。

二是优化通识课课程。各高校可以根据学校办学定位和学科优势适当开发系列特色通识课程，通过组织知名教授、教学骨干、科研骨干参与开发“中国”系列课程，分层分类宣传我国现代工业体系建设、科学技术发展、环保治理、文化产业等方面的成果，使广大学生坚定“四个自信”，激发爱国主义情怀和民族自豪感，在潜移默化中加强理想信念教育。有条件的高校还可以在总结《形势与政策》课教学经验的基础上，组织力量开发《中国与世界》等时事政治相关课程。

三是挖掘专业课思政元素。每门课程都有其独特内在的学科属性，但所有课程都蕴含丰富的育人资源。“课程思政”改革就是要挖掘每门课程中的思想政治教育资源，服从于学科建设，服务于学科育人，共同打造学科育人共同体。针对学科课程特点不同，要有所侧重，比如：自然科学学科要挖掘创新精神、科学精神；工学学科要挖掘工匠精神、敬业精神；人文社会学科要挖掘人文精神；譬如，有数学教师讲《数学人生》，用数学的视角阐述世界观、人生观、价值观，让学生领悟专业与个体精神塑造的紧密关系，使专业课程与思想政治教育交织融合、共生发展。

（二）创新课程教学方式，增强“课程思政”育人效果

要立足当代大学生思想道德及价值观发展需求，坚持贴近学生、贴近实

际、贴近社会，加强学科专业思政育人规律和实效性研究，积极探索有效的学科专业课程思政育人教学方式。

一是充分做好课堂教学设计。专业教师在授课前要带着思政意识来备好课，在认真梳理专业课程逻辑体系、彻底搞清专业知识内涵外延的同时，还要充分挖掘专业课程背后的思政故事，将涉及诸如中国优秀文化、先进科技、优越制度、英模人物等思政元素融入教学设计中，并在教案中有所体现。

例如：复旦大学孙兴文教授，在讲授《有机化学》课时，从 18 至 19 世纪外国科学家制备单质氟的探索到 20 世纪投身国防建设的我国科学家事迹，娓娓道来，不仅讲授专业知识，更有对求真求实科学精神和科研工作者理想责任的启发引导，让学生们思考良多。

对于实验课程的"课程思政"，专业课老师有着自己的理解："化学实验最能培养同学们端正的学习态度，动手能力和团队协作能力以及实事求是的科学精神，这是今后个人发展和立足社会的通行证。实事求是的科学精神比完美的实验结果更重要。我们要引导同学们及时进行课后的实验总结与反思，只有不断思考和总结，才能逐步提高自己的能力。"

二是注重提升课堂教学效果。专业教师在课堂教学中，要注意教学方式方法的改进与提升，一方面要注重专业理论讲授，帮助学生建立起完善的专业知识结构；另一方面还要通过生动的思政案例与故事，灵活多样的授课方式，尤其是借助网络、多媒体等技术手段，增强授课的吸引力，来发挥课堂的思政育人功能，潜移默化的培养学生健康的思政情感和道德判断能力。

三是积极发挥实践教学功能。充分发挥专业课程教学实践、实习环节的育人功能，在建立一批提升学生专业能力的实习基地的同时，还要建立一系列服务人民、了解社会的志愿服务基地，通过实践体悟的方式，让学生更加生动地感受课程思政的效果，了解国家在相关领域的成果、成就，引导学生坚定理想信念、践行社会主义核心价值观、培育良好道德品质和爱国主义精神，使在课堂上感染到的思政元素内化于心、外化于行。

（三）构建全员、全方位、全过程的立体化育人体系

"不谋万世者，不足谋一时；不谋全局者，不足谋一域。"思政课教学改革是一个系统工程，必须要做好思政课教学改革的顶层设计。

复旦大学是 2017 年 6 月启动的上海市高校课程思政教育教学改革整体试点之一。一年多来，学校全力推进 3 门思想政治理论示范课程、2 门"中国系列"课程、13 门综合素养课程、28 门专业课程，明确提出打造以思政课程为核心，以"中国系列"课程、综合素养课程、哲学社会科学课程为主干，以专业课程思政建设为支撑的课程体系，努力形成从"思政课程"到"课程思政"的圈层

效应。

上海高校创新构建“4＋1＋X”思政课教学体系，“4＋1”是必修课，不仅要内容充实，还要讲出特色。比如，同一门《形势与政策》课程，研究型大学宣讲改革开放40多年的发展成就，使学生树立“中国行、我也行”的自信；应用型高校则通过国情教育，使学生树立服务基层、扎根一线的志向。

“X”的思政选修课，演变成了各高校结合学校历史文化和学科专业特点开设的“中国系列”课程：复旦大学有《治国理政》，上海交通大学有《读懂中国》，同济大学有《中国道路》……多学科支撑、优质师资投入，集体研讨、团队授课，加上接地气的内容设计，让不少“中国系列”课程成为备受大学生追捧的“网红课”。

上海高校已形成以思政必修课为核心、数十门“中国系列”思政选修课为骨干、500门综合素养课为支撑、1 000余门专业课为辐射的“课程思政”同心圆，思政教育的“上海体系”日渐成熟成型。

（四）拓宽“课程思政”途径，构建立体育人新格局

“课程思政”的理念不仅在于专业课程课堂教学中传播思想政治理论和道德价值观念，还应拓展到网络虚拟空间育人和校园实物环境空间育人，通过突出专业教学中思想政治教育融入课程教学的典型案例和效果的展示，表彰专业技能和思想道德素质优秀的学生，以榜样引领育人，从而拓宽“课程思政”途径，构建立体育人新格局。

1. 利用网络平台，虚拟空间育人

高校要切实运用新媒体新技术平台，把“课程思政”与信息技术有机结合起来，使高校思想政治教育形式多样，内容丰富，从而增强思政课的时代感与吸引力。据统计，高校学生每天上网时间超过3.5小时，应把学生这部分虚拟时空融入思政教育。高校要正确引导学生使用网络资源，运用马克思主义立场与方法筑牢意识形态主阵地，对于网上社会热点问题，可以通过“虚拟课堂”这一渠道展开讨论，让学生能明辨是非，做出科学的判断，从而坚定学生的立场与信念。高校可以利用好微信公众号、朋友圈、班级群、视频传输、互动交流等功能，开展丰富多彩的思政教育第二课堂。在班级群中，可以分享经典著作、对国内外时政要闻的讨论，上传资料、布置相关教学任务等。因此，老师不仅仅是在课堂时间育人，还可以通过手机平台组织活动、聊天交流等形式，随时把握学生的思想动态，关注学生的成长与发展。无论是专业课上的疑难，还是心理上的困惑，都有老师及时发现，及时帮助解决，都能有助于确立科学的世界观、人生观和价值观。有助于学生的健康成长，使思想政治教育课覆盖大

学生学余时空。坚持做到“现实主课堂”与“虚拟微课堂”之间的无缝链接。

2. 利用校园文化资源，实物环境育人

“课程思政”建设，离不开学校总体教育环境。“各类课程与思想政治理论课同向同行，形成协同效应”包含了应当充分运用各类资源，形成思想政治教育合力的要求，必然要求注重通过文化育人，创建健康向上且与“课程思政”目标相谐的校园文化生活。校园文化资源包含了校园物质环境、精神文明环境和文化环境，是教师与学生开展教学与学习活动的载体，其内容和形式都会影响到教育教学活动的进程和效果。和谐、优美、催人向上的育人环境必然对人起着潜移默化的影响。校园建设多蕴含或体现了总体育人目标、育人理念和具体专业特点。校园实物资源，如校园人文景观的建设和与专业相关的标示、雕塑等，能对课程思政起到配合和补充作用。一座雕像、一个专业景观所蕴含的价值不仅仅是美的传播，其中还蕴含着深刻的含义，既有专业追求更有精神启迪。高校也可以利用自身的校史、校训、校徽等教育资源，激励学生、确立目标、坚定信念。“课程思政”和学校思想政治教育是一个相互促进的过程，较好的思想政治教育氛围有利于“课程思政”的有效开展，“课程思政”的良好效果又能推进思想政治教育。因此，需要充分利用校园文化资源，开展丰富多彩的校园文化生活，构筑“课程思政”的氛围，创造全时空的文化育人环境。

3. 利用专业典型案例，榜样引领育人

“一个典型就是一面旗帜，一个模范就是一座丰碑”。树立先进典型充分发挥其引领和示范作用，激发情感凝聚力量，是党的一项优良传统和重要的工作方法，也是高校思想政治教育和推进“课程思政”建设的工作方法。在“课程思政”融入典型案例的思想政治教育模式，需要大量的收集专业典型案例，并整理和推广。典型案例和榜样引领法是一种方法论，也是一种价值论。一方面指的是工作开展的方法，注重的是效能；另一方面是指典型和榜样对于他人所具有的意义，突出的是认同。

我们专业课要用好这块地，种好责任田，就要把爱国报国的情怀、敬业奉献的胸怀、追求真理的无畏精神、精益求精的科学态度等传授给学生。在中国发展进步的历程中，有无数科学家做出的牺牲，成就了共和国的今天。

人称“三钱”的钱学森、钱三强、钱伟长，都是我国当代杰出的科学家。在当时，论发展论薪酬在国内拿不到和国外同等的回报，但是这些热爱祖国的科学家们，都是怀着报效祖国的赤子之心回来的，他们坚决选择用自己的才能回报当时科学技术贫乏的祖国。他们是爱国者的典范，是民族的精英。

这涉及培养什么样的人的问题？我们要培养的人才是要有爱国主义思想，愿意为中国特色社会主义建设服务的建设者和接班人，我们培养人不是为了以后去异国他乡赚取高薪挣得入场券。

“两弹元勋”邓稼先，在一次爆炸实验失败后，为了找到真正原因，必须到那颗原子弹被摔碎的地方去找回一些重要的部件。他明知有巨大的核辐射，但仍然坚定的一个人走进了那片地区，强烈的射线严重地损害了邓稼先的身体，导致他英年早逝。

詹天佑留学回国后，怀揣着“工业救国”的梦想，经过艰辛探索，克服重重困难，终于修建了中国第一条铁路。为中国人扬眉吐气立下了功勋。

爱迪生在实验了100次之后，有人劝他放弃。说你已经失败了100次。爱迪生说：“谁说我失败了100次，我是成功了100次，因为我通过这100次实验，知道这100种材料都不适合做灯丝。”这种不怕困难、不畏挫折的求真精神使他终于获得了成功。

在2018年评选出的10位“大国工匠年度人物”。有焊接火箭发动机的大师和高铁焊接的顶级技师高峰林和李万君，有被誉为“世界带电作业第一人”的特高压带电检修工和我国第一代核燃料师，有打破国际技术封锁和垄断的技术工人，有为北斗导航等国家重点工程做出突出贡献的高级技师和“天眼”射电望远镜装配人，有坚守大漠油田的“土发明家”以及年近90仍坚守一线的文物修复保护专家等。

在他们身上都体现了中国职业人的工匠精神。工匠精神是指工匠不仅要具有高超的技艺和精湛的技能，而且还要有严谨、细致、专注、负责的工作态度和精雕细琢、精益求精的工作理念，以及对职业的认同感、责任感、荣誉感和使命感，还有公平正义、诚实守信……

课程思政就是要在专业课程的教学中，最重要的是给学生灌输这些思政元素、思政理念、思政信条。

五、教师应该怎么做

实施课程思政和思政课程相结合是一个系统工程，涉及高校、领导、相关部门和教学单位，这里主要谈谈教师应该怎么做。

教师是课程建设、课堂授课的主体，是“课程思政”生成的关键因素，要将教师课程思政意识的提升与加强教师师德师风的要求一样，作为对教师的基本要求之一加以贯彻落实，使教师逐渐具备较强的课程思政意识和过硬的师德师风，在教学过程中将课程建设与思想育人有效结合，不断提高课程思政的教学艺术和效果。教师在实施课程思政过程中应该做到以下几点：

（一）要有育德意识

所有的教师无论讲授什么课程，都要有“立德树人”的意识。孔子提出教育的四门课程，简称孔门四科：德行、言语、政事、文学。他主张，教育应从培养人的德行开始，这是关于人的本性的教育。其余的科目都是关于人的能力、知识、才艺的培养。这些科目都应该以人的德行的培养为基础和根本。

著名教育家陶行知说：“先生不应该专教书，他的责任教人做人；学生不应该专读书，他的责任是学习人生之道。”教师的职能是传道、授业、解惑，教师不仅要给学生传授知识，而且要教学生如何做人。

提升教师育人意识。这是指教师作为课堂教学的主导者，必须有自觉的育人意识，其育人的主体性必须得到提升，以适应“课程思政”同向同行目标指向要求。毛泽东曾指出，“政治路线确定之后，干部就是决定的因素。”同理，确立了“课程思政”同向同行目标之后，教师就是决定的因素。列宁曾说过：“在任何学校里，最重要的是课程的思想政治方向。这个方向由什么来决定呢？完全而且只能由教学人员来决定。”老师作为“人类灵魂的工程师”，不仅要教好书，还要育好人，各个方面都要为人师表。

关于这一点，可以从思政课教师和非思政课教师的不同角度来认识。

1. 思政课教师

有人认为：课程思政就是对思政课教师以外的老师们的要求。其实这种认识存在误区。课程思政不光是对专业课老师的要求，对思政课教师来说，也同样存在这种要求。

大学思政课主要有五门：思想道德修养与法律基础、马克思主义基本原理、中国近现代史纲要、毛泽东思想和中国特色社会主义理论体系、形势与政策。教师在不同的思政课教学中，都要始终把“立德树人”贯穿其中。

那么，思政课如何在课程中讲好思政？首要的任务就是贯彻“立德树人”的理念，解决培养学生树立正确的世界观人生观价值观的问题。

比如，马克思主义基本原理课，要特别强调：我们不仅要学习马克思主义的理论，更要学习马克思的精神。在19世纪上半叶，面对着同样的时代课题，面对着同样的理论来源，为什么只有马克思成为革命的旗手和领袖？这与他的主观条件是分不开的。这种主观条件就是马克思所具有的伟大精神。马克思能够成就这样的伟业，是由马克思所具有的伟大精神铸就的。这就是他的理想信念、政治立场、严谨的治学精神。

马克思在17岁时的作文中阐述了他的理想：“如果我们选择了最能为人类福利而劳动的职业，我们就不会被他的重负所压倒，因为这是为全人类所做的牺牲；那时我们所感到的将不是一点点自私而可怜的欢乐，我们的幸福将属于千百万人，我们的事业并不显赫一时，但将永远存在，而面对我们的骨灰，高尚的人们将洒下热泪。”“我们在选择职业时所要遵循的主要指针，是人类的幸福。”这是 17 岁的马克思他对人生理想的诠释。

正是这种理想使马克思“目标始终如一”，由于他的这种追求，他遭受反动政府的通缉、追捕，四处流荡，成为无国籍的“世界公民”；由于他的这种始终不变的信念，他忍受着物质贫困的煎熬，四个孩子在动荡拮据的环境中先后夭折了；马克思虽然遭遇着常人难以忍受的政治迫害和经济困扰，但他的初心没有改变，那就是——为人类的解放而奋斗。

马克思出生在一个律师家庭，在当时的德国，应该算是中产阶级家庭。如果马克思不选择这样的政治追求，他完全可以过一种非常安逸富足的生活。但是他却心系工人阶级，一生与工人阶级同呼吸共命运，他公然宣称：“我们的理论是为工人阶级求解放服务的”。从为林木盗窃案所做的辩护，到组织领导成立第一国际；从为巴黎公社奔走呼吁，到揭露资本对工人的剥削，马克思都是把自己置之度外，为争取工人阶级的利益而战斗。他一生都在研究《资本论》，但他自己毫无资本，不仅毫无资本，而且还穷困潦倒；他是 19 世纪的最强大脑，但他拒绝了为资产阶级政府工作的机会，却把自己的聪明才智都奉献给了为工人阶级求解放的事业中，这就是伟人马克思的境界和情怀。

严谨治学的态度：马克思不仅是仰望星空的思想家，而且是脚踏实地的治学者。马克思一生博览群书，严谨治学，他一生的著作有 1 974 部，书信稿件 3 099封。马克思写作《资本论》时很辛苦，恩格斯心疼马克思，劝他不要太较真，恩格斯说：“那些资产阶级笨蛋们根本看不懂你写的东西。”马克思回答说“我不是写给资产阶级那些笨蛋们的，我是要留给后人的。”在马克思《资本论》浩瀚的文稿中，引文、人名、地名、非常多，但人们惊讶地发现，马克思整个文稿没有一点误差。马克思曾说，如果不能给工人阶级尽善尽美的作品，那就是犯罪。正是这种治学精神，成就了马克思的科学理论体系，马克思当选为千年思想家是实至名归。

伟大的事业是有伟人来成就的，是马克思的伟大精神成就了马克思主义的伟业。

我们的思政课就是要告诫学生，只有成为一个有信仰、有追求、有为民情怀、有实干精神的人，才能成就一番事业，才能成为对社会有用的人才。我们不仅要学习马克思主义的理论，更要学习马克思的精神——这就是课程思政。

2. 非思政课教师

立德树人是全体教师的职责。专业课教师同样应该有“教书育人”的强烈意识。中国是礼仪之邦，在教育方面，历来主张“做人第一，学问第二”。专业课老师在教学过程中结合学科背景来育人，效果可能会更好。

实施课程思政教学是要求教师确立更自觉的育德意识，坚持用立德树人，统设课程体系，促进专业知识教育与思想政治教育相融合，教师既要当好“经师”，更要做好“人师”，使教学过程真正成为学生明事理、知善恶的过程，做到每门课程有思政，教师人人讲育人。

（二）要有育德能力

教师要承担立德树人的使命。不仅要有育德意识，而且要有较强的育德能力。首先，教师要学习和掌握马克思主义基本原理和基本方法，学习和掌握习近平新时代中国特色社会主义思想，要有一定的理论素养和用马克思主义分析解决现实问题的能力。

其次，教师要掌握新时代中国特色社会主义文化，包括中华优秀传统文化、革命文化和社会主义先进文化，要有必要的文化底蕴和以文化人、以文育人的能力。

再次，教师要研究和掌握高等教育和教学的规律，不仅要掌握专业知识，而且要掌握育人育德的规律，把握育德与育才的关系，有根据不同专业课的特点和内容选择进行思想政治教育的资源和因素、根据不同类型的学生进行因材施教的能力。

最后，教师要有运用现代科技手段，如互联网、多媒体，加强同学生沟通、交流思想，进行思想政治教育的能力。

如果是工科院校，应该把思想政治教育的内涵融入工科学生的专业课程，我们可以将工程伦理教育纳入工科专业的最新培养方案中。使工程伦理成为工程教育“开学第一课”，美国“挑战者号”航天飞机灾难事件、重庆彩虹桥坍塌事故等重大工程事故的背后，都是工程项目决策者和实践者在趋利心态下的错误行动，“只有培养具有伦理意识以及以造福人类和可持续发展为理念的现代工程师，才能在面对道德困境时，做出正确的判断和选择”。工程伦理教育不是一门课，但却像空气一样，从大一到大四，从专业理论课到实践环节，应贯穿学生专业学习的始终。

再以环境工程专业为例，环境与安全工程专业概论课，通过分析国家发展理念和目前的环保形势，让学生明白将来从事的工作要承担怎样的责任；对环境法律法规的解读，则是让学生懂法、知法，进而在设计相关项目时守法；环境管理和环境评价课，通过一个个环境事件案例，引导学生树立严谨求实的工程设计理念。这种顺其自然教学方式，学生很受用。

（三）要不断研究、推进课程思政改革创新

课程思政是课堂教学理念的创新，其实施必然带来课堂教学的改革和创新。只有通过课堂教学的改革创新，才能充分发挥课程思政教育的功能。课程思政不是增加一门课程，也不是增添一种教学活动，而是课堂教学全方位全系统各方面的根本性转变。实施课程思政不是完全推倒原有的课程教学体系和机制重来，而是在原有的课程教学体系基础上进行结构性的调整和改革，是各门课程都充分发挥思想政治教育的功能。

教师要深入研究课程思政的教学内容和教学方法，挖掘课程思政的资源和因素，强化教学的育人功能，实现隐性价值渗透。

第一，将社会主义核心价值观教育融入教学过程，在课堂上对学生根植正确的理想信念，坚定政治立场，强化思想引领。

第二，要从专业维度、社会维度、价值维度等多方面入手，设计德育阶梯式推进路径，创新体制课堂教学体系机制、优化课程内容设置，改善教学方式，明确课程建设标准，加强课程管理。

第三，专业课程要注重以专业技能知识为载体开展育人工作，立足学科学术内涵，发挥自身特色，提炼出社会责任和爱国情怀、科学精神与人文精神等德育因素和德育内涵，挖掘课程中蕴含的思想政治教育资源。如对于哲学社会科学课程，强化意识形态属性；对于自然科学课程，强化创新能力、职业素养和工匠精神养成。

第四，课程内容的设置要立足中华优秀传统文化根基，紧扣时代，回应学生。要推动中华优秀传统文化融入教育教学工程，注重学科交叉融合，争取创设出一批文理结合、工儒相通的示范性课程。

第五，注意在课堂教学中充分发挥学生的主体作用，调动学生学习思考研究、解决问题的自觉性、积极性。

第六，利用互联网、多媒体等现代科技手段，提高课程思政教育的质量和效果。

（四）教师要率先垂范

习近平强调，办好思想政治理论课关键在教师，关键在发挥教师的积极性、主动性、创造性。思政课教师，要给学生心灵埋下真善美的种子，引导学生“扣好人生第一粒扣子”。第一，政治要强，让有信仰的人讲信仰，善于从政治上看问题，在大是大非面前保持政治清醒。第二，情怀要深，保持家国情怀，心里装着国家和民族，在党和人民的伟大实践中关注时代、关注社会，汲取养分、丰富思想。第三，思维要新，学会辩证唯物主义和历史唯物主义，创新课堂教

学，给学生深刻的学习体验，引导学生树立正确的理想信念、学会正确的思维方法。第四，视野要广，有知识视野、国际视野、历史视野，通过生动、深入、具体的纵横比较，把一些道理讲明白、讲清楚。第五，自律要严，做到课上课下一致、网上网下一致，自觉弘扬主旋律，积极传递正能量。第六，人格要正，有人格，才有吸引力。亲其师，才能信其道。要有堂堂正正的人格，用高尚的人格感染学生、赢得学生，用真理的力量感召学生，以深厚的理论功底赢得学生，自觉作为学为人的表率，做让学生喜爱的人。

习近平讲的这六点，不仅是说给思政课老师的，也是说给我们全体教育工作者的。

第一，政治要强。让有信仰的人讲信仰，让有理想的人讲理想。善于从政治上看问题，在大是大非面前保持政治清醒。

要坚守信仰，就要坚持“四个自信”，即中国特色社会主义的道路自信、理论自信、制度自信、文化自信。要坚守信仰，就要成为马克思主义理论的学习者。加强对马克思主义理论的学习，特别是加强对习近平新时代中国特色社会主义理论的学习，体会“真理的味道是甜的”：要坚守信仰，就要做马克思主义理论的宣传者，在我们的三尺讲台上，把党的各项方针政策及时地、全面地、完整地、准确地传递给学生；要坚守信仰，就要有较高的政治站位，有鲜明的政治立场，敢于批驳各种不利于中国社会发展进步的言论，做马克思主义理论的捍卫者；要坚守信仰，就要加强自身的理论素养，守护好风清气正的信仰的天空，播种好根正苗红的理想的种子，成为中国特色社会主义事业的护航者、学生成长进步的引路人。

第二，情怀要深。保持家国情怀，心里装着国家和民族，在党和人民的伟大实践中关注时代、关注社会，汲取养分、丰富思想。要满怀对马克思主义和中国特色社会主义理论的坚定信念和深厚感情，把爱国爱民的情怀转化为我们爱岗敬业的值守，把忠诚党的教育事业作为我们的座右铭，把“国家兴亡，我的责任”作为自己的信条，要对人民有深厚的感情，关心人民群众的疾苦。我们不仅是传道解惑授业的教书匠，更是培育禾苗茁壮成长的园丁。要把我们的教学、教书育人不只当作职业，更要当作一种事业，干出成绩来。两千多年前，孔子尚能“发愤忘食，乐以忘忧，不知老之将至云尔”“不义而富且贵，于我如浮云”。今天，我们有党中央对高等教育的高度重视，有习近平总书记对高校思想政治教育的深切关注和寄予厚望，我们有底气干事，我们有干事的氛围，思政课教师要把马克思主义理论课打造成“大学生真心喜欢终身受益的课程”。专业课老师也要把“太阳底下最光辉的职业”诠释成为立德树人的“金课程”。宋代的张载说过：“为天地立心，为生民立命，为往圣继绝学，为万世开太平”这应该成为我们的职业目标。

第三，思维要新。教师要有现代科学思维。一是要有辩证思维。就是要把马克思主义的科学世界观和方法论，即辩证唯物主义和历史唯物主义的方法学到手，贯彻到教学实践中，教育学生学会用马克思主义的立场观点和方法分析问题和解决问题，用辩证唯物主义和历史唯物主义的观点来看待社会和人生，正确认识和分析中国经济社会发展中的各种现实问题。二是要有系统思维。要用系统论的观点构建课程思政和思政课程相结合的课程体系、课堂教学体系和全方位育人体系。

充分发挥高校的思想政治教育功能。三是要有批判思维。要对违背社会主义办学方向，不利于立德树人的教育观点、思想、模式、方式进行批判。对否定中国特色社会主义道路、制度、理论、文化的思想观点，要坚决进行批判。对资产阶级对个人主义、利己主义、享乐主义、拜金主义的意识形态进行坚决的批判。不破不立，只有通过批判，才能坚定社会主义办学方向，坚定“四个自信”，才能对大学生进行正确的思想导向和价值引领。四是战略思维。明确思想政治理论课的根本任务。明确在学校开设思想政治理论课，并非中国特有的做法，西方国家同样开设了类似课程，差别在于课程的基本内容和价值取向。明确学校开设的各门课程，都有其目标、功能定位。立德树人根本任务的完成，需要各门课程发挥自身优势，形成同向同行的育人合力。五是创新思维。教师要坚持以学生为中心，不断进行教学内容设计的创新，提高教学内容的科学性和针对性，推进教学组织形式的改革创新，充分调动学生学习的自主性，激发课堂教学活力，建立以学生为学习主体的课堂组织模式，推进课程思政的教学方式方法的创新，增加课堂教学互动，采用探究式、案例式、体验式等方法开展教学，构建线上线下相结合的混合式教学，实行“互联网＋”教学，引导学生对教学内容深入探究，使学生在自主探索真理的过程中，同步实现德行修养的目的。

第四，视野要广。有知识视野、国际视野、历史视野，通过生动、深入、具体的纵横比较，把一些道理讲明白、讲清楚。要做到视野广，应该从两方面来努力：一是练内功，必须拥有丰富的知识储备功底，具有良好的马克思主义理论素养，这就是我们常说的，一碗水和一桶水的关系。在我看来，起码应该是一碗水和一缸水的问题，这就要求我们要学好经典，关注时事，具有广博的知识储备和厚重的学术能力，才能不负高校教育工作者的美誉。另一方面，要走出去。主动学习与交流，可以开阔视野，为教学和科研提供素材。

第五，自律要严、人格要正。这就要求我们思政课教师要为人师表，在各方面为他人，也为学生做出表率，要有做大师的追求、理想和抱负，我们应该成为：马克思主义理论的坚定信仰者，爱国为民的勇敢奋斗者，改革创新的积极践行者，视野开阔的理论思想者，严格自律的为人师表者，人格高尚的灵魂塑造者。

总之，处于百年未有之大变局与新时代的交汇点，我们的使命艰巨而光荣，我们的教育教学工作关系到中国特色社会主义是否后继有人，关系到中华民族伟大复兴的中国梦能否实现，关系到中国能否抵制外部压力，引领世界构建人类命运共同体，我们要坚定理想信念，不忘初心，牢记使命，增强育德意识、提高育德能力、率先垂范、开拓进取，为高校思想政治教育开辟一片新天地，为实现两个一百年奋斗目标培养一批又一批时代新人，为实现中华民族伟大复兴的中国梦而努力奋斗。

高校思想政治理论课教学“四态微改革”探析[①]

姚永明

（扬州大学马克思主义学院）

2019年3月18日，习近平总书记在学校思政课教师座谈会上强调：“思政课作用不可替代，思政课教师队伍责任重大。”2016年12月7日，习总书记在全国高校思想政治工作会议上指出：“要用好课堂教学这个主渠道，思想政治理论课要坚持在改进中加强，提升思想政治教育亲和力和针对性，满足学生成长发展需求和期待。”总书记的重要讲话不仅为新时代办好思政课注入了底气，而且给思政课改革指明了方向。从目前思政课实际开展的情况看，思政课已是一门比较成熟的课程，在铸魂育人实践中发挥了很好的作用，总体无需“大改”，仅需“微改”，只要在教师心态、教学语态、手段常态和资源场态等“四态”上做适当“微调”，就可以很好地提升思政课的亲和力和针对性，从而更好地满足学生成长发展需求和期待。

一、思政课教师要适应形势“调适心态”

从课程功能的角度讲，高校思政课是一门“观念塑造”课程，是对“中学后”学生已经初步形成的思想观念做进一步的“加工塑造”。从教学“主体间关系”来看，教师和学生是教学活动分工上的“对立体”，却是教育目标上的“共同体”和教学过程中的“成长体”。

1. 以“平等心”尊重大学生主体地位

长期以来，在教育教学中有一个误区，那就是将师生关系简单地理解为“教育者”与“被教育者”的关系，这就使得思政课被认定为“单纯的说教”，抑或是狭义的“灌输”。殊不知，教育教学是一个教师和学生“双主体”的实践，而教学的内容，即需要达成的共识才是“客体”。因此，思政课教师要怀揣一颗

---

① 本文为2019年度教育部人文社会科学研究专项任务（高校思想政治工作）项目《地方高校“三全育人”的实现路径和效度评价研究》（项目号：19JDSZ1019）的阶段性成果。

“平等心”。所谓“平等心”，首先是人格平等。教师要在人格上平等看待学生，教师要把学生看成是和自己一样，是具有独立意识的主体，有做人的尊严，不被“低视”，不受“轻视”。这就要求教师不能用高高在上的眼神看待学生，“平等的目光”可以拉近与学生的心理距离。其次是教学行为平等。就是要求教师在教学中，要用心地讲授、耐心地倾听、平等地交流，在教学过程中让学生感受到平等，感觉得到被尊重。最后是师生关系平等。就是要求教师珍视教学过程的“副产品”，即在教学过程中形成的师生情感，学生愿意和教师交朋友，教师“自觉作为学为人的表率，做让学生喜爱的人”，成为学生的良师益友。

2. 用“变化心”看待变化中的大学生

习近平总书记在全国高校思想政治工作会议上提出“因事而化”的新要求，显然，“化”的内涵十分丰富，其中一定包括“变化”。事实上，时代在变化，世界在变化，我们的教育对象肯定也在变化，因此，我们就必须用“变化的心态”来看待变化中的大学生。首先，我们要承认学生的变化。现代的大学生校园不再是与世隔绝的“象牙塔”，可能“物理围墙”依然存在，但校园与社会的信息交换之间已不再存在任何围墙，面对外面精彩世界瞬息万变，富有青春朝气的大学生怎么可能没有变化。其次，我们不能用老眼光看待大学生的变化。不错，我们可能会经常听到思想政治理论课教师抱怨，说现在的学生变了，变得越来越难对付了，经常表现不主动、不自觉、不听话，表现为“拒教”。殊不知，这是因为现在的学生获取知识的渠道多了，自主学习的能力强了，他们不再依赖课堂，不再迷信老师。其实，这也并不都是坏事。最后，我们要善于发现大学生的向好变化。现在的大学生身上有不少变化充满期待，值得引导。如现在的大学生思想越来越开放，更加乐于接受新生事物；思维越来越活跃，更加富有创新意识；动手能力越来越强，更加善于运用新技术等。

3. 持“平常心”面对思政教育成效

高考被誉为迄今为止最为公平的竞争手段。它像一把尺子把参差不齐的高中生划分为不同的等级，归入不同的大学。对于进入到同一大学的每一个学生来说，也许进校时的分数相当，但是每一个学生都是独一无二的，在他们身上有着太多的不一样，对于来自农村的学生来说，高考实现了“跳农门”，参与社会的阶层流动是他们的目标；而对于原本就是城里的孩子们来说，上大学的目的就是素质提升，为今后的发展积累资本和人脉资源。因此，我们的教育首先是一种“普遍教育”，目标是实现“总体提升”，在教育的过程中，我们不能抱着一把尺子来看待教育的效果，要遵从教学“抓两头促中间”的一般规律，用“平常心”看待教育效果的差异。不少学校提出“合格 + 个性”的培养模式值得肯定。其实在教学效果的评价上，学生考试成绩要求满足“正态分布”也是这个道理，再退一步讲，教育并不是万能的。2018 年 10 月，全国教育大会召开，教育部出台《关于加快建设高水平本科教育全面提高人才培养能力的意见》（教高〔2018〕2 号）文件，提出要“完善学生学习过程监测、评估与反馈机制”，不少学校出台取消“清考”、本科学业不合格“本转专”、实行“宽进严出”等措施，为用“平常心”看待教育教学过程提供了实践依据。

二、思政课教师要追求教学质量“优化语态”

语言不仅承载知识信息，而且传递情感意志。教高〔2018〕2 号文件提出要“推动课堂教学革命”的要求，除了要“因课制宜选择课堂教学方式方法，科学设计课程考核内容和方式，不断提高课堂教学质量”之外，笔者认为，优化课堂语态对提高教学质量也至关重要。

1. 灌输正面观点要“春风化雨”

长期以来，“灌输”被错误地贴上了“教学形式单一僵化”的标签，殊不知，“灌输”作为教学的基础环节和必要手段，不仅不能偏废，反而要花力气提高灌输的质量和效果，其中灌输的语言最为关键。语言是一门艺术，如何驾驭课堂语言，不仅是教师的能力问题，更是影响教学效果好与坏的关键。正如我们一直强调“要把好事办好”一样，思想政治理论课就是一项要把“正能量”传播好的技术工作。当代著名新闻工作者、已故清华大学新闻与传播学院院长范敬宜教授生前曾告诫广大新闻宣传工作者，“训人逻辑，常常留下的是传播教训”，他说：“只知道旗帜鲜明，不知道委婉曲折；只知道理直气壮，不懂得刚柔相济；只知道大开大阖，不知道以小见大；只知道浓墨重彩写英雄，不知道轻描淡写也能写英雄；只知道浓眉大眼是美，不知道眉清目秀也是美；只知道严加批驳是力量，不知道点到为止也是力量；只知道大雨倾盆是优势，不知道润物无声也是优势。这都是新闻宣传工作者思路单一狭窄的弊病。”因此，思想政治理论课一定要讲究语言艺术，在准确把握授课内容和逻辑的基础上，要力求语言如“春风化雨”娓娓道来，对学生产生亲和力和吸引力。

2. 交换不同意见要“和风细语”

初级的课堂是“我讲你听”式的，而高质量的课堂一定有师生互动，既要有核心观点的讨论，也应该有不同意见的交流。所谓教师，学高为师。但是在现代社会，“师不必贤于弟子，弟子不必不如师”的情况是一种普遍存在，尤其在思想政治理论课堂上，面对一些还没有形成定论的观点，师生之间可能在理解上有不同的层次，也可能有不同的角度，因此，讨论不可避免，意见不同纯属正常。作为思想政治理论课教师就不能以“居高临下”的姿态、以“理足言高”的语态和学生交换意见，一定要遵从“教学相长”的原则，把握好心态、调整好语态，心平气和、和风细雨地与学生讨论问题、交换意见，这样既尊重了学生，又不失教师的身份，使学生在心底承认并坚持“我爱真理，也爱我师”，从营造和谐的课堂氛围，收到理想的教学效果。2018 年 10 月 23 日新浪新闻《教师与迟交作业同学对话整出两篇论文，让网友沸腾了》，该新闻讲述的是华东政法大学法律学院马寅翔副教授与迟交作业的许同学之间的对话形成了两篇论文，体现了马老师“尊重学生，平等对话；践行所学，注重方法”的教学所求，就是我们所希望的正确交换意见方式之一。

3. 批评错误缺点要“严词厉语”

人非圣贤，孰能无过？说的是任何一个人都有可能犯错误。在教学活动中，学生也有可能出现各种类型的错误，如上课迟到、早退、旷课、不认真听讲、不按时按量提交作业，甚至出现考试作弊等等，如何面对和处置诸如此类的错误，不仅考量教师的课堂组织能力和责任担当，更影响学生的成长和发展。一段时间以来，特别是手机移动端盛行以来，大学的课堂出现了严重的“低头族”现象，老师在讲台上卖力讲课实际成为“自言自语”；学生完成老师布置的作业，甚至是毕业论文（设计），不少学生采用“复制 + 粘贴”的方法完成“交差”；各类考试也经常出现花样繁多的舞弊手段。笔者认为，在大力提倡“课程思政”的背景下，所有教师都必须履行挖掘课程育人功能的职责，及时指出学生在课堂上出现的错误，说明错误的性质及危害，用“严词厉语”将学生的注意力拉回到课堂里来。思政课教师更要在想方设法提高课堂质量的前提下，自觉强化责任意识，面对学生错误旗帜鲜明、敢于亮剑，还思政课堂“严肃、紧张、生动、活泼”的本来局面。

三、思政课要善用典型引领“形成常态”

习近平总书记在 2018 年全国宣传思想工作会议上强调，“必须坚持以立为本、立破并举，不断增强社会主义意识形态的凝聚力和引领力。”[1]。提高思想政治理论课质量就是体现“以立为本”，是做好意识形态工作最重要、最基础的环节。要使思政课发挥最大的引领力，就必须做到素材不止于教材，善于运用好学生身边各类可敬、可信、可学的典型。

1. 多用“可敬的”教师典型

古人常说：“滴水之恩，当涌泉相报。”这是中华民族的传统美德，不仅在任何时候我们不能丢弃，而且要继续发扬光大。所谓感恩，就是要认识和感知到别人的付出对自己带来的帮助，从而在内心升腾起回报冲动的心灵情感。每个人都应该备怀内涵丰富的感恩之心，一个懂得感恩的人，才有可能成为对社会有所贡献的人。每个大学在历史长短不一的发展过程中，一定都有各种类型的“教师典型”，他们或潜心科研，为国家的快速发展贡献青春和智慧；或用心教书育人，为培养中国特色社会主义事业的建设者和接班人呕心沥血；或勤俭生活，用自己的微薄所得默默资助生活贫困的学生等，他们可谓“春蚕到死丝方尽，蜡炬成灰泪始干”，在学校事业发展史上、在学生成长历程中竖起了一座座丰碑。在思政课的教学互动中，要善于运用教师典型来引导和培养学生的感恩之心。因为，学生离开父母生活在学校，老师是离学生最近的人，如果教师中的先进典型成为学生最亲的人，对学生的教育引导效果也一定最佳。

2. 活用“可信的”校友典型

在现代社会中，可以说每个人都是某个特定学校的校友。这里所说的“校友”是指同一个学校，已经走上工作岗位的毕业生是在校生的校友。人们常说同学之情最纯真，笔者认为校友的事迹最亲切。一个有历史的大学，无论是在教育领域的地位如何、排名如何，都为国家培养了大量的有用之才，其中不乏是各自领域的佼佼者，成为一个大学树立社会形象、赢得社会声誉的靓丽名片。在校友文化越来越受到重视的今天，一个大学的“杰出校友”也理应成为各个大学推动事业发展，特别是教育在校学生不可或缺的重要资源。思政课除了要引导学生树立正确的世界观、价值观和人生观之外，还有很多观念也是教育教学的重要目标，如“成功观”。固然，什么样的人生才算成功值得探讨，没有也不应该有固定的标准，但是，在校学生以本专业已经毕业校友为榜样是可取的。因此，思政课教师要大量收集任教专业已经毕业的“校友典型”，用他们在各自岗位上干事创业的事例来教育和启发学生，激励学生“毕业后就成了你”，能够收到理想的教学效果。

3. 善用“可学的”同学典型

在思想政治教育中，“朋辈教育”是一种相较于传统教育更为有效的方法。无论是哪一种类型的学校，大学生中都有一批在专业学习、科学研究、社会实践、创新创业、道德践行等方方面面的佼佼者，是同期在校学生学习的榜样，理应成为思想政治理论课可以直接运用的重要素材。运用“同学典型”来实施思想政治教育至少有两大优势：一是真实，由于“同学典型”就在身边，甚至就是一起上课的同窗、一起生活的室友、一起活动的队友，他们的精神面貌、行为举止、作息习惯，包括通过相处反映出来的理想追求，都可见、可知，因此也最为真实；二是可学，由于是身边的同学，在诸多基础条件上差距不大，能够获得的教育资源相同，容易形成“他行，我也能行”的心理暗示。几乎所有学校每年都进行各类奖学金的评比自不必多说，不少学校每年还进行诸如“校园先锋”“道德之星”“校园十佳”等专项评比活动，从中脱颖而出的“同学典型”是不可多得的教育素材，是思想政治理论课可以用来强化学生进取之心的宝贵资源。

四、思政课要创生资源“整合场态”

思想政治理论课既是教学活动，通过教学传授知识技能、阐释理论、解答疑惑。思想政治理论课还要成为一种文化活动，不仅要在课堂教学中学习文化、传播文化，更要在实践性教学中通过“场态整合”来创造文化，发挥文化的育人功能。

1. 要活化课堂场态，创生场域文化

传统的思想政治理论课由于授课场所固定、授课模式单一而饱受“诟病”，继而有学者提出要大力倡导思想政治理论课实践性教学，通过“活化”课堂达到丰富授课形式，实现思想政治理论课“生活化”的目标。一般的高校，尤其是综合性大学，都有档案馆、校史馆、荣誉馆、艺术馆、音乐厅、演播厅，有的还有试验田、农牧场等，这些富有生活气息和文化元素的场所，虽非传统意义上的“课堂”，但都应该成为新时代思想政治理论课的“不可多得”的课堂，学生走进这些场所，会不自觉地接受环境和场域的熏陶、浸润，收到意想不到的教育效果。如为了在全社会弘扬科学精神，推动社会主义核心价值观建设，从 2012 年起，由中国科协联合教育部、共青团中央、中国科学院和中国工程院等共同实施的“共和国的脊梁——科学大师名校宣传工程”，以邓稼先、师昌绪等著名科学家或科技界英雄为原型，创作排演了 14 部科学家主题的舞台剧，6 年来，已组织北京大学、清华大学等 13 所高校，演出 340 余场，50 余万人现场观看，不少学生表示在看完话剧后热血沸腾，深受教育。

2. 要增设仪式场态，丰富仪式文化

从本质上讲，仪式是一个国家和民族的文化表征与传承。从实践上讲，仪式是指举行典礼的程序和形式。仪式通常以宏大的场面、庄严的氛围、严肃的态度、神圣的情感来感染、熏陶参与者，并借助蕴含于仪式之中的诉求，凝聚人心，升华对仪式举办目的认同，进而促进对仪式举办单位的情感认同。仪式文化是校园文化的重要组成部分，历来得到各个学校的高度重视。高校里的仪式主要有开学典礼、毕业典礼、成人仪式、学位授予仪式、新党员入党宣誓仪式，还有重大节日的升国旗仪式，一年一度的运动会开幕式，重要人物光临学校的欢迎仪式等。思想政治理论课要有意识地将规律性举办的仪式纳入教学

内容,编入教学计划。不同仪式的主办部门要精心设计仪式,包括时间、场地、程序、出席人员、嘉宾代表、讲话领导、背景音乐等,都要用心选择、周密安排,确保仪式顺利、隆重、热烈地举行,让每一个参与者能从中得到精神激励。为什么我们那么多人到天安门广场参加升国旗仪式时能热泪盈眶不能自已,道理就在于此。

3. 要借力虚拟场态,培育网络文化

随着互联网技术的快速发展和移动互联的普及,网络已经从工具性的存在越变为生活中的基础设施,成为生活的一部分,而上网也从被人们认为是对网络的依赖发展成为人们普遍认可的一种生活方式。正是基于这样的形势,过去关于一个人每天上网多少时间比较合适?过度上网对人到底有什么危害?甚至于网络快速发展对人类利与害哪个更多一些的争论,就变得没有那么重要了。重要的是思想政治理论课如何面对现实,应对和破解网络带来的挑战。习近平总书记提出的"以立为本、立破并举"工作要求,为思想政治理论课要借力网络,发挥网络文化的育人功能指明了方向。思想政治理论课要做好"立"的功课:一是要"占领网络",即用大量正面的内容占领网络空间,丰富网络文化,方便学生的网络行为选择;二是要"活化网络",即借助先进的网络技术,让单调的知识、理论、要求活起来,吸引学生去主动点击,接受讯息。当然,思想政治理论课在利用网络时也需要"破",那就是要针对网络上出现的错误言论,旗帜鲜明地发声和亮剑,指出错误和危害,积极参与营造一个清朗的网络空间。

五、结语

习近平总书记强调指出:"青少年阶段是人生的'拔节孕穗期',最需要精心引导和栽培"。要"精心引导和栽培",就要求广大思政课教师动脑筋、想办法、勤改革,不仅要改变自己、提升自己、完善自己,更要不断丰富上好思政课的技巧和艺术,提高思政课的趣味性和吸引力,让思政课真正成为思想政治工作的主渠道和主阵地,为中国特色社会主义事业培养建设者和接班人。

参 考 文 献

[1]习近平总书记在全国宣传思想工作会议上发表重要讲话节选[J]. 新生代,2020(1)2.

基层党校教师如何用学术讲政治

斯国新

（中共杭州市委党校萧山区分校）

日前，中央党校常务副校长何毅亭指出，党校教师要用学术讲政治。这不仅是对党校教师提出的职业要求，也是党校教师应当肩负的使命担当。作为基层党校教师，面对的是基层一线的党员干部，其文化程度、理论水平不一定很高，对理论的需求更趋于操作性、指导性和针对性，所以在讲解的时候，必须要有基层的特色。换言之，就是既要上接“天线”，又要下接“地气”，既要把理论讲深讲透，又要让党员干部喜闻乐见。通俗一点讲，就是要让听众坐得住、听得懂，听了之后又能明白一些道理，增强一些信心，在工作上能派得上用场，发挥一定的作用。做到了这些，党课教育的目的就基本达到了。如果坐都坐不住、听也听不懂，又怎么来提高教学效果呢?

所以，我们基层党校教师在讲党课的时候，必须着力解决好四个问题：一是可听性，二是可懂性，三是可信性，四是可用性。而要解决好这“四个可”，就必须从学术上下功夫，也就是通过我们的钻研、打磨，从学理上找到一些方法和途径，使得党课教育变得更加深入浅出、浅显易懂，使得党员干部理解更加深刻、领会更加透彻，打心眼里觉得这一理论思想有道理、值得信赖。只有这样，才能增强党课教学的可信度和说服力，才能促使党员干部信心满满地去工作、去实施、去落实。具体而言，可以从四个方面下功夫。

一、努力“说准”，增强可听性

所谓“说准”，主要是指讲解时要做到有的放矢，力争一语中的。党课教学的性质决定，说准是前提、是要求。党课教学如果“跑偏”，那是要犯大错误的。所以，我们在教学之前，必须对有关理论思想做深入地学习，深刻领会、准确把握其基本内涵和理论精髓。对于授课者而言，当然这还不够，因为党课教学还有一个对象问题，也就是听众的需求问题。如果听众不同，需求也不同，只有照顾到不同听众的感受，才能满足不同听众的需求；只有满足了听众的需求，才能让听众打心眼里满意；也只有这样，党课教学才能收到最佳的效果。那么，怎么才能打动听众，把理论思想说到听众的心坎上去呢？简单地说，就是要把握好“三个准”:一是要搭准脉搏,做到因需施教。党校教师在讲解之前,必须要做好调查研究,了解学员在想什么？有什么样的理论需求？只有这样,才能搭准学员的脉搏,从而达到因需施教的目的。二是要找准问题,做到问题导向。在讲课之前,不仅要了解学员的需求,更要了解学员正在思考的问题,了解存在的困惑是什么？问题的症结在哪里？党校教师讲课,不能闭门造车,否则难免会放空炮。比如学员目前尚未想到或者想不清楚的问题是什么？学员想到了但普遍存在误解的问题是什么？学员想到了而且也想对了,但不知道如何分析论证的问题是什么？这些问题,在讲解之前,我们要有所知有所思。只有这样,才能做到心中有数、有备无患。三是要击准要害,做到一语中的。简单地说,就是学员最想听到的是什么？最大的兴趣点在哪里？我们必须事先知道。因为这是党课教学最要害的地方,只有找到了、击中了,这堂课的效果才会好。所以,找到党课教学的要害之处,就显得特别重要了。

二、努力“弄通”,增强可懂性

所谓“弄通”,就是要把理论原理、观点学说彻底搞清楚,做到融会贯通、简单明了。融会贯通是把各方面的知识或道理融合贯穿起来,从而得到系统透彻的理解;简单明了是把深奥的道理说得通俗易懂,让人一听就明白。要做到这两点,就必须从学术上下功夫,通过学术钻研,把复杂问题简单化、把繁杂问题条理化,比如习近平新时代中国特色社会主义思想,内容丰富,可谓博大精深,如果不从学术上下功夫,在学理上好好研究一番,是很难讲得清楚,道得明白的。如果自己没有搞清楚,就给党员干部去讲,难免把人家讲得云里雾里。所以,作为基层党校教师,必须在学术上包括学理原理、框架结构、逻辑关系等方面做深入研究,真正理清其基本内涵、基本关系、基本立场。只有这样,才能使党课教学做到可懂易懂。具体而言,可以从三方面入手:一是要弄清基本内涵。用最简洁的语言,把这一理论思想的基本内涵概括出来,让人一目了然,一听就记住了。二是要弄清基本关系。作为一个理论,它一定不是孤立的,而是与其他理论思想有着千丝万缕的联系,我们在讲解之时,必须将之梳理清楚。三是要弄清基本立场。学习理论思想,最根本的就是要学习这一理论思想中所贯穿的思想精髓,即科学的世界观和方法论,学会用马克思主义的立场观点方法认识问题、分析问题和解决问题。比如习近平新时代中国特色社会主义思想,作为马克思主义中国化的最新成果,它把马克思列宁主义、毛泽东思想和中国特色社会主义理论体系所贯穿的基本立场、基本观点、基本方法,贯穿于这一新思想之中,使之成了这一思想活的灵魂和精神实质。这是我们党课教学中需要特别强化的。

三、努力“讲透”，增强可信性

所谓“讲透”，就是把要讲的道理讲明白，让党员干部领会透彻、心里透亮。基层党校教师讲党课，不仅要讲明其学理框架与逻辑关系，而且要讲明其学习的重要性与必要性。对于基层党员干部而言，有的时候认识的问题比其他问题显得更为重要。因为思想决定行动，思想通了，一通百通；思想不通，讲得多也没用。所以，有些问题是绕不开、躲不过的，比如：为什么要提出这一思想？提出这一思想的目的是什么？有什么重要意义？这些问题必须在讲解时加以解答，如果不解答，或者说解答不到位，就会影响到党员干部的理解和领会。所以，有经验的教师一定会十分重视这个问题，往往会把这个问题作为重中之重来阐释，这样带来的教学效果也往往是比较好的。那么，有人要问，该怎么讲才最有说服力？简单地说，就是要用学术讲意义，要从学理上把意义讲透，讲出理论的高度、深度、厚度和广度，使人听了之后为之折服。一是要讲出高度。理论的高度最主要的是体现在政治性上。政治是方向，是灵魂。政治上的意义决定了这一理论的思想高度，而这种高度也反映了理论的权威性。二是要讲出深度。理论的深度最主要的是体现在对相关理论的创新和发展上，只有有了创新，理论才能焕发新的生机。三是要讲出厚度。理论的厚度最主要的是体现在对实践的指导上。任何理论都不可能脱离实践而存在，它与实践的结合程度就决定了其思想的厚度。四是要讲出广度。理论的广度最主要的是体现在它的应用范围和涉略领域上，或者说是它所产生的边际效应上。可以说，理论的外延和纵深决定了思想的广度，同时也决定了这一理论所做出的历史贡献。

四、努力“夯实”，增强可用性

所谓“夯实”，主要是指夯实理论的指导性和对实践的推动作用。马克思主义认识论告诉我们，理论来源于实践，而又作用于实践。理论的最大意义就是实践。我们党课教学的最大目的就是为了学以致用，为了将课堂内容转化为工作的动力，帮助党员干部自觉地将理论用之于实践，推动地方发展。所以，衡量一堂党课的学术成就有多高、效果有多好，最根本的一条就是，能否促成党员干部自觉地利用好理论思想这一武器，自觉地用理论思想武装头脑、指导实践、推动工作。为此，我们在教学过程中，努力夯实“三大基础”：一是要夯实党员干部的思想基础。要自觉地与党中央提出的政治要求相结合，通过党课教学，不断增强广大党员干部的“四个意识”，坚定“四个自信”，统揽“四个伟大”，为社会主义现代化建设和中华民族伟大复兴凝聚起的强大力量。二是要夯实党员干部的实践基础。要自觉地与地方经济社会发展相结合,通过党课教学,帮助党员干部比较娴熟地运用理论来解释和解决实际问题,化解生产、生活中遇到的矛盾。只有这样,理论才会发挥作用,党课教学才会变得有意义。三是要夯实党员干部的作风基础。要自觉地与个人素质修养提升相结合,通过党课教学,帮助党员干部转变思想作风,提升素质修养。正如习总书记所要求的,我们每一位党员干部都要注重学习,懂得积累,善于向人民群众学习。只有这样,人的修养修为才会提高得快。

数据驱动的大数据思想政治教育方法论①

黄欣荣

（江西财经大学马克思主义学院）

引言：一个开放的复杂巨系统

从系统科学的观点来看，思想政治教育就是一个开放的复杂巨系统[1]。在这个系统中，教育者以马克思主义和中国特色社会主义的思想观念、政治观念和伦理道德等内容为系统输入，通过思政载体对教育对象施加有效影响，以培养合格的社会主义建设者和接班人所需要的思想品德，即立德树人为系统输出的最终目标，并通过评估反馈来更加快速、精准地实现这个目标（见图1）。

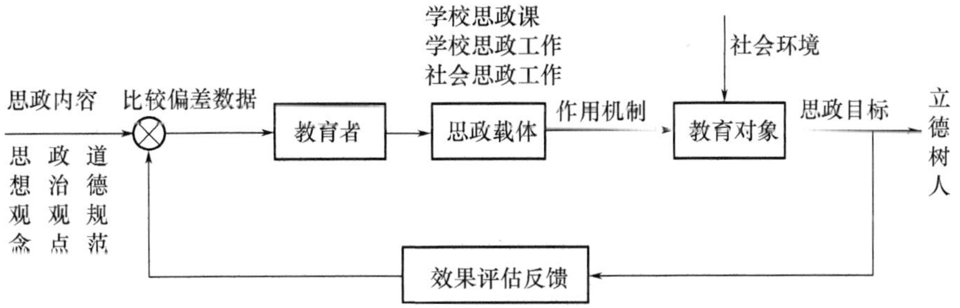

图1　思想政治教育系统结构示意图

思想政治教育系统不同于各类工程系统之类的简单系统，它是一类开放的复杂巨系统。从系统的重要构成要素来说，教育者和被教育者都是由人构成的，而人不同于机器，人类具有主体性，具有自己独立的思想、情感和行为，

① 本文为2019年国家社科基金项目“大数据时代思想政治教育方法论创新研究”（项目号：2019BKS076）的阶段性成果。

更为重要的是人们的思想行为不遵循简单的因果规律，因此具有主动、复杂、多变的特征[2]。思政教育系统中，教育者和被教育者都有思想、行为的自由，都能够自由地接受各种信息，并受外界的影响，因此它是一个与外界高度互动的开放系统。人类社会，哪怕是一向比较单纯的学校，都由众多的人群构成，相互作用，相互影响，具有复杂的人、财、物和信息的流动，因此是一个特别复杂的巨系统。

面对这样一个开放的复杂巨系统，在大数据来临之前，我们却没有很好的技术和工具来采集足够的数据来去描述、分析，从中归纳总结出系统运行规律，并通过规律对系统的未来行为进行精准的预测和把握。由于思政教育者、教育对象、思政载体、思政目标、思政内容都难于数据化，因此我们也很难获得思政效果的评估信息和反馈信息，以便更好地达到思政教育的目标。传统的思想政治教育停留在经验、猜测、思辨的层次，利用少量的数据信息进行简单的因果推测，因此思想政治教育学科一直更多地停留在政治性层面，很难实现科学性的提升，由此也难以通过改进我们的思政系统效果来更快、更好地实现我们立德树人的思政目标。

大数据时代的来临，为思想政治教育的数据化、精准化和科学化提供了先进的技术手段和科学的认知方式，带来了思想政治教育思维方式的重大变革，为思想政治教育走上科学化道路，为更加高效、精准的科学化思想政治教育奠定了重要的方法论基础[3]。在大数据的支持下，思想政治教育将从数据化开始，实现思政要素、功能、机制、内容、目标的数据化描述，通过数据挖掘发现系统的运行机制和规律，并利用历史数据和数据规律来预测思政对象的未来思想和行为，最后通过效果的数据评估反馈来调整思政内容和手段以便更加精准、有效地实现立德树人的思政目标。

一、数化万物：大数据思政科学的信息基础

英国哲学家贝克莱曾说，月亮在我们看不见的时候是不存在的，这话当然不能被大多数人所接受。但是，这个月亮在我们看不见的时候虽然存在着，但我们却无法精准地去认识它。自然科学和其他学科特别是人文社会科学的最大区别是能否用数据说话，数据化和用数据说话是区别科学与非科学的划界标准[4]。自然科学虽然在古代也曾经用经验和思辨的方法来探究，但是自文艺复兴开始，观察和实验成了科学研究的标准化手段，一切科学都要建立在可靠数据的基础上，“让数据说话”是科学界的共识。没有数据，我们对事物只能达到感性认识层次，而无法实现真正的理性认识。只有获得了足够的可靠数据，才能在数据的基础上发现规律，并使用规律来认知机制和预测未来，进而实现对事物的理性把握。由此可见，数据成了一切科学的基础。

自然科学之所以可以获得可靠的数据，是因为自然科学的研究对象是没有思想行为和主动学习的自然之物，我们对这类事物可以进行长时间的观察记录甚至将其控制在一定的条件下进行所谓的受控实验。观察和实验是自然科学获取数据的重要手段。但是，面对人文社会科学，特别是像思想政治教育这样直接面对人们思想、情感和行为的学科，是不可能像自然科学一样实现对研究对象的客观观察，更不要说将对象控制起来以便获得实验数据。像思想政治教育这类人文社会科学，在大数据时代来临之前，要获得客观、可靠、足量的数据是基本上不可能的。

大数据技术带来了数据采集的革命性变化，带来了新的数据生产方式。在大数据时代，数据可以通过智能技术实现自动采集，并通过互联网和云存储技术实现数据的自动存储、传输并聚集为大数据。大数据提出了“量化万物”的主张，在计算机、互联网、云存储、云计算、物联网、社交网络、人工智能、虚拟现实等一系列先进技术的支持下，通过新的计量手段和量化技术，将原本无法计量和量化的世界万物实现数据化[5]。我们人的思想、情感和行为，这些在过去都无法像电压、电流之类的物理量一样用数量的形式表现出来，我们只能用不精准的语言来进行大致的描述。但是，大数据技术却可以将我们的一切以数据的形式记录下来并存储于云端。例如我们曾经去过哪里，走了多少步数，跟谁交流过，交流了什么，上网登录了什么网站，阅读过什么文章，在社交网站跟谁聊过天，聊了什么话题，在商店或网上购过什么浏览或购买过什么物品，如此等等，事无巨细地全部被智能的大数据技术记录下来，成了我们每个人的数据轨迹。

通过智能技术留下的我们每个时空的历史记录，完整的描述了我们过去的一切思想、情感和行为，是我们自己的真实历史和真实数据。这些数据有完整、客观、多样的特征。所谓完整，就是记录了我们每时每刻、每个地方的一切思想行为，没有遗漏、没有空白，过去的一切能够用完整的数据链来全面再现出来，而在小数据时代，我们的大数据时候都成了历史数据的空白，自己都很难再现自己的历史。所谓客观就是这些数据真实地反映了我们的思想、情感和行为，没有被自己或他人污染，因为这些数据是通过智能技术在我们不知不觉的情况下被自动记录下来，而访谈、抽样调查之类的传统方法所收集数据的真实性却难于保证，因为收集者和被收集者都有了思想的准备，因而数据很容易被人污染。所谓多样，就是大数据技术所留下的数据是各种各样的数据，我们的一切，包括文字、音频、视频、图像、路径轨迹、心理活动等，都以数据的形式留在了数据空间中，而我们传统方法所收集的数据往往只是某一种或某一类数据，数据类型比较单一。

在大数据时代，世界的一切都以数据的形式存储于数据空间，这样在物质空间之外就有了一个与物质空间具有映射关系的数据空间。人类思想、情感和行为的大数据蕴含了我们历史轨迹的丰富细节，我们过去的轨迹几乎一切都可以在数据轨迹中找到，几乎没有空白点。这就像现在的高像素数码照片精准地刻画了我们的每一个细节一样。我们可以对高像素数码照片不断放大，照片仍然不会变形，因为足够高像素、足够多的数据足以描述我们的一切细节。大数据技术将物理世界，其中包括思想政治教育系统转变为数据的世界，在物理世界与数据世界之间通过映射建立相互的关系，这样思想政治教育中的要素、功能、结构、内容、目标等一切要素和状态都反映在数据世界之中。我们通过研究数据空间就可以认识、把握真实的思想政治教育系统。思想政治教育系统的大数据化成了认识和把握思想政治教育的信息基础，因为有了丰富的真实数据，我们就可以用这些数据来科学地全面刻画整个思政系统的整体行为，也可以精准刻画我们每个人的思想、情感和行为。

根据系统论和控制论的理论，一个系统要真正被认识和掌控，就必须能够获取系统要素、功能、状态等数据，这就是所谓的系统可观测性，即系统可以被我们用某种技术进行数据化。通过数据的分类、聚集、分析和建模，找出蕴藏其中的规律，并用规律来对系统进行输入、输出的行为控制，这就是所谓的系统可控制性，即系统可以被我们通过数据输入的调节来控制我们的系统目标。由于客观数据的缺乏，传统的思想政治教育系统缺少必要的可观性和可控性，因而难以全面刻画思政系统，难以找到蕴藏其中的规律，更难以精准地实现我们的立德树人的伟大目标。大数据技术解决了思想政治教育系统的数据采集和数据化问题，思想政治教育系统在大数据时代成了一个可观测系统。有了丰富的客观数据，我们就可以发现思想政治教育系统的运行机制和相关性规律，就能够找到思想政治教育的金钥匙，从而实现立德树人思政目标的实现，这样思政系统在大数据时代就成了一个可观测、可控制的系统。大数据时代思想政治教育系统的可观测性和可控制性的实现，也就意味着思想政治教育也进入了科学研究的行列。

二、数据挖掘：大数据思政规律的发现模式

科学的规律从哪里而来？科学知识是如何发现的？这是科学哲学的一个基本问题。科学早期完全靠经验和猜想，文艺复兴之后随着观察和实验的兴起，逐渐通过观察、实验来发现。逻辑实证主义则认为科学知识来自经验归纳，并用逻辑作为工具进行加工处理而形成理论知识。科学哲学家波普尔则认为，归纳法是不可靠的，科学知识来自人们的大胆猜想并通过观察实验来推翻或证实猜想[6]。虽然波普尔认为经验归纳方法因不可靠应该被排除出科学方法之中，但是从科学史来看，科学家们依然是通过归纳和建模来找到科学现

象各种变量之间的逻辑关系。

自然科学的经验归纳方法依赖于科学观察和实验的数据。自然世界是一个客体世界，各种现象之间又大多呈现为线性关系，因此只要采集少量数据，就能够从数据中找到变量之间的逻辑和数量关系，从而发现科学规律。思想政治教育由于是一个开放的复杂巨系统，研究对象主动、多变，教育者和被教育者存在相互作用因此呈现为非线性关系，这样少量的数据很难完整描述真实的思想政治教育系统，更难发现蕴藏其中的相互关系和规律。大数据的出现为思想政治教育规律的发现奠定了数据的基础。大数据从各个层面、各个角度刻画了思政系统各要素的状态，将这些数据关联之后就可能发现其中的关系，从而找出思政规律。

大数据智能采集的思政系统数据基本上都存储于网络云端，大部分数据都是作为其他各种活动，例如上网浏览、网上购物、网络社交所留下的所谓“数据尾气”或“数据垃圾”，学校或单位有意收集并存储的数据比起网络云端来说反而少很多。因此，数据挖掘是采集思政系统，特别是被教育者有关数据的重要渠道。在大数据时代，思想政治教育研究虽然可以直接面对学生或其他被教育者，但可能更多地要求助于网络云端，求助于与社会生活相映射的数据世界，通过数据轨迹或数据世界来寻找反映学生或其他被教育者思想、情感和行为的相关数据，因为海量的大数据全面、真实地刻画了每个人的真实思想、行为和生活状态。

思政大数据的挖掘就是试图从中发现其中的规律，并利用这些规律对思政系统进行有效调控，以便更加精准、快速地实现思政目标，可见规律在思政系统中具有举足轻重的作用。从传统的意义来说，所谓规律就是现象之间所呈现出来的因果关系，通过调节“因”就可以控制“果”。自然系统由于其简单性，变量之间往往也的确可以找到这种简单的因果关系，例如万物之间相互吸引和排斥现象仅用一个简单的牛顿万有引力定律就得到了全面的揭示。但是，在思政系统中，只有海量的数据才能刻画出这个复杂巨系统，而要发现海量数据之间因果关系就像大海捞针一样艰难。大数据技术认为，在海量的数据中只要找到数据之间的相关关系，就可以对现象进行调控，因此在思政大数据的处理中不一定要找到传统意义上的因果关系，只要通过分类、关联、聚集和聚类分析等发现其中的相关关系就具有重要意义。

思政大数据之间的关联关系算不算是规律呢？我们的传统思政因为缺少相关数据，大部分也是通过经验和思辨来寻找其中的关联关系，但是这种猜测性的关联往往普适性差，更为重要的是难以进行数据计算和预测，难以表述为某种算法。大数据时代思政系统变量之间的相关关系通过数据分析可以表述为某种算法，这种算法就可以通过计算机等设备来完成，可以通过先进的智能技术来实现数据的挖掘和计算，可以对数据做各种处理，并用智能技术发现隐藏其中的相关关系，并最后表述为算法。思政系统这种基于海量数据的挖掘、计算的科学规律发现模式就是大数据时代数据密集型科学发现模式。此外，大数据的可视化技术还可以将思政数据和规律以图像的形式显示出来，实现思政系统可视化。

在大数据时代，因果规律当然是重要的科学规律，但是更重要的可能是基于数据相关性的算法规律。对思政这一开放的复杂巨系统来说，不太可能找到类似于牛顿三定律这样的简单因果规律，应该更多地把精力用于数据挖掘和计算处理，发现其中的相关性算法规律和算法模型，从而获得思政系统的调控规律，实现精准的思政工作理论与实践，甚至实现思政系统的思政工作智能化辅助和智能自动化。

三、数据预测：大数据思政规律的科学检验

科学的形象在过去被认为是真理的化身，它应该正确无比、不可怀疑，利用科学规律就能得到正确的结论。但是，科学哲学告诉我们，科学之所以是科学，就是它的可错性，科学并不代表永远正确，相反，它恰恰是随时可能被推翻。科学的可靠性从何而来？为什么可以相信？这就是科学规律的检验为题。通过大数据所得到的思政大数据规律是一种相关性的算法规律，只是基于大数据归纳所得到的数据规律，归纳法的不可靠性并没有因为数据的海量而被彻底排除，因此也需要得到检验和确证。

科学哲学家提出了多种科学检验的方法，例如逻辑实证主义认为通过证实的方法就可以得到检验，即科学命题只要得到科学事实的支持就认为是得到了检验，该科学命题就上升为科学。波普尔的证伪主义则认为科学永远得不到完全的证实，但是科学事实可以推翻科学命题，因此他认为科学的证伪性才是科学的保证。不过无论是证实还是证伪，操作起来都比较复杂，现在一般认为一个理论要得到承认，成为科学，一方面要能够解释过去的各种现象，另一方面还要能够预测未来的各种现象。对思政理论来说，这种检验更具有可操作性，特别是大数据时代的来临为思政理论的这种检验提供了方便的数据基础。

大数据技术通过网络云端存储了人们思想、行为的海量数据，这些数据是我们每个人的数据轨迹和历史记录。思政系统的大数据相关性算法规律本身就是从这些历史上的海量数据轨迹中发现和生成的相关关系，数据挖掘技术只是将这种相关关系表述为计算机能够处理的算法模型。换句话来说，思政系统的数据规律本身就是来自过去的历史归纳和总结，因此用这样的规律来解释过去的已有现象并非难事。只不过数据规律是一般性的大数据规律，不

可能包容和解释每一个数据，只能用概率理论对过去的现象进行概率性解释[7]。

大数据专家舍恩伯格认为，大数据的精髓在于预测[5]。在过去，简单性的因果系统的预测问题容易解决，由于其线性因果关系，只要知道“因”，利用线性因果关系很快就能推导出其“果”。但是，面对思政这一开放的复杂巨系统，由于缺少简单的因果规律，其预测问题往往就显得无能为力。在没有大数据之前，我们对人类思想、行为的预测往往依靠经验猜测或理论推导，经验猜测因缺少数据的支持而带来了准确度不高的问题，而理论推导则更是没有经验数据的支持而流于形式，难以做出真正的事实预测。大数据时代的来临为这一问题的解决提供了强有力的方法工具。

大数据是如何解决精准预测问题的呢？所谓预测无非就是根据过去的历史与经验去推测未来走向。小数据时代，人们的历史要么大部分空白，要么就是完全的文字格式而难于被处理，而且模糊不准，因此思政所需要的人们思想行为就难以精准预测。但是大数据预测有如下特点：数据多、处理快、算法准。首先，从数据量来说，大数据的最大优点就是通过智能化手段自动采集和积累了海量的数据，这些数据就是历史和经验的记录。历史的经验数据越多，对未来的预测就越准确。由于人类的思想行为也具有路径依赖性，大数据所存储的海量思想行为数据为人类思想行为的预测奠定了坚实的历史经验。其次，大数据对历史数据的处理主要是靠计算机自动处理，完全是智能自动化的工作，大部分都无须人的参与，处理速度以毫秒之类的瞬间来计算，因此非常的智能快捷。最后，通过机器学习和模式识别，大数据能够利用历史数据自学习和自优化，利用数据算法可以精准地推测某个或某类人未来的思想和行为，精准到比我们自己更了解自己的未来思想行为。通过大数据预测及检验，思政系统的数据规律可以得到严格的检验，这也就是波普尔所说的假设检验或证伪性检验。

经过未来预测的证伪性检验，思政系统的数据规律就可以得到证实或被推翻，思政教育由此变成了数据归纳假设和预测检验的一门科学，我们可以将其称为计算思政科学。思政数据规律对未来的预测除了检验思政规律的科学性之外，还有其他什么意义呢？大致还有两大意义：个性思政和主动思政。

在小数据时代，由于数据不易采集、存储和处理，我们的思政研究和实践只能抓典型，或用抽样调研或典型访谈的方式来获取少量的数据，再用这少量的数据来代表大多数人的思政和行为。由于个性数据的缺乏，我们对未来思想行为的预测也只能获得平均数，而无法对某个具体人物未来思政行为进行预测。这样在进行思政理论或思政实践的过程中，我们就很难有针对性对某别学生或对象进行历史的分析和未来的把握，思政教育由此缺乏了针对性和精准性。大数据采集、存储了海量的个人思想行为数据，由过去历史数据的分析能够精准预测出某个人未来的思想和行为，这样思政工作就有了个性化和针对性，就可以制订更合适、精准的思政教育方案。

由于缺乏精准预测能力，传统的思政工作很难对未来进行精准预测，也就很难提前做好思政工作预案，因此传统思政大部分都属于被动思政。被动思政就是打无准备之仗，只有事情已经发生了，才被动应对，就像没有天气预报时期，我们只有下雨了才后悔没有带雨伞。然而，大数据思政预测让我们提前知道了思政系统未来的总体状态和每个人的思想行为走向，这样我们就可以提前做好准备工作，防患于未然，提前把隐患消灭在萌芽之中。即使无法防范，那么一旦提前知道预测结果，我们的思政工作者也可以提前做好准备工作，把事情的影响减少到最小。大数据思政预测为我们思政工作的主动性打下了坚实的科学基础，由此思政工作也可以像天气预报一样提前预报并做好应对准备，实现主动思政。

四、数据反馈：大数据思政目标的精准实现

学习、改进、优化是人类甚至包括大自然许多生物皆有的基本能力，这种能力其实就是一种自适应能力，能够根据目标或环境的变化来改变自己，以便能够更加高效地达到目标或适应环境。达尔文将这种能力称为适应进化能力，并用“适者生存”来做了最好的概括。其实从本质上来讲这种能力无非就是一种就是一种试错能力，植物和动物都是通过试错来实现学习、进化，而人类更是使用试错法来让自己变得越来越聪明，例如神农尝百草就是这种试错法的典型应用。用科学的术语和理论来说，这种试错法其实就是控制论所说的负反馈控制，系统通过负反馈可以不断逼近目标，从而最终实现系统预先设定的目标或环境目标。

作为开放的复杂巨系统的思政系统，也有自己的伟大目标，即立德树人，为社会主义培养思想行为都合格的建设者和接班人。为了实现这个目标，我们对受教育者进行马克思主义理论、中国特色社会主义思想、思想道德修养和法律法规的教育。为了更好地实现目标，我们要建立起从立德树人这一目标状态到思政内容这一系统输入之间的负反馈机制。没有负反馈机制就像我们开车没有前车窗和仪表板，根本不知道自己车开到了哪里，是否朝目标越来越近。这种负反馈机制是建立在思政系统的数据化基础上，这种数据就像车辆的仪表板，可以全面反映出思政系统的各种状态。不过，传统思政由于难以获得客观、可靠的足量数据，因此这种负反馈机制就很难建立起来。传统思政在负反馈问题上有三大局限：一是负反馈数据量太少，很难精准反映状态信息；二是数据不一定真实可靠，我们采集的数据往往是失真的数据；三是不及时，

没有在线数据的采集和处理机制,因此状态数据得不到及时的更新而造成系统的不稳定或不精准。有时候由于数据的缺乏,传统思政系统甚至变成了没有负反馈机制的开环控制系统,我们根本不知道思政系统及其思政对象的具体信息。由于存在这三大局限,传统思政系统改进速度慢,难于快速实现立德树人的思政目标。

大数据时代的来临,为思政系统负反馈机制的建立提供了坚实的技术基础,带来了量大、真实、在线的负反馈数据信息[7]。首先,系统状态数据量大:大数据用智能、自动的技术手段对万物的数据化能够及时采集到足够量的思政系统特别是被教育者思想行为的状态数据,这源源不断自动采集或生成的数据全面、精准地刻画了思政系统的状态信息。其次,状态数据真实、客观:由于大数据时代的思政系统数据是智能技术自动采集的数据,没有受到数据采集者污染,也没有受到被采集者的影响,客观地反映了思政系统的真实状态,因此系统调控不会被错误信息所误导。最后,大数据时代所使用的数据采集技术是先进的智能自动采集技术,采集速度快,处理速度快,基本上都处于在线状态,思政系统的任何变化都能够通过负反馈系统及时地反映出来,并及时采取应对措施进行调控,例如发现某人情绪低落,马上就采取心理安抚和激励工作,以防止发生更大的意外。

系统的反馈分为正反馈和负反馈两种。正反馈会将目标和实际的偏差放大,通过反复迭代,系统将离预设目标越来越大,而且最终导致系统的不稳定甚至崩溃。负反馈则能够将目标和实际的偏差缩小,通过反复的迭代过程,系统将离预设目标越来越近,最终逼近预设目标,而且系统也将走向稳定。大数据思政系统由于有了在线的负反馈机制,我们就可以在负反馈信息的引导下不断改进输入的思政内容,改善系统的结构、功能和调节机制,特别是思政载体的变革,让思政系统变成一个能够不断学习、进化的自适应系统。这样,思政系统将越来越逼近预定的立德树人的伟大目标。

大数据思政系统在线负反馈机制的建立等于给思政系统按上了感知思政状态的显微镜和望远镜,让思政系统能够技术感知到思政系统的微观细节,也能观察思政系统的未来走向。有了大数据及其负反馈数据,我们做思政工作就更了解思政系统的实时状态,更具有目标。这样,在大数据的帮助下,开放的复杂思政巨系统就变成了一个以目标导向的复杂适应系统,而且最终能够精准地实现立德树人的思政目标,从而彻底克服思政工作的盲目性。

结语:走向计算思政科学

在大数据时代,思政教育系统数据采集和处理可以实现智能化和自动化,因此解决了思政数据采集的困难及其客观性问题。有了思政大数据,思政教育研究就可以像其他自然科学一样用数据来描述和分析研究对象,整个思政系统就变成了一个可分析、可计算的数据信息系统。数据挖掘与计算可以发掘出蕴藏在海量思政数据中的相关性规律,并可能变成思政算法,由此思政规律有了自己的表达方式。有了思政大数据及其数据规律,那么我们就可以科学解释思政系统的过去现象,更可以精准预测其未来走向,这样思政工作就摆脱了打无准备之仗的尴尬,一切都在掌握之中。思政大数据带来更大的变革是思政在线负反馈系统的建立,有了在线的思政状态负反馈信息,思政系统就可以精准地朝着立德树人的思政目标逐渐逼近,最终达到我们的理想状态。由此,思政教育也将“用数据说话”,思政学科将从过去的基于经验的规范科学走向基于数据的实证科学,思政学科将走向计算思政科学时代。

参 考 文 献

[1]顾基发. 钱学森对中国系统科学的贡献[J]. 西安交通大学学报(社会科学版),2019,39(6):1 –5.

[2]陈万柏,张耀灿. 思想政治教育学原理[M]. 3 版. 北京:高等教育出版社,2015.

[3]黄欣荣. 大数据对思想政治教育方法论的变革[J]. 江西财经大学学报,2015(3)94 –101.

[4]黄欣荣. 大数据、数据化与科学划界[J]. 自然辩证法通讯,2018,40(5):118 –123.

[5]舍恩伯格,周涛. 大数据时代:生活、工作与思维的大变革[J]. 人力资源管理,2013(3)174.

[6]李建会,李亚明. 科学哲学读本[M]. 北京:金城出版社,2014.

[7]舍恩伯格,库克耶. 与大数据同行 学习和教育的未来[M]. 上海:华东师范大学出版社,2015.

基于易班平台的高校思想政治理论课翻转课堂教学实践与研究

董晓绒

（广西教育学院思政部）

新媒体技术的广泛应用使传统思想政治理论课教学面临前所未有的挑战。新媒体环境下的高校思想政治理论课教学改革，应贯彻“以生为本”的教育教学理念，积极探讨教学内容与学生兴趣的结合、教学的重点由“教”向“学”转化、发挥学生主体性作用等问题。本文以“思想道德修养与法律基础”课程为例，通过利用“易班”这一新媒体平台，推进现代信息技术与传统教学方式的有机融合，开展基于易班平台的思想政治理论课翻转课堂教学改革与实践。

一、基于易班平台的高校思想政治理论课翻转课堂教学的主要依据

（一）理论依据

思想政治理论课是落实立德树人根本任务的关键课程。习近平总书记在学校思想政治理论课座谈会上明确提出，教师要创新课堂教学方法。其中，离不开教师的主导性以及发挥学生的主体性，做到坚持主导性和主体性相统一。《教育部关于印发＜新时代高校思想政治理论课教学工作基本要求＞的通知》（教社科〔2018〕2号）文件也明确提出：“课堂教学方法创新要坚持以学生为主体，以教师为主导，加强生师互动，注重调动学生积极性主动性”“推动传统教学方式与现代信息技术有机融合”等要求。因此，积极探讨新媒体时代背景之下，利用现代信息技术，开展思想政治理论课教学是贯彻立德树人根本任务的重要环节，是培养时代新人重任的必然要求。

易班平台作为师生、生生互动的平台，在我国高校已经普遍推广使用，是我国高校中开展大学生思想政治教育主要的平台的之一。易班平台的全覆盖为高校思想政治理论课教学改革提供了契机，通过对易班平台的进一步开发

与利用，让其服务于思想政治理论课教学改革，能够丰富教学内容、增强师生互动、提高教师教学能力，从而提升教学效果。这既符合当前新媒体时代教学改革的需要，又符合新时代大学生学习生活特点。起源于美国的“翻转课堂”是在信息技术快速发展的背景下，任课教师以教学视频的形式为学生提供学习资源，由学生在课前通过视频学习相关知识，并在课堂上对作业进行解答和协作探究。通过翻转课堂的教学模式，可以激发师生间“教”与“学”的互动性，调动学生的参与性。近些年，翻转课堂教学模式在高校思想政治理论课教学过程中也得到了很好地应用和发展。而翻转课堂教学的过程需要依托一个新媒体平台来完成上述教学过程的载体任务。易班平台的思想政治教育功能为翻转课堂教学的开展提供了可能。

（二）现实依据

从互联网的发展来看，新时代的大学生是中国互联网络发展的“原住民”，据第 43 次《中国互联网络发展状况统计报告》显示，截至 2018 年 12 月，我国网民规模已达 8.29 亿，手机网民规模 8.17 亿，我国网民以中青年群体为主，其中 10～39 岁群体占整体网民的 67.8%，学生群体最多，占比达 25.4%。以上数据足以说明，随着互联网技术的发展，手机性能的提升，使得我们所面临的教育对象具有了与传统教育对象显而易见地区别，当前的大学生群体与新媒体的环境息息相关。如何利用好互联网技术的发展，做到信息技术与教育教学有机融合显得尤为重要。从教师的角度来看，新媒体时代的思想政治理论课教师不能只局限于传统的教育教学方式，要有勇于进行教育教学改革创新的勇气和责任担当。主动回应时代发展和国家人才培养的需要，研究教育教学对象的新特点，把目光转向新媒体时代的思想政治理论课教学，引入翻转课堂教学等新教学模式，守正创新，做学生喜欢的思想政治理论课教师。从学生的角度来看，思想政治理论课的政治性比较强，学生喜欢教师用他们喜闻乐见的方式，把理论性的课程讲得更加接地气，让自己有更多的参与机会。从思想政治理论课自身来看，面对当前错综复杂的社会思潮和海量的网络信息，思想政治理论课可以帮助学生正确认知社会、了解党史国情、认清世界发展局势。这也充分体现了思想政治理论课是落实立德树人根本任务的关键课程的性质。从易班平台的建设发展来看，经过多年的实践应用，已经发展成为大型新媒体平台，在我国高校具有全员覆盖的最大优势，是开展思想政治教育教学的重要载体，而且同时开发了网页版和手机 APP 版，依托其开展思想政治理论课翻转教学具有成熟条件。

因此，基于易班平台的思想政治理论课翻转课堂教学模式就是在上述理论与现实条件成熟的基础上构建的。该模式主要是以易班这一新媒体为教学平台，按照教育教学规律，坚持以教师主导性和学生主体性相结合，通过课前、课中、课后三个步骤，线上线下两个环节，自学微课 + 小组任务 + 课堂分享一条线，实施全员全过程全覆盖的思想政治理论课翻转课堂教学改革。

二、基于易班平台的高校思想政治理论课翻转课堂教学的基本思路与实践过程

（一）基本思路

结合教学规律和新媒体时代大学生的学习特点，构建了以下教学模式，具体思路如图1。

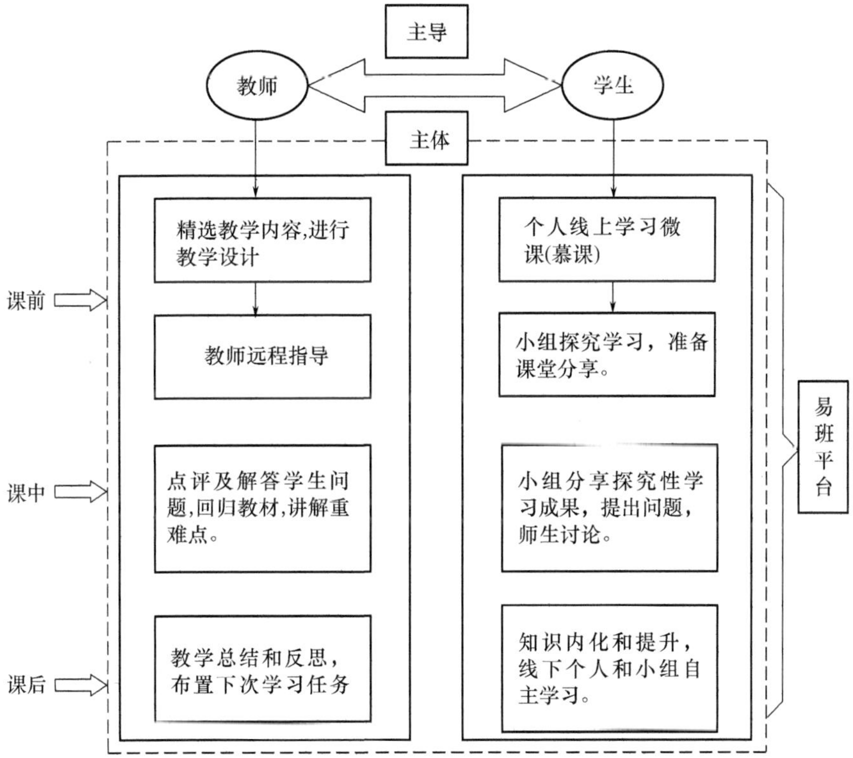

图1　基于易班平台的思想政治理论课翻转课堂教学模式

价值主导：坚持发挥教师的主导性和学生的主体性，依托易班这一新媒体平台，开展贯穿全过程全员全覆盖的教学活动。教师不再是“满堂灌”的形象，而发挥起积极的引导作用，而学生从个人到团队获得更多的参与感，充分发挥

了主体参与性。同时,对教师和学生提出更高的教学和学习要求。

课前:教师需要根据章节内容,精心进行教学内容的设计,把握好整个教学思路和教学环节。学生自主学习以及完成小组探究式学习,结合线上课程、学习资料等,完成小组任务,并做好课堂分享准备工作。这一过程,教师可以通过易班 APP 上的聊天与学生进行远程指导。

课中:教师主要搜集整理学生的问题,针对学生提出的困惑点并结合教材的重难点,回归课堂,回归教材,发挥教师的主导作用,答疑解惑。学生汇报分享小组探究学习成果。注意这一环节可以是针对课前线下任务的汇报,也可以是根据课堂上教师抛出问题的线上讨论,充分利用课群里的话题板块进行线上的互动。

课后:教师布置下次任务,并进行教学反思和总结。学生对本次学习进行提升和内化,并进入到新一轮的翻转教学。

（二）实践过程

高校《思想道德修养与法律基础》课（以下简称《基础》课）承担着对大学生进行思想道德教育与法律基础知识教育的重要任务,对于帮助大学生形成正确的人生观、价值观、世界观具有重要的意义,是思想政治理论课中的基础课程,最为贴近学生的思想、学习和生活。本文以《基础》课为例,对基于易班平台的思想政治理论课翻转课堂教学模式进行了实践。

从 2017 年 9 月开始至今,课程团队进行了为期 3 个学期的课程教学,共有 5 位教师开展教学实践。参与的学生总共覆盖了 654 名本科生以及 43 名专科生。每位任课教师在第一次上课对授课班级进行分组,约 5 ~ 8 人一组,每组指定组长一人,协调小组任务的完成。教学团队通过集体备课的方式,按照教学大纲对各章节的重难点进行梳理以及微课知识点的提炼。微课的开发和制作需要以团队的力量进行,通常包括教师录制、学生录制或者师生共同录制三种模式。也可以选择国家精品课程建设的相关优秀慕课。通过易班的课群板块把这些微课推送给学生。比如我们课程团队共录制了 8 节教师个人微课,选出学生制作录制的微课 12 节,整体上形成了完备的基础课知识体系。如在第一章人生青春之问中,我们设计的微课知识点主要是围绕何谓人生观、人生观辨析、如何成就出彩人生等三个方面来进行设计,分别采用了教师主讲、师生互动、学生演绎三个形式来展示微课知识点。这些工作是需要集中力量在上学期末或新学期开学前完成。一般情况下,录制一次可以重复使用,但是也可以根据新情况进行适当的内容微调及重新录制。

下面我以第二章第一节的相关内容为例来说明整个翻转课堂教学的实践过程。第二章的主要内容是引导学生如何树立科学的理想信念,追求远大理想,为实现中国梦注入青年力量。而第一节主要是帮助学生认识理想信念的内涵及重要性。围绕这一内容,课前步骤:请学生登录易班平台的“课程课群”板块,学习什么是理想信念的相关微课,并观看“学习资料”板块提供的关于袁隆平、黄大年等知名人物关于理想重要性的视频,这些主要是学生的线上任务。线下任务主要是围绕线上的学习,进行理论思考和行动实践。学生个人可以在“课群话题”板块结合自己的人生理想发表关于观看视频资料的感受。小组则开展“大学生理想信念校园调查”等探究性学习活动,并对活动情况进行总结,形成成果汇报。而教师在这一过程可以通过远程指导以及在“课群话题”板块与学生进行互动。课中步骤:学生以小组为单位进行探究性学习成果分享汇报,教师对学生的汇报情况进行分析点评,并利用好“课群话题”的互动版块互动功能,提炼一些学生比较有普遍性的问题及时地解答疑惑,比如学生对“理想与信念的逻辑关系”这类问题具有一定的困惑性。“理想信念是精神之钙”主要是讲理想信念的重要性,回答这一问题,要注重结合典型的案例、当前发生的时事等学生感兴趣的话题来进行解答,如果确实缺失理想信念会如何?有了坚定的理想信念又会如何?注意做到回归教材、回归课堂,发挥教师的主导作用。课后步骤:教师结合新的教学内容布置新的任务。教师还要进行教学反思和总结,及时发现此次教学过程中的问题。

三、基于易班平台的高校思想政治理论课翻转课堂教学的教学反思

(一)基于易班平台的高校思想政治理论课翻转课堂教学成效及优势

基于易班平台的高校思想政治理论课翻转课堂教学自实施以来,借助新媒体技术发展,使易班和翻转课堂教学模式得到了有机融合,让思想政治理论课有了鲜活的载体,对推进思想政治理论课教育教学改革提供了有益借鉴和参考。主要存在几个方面的优势:一是提升了思想政治理论课的整体教学质量。现代思想政治理论课教学要依托信息技术的优势,发挥其服务教学的功能,才能不断提升思想政治理论课的教学质量。易班平台是很好的新媒体技术平台,具有全员覆盖、功能齐全且主要是服务思想政治教育工作的专题性平台,具有服务思想政治理论课教学得天独厚的优势。翻转课堂教学模式也是依托现代信息技术发展对传统教学模式进行革新的新的教学模式。二者有效结合,对高校思想政治理论课而言具有很大的推动作用,是现代信息技术与传统教学的有效融合。通过教学实践,使得我们的思想政治理论课更加接近学生、主动融入学生,让教师和学生更加有效地进行教学互动,改变了以往思想

政治理论课“满堂灌”的形象，让思想政治理论课更加接地气，极大地提升了思想政治理论课的教学质量。二是提升了教师的教学水平与科研水平。思想政治理论课是立德树人的关键课程，通过教学模式的创新和推进，教师潜心研究教育教学的规律，不断改变教育教学的手段，开展教育教学创新实践。我所在的教学团队，教师通过对该教学模式的思考、实践、反思，成功孵化出 4 项新的教学改革项目，撰写教学改革论文 5 篇，开发录制微课 20 节，制作课程配套课件 1 套，完成练习课后练习题目 6 套，设计翻转教学过程 10 个，获得省级教学比赛一等奖 1 项，二等奖 2 项，三等奖 3 项，校级教学比赛各等次奖项 4 项。总体上来说，对教师个人教学能力、科研能力有着促进和提高。三是增加了学生对思想政治理论课的获得感。基于易班平台的高校思想政治理论课翻转课堂教学最大地优势就是充分发挥了学生的主体参与性，让学生从被动的学转化为了主动地学，让学生全员覆盖式的参与教学的全过程。学生有了更多的话语权和主动性后，积极性和关注度都随之增加，能够更加全身心地投入到学习之中，也使得思想政治理论课在学生心目中从“枯燥无味”的形象转变为“有滋有味、有情有义、有棱有角”，变得有高度又有温度。从而也就发挥了思想政治理论课的应有之义，让学生有更多的参与感、获得感。从学生的出勤率、抬头率、成绩、学生的精神风貌等均可以验证这一成效。

（二）基于易班平台的高校思想政治理论课翻转课堂教学存在的问题及改进策略

通过一年半的教学实践，我们发现，基于易班平台的高校思想政治理论课翻转课堂教学也给我们带来几个问题。一是对教师而言，教学的时间、精力、能力来说都有极大的挑战。比如教师需要花费更多的时间和精力去指导学生开展探究式学习、与学生进行网络互动等，还要有扎实的专业知识才能应对学生提出的问题，否则难以发挥其主导作用，有变成旁观者的危险。针对这一问题，教师首先要对不断提升自己的专业知识，只有具备了深厚的理论基础，才能应对和解答学生提出的问题。教师还要学会合理安排工作和业余时间。科学有效地管理时间也是现代教育教学者应当具备的基础能力。教师也要不断提升自己的媒介素养，学会利用新媒体高效便捷地开展教学，使之和教学更好地进行融合。二是对教学过程的评价问题。主要表现在对教学过程的监控，比如学生完成线下任务时，如何客观公正地评价每一个学生的表现，这就为教学过程的监控提出了盲点和难点。针对这一问题，可以采取小组任务列表，让每个组员清楚自己的任务，而且组员之间要互相监督，形成学生之间互相监督的评价机制。还要发挥组长的协调指挥作用。三是对新媒体平台的过度依赖。尽管翻转课堂、易班平台等对提高教学质量，促进教学效果有极大的优势，如果一味地依赖于新媒体平台，而丢失了思想政治理论课的人文情怀，就会偏离思想政治理论课的初衷。针对这一问题，我们要知道思想政治理论课是充满了人文情怀的课程，教师的主导作用和学生的主体作用依靠的是师生之间的良性互动，依靠的是思维的碰撞，依靠的是情感的撞击，如果完全依赖平台，缺少人文交流和关怀也不能让思想政治理论课真正地深入人心。所以除了包装新颖，工艺精湛，更多的还是需要充满人情味。这样才能让思想政治理论课成为立德树人、培根铸魂的重要课程，帮助青年大学生扣好人生的第一粒扣子。四是就易班平台而言，实时互动功能有待进一步完善。比如年轻人喜欢的弹幕形式就是一个很好的互动方式，但易班平台还没有这样的功能。

基于易班平台的高校思想政治理论课翻转课堂教学还是开始探索的阶段，作为新鲜事物的尝试，难免会有些困境和挫折，只有对这一模式不断实践和应用，不断反思和总结，才能建立起符合当前思想政治理论课教学改革要求的新教学模式。

参考文献

[1]曾令辉，石丽琴. 新媒体环境下高校思想政治理论课"三三制"教学模式构建与实施[J]. 思想理论教育导刊，2018(11)117－122.

新时代“大思政”格局下思想政治教育改革与实践

蔡志荣

（湖北第二师范学院马克思主义学院）

一、新时代思想政治教育“大思政”格局形成

1. 思想政治教育“大思政”格局建立

习近平总书记强调：“做好高校思想政治工作，要用好课堂教学这个主渠道，思想政治理论课要坚持在改进中加强……其他各门课都要守好一段渠、种好责任田，使各类课程与思想政治理论课同向同行，形成协同效应”。突出强调思想政治工作要用“大思政”理念的引领，围绕立德树人这一根本任务，大力加强大学生思想政治教育。要把思想政治工作贯穿教育教学全过程，建设三全育人格局，要用好课堂教学这个主渠道，思想政治理论课要坚持在改进中加强，提升思想政治教育亲和力和针对性，其他各门课要守好一段渠，种好责任田，使各类课程与思想政治理论课同向同行，形成协同效应。2019 年 8 月 14 日，中共中央办公厅、国务院办公厅印发了《关于深化新时代学校思想政治理论课改革创新的若干意见》指出“教育是国之大计、党之大计，承担着立德树人的根本任务。思政课是落实立德树人根本任务的关键课程，发挥着不可替代的作用。”给予新时代学校思想政治理论课改革创新详细全面的指导，极大鼓舞思政教育工作者改革创新，也倍感使命重要。新时代高校思想政治教育必须围绕立德树人这一根本任务，树立大思政教育理念，积极构建大思政工作格局和视野，形成大思政的合力、凝聚力，实现全员育人、全程育人、全方位育人。

2. 高校思想政治理论课的育人使命要求

高校思想政治理论课的育人使命是什么？对于这个问题，习近平总书记在全国高校思想政治会议明确指出：高校思想政治工作关系高校培养什么样的人、如何培养人以及为谁培养人这个根本问题。中华特色社会主义事业的

指导思想是马克思主义，是立党立国之本，关系到社会主义事业的发展和中华民族伟大复兴。高校思想政治理论课承担着马克思主义理论教育、巩固马克思主义主流阵地和贯彻党的教育方针等任务，高校思政课对大学生进行主流意识形态教育的主要渠道和阵地，是服务社会主义、服务人民和党的中心工作。思政课马克思主义基本理论，接受马克思主义思想中帮助大学生树立正确“三观”，以社会主义核心价值观引领大学生健康成长，从而实现为社会主义事业培养合格建设者和可靠接班人这个根本目标。思想政治理论课的育人使命与立德树人的教育目标是完全一致的。思政课要对学生培育社会主义核心价值观，培养与践行社会主义核心价值观融入教书育人全过程。要对学生强化思想引领，道德教育贯穿思政课教学全过程。

3. 全国思想政治教育“大思政”格局发展迅速

全国各高校积极响应，上海大学“大国方略”“时代音画”等系列思政课，天津高校思政课名师工作室“李朝阳工作室”等，构建协同育人大思政格局。2017 年湖北省高校工委创新提出“五个思政”，打通育人“最后一公里”，是落实“三全育人”理念的湖北品牌，获得教育部等国家部委充分肯定。华中科大思政选修课“深度中国”，武汉大学“六院士同上一门课”，湖北经济学院的“网红思政课——当代中国”等，是“五个思政”推进综合改革示范点。2018 年省委高校工委、省教育厅印发《“五个思政”改革示范点实施方案》，进一步深入推进“五个思政”改革创新。武汉大学、华中科技大学等 5 所高校为综合改革示范点，中国地质大学、三峡大学等 10 所高校为单项改革示范点，围绕“五个思政”中的进一步拓展深化。新时代改革创新高校思想政治教育，引导大学生成长成才，构建“大思政”育人格局是适应时代发展潮流的必然。新时代用习近平中国特色社会主义思想铸魂育人，贯彻党的教育方针落实立德树人根本任务，推进思政课建设指明了前进方向、提供了重要遵循。

二、新时代思想政治教育“大思政”内涵和原则

1. 新时代思想政治教育“大思政”内涵

“大思政”不仅仅指思政理论课程，而且包含大思政课程体系和大思政工作体系两个方面，思政课程与日常大学生思想政治教育工作两方面相互配合，相辅相成。“大思政”教育理念是高校思政课的主要核心体现，同时，把大学生生活和学习中的思想政治教育与思想政治课教学相结合，将学习理论融入实践活动中，“大思政”教育理念更为广阔，包含有三大部分，即校内课堂、校外实践、校内实践，通过这三个层次教育模式层层推进，充分发挥学生的主体作用，

促进学生主观能动性，从而学生在体验中、情景中感悟，形成正确“三观”。构成大思政教育理念的思政课教学体系，实现理论教学与实践教学共同发展。新时代“大思政”是指运用系统论的观点，把学校教育的诸多要素进行有机整合，构建全员、全过程、全方位育人的大学生思政教育理念，实现高校思想政治教育立德树人核心目标。

2. 新时代思想政治教育“大思政”优势

怎样才能建立大思政格局，要结合大思政教育理念的规律和特点，才能制订可操作性的教育模式和体系。主要有以下几点：第一，以实践性为特点的教育模式。“大思政”教育理念要求将校内课堂、校外实践、校内实践三者相结合，也就是将理论与实践相结合，通过课堂中的“学”，与课堂外的“做”“看”“听”等，切实将知识点有针对性地传递给学生，使学生充分将理论知识应用于实践当中。“大思政”教育理念还强调要将社会、学校、学生三位一体结合起来，让学生不仅能看到校园中的“知识”，还要能够看到社会上的“时政”，既关注课堂教学，又要重视课外实践，只有这样才能充分激发学生的学习兴趣，学生才能真学、真信、真懂；第二，以开放性为抓手的教育方式方法。如今随着时代的进步，95 后与 00 后学生自我意识愈加强烈，过去被动接受教学，教师进行“满堂灌”的教学时代已经一去不复返，特别是对于高校思政课教学来说，如果拘泥于传统教学形式，丰富多彩，生动形象；第三，以延伸性为亮点的教育过程。“大思政”教育理念不仅仅指学生在校期间，也不仅仅指在校园内，而是无限延伸的，校内校外，网上网下，思政课和专业课，品德修养和专业素质，等等。对于学生从入学到毕业的整个大学生涯，都坚持采用以人为本、德育为先的教育原则。大思政又是与学生生活息息相关的学科，学生言谈举止，礼仪规范等。在教学中既要重视学生的理论知识，同时也要注意学生的个人素养，从而避免将素质教育流于形式。

3. 新时代思想政治教育“大思政”原则

大思政教育理念要遵循的原则：其一。以学生为中心，就是以人为本，尊重人的发展的人本思想。重视学生成才、成长的需求，引导学生形成正确的思想观念和培养积极向上的价值观，让学生真正体会到思想政治教育有利于个体综合素质的提高，有益于自身能力提升。其二育人为本，德育优先的理念，其三全员育人、全过程育人、全方位育人的工作方法。育人为本，德育优秀，高校思政教育要以人为重心，突出人的发展，发掘学生个体能动性和潜力，完善其独立健全的主体性人格，注重学生个性、尊杨、情感等方面满足，尊重学生、关心学生、以生为本，才能实现大学生全面、健康发展的教育目标。

三、新时代思想政治教育"大思政"格局下教学改革探索

1. 思政课"四位一体"改革模式探索

以学科建设为依托,以科学研究为支撑,以问题为导向进行专题化改革,辅之以网络教学、实践教学,"专题讲授+网络辅助+实践体验+过程评价"四位一体改革创新模式,形成课堂专题教学为中心,网络学习为必要补充,实践体验式感悟,过程考核评价为特色的新模式。首先,科学设计专题库,以问题为导向,对教学内容进行有效整合与优化,针对思政教学内容中的重点、难点问题、社会热点问题及学生的实际情况和学习需求,有针对性地设计专题,提升教学的理论深度、知识广度和现实关注度。其次,网络资源平台建设。实现课堂外优质资源对课堂教学的重要补充,将教学的课件、重点、难点指导等基本教学资源和与专题式教学、考试题库、实践调研选题等方面,但囿于课时限制而无法纳入课堂教学的各种资源,便捷地向学生开放和共享,为学生自主学习提供便捷条件。对课后作业、课外阅读资料、视频资料等拓展资源进行建设,并安排专职教师和课程助教负责管理上网课程和互动学习社区。再次,开展形式多样的实践体验式学习活动。探索课内实践、校内实践、校外实践的多种实践教学形式,学生走出课堂,参观历史遗迹、爱国主义教育基地,进行乡土人情、历史沿革等调查活动,在实践中提升学生感悟历史,尊重人民的素养,养成一种家国情怀。采用专题教学与实践教学进行研究性学习有机结合的一种教学模式。最后,建设过程考核评价体系。借助课堂派智能助教系统,科学合理设置各类考核指标,结合学生日常学习、积极参与教学的各个互动环节。学生在课堂派参与活动,留下痕迹等,教学考勤、随堂表现记录、班级管理、作业在线批改、成绩汇总分析、课件分享、在线讨论等应用过程性考核提供的新手段。"四位一体"改革创新模式,教、学、感、评联动同步结合。"专题教学+网络辅助+实践体验+过程评价"形成课堂专题教学为中心,网络学习为必要补充,实践体验式感悟,过程考核为特色的新模式,强调学生获得感、体验感和认同感。

2. 课程思政与思政课程结合

高校思政课程覆盖所有专业,面向所有学生,对于引导学生坚定中国特色社会主义道路自信、理论自信、制度自信、文化自信,对于引导学生成长成才,发挥着思想和价值引领的重要作用。虽然高校思政课程覆盖所有专业,面向所有学生,对于引导学生坚定中国特色社会主义道路自信、理论自信、制度自信、文化自信,对于引导学生成长成才,发挥着思想和价值引领的重要作用,在

立德树人过程中具有独特优势，但是高校立德树人，并非仅仅是思政课程的任务，也不仅仅是思政课教师的任务。思政课程教育教学只是高校整体教育教学的一部分，并不能包揽所有立德树人的工作。高校每门课程都具有育德育才的功能，每位教师都应承担立德树人的职责。因而，所有课程都要上出"思政味"，所有任课教师都需挑起"思政担"，以探索构建全员、全课程的大思政教育体系，实现思政课程向课程思政转变。推动思政课程与课程思政相结合，要仔细梳理各专业课程的"思政元素"，在专业学科知识体系中找出与德育、爱国主义教育等相关，例如讲授音乐史，国歌演奏历史演进，就是很好的爱国主义教育内。将专业课程中思政、德育思想深入挖掘，用多种方式展现，学生在接受专业知识教育也接受社会主义核心价值观的培育，将知识教育同价值观教育结合起来，使各类课程与思政理论类课程同向同行，形成协同效应，构建全课程育人的格局。要特别强调的是，广大教师在教学过程中要善挖掘、巧引导、重身教、常沟通，把社会主义核心价值观融入教科研全过程，在专业学科知识体系中寻找与德育知识体系的"触点"，顺其自然，而不是牵强附会、生搬硬套，用学生喜闻乐见的方式开展德育，用真才实学和人格魅力启发学生、引导学生。

3. 构建学生为主体的实践思政课

传统的理论思政课程以"教师为中心、教材为中心、以课堂为中心"，不利于发挥学生的主动性和创造力，不利于调动学生学习积极性和主动性。建构以学生为主体的实践思政，重建"以学生为中心，以活动为中心，以情境为中心"新三中心说，教师不再是课堂的主导者，而是变为引导者，通过设计实践教学环节，引导学生主动学习和思考，也能与学生建立良好的互动和谐的师生关系。教师要积极转变教学观念和思维方式，引导学生主动参与到实践活动中来，锻炼学生自主学习能力和意识。通过与学生交谈、访谈、问卷调查等方式，了解学生的现状和爱好，开展形式多样的实践思政课：1. 开展各种丰富的竞赛活动，如结合重大历史事件，周年纪念活动等开展党史知识竞赛、建国 70 周年知识竞赛、改革开放 40 周年竞赛活动等，还可以开展主题教育演讲比赛、辩论赛诗词大赛等，把思想政治教育贯穿于大学生日常学习中。2. 开展各种文艺活动，如红歌演唱比赛、历史情景剧表演、文艺欣赏、红色电影周等，寓教于乐，在轻松的氛围中达到润物细无声的教育效果。3. 开展各种社会实践考察调研活动，如历史红色遗址去凭吊革命先烈，组织到工厂、新农村去调研考察，亲身体会社会主义建设取得伟大成绩，以及组织到养老院开展义务扶助，到基层开展志愿者服务等。这些活动开展，学生不再局限于书本知识，懂得如何运用知识和原理，在实践中去检验真理，发现真理，调动学生的积极性和主动性，师生共同研讨，共同参与。思政道德内容本身具有极强的生活性和实践性，来源于生活和实践,是对现实高度总结概念,又经过实践反复检验。学生要走向社会,通过自身实践,学生在生活中活学活用,树立正确的三观和思想观念。

4. 线上线下混合互动结合

“互联网+”时代,传统教育方式已经不适用时代发展,信息化时代传播优秀传统文化,让大学生认同传统文化,感受、体悟优秀传统文化,才能树立文化自信。“要运用新媒体新技术使工作活起来,推动思想政治工作传统优势同信息技术高度融合,增强时代感和吸引力”[1]。运用互联网的多媒体技术优势,将文字、声音、图画、色彩、影视以及三维空间、虚拟视觉等各种方式进行信息的整合与传播,从而把干燥理论、教条语句转化为赋予生动性和形象性文字或图像。传承和超越传统文化,推陈出新,建设适应时代需要的传统文化网络教育平台,推动传统文化网络传播,制作适合互联网、手机等新兴媒体传播的传统文化精品佳作。运用互联网+技术手段和成果将传统文化融入网络资源平台中,课外阅读资料、视频资料等拓展资源,向学生开放和共享,为学生自主学习提供便捷,实现课堂外优质资源对课堂教学的重要补充。多媒体的传播载体,微信、微博、QQ等,要结合大学生心理特点,他们朝气蓬勃,善于接受新事物、新现象,多媒体成为他们使用主要工具宣传载体,有意识地开发和运用文学艺术、电影、电视剧等娱乐载体,休闲旅游资源在休闲、娱乐中潜移默化的、润物无声地宣传、教育。

以学生为本,以学生为主体,促进学生全面发展和综合素质的提高为目标,注重培养学生的自主性、探究性和创造性。创新教学方式“教”“学”“感”“评”的有机结合,使学生真学、真信,入脑、入心。增强思政课协同育人理念,实现与其他课程同向同行、协同育人,引导当代大学生积极培育和践行社会主义核心价值观,充分发挥高校思想政治教育立德树人功能。思想政治理论课及专业课共同推进“大思政”格局构建,实现全课程、全方位育人,完成思想政治理论课建设任务,实现立德树人的育人目标。贯彻落实习近平总书记的重要讲话精神,推动思政课改革创新,不断增强思政课的思想性、理论性和亲和力、针对性,在全校上下形成协同育人,共同办好思政课,教师认真讲好思政课,学生积极学好思政课的良好氛围。

参 考 文 献

[1]任蕾.学习贯彻全国高校思想政治工作会议精神[J].思想理论教育导刊,2016(12)1.

我国大中小学校思想政治理论课统筹建设研究

刘美平

(上海海事大学马克思主义学院)

在所有的相关研究动态中,2019 年 3 月 18 日召开的“学校思政课教师座谈会”上习近平总书记的重要讲话是本课题研究的最主要依据,习总书记的讲话也是最重要的研究文献。在此次讲话中,习总书记以办好思想政治理论课这一根本问题为核心,围绕培养什么样的人、怎样培养人、为谁培养人这三个主要问题,指出思政课立德树人的根本任务,突出了思政课为人民、为中国共产党、为中国特色社会主义、为改革开放和现代化建设服务的教育目的,提出了大中小学校循序渐进、螺旋式上升开设思政课的整体思政教育新思路,明确了新时代思政课教学内容和理论依据,点明了思政课教师应具备的素质和水平,强调了思政课改革创新的要求和目标,抓住了制约思政课建设的突出问题。要实现大中小学校思想政治理论课循序渐进、螺旋式上升的整体思政教育办学思路,就必须在不同阶段学校思政课内容方面进行差异化分工,形成不同阶段学校思政课教育的明确任务分工、内容分工、目的分工。

习总书记之所以提出大中小学校思想政治理论课整体建设思路,就是看到了当今我们大中小学校在思想政治理论课内容分工方面的诸多问题,针对大中小学校思想政治理论课的衔接问题,已有学者张东宁、黄勇樽进行了初步的探讨。关于高校方面的思政课方面文献非常多,卫兴华、吴潜涛、张元、王习胜都给予了相关研究。关于思想政治理论课方面的研究内容也有很多,但关于大中小学校思想政治理论课内容差异化分工方面的研究文献却非常少。在中国知网上输入“思想政治理论课”,可查阅到 5 674 篇核心期刊;当输入“中学思想政治理论课”可查阅论文却寥寥无几;再输入“小学思想政治理论课”只有几篇论文;而直接研究高校思想政治理论课与中学思想政治理论课的学术论文只有两篇:其中,张东宁老师的《普通高校思想政治理论课与中小学思想政治理论课衔接对策》具有参考价值。该文指出,中学思想政治课与普通高校思想政治理论课教育教学衔接有问题,例如,内容简单重复,知识倒挂现象,课程结构缺乏整体性和层次性等。因此加强德育改革，搞好普通高校思想政治理论课与中学思想政治课衔接就显得尤为重要。

一、学校思政课统筹建设的重要意义

学校思政课统筹建设的学术价值包括马克思主义理论在内的学术研究和大中小学校思想政治理论课整体设计、统筹建设、合理分工、分段实施问题。我们要培养社会主义事业的接班人和建设者，这是怎样培养人的关键问题。对此，习近平总书记指出："要坚持不懈传播马克思主义科学理论，抓好马克思主义理论教育，为学生一生成长奠定科学的思想基础。"这就是说，思想政治教育的核心是马克思主义理论教育。习近平总书记还强调，对国外马克思主义研究新成果，我们要密切关注和研究，有分析、有鉴别，既不能采取一概排斥的态度，也不能搞全盘照搬。也就是说，我们要在大中小学校教育中传播马克思主义，而马克思主义理论又是内容丰富、结构完整、逻辑严谨的科学理论，在学生不同学习阶段，怎样将马克思主义、社会主义、爱国主义通过不同形式使得学生入耳、入脑、入心，这是本课题的主要研究目的。

学校思政课的教育教学问题是建立在马克思主义、社会主义、爱国主义理论深入研究基础之上的学术问题和教育问题的综合体。马克思主义是发展的，马克思主义自身的发展需要不断地创新，而这种创新是以社会主义的实践为背景和研究对象的。这就需要我们借助大学中对马克思主义理论的深入研究，借助大学中对中国特色社会主义的全面分析，借助大学对国际社会制度博弈的态势的深度解读，来看待和认识大众化、时代化的马克思主义。因此，大中小学校以马克思主义为核心的思政课统筹设计和整体建设的学术主体是大学，是大学中马克思主义学院里信仰马克思主义的教师进行科研的结果。将大学老师关于马克思主义理论研究的最新成果和中国发展的最新成就融为一体，进行大中小学校的马克思主义理论教育，这种教育是与时俱进的教育，是同实践紧密结合的教育，是大中小学校整体设计和统筹建设下的教育。只有这样的意识形态教育才是有质量保证的教育，才是符合中国社会主义核心价值观的教育。

二、我国大中小学校思政课教育教学中存在的主要问题

本文主要研究学校教育阶段思想政治理论课如何进行整体性设计、内容合理化分工、马克思主义理论阶段性衔接问题。由于过去中国大中小学校思想政治理论课是独立运行，从思想政治理论课教材的编写、学校思想政治理论

课教师的配备、思想政治理论课内容的确定等都是各自为政、互不相通的，所以就出现了思想政治理论课中学内容与大学内容部分重复，甚至还有倒挂的现象，致使中学生听不懂也理解不了教材中的内容，靠死记硬背进行考试；大学生感到思想政治理论课缺乏深度，与高中阶段内容重复，学习兴趣大大降低。因此，将思想政治理论课作为一个整体进行阶段性、差异化布局就势在必行。

思想政治课面临的新形势是我们首先要面对的大背景。“中美贸易战”已经折射出来大国之间的制度博弈、经济博弈、政治博弈、科技博弈、军事博弈到了白热化的程度。在这种国际关系情况下，中国的爱国主义、社会主义、马克思主义、国际主义教育就成为国家执政安全的首要问题，也是思想政治理论课要与时俱进的关键所在。而且，互联网的迅猛发展，让生活在传统工业化世界的发展中国家急速跟进，中国跟进的表现就是我们在互联网领域、5G 通信领域、电子商务领域、数字化领域、智能化制造领域已经逐渐处于世界领先地位，中国个别领域的科技领先让爱国主义的环境发生了根本性变化。习近平主席提出的“一带一路”倡议得到世界上绝大多数国家的积极参与和鼎力支持，这说明中国国家影响力在逐渐上升。随着改革开放的不断推进，历经 40 多年的民族崛起，中国已经成为世界第二大经济体，财富的积累和国力的增强也让中国的社会阶层迅速分化，分化的结果是社会流动性降低，贫富分化较严重，虽然已经尽力精准扶贫，但依然是扶贫的速度赶不上贫困变化的程度，这让贫困地区的教育成为落后的表现形式，而思想政治教育不可能在贫困中展开，这导致书本上教材里讲的内容与现实的部分不符合，加大了思政课教师的解释难度。

思想政治理论课面临着的新问题，突出的表现在：一是中西方文化冲突和意识形态斗争的复杂性、尖锐性问题。尽管中西方文化差异一直存在，中西方意识形态斗争历来惨烈，但是在中国逐渐走向世界舞台中央的大背景下，集中反映国家意志的思想政治理论课教育教学就上升为国家执政安全的层面了。正是从这个意义上讲，中国思想政治理论课的教育教学就演变为中国与美国争夺未来人才的斗争，进而又演变为民族生存空间和生存能力的斗争。如果我们的思想政治理论课教育失败了，我们将失去未来的竞争资格、竞争条件、竞争成本和竞争结果。二是海量互联网信息，让思想政治理论课变得异常艰难。因为我们的思政课教师要同网络游戏争夺生源，要同无数的资讯和视频争夺注意力，要同各种影视明星圈粉争夺影响力，加之互联网领域的网络治理又异常艰难，这让思政课教育教学雪上加霜。三是社会阶层的分化让思政课的说服力难度加大。社会主义国家的贫富差距应该在多大的合理范围内，贫困地区的教育现代化怎样进行，发达地区和贫困地区的思政课教育是否应该有区别，贫困落后地区孩子对思政课的感知和认同会有怎样的不同，所有这些都是我们要研究的问题。

三、大中小学校思政课整体设计和统筹建设的具体路径

我们根据习近平总书记在全国宣传思想工作会议精神、在哲学社会科学座谈会上的讲话精神以及2019年3月18日全国学校思想政治理论课教师座谈会上的讲话精神，研究当前中国所处的国内外新矛盾、新形势以及新形势下中国学校思想政治理论课遇到的新问题和解决这些问题的新办法。

思政课要用教育理论来探寻解决新问题的办法。法国教育家蒙田关心的是贵族儿童的教育，捷克教育家夸美纽斯提出了泛智论教育理论，英国思想家、教育家洛克提出了绅士教育理论，19世纪英国著名神学家、教育家阐释了他的自由教育观、理想品格教育理论。中国古代的孔子、墨子、老子、朱熹都是中华民族杰出的教育家，提出了与他们所处时代相适宜的教育理论。我们要从古今中外教育理论中找到解决问题的新办法。

一是整合中宣部与教育部的相关职能部门，组建新的大中小思政课教育司。相关职能部门是中宣部的理论局、舆情局和教育部的基础教育司、高教司、社科司，这些职能部门都是与大中小思政课教育教学有关的部门，只有先让这些管理部门上下、左右打通了，才能建立融通性管理机构。教育部思政课主管部门是思政课统筹建设的大脑中枢系统，只有大脑中枢系统对当下问题分析得非常清楚，对问题的症结把握得非常准确，对大中小学校的定位非常准确，才能为我国思政课统筹建设做好顶层设计。

二是编写教育部"部编版"统一教材。组织大中小学校的思政课专家一同备课，集体研究思政课的整体设计、内容分工和统筹建设问题。一改过去的各管一段式的思政课教材编写体例，要让小学德育课老师熟悉中学和大学的思政课教学内容，让中学和大学思政课专家熟悉小学德育课内容，然后把重复的内容删掉，在进行重新布局和安排新内容。思政课教材全部统一使用教育部"部编版"教材，从价值导向、内容分工、课程安排、理论深度、学生接受程度等统一考虑，形成价值导向明确、内容分工合理、课程安排适当、理论深浅适宜、学生喜闻乐见的大中小系统性思政课。

三是培养全能型贯通式思政课教师。建立全国统一的大中小学校学思政课教师培训基地，让全国思政课教师进行一次融会贯通式的思政课学习，这样才能使得思政课教师在大中小学校的思政课上进行差异化、阶段性、螺旋式上升的思政课教育教学。尤其是要加强落后地区大中小学校思政课教师的培育、培养和培训。

四是教育管理部门的改革。思政课的整体设计和统筹建设必须从上至下

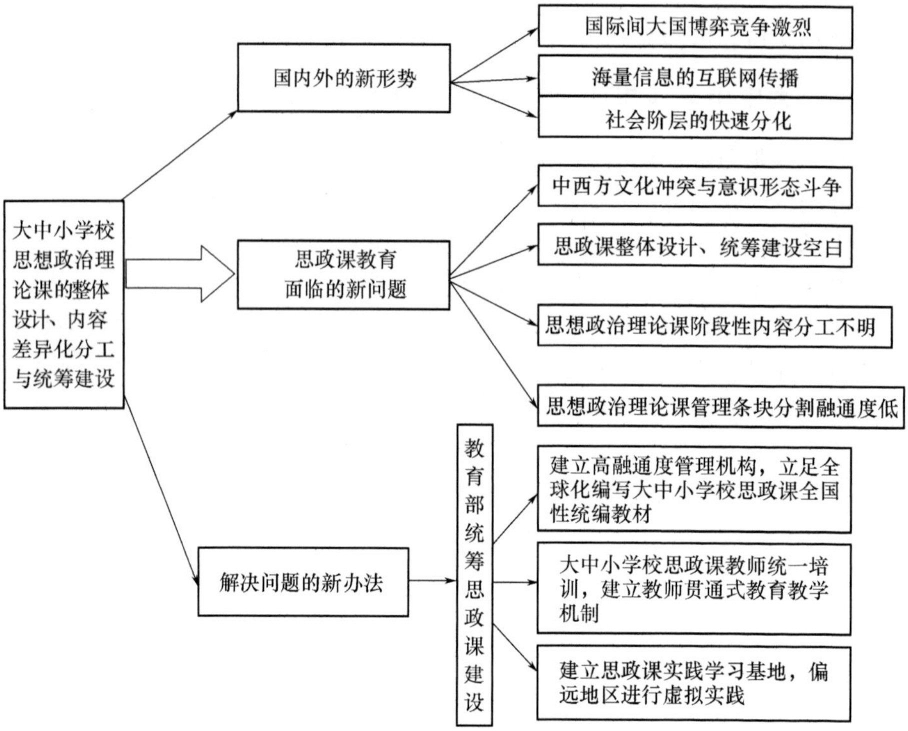

图1　我国大中小学校思想政治理论课整体设计与统筹建设研究

和从下至上进行融会贯通式的全局性改革，而教育部门的纵向改革和横向改革是重中之重。建立大中小学校思想政治理论课程建设、师资培训、教材编写、考评办法一体化的管理机制，从教育部国家管理层面打通思政课教育教学管理的格式化、条块化、梗阻化，让教育管理部门对大中小学校思政课内容设置、差异化分工、师资建设重点内容了如指掌，这样才能做到有的放矢、有求必应，并能根据不同时期做出整体性或者局部性的实时调整，做到管理有针对性、专业性、高效性和时代性。

五是解决课程内容重复问题。我们要运用调研法、比较法、系统论方法、统计法、历史方法和辩证法以及博弈法调研中国思政课存在的问题，通过比较看到中国大中小学校思政课与美国、日本、德国等发达国家的思政课之间的差距，通过运用系统论确定大中小学校思政课总体内容安排，还要运用统计法，对全国大中小学校思政课教材类型、使用年限、教学效果进行统计，通过历史的方法和辩证的方法确定大中小学校思政课螺旋式上升具体路线图。

针对大中小学校思政课教育内容分工的不明晰和部分重复性以及与时代

契合度低这三大问题展开研究。在研究目标中分为三个方面:一是近期目标要研究大中小学样思政课教材,进行仔细的比较,发现其中的重复内容和不合时宜之处。二是中期目标是进行大中小学样思政课整体设计和统筹发展,对教育职能部门进行改革,充分发挥教育领域专家的作用,按照教育规律、学生情感和智力发育规律合理设计不同学龄阶段的思政课接受内容和形式。三是远期目标要切实提升大中小学校思政课教学效率,实现为培养社会主义建设者和接班人的最终目标。

本文运用博弈论思维方法分析中国思政课教育教学中蕴含的大国博弈困境以及中国走出困境的办法。历史地看待资本主义和中国特色社会主义,历史地看待新时代中国和平崛起给世界和我们自身带来的多重影响,历史地看待西方国家围堵、制裁、打压中国的严峻形势,运用时空浓缩法把思政课的现实和历史贯穿在一起。运用这些方法解决中国学校思政课教育教学中存在的问题:根据中国所处的国内外新形势,明确中国大中小学校思政课整体设计方向和主要内容分工,根据教育教学规律和学生情志接受能力统筹大中小学校思政课螺旋式上升的难易程度和节奏,根据当今世界发达国家成功思政课教育经验实施渗透式、浸润式、体验式思政课教学方式改革,根据信息时代网络化特征制定占据网络思政课新高地的战略规划路线图和有针对性的具体措施方略。

参考文献

[1]习近平.习近平谈治国理政[M].北京:外文出版社,2016.

[2]习近平.决胜全面建成小康社会夺取新时代中国特色社会主义伟大胜利[M].北京:人民出版社,2017.

[3]习近平.习近平在哲学社会科学工作座谈会上的讲话[N].中国教育报,2016-05-19(1).

[4]中共中央文献研究室.习近平关于社会主义政治建设论述摘编[M].北京:中央文献出版社,2017.

[5]卫兴华.辨析我国当前社会主要矛盾转化问题解读的理论是非[J].人文杂志,2018(4)1-5.

[6]吴潜涛.正确理解理想信念的科学含义[J].教学与研究,2011(4)5-9.

[7]张东宁.普通高校思想政治理论课与中学思想政治课衔接对策[J].清华大学学报(哲学社会科学版),2006(S2)139-143.

[8]黄勇樽.高师与中小学思想政治课教学的衔接[J].教育评论,2013(4)102-104.

[9]王习胜. 当前思想政治教育的主要矛盾与发展趋向[J]. 马克思主义研究，2015(9)133 - 138.

[10]冯刚. 新时代中国特色社会主义思想政治教育的创新发展[J]. 中国高等教育,2018(Z1)28 - 32.

[11]汪菲菲. 中美思想政治教育比较研究[J]. 现代交际,2018(17)178 - 179.

[12]张元. 网络虚拟社会的道德困境与规范建构[J]. 理论月刊,2017(9)158 - 163.

[13]张祥龙. 德国哲学德国文化与中国哲理[M]. 上海:上海外语教育出版社,2012.

[14]张再兴,等. 网络思想政治教育研究[M]. 北京:经济科学出版社,2009.

[15]洛克. 政府论[M]. 杨思派,译. 南昌:江西教育出版社,2014.

[16]夸美纽斯. 大教学论[M]. 傅任敢,译. 北京:教育科学出版社,1999.

[17]库钦斯基. 资本主义世界经济史研究[M]. 陈东旭,译. 北京:生活 · 读书 · 新知三联书店,1955.

[18]桑巴特. 为什么美国没有社会主义[M]. 赖海榕,译. 北京:社会科学文献出版社,2003.

新时代重庆市干部培训增强社会主义意识形态凝聚力和引领力研究

李外禾

（中共重庆市涪陵区委党校）

一、新时代重庆市干部培训增强社会主义意识形态凝聚力和引领力的现状

近年来，重庆市以干部培训增强社会主义意识形态凝聚力和引领力为出发点，突出创新干部培训模式，切实强化学员理论学习、党性锻炼和能力素养提升。

（一）突出政治性，提高干部政治本领

新时代，重庆市各区县以政治为统领，在每个主体班次固定设置马克思主义基本理论和习近平新时代中国特色社会主义思想以及党内法规等公共课程，强化理论武装。重庆市各级党校都严格落实“党校主体班次理论教育和党性教育不低于总课时的70%，党性教育课不低于总课时的20%”的教学要求，认真研究制订教学计划，不断健全党性教育课程体系。同时，通过走进红色教育和廉政教育基地，开展理想信念教育和“以案四说”，引导学员进一步增强“四个意识”、坚定“四个自信”，做到“两个维护”。干部政德教育也是重庆市干部政治教育的主要内容。重庆市各各级党校还认真举办干部政德教育培训班，从学党章、修党性、讲政德，学做人做事等方面入手，加强干部政德教育，通过党性教育、理论教育，使干部进一步明大德、守公德、严私德，净化政治生态。

（二）突出红色性，巩固干部红色基因

重庆市各区县党校坚持以班组为单元，建立党支部、党小组，每天课前15分钟开设“微党课”，由学员轮流讲理论、谈经验、说体会、提打算，增强明辨是非的能力；举办学员讲坛，在各学习小组充分讨论的基础上，推荐代表参加班级组织的学员讲坛，共同消化吸收老师的授课内容；过好组织生活，围绕初心

使命和“两学一做”，深刻进行党性分析，督促学员进一步实现自我革新、自我完善、自我提高。例如：重庆市委党校第30期区县部门班走进红岩联线，追忆革命故事，缅怀革命先烈，昂扬革命斗志，开展党性教育。作为重庆市委党校党性教育的“光荣传统”，走进红岩联线开展现场教学是党性教育的重要内容。红岩精神永垂不朽，党的宗旨永恒传承。通过党性教育，学员们擦亮历史的镜子，照亮今日的心灵，在回顾红岩光辉历史中“照镜子、正衣冠”，努力做一名合格共产党员。

（三）突出覆盖性，构建干部培训新常态

为打造一支“信念过硬、政治过硬、责任过硬、能力过硬、作风过硬”的党员干部队伍，重庆市聚焦新思想、聚合新力量、聚力新作为，着力构建干部培训新常态。一是开设“网上课堂”。充分发挥“学习强国”APP、重庆市“七一网”、党员干部现代远程教育红岩网、重庆干部网络学院等平台作用，确保党员干部培训全覆盖。二是开设“红色课堂”。建立“新时代讲习所”，围绕习近平新时代中国特色社会主义思想、扶贫攻坚等内容，积极开展讲习活动；建立“党建书屋”，供党员干部借阅学习，传承红色基因、厚植红色文化，教育引导全市党员干部强化“四个意识”，坚定“四种信念”。三是开设“自主讲堂”。积极推行领导干部上讲台制度，把“别人讲”转变为“自己讲”，让党员领导干部在备课的过程中得到提高，在讲课的过程中得到锻炼。

（四）突出实践性，提升干部能力素养

以问题为导向，立足“八个本领”，紧扣习近平总书记对重庆提出的“两点”定位、“两地”“两高”目标、发挥“三个作用”和营造良好政治生态的重要指示精神，分层次分班别设置领导艺术、国家安全、脱贫攻坚、基层治理及支部工作等“个性课程”，促使学员进一步增强决策能力、执行能力和业务能力。例如：重庆市委党校第59期市级部门领导干部进修班和第71期市级机关处长进修班的学员，分别前往涪陵区、城口县开展为期一周的实岗锻炼。主要采取“理论教学＋实岗历练＋党性锤炼”的培训方式，让学员围绕绿色发展、脱贫攻坚、乡村振兴、意识形态等专题，深入城市新区、工厂车间、乡镇村社、田间地头进行实地调研。通过兴调研、转作风、促落实，使学员的党性修养得到进一步锤炼，能力素养得到进一步提升，责任担当得到进一步强化。

（五）突出实效性，强化干部培训成果应用

重庆市各区县以文化为引领，持续推进“高雅艺术进党校”，利用课余时间组织广大学员开展经典诵读、书画摄影展及篮球友谊赛等活动，举办红五月交

响音乐会,帮助学员进一步感受优秀文化熏陶、提升精神境界。以考核为手段,通过入学考试、毕业考试和撰写学习心得体会、工作对策论文等方式,加之日常遵章守纪情况,对学员参训效果进行综合考核,确保学有所获、学有所成。例如:涪陵区委党校2018年中青班分成5个小组,确定了5个调研主题,涉及民生实事、意识形态、乡村旅游等。学员们通过走访现场、收集资料,分析该调研主题的基本情况、存在的问题、原因,提出相关对策建议,最后形成调研报告。调研报告由学校统一编辑成册提供给区级相关部门作为决策参考。

二、新时代重庆市干部培训增强社会主义意识形态凝聚力和引领力存在的问题

(一)主体责任落实参差不齐

个别区县党校意识形态工作有差距,党委领导作用发挥不够充分,'三重一大'决策制度执行不到位,民主集中制和意识形态工作责任制落实有差距。抓思想政治教育不力,个别党员教师理想信念滑坡,干事创业激情有所减退。有的区县党校落实新时代党建工作要求有差距,抓党管意识形态工作不够有力,宣传引领作用发挥不好,个别区县党校党建工作存在薄弱环节。

(二)政治理论课有枯燥无味现象

一直以来,党校政治理论培训的方式手段不多,许多时候仍是以一人讲,众人听的灌输式、填鸭式等陈旧方法为多,很少与学员面对面进行互动式教学,特别是思想性强的政治理论课教学缺乏吸引力和感染力。有时老师讲课水平低,让学员在台下哈欠连天,索然无味。

(三)党性教育存在薄弱环节

干部培训都制定了详细的规划,明确了具体的目标,建立了严格的纪律制度,但在具体实施过程中,则失之于宽,失之于软,不能得到很好落实。强调自觉遵守纪律的多,监督检查的少,时有请假缺课的情况出现。一些区县党校在教学内容安排上比较随意化、表面化和碎片化,学习内容缺乏系统性、针对性和实效性。有些区县党校的培训形式较为单调,仅限于照本宣科,缺乏吸引力;有些教师教学内容空洞,泛泛而谈,缺少针对性,对培训的干部没有触动;有些区县把外出红色教育活动和现场教学活动当成单纯的"规定动作",却很少对学习效果进行关注。

(四)学员培训动机不纯

有些学员对干部政治理论培训不重视,把党校当作混资历和镀金的窗口,

把党校学习看作休闲和度假的机会，不能潜心学习、修身养性。听课玩手机的居多，暴露出有些学员培训动机不纯。在一些干部中，政治学习虚化、弱化的问题仍不同程度的存在，培训积极性不高。还有些学员在培训中只是走走过场，当一天和尚撞一天钟，不注重学习实效。

三、新时代重庆市干部培训增强社会主义意识形态凝聚力和引领力存在问题的原因

为了解新时代重庆市干部培训增强社会主义意识形态凝聚力和引领力的相关情况，笔者开展了问卷调查。本次问卷调查共发放问卷260份，回收问卷260份，回收率100%，其中剔除2份无效问卷，得到有效问卷258份，有效问卷回收率为99.2%。

（一）干部对意识形态领域需求多样化

调研中当被问及“您认为目前的干部培训意识形态还需加强的地方”时，“战略定位”“目标任务”和“理论基础”被认为是最需要加强的，如图1所示。

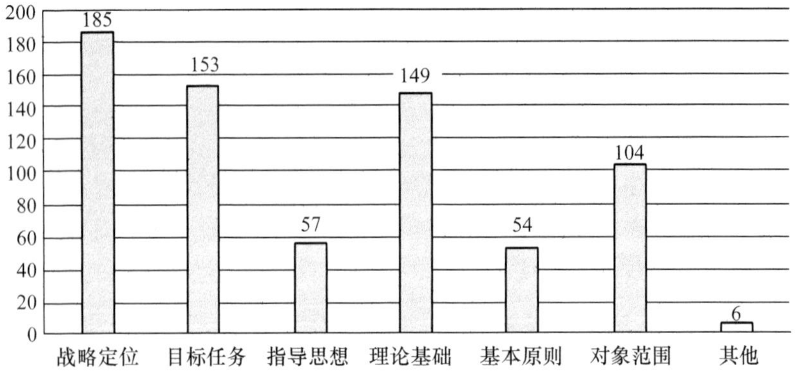

图1　干部培训意识形态需加强的地方

（二）干部对政治理论培训相关要求高

调研中当被问及“您认为完善干部政治理论培训还需解决哪些问题”时，“需求调研不足，不能精准定位培训需求”“培训对象参训机制不完备”“培训计划生成机制不科学”被认为是当前干部培训政治理论培训最需要解决的突出问题，如图2所示。

（三）干部对政治理论培训方式要求高

调研中当被问及“您需要干部培训机构提供的帮助有哪些”时，“实践案

例分析”“最新的政治前沿理论知识”“专项工作成功做法与典型经验”被学员认为是最需要当前干部培训机构提供的帮助。如图 3 所示。

调研中当被问及“培训中您感兴趣的学习载体有哪些”时,“课堂讲座”“数字音像”“移动端(手机、APP 等)”被认为是最感兴趣的学习载体。如图 4 所示。

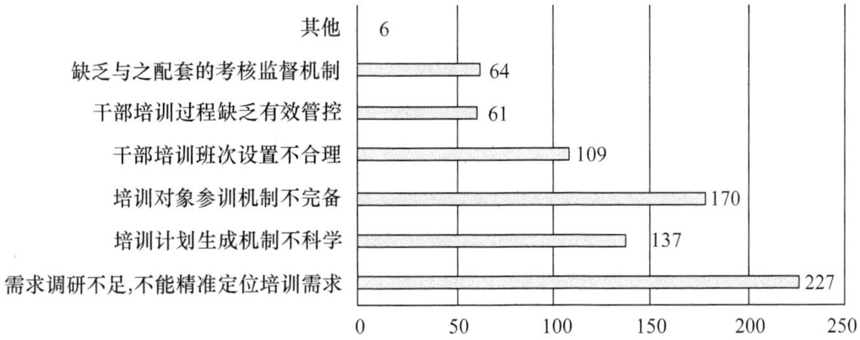

图 2　干部政治理论培训需解决的问题

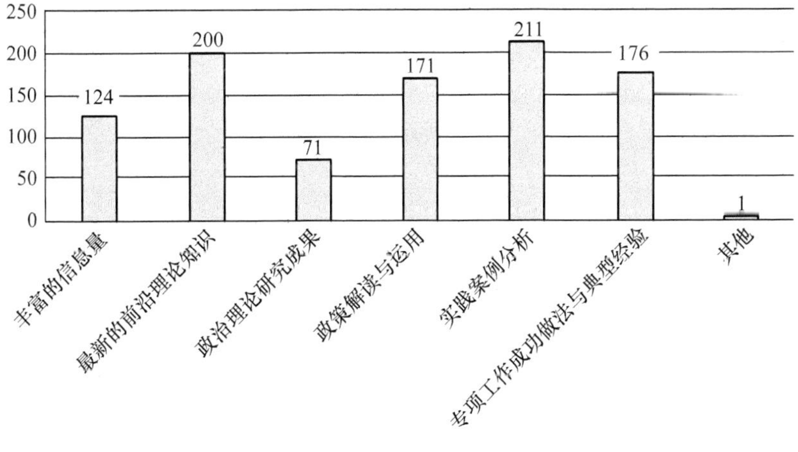

图 3　需要培训机构提供的帮助

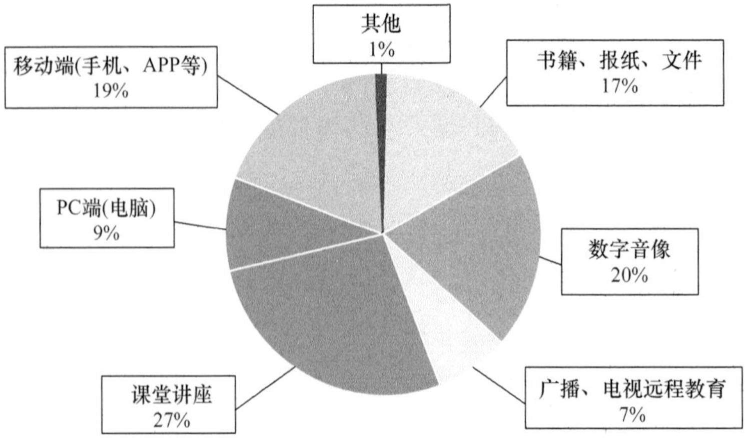

图 4　培训中感兴趣的学习载体

（四）保障机制不健全

任何一项好的措施、政策必须有好的制度作为保障。干部培训意识形态工作要搞好，必须要有硬件设施和软件设施两方面的保障。硬件设施即教学场地，教学设施（如多媒体、投影仪、现代视听设备等），软件设施即雄厚师资力量，合理的教学计划，严格的考核制度等。而软件硬件设施的建设都需要资金的投入作为保障。重庆市不少区县在干部培训经费投入上严重不足，特别是一些区县党校的科研经费、师资培训经费严重短缺，影响了干部培训意识形态工作的开展。调研中，当被问及“您认为干部培训的保障体系还需要加强哪些方面”时，“师资队伍”“信息化水平”“经费投入”被认为是当前干部培训保障体系方面需要重点加强的。如图 5 所示。

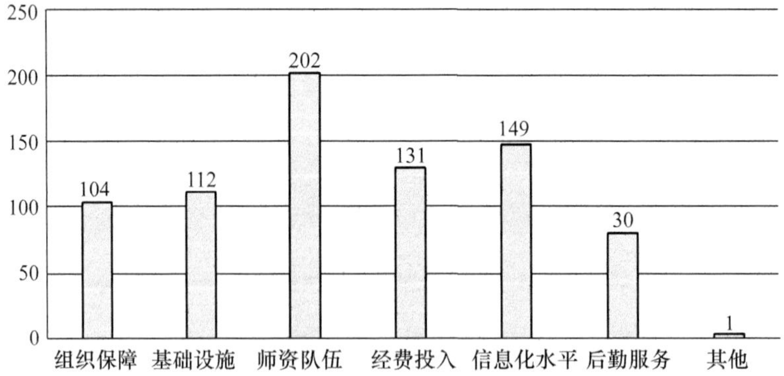

图 5　干部培训保障体系需要加强的方面

四、新时代重庆市干部培训增强社会主义意识形态凝聚力和引领力的对策建议

（一）做好“守护神”，强化主体责任

坚持党校姓党，也是党校的办学主体即各级党委办好管好党校应履行的重大政治责任。习近平同志指出，完备的党校体系是中国共产党重要的执政特色和独特优势。办好党校，党校自身要奋发有为。特别是在学习贯彻习近平总书记系列重要讲话精神培训工作中，党校必须凸显主力军特点、发挥领头羊作用。党校作为培训广大党员干部的主渠道，锤炼党性的大熔炉，在加强干部意识形态培训中发挥了主导作用，努力当好党在意识形态领域的“守护神”，使党校成为红色学府、信仰高地、决策智库。各级党校高度重视意识形态工作、维护意识形态安全工作，坚决贯彻执行党委的重大决策部署，推动主体责任落细落实、落地生根。明确领导班子对意识形态工作负主体责任，体现党委对干部教育培训工作的重视。

（二）当好“布道者”，夯实理论武装

党校因党而生，因党而兴。党校的性质决定了党校培训的重点是马克思主义理论教育。马克思主义是我们信奉的根本之道，是我们实践的科学指南，是我们的立党之本。抓好党校理论教育，是各级党校意识形态工作的核心任务。十八大以来，各级党校重点抓好了马克思主义理论和习近平新时代中国特色社会主义思想进课堂，使广大党员干部在思想上坚定共产主义信念，树立正确的世界观和人生观，并且善于运用辩证唯物主义和历史唯物主义去解决工作实践中遇到的问题。党校教师作为马克思主义“布道者”，就是要旗帜鲜明一以贯之地布马克思主义之道，布共产主义之道，布中国特色社会主义之道。布道者必须首先自己是拥道者、藏道者、信道者、行道者。要引导学员读原著学原文悟原理，坚持理论联系实际的学风，把经典著作中的马克思主义立场观点方法悟到心、学到手，使马克思主义“真经”成为贴身真本领。

（三）打造“新熔炉”，加强党性教育

党员领导干部到党校学习，必须把政治建设放在首位，坚定理想信念、牢记党的宗旨、遵守党的纪律，补足共产党人精神上的“钙”。通过党性教育，筑牢以党的旗帜为旗帜、以党的意志为意志、以党的使命为使命的思想根基，严守党的政治纪律和政治规矩，坚持在党爱党、在党言党、在党忧党、在党为党，在思想上政治上行动上自觉同以习近平同志为核心的党中央保持高度一致。

一是开展好党章党规教育，筑牢思想防线。深入开展党章党规党纪教育，引导学员自觉用党章和党规党纪约束自己的言行。二是开展好红色教育，坚定理想信念。各级党校要充分利用井冈山、延安、西柏坡、遵义、红岩等红色教育资源，开展生动具体的党史教育和革命传统教育，以革命先辈先烈为镜子深查细照，补精神之钙，铸信念之魂，强党性之基。三是开展好警示教育，用好反面教材。通过服刑犯人的现身说法，警醒党员干部筑牢拒腐防变的防线。四是通过严格培训期间的党内组织生活、社会实践教学、现场教学、主题班会、党日活动、学员论坛、网络教学等形式，增强党性教育的形象性和感染力。

（四）培养"多面手"，优化师资队伍

各区县党校教师既要能"纸上谈兵"，也要当好"熔炉工""布道者""多面手"和"代言人"。党校教师要抓好意识形态工作，首先必须用马克思主义理论武装自己的头脑，必须坚持党性原则，在党性锻炼上严格要求自己，率先垂范，以身作则。要加强学习交流，提升业务水平；要重视课题研究，提升调研能力；要加强挂职锻炼，增强实践能力。针对基层党校教师队伍年龄结构出现断层，后备力量不足，学科分布不尽合理的情况，一方面要公开引进博士硕士研究生，补充年轻教师，提升教师队伍素质；另一方面鼓励教师跨学科加强学习研究，成为教学多面手。

（五）建设"红摇篮"，引导社会舆论

党校是干部成长的摇篮，是党员的精神家园。各级党校要牢牢抓住了"党校姓党"这根主线，将意识形态工作贯穿于党校各项工作之中，在贯彻落实意识形态工作、加强意识形态阵地管理、维护网络意识形态安全等方面的情况，确保守好党校这个意识形态前沿阵地。要坚持理论联系实际，深入乡镇、机关、企业，坚持送教上门，开展"菜单式""点题式"培训，提高理论联系实际和服务群众的能力。要坚持结构化研讨式教学、现场式教学、体验式教学、情景模拟式教学等多种新型教学模式，创新教学方法，切实提高干部明辨是非的能力。

参考文献

[1]褚宏观. 新形势下社会主义意识形态凝聚力和引领力建设研究[J]. 领导科学论坛,2019(9)55－59.

[2]栗希荣. 关于建设具有强大凝聚力和引领力的社会主义意识形态的理性思考[J]. 河北省社会主义学院学报,2019(2)24－28.

[3]田鹏颖.增强社会主义意识形态凝聚力和引领力[J].中国特色社会主义研究,2019(2)11－17.
[4]江家城,寇清杰.论社会主义意识形态凝聚力和引领力的提升[J].理论导刊,2019(3)15－21.
[5]揭晓.增强社会主义意识形态的凝聚力和引领力[N].中国社会科学报,2019－01－10(001).

提升新建应用型本科院校思想政治理论课教学实效性研究

邓小明

（广西科技师范学院马克思主义学院）

从2014年开始，教育部提出要引导一批高校特别是新升本的地方高校，深度融合地方经济社会的发展，适应地方行业、企业所需的人才需求，以培养应用型技能人才为目标的应用型本科院校。因此，2014年后新建的本科院校大多是应用型本科院校，新建应用型本科院校在专业设置上偏重理工科，在培养学生的素质方面偏重专业技能培养，在教学模式上强调工学结合、在课程设置方面偏重专业技能课和专业知识课等特点。思想政治理论课在我国的高校课程体系中涉及培养什么人、为谁培养人、如何培养人等高校人才培养过程中的重大问题，无论哪一类本科高校，思想政治理论课在整个人才培养体系中处于非常重要的地位，尤其是新建应用型本科院校由于本科办学时间短，思想政治理论课开课的经验还不多，探讨提升思想政治理论课教学的实效性对于提高新建应用型本科院校人才培养具有重要意义。

一、新建应用型本科院校思想政治理论课教学中存在的主要问题

新建应用型本科院校大多是从专科或高职院校升起来的，思想政治理论课在教学环境、教学方式、师资力量、学生的素质、教学经验等方面和成熟的本科院校还存在较大的差距，思想政治理论课教学效果还存在许多不尽人意的地方，主要表现在：

（一）思想政治理论课在新建应用型本科院校的人才培养体系中地位没有得到应有的体现

思想政治理论课在新建应用型本科院校的人才培养体系中地位从课程的性质来说，它是公共必修课，在人才培养目标中是关系到毕业生具备什么样的思想素养、政治思想和道德能力等人才的基本素质问题，可是在现实中，许多

新建应用型本科院校由于教学课时的限制，压缩了思想政治理论课的课时、把学生社会调查课当作思想政治理论课的课时来计算的现象时有存在，甚至认为只要凑够了课时就算完成了思想政治理论课教学任务。由于新建应用型本科院校办本科的基础还不太完善，随着学生规模的不断扩大，以至于思想政治理论课师资等严重不足，只好把一些学校的机关工作人员如宣传部门、学工部门的工作人员临时兼任思想政治理论课教师，教学水平还不能满足本科教学的要求，使得思想政治理论课的教学效果大打折扣。

（二）新建应用型本科院校思想政治理论课的教学方式比较单一

新建应用型本科院校由于本科办学的时间比较短，办学基础比较薄弱，在教学方式上往往沿专科的教学方式，对本科学生教学方式还处于探索过程中，在思想政治理论课的教学方式中传统单一，许多思想政治理论课教师在上课过程中就是“一支粉笔、一块黑板”的传统的教学方式，条件好一点的新建应用型本科院校再加一个多媒体，就构成了思想政治理论课全部教学条件，教师在讲台上喋喋不休，头头是道，自我感觉良好，学生在台下呼呼大睡，玩手机津津乐道，不仅教师讲得辛苦，学生听得也累，这种传统的教学方式显然不能满足成长在手机时代、互联网条件下的大学生需求，他们思维活跃、见识多广，对于这种传统的教学方式多多少少存在抵触情绪，导致新建应用型本科院校学生思想政治理论课到课率不高，或者人虽然到课了，但是抬头率却很低。

（三）教学内容不够丰富

思想政治理论课是一门紧跟时代脉搏、传达党和国家对大学生政治思想、道德素质要求的课程，其教学内容理所当然由中宣部、教育部等权威部门加以规定。在一些新建应用型本科院校思想政治理论课的教学过程中，部分思想政治理论课教师机械去理解教学内容，在讲课过程中教材上有什么就讲什么，照本宣科，以为只要教师自己理解了，学生也会理解的，所以就用原理解释原理，用概念解释概念，教学内容单一空洞，都是些条条框框，不能提起学生的学习兴趣，到考试时学生就按这些条条框框背下来，应付考试，至于理解不理解，似乎是和思想政治理论课无关的事情。教学内容不够丰富的原因还在于思想政治理论课的教材编写出版在时间上总会存在滞后现象，在不断变化的社会环境下，教材内容的更新变化总是不能跟上时代的变化，如果教师在思想政治理论课的授课过程中不能发挥主观能动性，照本宣科、机械式地对学生讲课，这样的思想政治理论课学生当然不感兴趣。

（四）新建应用型本科院校思想政治理论课教师的素质还不能满足教学的需要

新建应用型本科院校思想政治理论课教师来源主要有以下几个途径：一是原来专门从事专科教学的思想政治理论课教师；二是从学校其他部门岗位调配从事思想政治理论课教学的教师；三是从其他学校引进过来的教师，其中很大一部分是刚刚毕业的硕士或博士生。这种教师结构在思想政治理论课教学中主存在以下一些问题：一是本科教学经验不足或几乎没有，主要还是按专科思想政治理论课的教学模式从事本科思想政治理论课教学工作；二是思想政治理论课教师的素质包括思想道德素质、专业素质、教学技能、教学经验等不能满足本科教学需要；三是一些新建应用型本科院从事本科思想政治理论课教学新增加的《马克思主义基本原理概论》和《中国近现代史纲要》课程教师根本就没有，只好用其他专业任课教师去应付这些课程。从中可看出，新建应用型本科院校思想政治理论课教师的素质还不能满足教学的需要。

（五）新建应用型本科院校思想政治理论课的教学模式缺少创新性

传统的教学模式是“老师讲、学生听”的模式，教师在教学中起主动作用，学生是被动地接受教师所讲知识和内容，这种教学模式在新建应用型本科院校思想政治理论课教学中普遍存在。随着现代社会经济的发展，传统的教学模式会产生许多弊端：一是教师在教学中起权威作用，学生对教师传授的知识不容置疑，学生心目中的疑惑还是存在，开设思想政治理论课的目的是解决学生在思想政治领域内存在的问题，这种教学模式显然达不到思想政治理论课的教学目的；二是教学内容空洞，传统的教学模式以说教为主，教学内容来自教材，在这种教学模式下，思想政治理论课变成了教师阐述思想政治理论原理为主，社会现实的变化等实践内容在教学中难以体现；三是教学程序标准化，教师就如同工作机器，按教学大纲、教学进度、教学内容进行机械式的教学，学生的学习目的是考试过关，至于效果如何，不在学生考虑之列，达不到开设思想政治理论课的目的。

二、新建应用型本科院校思想政治理论课教学中存在问题的原因

新建应用型本科院校思想政治理论课教学中存在问题的原因有许多，有学校层面的、社会层面的、教师层面的、学生层面的和思想政治理论课本身层面的，具体来说有以下这几方面的原因。

（一）从学校层面来说，新建应用型本科院校对思想政治理论课重视不够

新建应用型本科院校由于定位在培养高素质的地方性技能型人才，普遍存在重视学生专业技能、对思想政治理论课重视程度不够的倾向。首先，在学校的资金投入上，受财力的限制，新建应用型本科院校注重把有限的资金投入到提升学生专业技能的实训条件方面，思想政治理论课的投入较少，导致思想政治理论课教学改革举步维艰，思想政治理论课教学改革的设想停留在纸上、文件上、口头上，在行动上、实际中"很重视思想政治理论课的教学改革"变成一句空话；其次，新建应用型本科院校主要重视专业课的师资建设，对思想政治理论课师资队伍建设不重视，认为思想政治理论课谁都可以教，学校机关精减出来的人员有许多被安排从事思想政治理论课的教学，这种做法在新建应用型本科院校中大量存在；再次，对思想政治理论课实训条件改善投入不足，甚至认为思想政治理论课不需要实训，"一本书、一块黑板、一个教室"就可以完成思想政治理论课的教学任务了。

（二）从学生层面来说，应试教育的教学模式在高校思想政治理论课的影子无法消除

长期以来，我国中小学以应试教育为主，学生进入高校以后，应试教育的心理在大学生中普遍存在，应试教育心理对思想政治理论课教学带来了一些不良的影响：一是大学生从思想上不重视思想政治理论课，认为只要考试能过关，上课不上课无所谓，至于教师讲什么内容不重要，只要知道考什么内容就行了；二是在中小学的应试教育中，把课程分为主课和副课，思想品德课就是副课，这种观念到大学中仍然存在，认为大学的思想政治理论课就是副课，不重要；三是从大学生就业竞争来看，用人单位主要看重是学生的专业课成绩高低，对于思想政治理论的成绩不太在乎，于是有些大学生就不重视思想政治理论课学习了。

（三）从教师层面来说，新建应用型本科院校对思想政治理论课教师队伍规模、素质、结构不尽合理

新建应用型本科院校由于办学时间短，各方面的师资力量包括思想政治理论课教师相对缺乏，同时新建应用型本科院校处于发展初期，招生规模扩张速度较快，思想政治理论课教师队伍规模、素质、结构和学生规模的增大对思想政治理论课教师需求不对称。从师资队伍的数量来说，新建应用型本科院校思想政治理论课专职教师队伍数量没有一所学校能达到国家相关部委规定

每350个学生配1名专职思想政治理论课教师的要求，在思想政治理论课教学班的设置上100多人一个班是常态，个别的思想政治理论课教学班的设置甚至达到几百人，以报告的形式取代了思想政治理论课的课堂教学，加上新建应用型本科院校思想政治理论课教师刚入职的年轻教师居多，职称结构以低职称为主，教学经验相对不足等，这些因素是新建应用型本科院校对思想政治理论课教学效果不佳的部分原因。

（四）从社会层面来说，新建应用型本科院对思想政治理论课教学模式和网络信息等新技术发展的社会环境变化不相适应

随着社会经济的发展，当前互联网、大数据等新技术与人们的生活、工作、学习等息息相关，当代大学生的成长是和这些新技术的发展联系在一起的，社会环境的变化从两方面影响着当代大学生的思想政治课教学：一方面，大学生通过手机、计算机等工具和外界的联系更加紧密和便利，可以通过很多途径快速地掌握更多的信息、知识、理论等，其中就包括思想政治理论课的相关知识，如果思想政治理论课教师的教学模式还采用传统的教学模式，这对于处于信息时代的当代大学生来说是非常不相适应的；别一方面，随着这些新技术的发展，各种非马克思主义的思想、世界观、价值观时刻影响着当代大学生，思想政治理论课面临的一个重大任务是要和这些非马克思主义的思想、世界观、价值观争夺阵地，如果思想政治理论课还是传统的教学模式，无异于用大刀、长矛、土枪、土炮和拥有现代先进武器的敌人进行战斗，其结果可想而知。

（五）从思想政治理论课的性质层面上来说，思想政治理论课承担的任务和内容对思想政治理论课教学提出了更高的要求

一方面，思想政治理论课承担从其性质来说就是要通过教学影响大学生的世界观、人生观、价值观，提高大学生用马克思主义观点去分析问题、解决问题的能力，在高校通过有限的教学课时让学生接受马克思主义观点，这不是能轻易完成的任务，这就增加了思想政治理论课的难度；另一方面，马克思主义理论是一个巨大的思想宝库，从思想政治理论课的教学内容来说，当前高校开设的“毛泽东思想和中国特色社会主义理论体系概论”“思想道德修养与法律基础”“中国近现代史纲要”“马克思主义哲学”“形势与政策”五门课程，内容涉及时事、文、史、哲等方面，由于新建应用型本科院学生是以理工科为主，相对来说，文史方面的基础比较差，在学习思想政治理论课的过程中难免会遇到许多困难。

三、提升新建应用型本科院校思想政治理论课教学实效性途径

2019 年 3 月 18 日，习近平主持召开学校思想政治理论课教师座谈会指出："办好思想政治理论课，最根本的是要全面贯彻党的教育方针，解决好培养什么人、怎样培养人、为谁培养人这个根本问题。"为提升新建应用型本科院校思想政治理论课教学实效性指明了方向，根据新建应用型本科院校思想政治理论课教学中存在的问题及原因，提升思想政治理论课教学实效性途径主要有以下几个方面。

（一）加强对思想政治理论课的支持力度

思想政治理论课作为新建应用型本科院校学生的必修的公共课，学校要加强对对思想政治理论课的支持力度；首先，在人才培养方案中对思想政治理论课的课时、学分要按照中宣部、教育的要求给予充分的保证，不能把班团活动、学生安全教育、就业指导等课程安排在思想政治理论课范围内，挤占思想政治理论课的教学课时；其次，在人力上给予支持，要按照相关文件每 350 个学生配备 1 名思想政治理论课专职教师，且师资要达到思想政治理论课专职教师标准，特别是要下大力引进高水平师资作为思想政治理论课带头人，提升思想政治理论课专职教师教学能力和科研水平；再次，在财力方面给予大力支持，思想政治理论课专项经费要划足，真正用于思想政治理论课的教学中。

（二）尊重学生的主体地位，了解学生的需求

在高校思想政治理论课教学中，教师是主导、学生是主体已达成共识，但是怎样在思想政治理论课教学中体现学生的主体作用，这是思想政治理论课当前所面临的急需解决的课题，要在教学中尊重学生的主体地位，主要从以下几个方面努力：一是思想政治理论课教师要针对不同专业、不同的学生群体进行调研，了解学生的个体需求，有针对性地开展教学过程；二是思想政治理论课的教学模式、教学过程进行创新，让学生在教学过程中发挥主动性、积极性和创造性；三是运用现代信息技术手段等，课前和学生进行沟通，了解学生在学习中、思想上存在哪些困惑，需要教师提供哪些帮助，使教学达到解惑答疑的目的。

（三）运用现代教学手段，创新教学模式

新建应用型本科院校由于办学时间较短，在本科中积累的思想政治理论课教学经验不多，在教学中大多是传统的教学模式，为了提高思想政治理论的实效性，必须运用多种教学手段，特别是现代教学手段，要不断创新教学模式，

根据成熟的本科院校思想政治理论课的教学经验，在思想政治理论课中，可采取的创新教学模式主要有以下几种：1. 专题化教学模式，对现有的思想政治理论课教材进行教学内容再造，根据思想政治理论课的教学需要形成不同的专题有针对性地进行教学；2. 在教学方法上，可采取的主要有典型案例、问题导入、学生参与、课前探究等方法；3. 在教学手段方面，随着现代教学技术的发展，在思想政治理论课中，还可采取多媒体、慕课、微课、等现代化的教学辅助手段来丰富教学形式。

（四）扩大教师队伍，提高教师素质

习近平总书记强调“办好思想政治理论课关键在教师，关键在发挥教师的积极性、主动性、创造性”，新建应用型本科院校由于办学时间短，思想政治理论课教师不仅数量方面难以满足教学的需要，而且在教师素质方面也有待提高，加强师资队伍建设是提高新建应用型本科院校思想政治理论课实效性的重要途径。首先，快速扩充师资队伍数量，新建应用型本科院要制定有效地吸引人才的措施，大力引进符合条件的优秀人才充实思想政治理论课教师队伍，在较短的时期内达到中宣部、教育部所规定专职思想政治理论教师数量的标准；其次，不断提高思想政治理课教师的思想道德和政治素质，高校思想政治理论课是帮助大学生树立正确世界观、人生观、价值观，提高大学生思想道德素质和政治素质的课程，作为思想政治理论课教师自身必须具有正确世界观、人生观、价值观以及高度的政治责任感，必须不断加强学习政治学习，特别是要掌握习近平新时代中国特色社会主义思想的精髓，用来指导高校思想政治理论课教学；再次，要不断提高专业知识水平，高校的思想政治理论课涉及的知识面非常广，包括文、史、哲等各方面人文社会科学知识，作为高校的思想政治理论课教师，只有具备丰富的知识，才能在课程上以理服人，对大学生的思想中的各种困惑做出正确的回答。

（五）不断改善实训条件，增强实践教学

实践教学是提高高校思想政治理论课教学实效性的一个重要途径，通过实践，增强学生的感性认识，新建应用型本科院校在学生的实践环节方面往往重视学生的专业实践，在思想政治理论课实践方面还有许多方面做得不够，如缺少实践经费、投入不足、实践指导教师数量少、校内外实训条件不完善等，为此，新建应用型本科院校在思想政治理论课方面必须不断改善实训条件，增强实践教学，主要在以下几个方面努力：首先，要加强实践经费的投入，用来建立和改善校内外实践基地、师生的实践经费的补助，如必要的交通费、劳务费支出等；其次，在实践的方式上可以多种多样，校内可采取学生讨论、聘请专家学

者进行相关的讲座等，在校外和相关企业、社区、政府部门进行合作，建立思想政治理论课教学校外实践基地，让学生轮流到校外实践基地进行社会调查、社会服务等形式的社会实践；再次，配备好思想政治理论课实践指导教师，其来源除专职思想政治理论教师外，还可从校内的其他相关部门如学工、团委等部门以及校外聘请。通过思想政治理论课的实践，提高学生的表达、写作、沟通、思辨能力，把课堂内所学到的知识和社会实践结合起来，提高思想政治理论课的实效性。

参 考 文 献

[1]习近平. 用新时代中国特色社会主义思想铸魂育人 贯彻党的教育方针落实立德树人根本任务[N]. 人民日报，2019-03-19(1).

[2]熊霖，马金宝. 高校思想政治理论课校内实践教学初探[J]. 鄂州大学学报，2019，26(2)：84-86.

[3]杨增岽. 高校思想政治理论课"课堂革命"与开放意识[J]. 思想教育研究，2019(2)77-81.

[4]李晓婷. 高校思政课教学改革的思考与探索[J]. 山西能源学院学报，2018，31(6)：39-41.

[5]林雯. 新工科背景下地方高校思想政治理论课教学的改革与创新[J]. 学校党建与思想教育，2019(3)69-74.

[6]牛田盛. 高校思想政治理论课教学法创新模式比较分析及启示[J]. 思想政治教育研究，2019，35(1)：91-95.

基于卓越教师培养的“四项工程”体系构建研究

——以哈师大深化教师教育改革培养卓越教师工作为例

李志宇

（哈尔滨师范大学教师教育学院）

习近平总书记在同北京师范大学师生代表座谈时说，“国家繁荣、民族振兴、教育发展，需要我们大力培养造就一支师德高尚、业务精湛、结构合理、充满活力的高素质专业化教师队伍，需要涌现一大批好老师”。在新时代背景下对于基础教育领域而言，其主要矛盾已经不再是教师数量紧缺的问题，而是社会公众对优质教育资源稀缺及教育不均衡发展之间的矛盾。从现实看，我国绝大部分地区基础教育，无论是义务教育阶段还是高中阶段均已实现了普及，正从规模满足到质量提升、均衡优势发展转变，这意味着解决师资短缺问题已经不再是首要任务，培养造就一大批“有理想信念、有道德情操、有扎实学识、有仁爱之心”的卓越教师，全方位服务基础教育、持续提升教育质量、促进教育公平是当前师范院校的首要目标。

哈尔滨师范大学作为黑龙江省属重点建设的高水平大学，高水平的引领教师教育改革发展，培养卓越教师对于我们学校来说不是“选择题”，而是“必做题”，这是哈师大卓越教师培养的责任和使命。我校自 2011 年深入推进教师教育改革，建立了教师教育学院，制订了相关卓越教师培养规格和培养目标，培养“师德高尚、专业过硬、技能娴熟、仪表儒雅”的卓越师范生。

新时代卓越教师思想政治教育管理作为育人的重要手段和有力补充，必须要在工作思路和工作理念上准确定位，在各项工作中体现围绕卓越教师培养的思路和理念积极开展工作。首先，不仅要做好思想政治教育工作基本内容，日常管理服务、学生成长引领、思想政治教育，更要积极主动地担负起培养卓越教师综合素质的任务。同时，要准确定位工作内容：确定思想政治教育和管理各项工作的两个围绕，一是要围绕学校培养卓越教师培养目标，“师德高尚、专业过硬、技能娴熟、仪表儒雅”；二是要围绕新时代教师成长，要求“四有好老师”“四个引路人”“四个相结合”。

卓越教师培养思政育人“四项工程”体系的构建：围绕师德高尚开展理想信念铸魂工程；围绕专业过硬开展优良学风塑造工程；围绕技能娴熟开展从师技能训练工程；围绕仪表儒雅开展文明礼仪修身工程。

一、围绕理想信念和高尚师德，开展卓越教师理想信念铸魂工程

（一）坚定卓越教师理想信念

有理想信念是新时代“四有好老师”的首要要求，也是高校立德树人的根本要求。在坚定理想信念方面，要以点带面、区分层次、逐级递进，开展大学生“习近平新时代中国特色社会主义思想”学习社团、“青年马克思者工程”和党员“两学一做项目制”、预备党员转正答辩活动等为抓手和引领，开展学生理想信念教育工作。

1. 开展习近平新时代中国特色社会主义思想学习交流活动，筑牢大学生信仰之基。习近平新时代中国特色社会主义思想深入回答时代之问，不断引领时代前进，是新时代精神的核心，开展由学生党员、学生骨干、思政专业学生代表、普通同学代表为主体的大学生“习近平新时代中国特色社会主义思想”学习社团活动，以学习交流、实践调研、理论宣讲、社会服务为主要学习活动方式，加强大学生思想教育，强化理论引领，筑牢新时代青年理想信念之基。

2. 以“青马工程为载体”抓好学生骨干队伍的思想政治工作。举办青年马克思主义者培训班。每期学员培训时间为一年，思想政治辅导员每人发挥兼职思政课教师作用，兼任“青马工程”小班指导教师。学习内容包括聘请思政课专家集中培训、素质拓展训练、校外参观学习和班内自主学习等。有效地推动了马克思主义理论在广大团员青年中的应用与传播，进一步坚定中国特色社会主义道路的理想信念。

3. 创新党员思教育和培养工作，抓好学生党员的思想引领。创新党员教育管理工作，例如在党员中开展“两学一做项目制”工作。把党员思想政治建设抓在日常、抓在经常，规定党员理论学习活动、实践活动、社会调研的学习要求。再如，举办预备党员转正答辩会，这也是深化“两学一做”常态化学习教育的重要实践环节，在预备党员转正期满预备转正之前，向党支部提交《转正答辩提纲》，总结自己预备期内思想觉悟、专业学习、生活交往、理论学习、先锋作用发挥、成绩不足及未来努力方向等情况，组织答辩活动，全体党员积极分子参加，从中受到教育找到不足。

（二）培养卓越教师职业理想

以专业情志系列讲座、职业生涯规划指导、从师主题班会、社会调查、从师

实践、从师宣誓等内容的教育活动为载体,培养卓越教师坚定职业理想。

1. 专业情志交流讲授。专业情志教育以早自习晨讲和行知学堂平台为抓手,通过集中培训和日常培训提高了学生对所学专业的认同、坚定了成长为卓越教师的理想信念。

日常培训是在每周的早自习晨讲过程中,结合年级特点,合理设置以专业情志为内容的讲课训练。集中培训是寻求专业教师支持,每个专业指派一名任课教师在一年级军训即将结束、正式上课之前为新生做“认识和了解你所学专业”为主题的专业情志专题讲座。内容包括从如何认识你所学的专业、怎样学好专业课等角度讲解,让每一名新生入学初就对自己四年所学专业又一个初步整体认识,为今后的学习打下坚实基础。

2. 职业生涯规划指导。一是邀请一线教师讲座,如邀请哈三中、师大附中、省实验中学、大庆实验中学等黑龙江省内重点高中一线教师给学生做讲座,促进学生了解教师职业。二是邀请中学名校校长讲座。邀请到中学名校校长、知名专家学者,分享名师的成长历程,为学生解析名师成长的过程,对学生的职业理想塑造有很大的帮助。

3. 从师教育主题班会。以班会和团活为载体,以班级为单位,每年在全体学生中召开以“如何成为一名四有好老师”“教师基本素质”“我心目中的优秀教师”等主题班会,开展成为卓越教师的大讨论,使学生思想上勾勒出的教师形象越来越清晰。

4. 教育教学实践调研活动。我们在每年寒暑假给学生布置题为《中国基础教育现状》《中学教师需要具备的基本素质》《一线中学教师的生存情况》等社会调查报告,让学生通过走访实践、问卷调查和人物访谈等方式了解基础教育现状和教师的素质要求,找到学习方法。

5. 从师宣誓职业浸染教育活动。每年开学典礼过程中,新生在师长的见证下,全体学生举起右拳,许下了“用汗水浇铸理想,用行动见证方向。努力锻炼从师技能,不断提高自身素质,践行‘师德高尚、专业过硬、技能娴熟、仪表儒雅’的卓越教师培养目标,绽放奋斗者精彩”的庄严誓言,这种仪式感强烈的活动,能够起到震动学生心灵的作用,此活动坚持了 8 年,取得了很好的效果,坚定了学生成为卓越教师的决心。

二、围绕扎实学识和专业过硬,开展了卓越教师优良学风塑造工程

培养“扎实学识”是总书记对新时代好老师的殷切希望,良好的学习和院风对于学生教师特质的养成和专业学识具有潜移默化和至关重要的作用。

1. 开展学风建设主题班会、我心目中的“学习活动”评比、学习经验交流等

活动，营造学风氛围，并在学风建设中融入思想教育、心理辅导、素质提升等内容，营造浓郁的学风氛围。

2. 以科技创新为引领，培育浓郁学习风气。各基层学院把学生学术科技创新作为学生建设的一个引领点，精心规划和培养，取得很好的收效。一是建立专门部门——创新创业部并由专人负责，在班级内设立了学术科技委员会，同时设立创新创业小组，形成了自上而下的管理体系，负责学院学术氛围引领、学术科技活动组织等相关工作。

二是打造“行知学堂”学术讲座学风引领品牌。“行知学堂”借助本硕毕业生答辩时机，邀请各学科专家学者；日常工作则邀请中学一线教师、我校相关专业教师、朋辈学生等主讲。讲授内容涉及卓越教师成长、学术专业创新、“三字一话”、英语过级考试辅导、书法赏析、就业形势等学生关心并能促进学生素质提升的内容。

3. 加强诚信教育，考风带动学风。诚信教育也是师德师风教育的基础和途径。为了推动学风建设，通过严抓考风带动学风，把诚信考试教育作为抓考风的突破口。开展无人监考创新考试教育活动。制定《无人监考诚信考试实施方案》及《考试规定》，学院主要领导亲自为进行动员，学生们认真准备，积极备考，学生干部尽职尽责，每学期由班级主动申报参加无人监考，取得了很好的成效，但也是一种尝试，为深入开展无人监考诚信考试工作、培育优良学风打下了坚实的基础。

4. 整合力量，争取家长参与，建立家校育人联系。家庭在学生的成长过程中具有重要作用。通过家访、家长会、信件、网络和电话等形式与家长联系。在家访工作中，院书记、副书记和辅导员一直坚持参加，通过个人实地家访、集体实地家访、电话家访、网络家访等形式，已经实现了对全校近 40% 学生的家访，初步建立了家校之间的联系。通过家长开放日、新生家长会等方式把家长邀请到学院，参观教学、办公和学生学习、生活环境，介绍学院的管理和学风情况，使家长明确各学院学风建设的要求和目标，积极配合为学风建设提供有力的家庭支持。

5. 全员育人，利用朋辈力量，发挥传带作用。低年级学生遇到学习、生活问题时多向高年级学长咨询，积极通过朋辈学术沙龙、主题班会、考研经验交流等形式，以高年级学长为教育力量，选举优秀毕业生、在校本科生、研究生就如何度过大学生活、规划学习、大学英语四级考试和考研准备等主题进行交流，同龄人的经验对学生学习、生活有很大的引领作用。

6. 浓厚学风，强化班集体建设，为学风形成氛围。班级是学生大学生活的重要集体，班集体建设直接关系到学生能否健康发展和班级学风的形成，把学生教育管理与班集体的建设结合起来。在学生大学一至四年级时分别以生活、学习、就业三个方面作为教育主题良好效果。一年级以“适应大学生活，建立融洽的集体”为主题。二年级以“树立学习目标，养成班级学习风气”为主题。三四年级以“就业指导教育，实现学生的分类管理”为主题，把学生分为考研、考公务员、就业、创业等几个群体，依据这几个学生群体的不同需求，设计不同的方式，为他们提供帮助。学风建设需要学生自身努力学习，更需要各方面力量的支持鼓励。我们努力构建由学生管理人员、专业教师、学生家长、学生学长和学院环境组成的学风建设支持体系。

三、培养“技能娴熟”师范生，开展从师技能训练工程

教育教学实践能力不仅需要在课堂上培养，还需要在大量的实践活动中去培养。配合课堂教学和培养方案内容、分层次设计实践培训和技能模拟训练，为同学们搭建大量、有效的技能训练平台。建立“学生自我训练－班级集体训练－教师辅导训练－朋辈引导训练－比赛推动训练”的学生技能训练体系。

第一个层次，一年级书法训练和普通话训练。第二个层次，二年级模拟讲课和粉笔字训练和三年级训练讲课、板书、课件制作和班主任工作。第三个层次，进行实习实训和社会实践锻炼。搭建多个社会实践平台，在实践中把学与用结合起来，培养社会适应能力与教学实践能力。具体内容包括：

1. 坚持早晚自习师范生教学模拟训练。依托早、晚自习进行讲课和粉笔字训练，在早自习让学生轮流进行以高中教材为内容的模拟讲课训练，低年级学生可以上讲台做演讲或讲解课程题目，主要锻炼学生讲课胆量站稳讲台；高年级学生要按照一线教师的标准要求自己，必须具备导入、提问、板书等基本要素，教学过程要完整。班级其他同学不仅要认真听讲，还要把讲课内容和优缺点记录在听课笔记上。讲课结束后，由学习委员把笔记收齐后转给讲课同学查阅，促进相互间的交流。

2. 晚自习练习粉笔字楷书，每天 3 个人，每人 81 个字，并有专门的学生部门管理和监督。同时，利用晚自习，班级组织自我集体训练；邀请书法老师、教法教师进行练习辅导。成立高年级学生技能训练讲师团，选择技能较强的高年级学生加入讲师团，到低年级讲示范课、指导晨讲、传授知识等，辅导学生进行技能训练。

3. 加强社会实践锻炼，提高师范生社会适应能力。教育教学实践能力不仅需要在课堂上培养，还需要在大量的实践活动中去培养，让师范生对当下的社会现状有一定的了解，在实践活动中把学与用结合起来，培养社会适应能力和教学实践能力。在这方面，我校比较好的搭建了平台。

一是定期开展“三点半”公益课堂活动。不同专业学生结合实际教学需

求，为小学生们开设个性化课堂，实践活动让同学们服务社会的同时，真实了解基层教育需求；通过真刀真枪的实践演练，根据需要修正课程内容，达到进步提高效果。通过长期对小学生们提供教育支持、心灵沟通增强学生对教育的热爱，培养大学生们的仁爱之心。课后还邀请教学经验丰富的一线教师提出指导与建议，促进了学生们更好的学以致用，理论知识与实践教学高度结合。

二是积极开展大学生实践项目。教师教育学院的“雏鹰绘梦 志引未来”大学生实践公益项目是我院开展大学生实践培养、大学公益服务项目的优秀代表。此项目面对留守儿童，让同学们进一步深入了解社会、了解社会需求，树立为教育事业做贡献的信念。项目对标总书记提出的三大攻坚战中精准扶贫、扶贫扶志。活动坚持两个针对，即针对“扶贫扶志”的工作内容、针对贫困留守儿童的服务对象。服务内容包括两项，即黑龙江省高校巡游和大学生活体验两个项目，开展以激发内生动力为内容的扶志项目。活动开展两年来，很好地培养了师范生的家国情怀和奉献精神，同时还在社会上引起了广泛的影响。

三是利用假期时间组织学生志愿支教、三下乡、实践考察等活动，增强学生对社会的了解，尤其是增强学生对教师职业的了解，增强学生成为一名优秀教师的决心。

四、培养“仪表儒雅”师范生，开展文明礼仪修身工程

卓越教师完成职业任务中“言传身教”必不可少，良好仪表对于树立师者形象获得学生尊重“亲其师”“信其道”有着十分重要的作用，学会塑造“仪表儒雅”的卓越教师形象，培养举止文雅、穿着朴素、仪态端庄、作风正派的教师形象。重视对学生进行从师礼仪规范培养，为培养师范生文明行为，制定了《学生日常行为礼仪规范》，规定学生在教室、寝室、交往、仪表等方面的礼仪要求，每名学生认真学习，严格遵守，并以文明礼仪小品比赛等形式进行学习，特别是文明礼仪小品比赛中，把《规范》中的礼仪要求用话剧、歌舞剧、小品等形式生动地展现出来，真正实现了礼仪规范入脑入心。时刻提示学生是未来的卓越教师，要在日常表现和实习实践中时刻高标准要求自己。

百年大计，教育为本，教育大计，教师为本，教师大计，师范为本。为我省乃至全国基础教育输送更多有理想信念、有教育情怀、专业化高水平、教学技能强的卓越教师，这就更需要我们将卓越教师培养改革推向深入，积极发挥思政管理工作作用，稳步提升卓越教师培养质量。

军工文化融入高校国防教育的价值及路径探究

谢璐妍　周雨曦[①]

（哈尔滨工程大学马克思主义学院）

中国人“坚持不忘初心、继续前进”，就是要坚持“四个自信”，并指出文化自信更加基础、更加广泛、更加深厚，这是党中央对社会主义事业建设更深层次的把握，是对中国特色社会主义文化更本质的定位，这突显了文化在中国特色社会主义事业建设中的战略意义[1]。以文化人、以文育人是培养人才的重要方法，高校作为文化建设与传播的主阵地，必须担负起重要责任，为文化建设打下坚实的基础。如今，在“强军梦”这一伟大目标提出之际，高校爱国主义国防教育变得尤为重要且不可或缺，培养大学生的爱国情怀和国防意识迫在眉睫。军工文化是社会主义先进文化的重要组成部分，是促进国家“强军梦”实现的重要精神力量，同时具有显著的育人功能，通过传播军工文化，培养学生对祖国的热爱之情、对军工先辈们的敬仰之意，以及对军工历史的认同感和自豪感，从而树立起强烈的文化自信心，这既有利于高校国防教育取得良好成效，帮助学生培养优秀品质和爱国情感，同时又能够推动先进军工文化得到弘扬与发展，为新时代文化建设事业添砖加瓦。

一、军工文化的基本内涵

1931 年，中央红军兵工厂创办，经数十载建设、发展，建立起了门类较齐全、布局较合理、初现一定规模的国防科技工业体系，与此相伴随，新中国形成了独具特色的军工文化。军工文化是一种特色文化，军工行业成员是主体，军工信息与实践是客体，军工场域是其平台，军工文化是该行业理念制度、道德规范、行为准则等文化要素的总和，是中国特色社会主义先进文化的重要组成部分[2]，在中华文明的传承和延续中发挥着特殊作用。先进的军工文化是伴

---

① 本文为黑龙江省社会科学基金青年项目“冷战后美国学者对中国特色社会主义理论研究”（项目号：17KSC127）阶段性成果；国家社科基金“鉴思唐宋文化对外传播方式拓展中华文化国际传播路径研究”（项目号：17XKS008）阶段性成果；中央高校基本科研业务（项目号：3072019CF2206）。

随着我党领导人民军队的实践逐步形成的,它并非一成不变,在不同的时代会被赋予不同的内涵,在和平与发展成为时代主题的今天,军工文化的内涵也随之发生变化。军工文化包含着精神、物质、制度等方面的内容,是一个宽泛的概念,其精髓也是最值得我们学习和发扬的就是军工精神,让军工文化融入高校爱国主义国防教育,实质上就是让军工精神融入高校国防教育。

1. 热爱祖国、献身国防的爱国情怀

军工文化最核心的部分就是热爱祖国、献身国防的爱国情怀,一切以国家利益至上,这也是如今社会主义核心价值观最基本的要求——爱国。军工文化中的爱国精神不同于诸如红船精神、延安精神等红色基因文化中的爱国精神,军工文化中的爱国精神是具体的、现实的,它蕴藏于军工先辈兢兢业业开创军工事业的历史之中,它彰显在军工人才勤勤恳恳献身国防科研的实践之中。我们国家的军工行业自从其诞生的那一天起,就始终以国家利益至上为一切工作、生活、科研行动的底线,战争纷乱年代强调救亡图存,和平建设年代强调改革创新,无论是成功地研制了"两弹一星",或是在航空航天领域取得了令世界瞩目的成就[3],还是新中国国防科技的振兴雄起,军工人在整个建设过程中从未计较个人得失,不期追求名利地位,默默无闻地献身国防事业,奉献青春年华、热血激情,付出聪明才智、辛勤汗水,"春蚕到死丝方尽,蜡炬成灰泪始干",这种无私奉献、献身国防的崇高精神,源自对祖国的赤子之心、热爱之情,是我们事业前进的精神动力、胜利的品质保障。

爱国主义精神是我们国家和各个民族团结友爱、相守相成的精神纽带,是我们国家和各个民族生存生活、建设发展的重要支柱,是推动我们国家和各个民族日新月异、繁荣强大的内在动力,这种精神在任何时代都不会过时。在国际形势风云诡谲、国内改革如火如荼的今天,爱国主义的情怀、奉献祖国的精神对于当代大学生而言的重要意义更加凸显。

2. 吃苦耐劳、坚韧不屈的政治品质

党中央曾高度赞扬了载人航天工作人员具有"特别能吃苦、特别能战斗、特别能攻关、特别能奉献"的优秀品质[4],这同样也是广大军工人与生俱来的政治品质。中央红军兵工厂成立之初,我国经济发展水平十分低下,军工先辈经历了忍饥挨饿的岁月,经受过风吹日晒的日子,但即便是在这种情况下,广大军工人仍然相互鼓励、紧密团结,硬撑着自己孱弱的身体刻苦钻研,决不含糊。改革开放以后,国内的生活环境和科研条件有了极大的改善,但是广大军工人并没有摒弃吃苦耐劳、坚韧不屈的优秀品质,他们保持优良作风,不贪图享受、不爱慕虚荣,始终不渝地坚守在自己的岗位,面对工作和科研中的困难迎难而上、勇往直前，这种精神仿佛印刻在了广大军工人的骨子里，不仅是每一个人的优良品质，更像是整个军工团队的政治品质。火以灭金、逆境磨人，经历过艰苦岁月的军工人造就了一身特别能吃苦、特别能战斗、特别能攻关的过硬本领，锲而不舍，金石可镂，保持着优良品质的军工人创造了一件件功劳、一桩桩成就、一次次奇迹。

我党成立于纷乱之时，成长于磨难之中，成就于改革之世，一路走来，饱经风霜、历尽沧桑，发展到今日盛况，离不开共产党人不畏艰难、顽强抗争的优良品质，我国国防军工实力由弱到强、规模由小到广，离不开军工人吃苦耐劳、坚韧不屈的政治品质。无论在哪一个时代，这种优良品质都不可缺失，在大学生缺乏吃苦精神的今天，传播军工文化、弘扬军工精神有着重要意义。

3. 开拓创新、勇攀高峰的科研精神

军工人始终强调改革创新，其先进性也体现在坚持独立自主、发扬改革创新时代精神这一方面。新中国成立之初，我国还是一个国防工业实力相当落后的国家，但是高科技国防装备和现代化尖端武器受到国内外条件的限制，我们只能自力更生，自主研制，经过几十年的奋发图强，我国国防、军工实力有了质的飞跃，在国际上也能名列前茅，无论是对军事武器装备的研制，或是对国家发展重工业的贡献，还是对军工人才的培养训练，都取得了重大成就。攻克了一个个关键技术，取得了一项项辉煌成就，这都有赖于科技人才和军工人的不懈努力，有赖于他们开拓创新、勇攀高峰的精神力量，通过自主创新改变了命运。无论在哪个时代、哪一行业，开拓创新、勇攀高峰的科研精神，都应当被我们学习和发扬。

科学技术是第一生产力，开拓创新是科技发展的生命力，是开拓创新、勇攀高峰的科研精神壮大了我国国防实力，使中华民族重新屹立于世界之林，如今，习总书记同样高度重视青年创新精神的培养，大力推行“双创”理念，鼓励大学生积极创新创业，掌握创新主动权，创新的重要意义可见一斑。所以，强调开拓创新、勇攀科研高峰的军工文化是值得我们发扬的文化，以自身行动展现创新意识、创新精神、创新能力的广大军工人是值得我们学习的榜样。

军工文化的内容紧紧跟随党的路线、方针、政策不断改进和发展，始终朝着先进文化的前进方向，始终保持着鲜明的先进性、科学性，是中国特色社会主义先进文化的重要组成部分，弘扬和发展军工文化，就一定要站在时代的高度，回顾历史，立足当下，展望未来，不断发掘军工文化的时代内涵和意义。

二、军工文化融入高校国防教育的价值

在高度重视文化建设的今天，新出现了诸如“工匠精神”“红船精神”等社

会主义先进精神文化，相较而言，军工文化被人们所淡忘，但要真正实现中国特色社会主义文化大发展大繁荣，不该只“向前看”，而应该做到“瞻前顾后”。军工文化是社会主义先进文化的重要组成部分，不应该也不会成为“过时”的文化，事实上，在当今时代军工文化仍存在重要意义。

1. 为文化强国的建设增砖加瓦

“文化兴国运兴，文化强民族强。”文化是一个民族和国家的灵魂，有什么样的文化，就会塑造出什么样的民族，我国正处于社会主义初级阶段，处在建设和发展的关键时期，必须要十分重视文化软实力的发展。只有让国民树立强烈的文化自信心，增强国民对中华民族文化的强烈认同感，才能确保中国特色社会主义事业顺利进行。

军工文化作为社会主义先进文化的重要组成部分，是中华民族历史文化的宝贵财富，也是培养当代大学生爱国主义热情和优秀时代精神的重要资源，高校开展国防教育更应该把握好这一资源，讲好辉煌军工历史，传播优秀军工文化，培养对军工人强烈的崇敬感和自豪感。在用军工文化教育学生的同时，无形中也是对军工文化的传播和发扬，在教育实践中不断丰富军工文化的时代内涵，这既对学生进行了高品质的精神教育，又将军工精神发扬光大，丰富中国特色社会主义文化内容，为文化强国的建设和国防人才培养画上浓墨重彩的一笔。

2. 为创新社会的构建积势蓄力

“问渠哪得清如许，为有源头活水来。”创新是引领发展的第一动力，是建设现代化经济体系的战略支撑，是国家发展和民族振兴的前提保证。近些年来，我国在各方面水平能够迅猛且高质量地发展，最重要的就是提高了自主创新能力。十九大会上提出要坚定实施创新驱动发展战略，将创新摆在国家发展全局的核心位置，近年来也一直推崇大众创业、万众创新的品质，没有创新就没有竞争力，创新的重要意义可见一斑，“一个不会创新的民族，是没有前途和希望的民族”，加快创新型社会建设的步伐迫在眉睫。

大学生是未来建设祖国的栋梁和希望，尤其应该注重创新意识的培养。军工文化中宣扬开拓创新、勇攀高峰的精神，要求应有不拘泥于旧有事物、不局限在陈规旧则、敢于突破、敢于创新的优秀品质。自主创新精神助力一代又一代的军工人创造出卓越的军工设计，为国家输送无数精密的军工产品。通过国防教育课堂传播军工文化，尤其是发扬创新精神，有利于养成自主创新的校园风气，形成良性发展的创新循环，唤起学生的创新意识、锻炼学生的创新能力，培养学生的创新精神，不断壮大创新型人才队伍，从而加快创新性社会建设的步伐[5]。

3. 为清朗校园的创建正气塑风

“天下将兴，其积必有源。”教育兴则国家兴，教育强则国家强，高校教育的发展水平是国家发展水平和发展潜力的重要标志，国与国之间的较量，其实就是人才培养的较量，作为培养科技人才、优秀青年的主要阵地，高校建设凸显出极其关键的战略意义，要想实现中华民族伟大复兴，人才教育的作用和地位必须重视，目前，我们国家的发展和人民生活水平的提高对教育质量的要求与日俱增，我们需要更高质量、更高水平的高等教育，我们的社会迫切需要源源不断的科学知识和卓越的青年人才，高等教育学府肩负的责任愈渐重大，要为国家和人民群众培养更多全面健康发展的社会主义事业建设者和社会主义接班人。大学校园的风气直接关系到高等人才的培养质量[6]，其建设工作十分关键，但随着知识经济和信息技术的飞速发展，大学生的学习环境和生活条件有了极大的变化，校园文化也表现出多元化、边缘化、复杂化，出现了许多不良风气和现象，高校校园文化在传播社会主义主流文化时，受到各种社会思潮及世俗文化的冲击，尤其以西方思潮的冲击最为严重，影响了大学生的世界观、人生观和价值观，使学生迷失方向，在思想上走上歪路、邪路。此外，非理性主义、享乐主义、功利主义也充斥在大学生群体中，学生爱国情怀、集体意识淡薄，严重影响了高校大学生的培养质量。

军工文化包含热爱祖国、无私奉献的情怀，吃苦耐劳、坚韧不屈的精神，开拓创新、勇攀高峰的品质，拥有抵抗“歪风邪气”的力量，具有净化“校园污垢”的作用，是十分有意义的教育内容。将其融入高校教育内容中，对军工历史和军工文化进行宣传教育，拉近学生与社会主义先进文化的心理距离，转变其观念与思维，重塑正确“三观”，帮助学生增强抵抗“非主流”文化和西方思潮的免疫力，培育优良的学风、校风，还高校一片风清气正。

4. 为鸿鹄之才的培养积基树本

“国势之强由于人，人材之成出于学。”高校的大学生是实现中国梦和中华民族伟大复兴的生力军，培养优秀的社会主义接班人，关系到民族大业、民族未来。优秀的社会主义接班人，必须要坚定社会主义信仰，必须要有爱国主义意识，在和平与发展为时代主题的今天，爱国于当代大学生来说，就是热爱中国特色社会主义，就是利用自己的知识和技能为社会主义事业做贡献、为国家和人民做贡献。军工文化最重要的价值观就是一切以国家利益为先的爱国精神和无私奉献、献身国防的高尚品质，这种精神支持着军工人为祖国做出巨大贡献，让军工文化融入高校国防教育，有利于巩固和弘扬爱国主义精神，激起大学生的爱国情感和民族自豪感，激发为国家做贡献的决心和信心。

优秀的社会主义接班人，不仅要对社会主义与祖国大地一片赤诚，坚定对共产主义的信仰，坚定对中国共产党的信心，具备优良思想品德和精神修养，还要练就一身过硬的专业本领，具备良好的专业素养，这要求大学生具备吃苦耐劳、坚韧不屈的优良品质，开拓创新、勇攀高峰的科研精神。军工文化中就蕴含着这些优秀精神品质，让军工文化融入高校国防教育，利用精神力量，让学生更加直接地接受这些光荣传统和优秀品质的熏陶，在潜移默化中不断提升自我、超越自我，成为德智体美全面发展的社会接班人。

三、军工文化融入高校国防教育的路径

先进的军工文化融入高校国防教育，这既是先进文化发展的时代要求，也是有效开展高校国防教育的重要路径，但是要想取得良好且长久的成效，并非一朝一夕，需要在教育者、教育中介、受教育者、教育环体四个方面进行努力。

1. 要“正身以则”，强调教师队伍的引导作用

首先，“师者，人之模范也”，教师工作具有很强的示范性，是学生的引路人，在学生眼里，老师是“吐辞为经、举足为法”，一言一行都给学生以极大的影响。要想使学生接受军工文化、践行军工精神，作为教育者，必须要以身作则，以自己的一言一行、素质修养为学生做好榜样。“其身正不令而行”，具体来说，需要教育者自身相信军工文化、学习军工文化、尊重军工文化，在日常生活和科研工作中自觉践行军工精神，尤其是军工院校的教育工作者，更应该树立旗帜、做好榜样。第二，在进行国防教育时，要对军工文化的内容进行筛选，不能将全部内容照搬传输给学生，比如军工文化中钢铁一般冷酷严苛的规定纪律和管理制度，并不适用于如今开放自由、创新活力的社会风气和校园学习环境。要本着“以人为本”的宗旨进行教育活动，关注学生现实需要及社会对学生的实际要求，让军工文化贴近学生实际生活，如军工文化中所弘扬的精益求精、科学严谨的工作学习态度，与当前所宣传的“工匠精神”有异曲同工之妙，联系学生即将走向工作岗位或学术研究的实际情况，让学生感受到军工文化中的精神品质对自身发展有着重要意义，由此引起学生的关注和共鸣。

2. 要“教导有方”，落实知行合一的教学模式

教育方法是沟通教育者和受教育者之间的桥梁，采取高效适用的教育方法能够促使教育活动取得事半功倍的良效。将军工文化融入国防教育的过程，必须要“教导有方”，遵循学生学习的一般规律。就教育方法而言，最常用的就是灌输教育法，老师通过课堂讲授来加强学生对军工文化了解与记忆，这

种方法具有直接性、高效性，可以让学生系统、全面地了解军工文化，大多数高校进行国防教育就是通过开设国防军事理论课这一形式。但是，部分理论知识枯燥生硬，学生不易接受，仅通过课堂教育很难取得良好效果，要想取得良好成效，就不能简单机械地通过老师口头传授、课件展示这种传统方式。军工文化是在我党我军建设和发展的实践中形成起来的先进文化，是具体的、现实的，是从实践中总结出来的精神财富，应做到从实践中来，到实践中去，把课堂理论教学和社会实践教学统一起来，在传统课堂教学中帮助学生了解军工文化的理论内容，同时应该多组织相关军工实践活动，比如高标准、严要求的军训，参观纪念馆或博物馆，制作手抄报、组织专题报告会、开办讲座等活动，在实践中学习并身体力行地发扬军工精神，形成以理论为先导、实践为载体的“知行合一”的教学模式。[7]

3. 要“严以修身”，重视高校学生的自我教育

军工精神作为一种意识形态层面的物质，若要发生作用，最终还需要学生自己内化于心，才能外化于行。在经过了教师教育引导之后，更重要的是学生要学会自我教育，自我塑造。孔圣人尚且“五日三省吾身”，正处于学业、事业关键时期的大学生更应当如此。作为社会主义接班人、祖国未来希望的大学生，应该时时刻刻牢记社会主义核心价值观，应当坚定社会主义信仰，无论在公共场合，还是一人独处，都应严格要求自己的道德修养、坚定理想信念，当自身思想修为足够上乘时，再接受军工文化的洗礼，就会在军工文化融入国防教育过程中受益匪浅。

当代大学生不应只学习科学文化知识、练就专业技术，还应该积极主动地从优秀先进的思想文化、道德品质中汲取精神养分，补足精神之钙，军工文化蕴藏着中华民族老一辈的高尚风骨，军工精神彰显了社会主义事业建设者的精神风貌，是大学生提升自我精神修养、道德品质的重要学习资源，广大青年大学生可以通过书籍、文献、网络新媒体技术等主动获取军工文化的相关知识，主动以军工精神来涵养自我修养，以成为一名有理想、有本领、有担当的社会主义建设者和接班人。

4. 要“文以化人”，营造风清气正的教育环境

“宝剑锋从磨砺出，梅花香自苦寒来”，环境影响人，环境造就人，良好的学习环境、校园氛围有助于教育工作取得良好成效，要使军工文化更好地融入高校国防教育，营造“人人知军工文化，人人信军工精神”的大环境能起到事半功倍的效果。但在现实中，军工文化宣传力度低，学生知之甚少，缺乏对军工文化的认同感，这既不利于将军工文化融入国防教育，也不利于军工文化传承和发展,久而久之,军工文化甚至会消失于大众视线,逐渐被人遗忘,这无疑是中华民族先进文化的重大损失,因此我们必须重视文化宣传工作,可通过校园文化和校园媒体,适时宣传辉煌灿烂的军工历史,展示军工历史上取得的光荣成就,让师生发自内心地产生历史自豪感和文化认同感,如通过举办军工校园文化节、军工历史博物馆参观活动,或举办知识竞答活动,还可以利用微博、微信公众号,不定期发布相关知识,长此以往,军工文化就会印刻在师生的意识里,学生也会潜移默化受到军工文化的熏陶,加大文化宣传力度、丰富文化宣传渠道,能为军工文化融入国防教育实践做好铺垫。

我国已进入中国特色社会主义新时代,文化建设及意识形态方面的工作显示出更加关键、更加重大的战略意义,加快文化强国建设,必须重视更基础、更广泛、更深厚的文化自信力,推动中华优秀传统文化创新性发展、创造性转变,继承革命文化,发展社会主义先进文化,以文化力促发展。习总书记曾提出"以文化人,以文育人"的教育理念,军工文化是中华民族优秀文化和社会主义先进文化的重要组成部分,应得到相当的重视。让军工文化与高校国防教育结合起来,不仅能够助力国防教育取得良好成效,还能够促进军工文化更好地传承和发展,为社会主义文化事业大发展、大繁荣添砖加瓦。

参 考 文 献

[1]王梦琪,张洋洋. 文化强国背景下法治文化建设路径探析[J]. 中共南昌市委党校学报,2018,16(2):55 -58.

[2]代艳丽. 论军工文化在军工类高校的育人功能[D]. 长沙:中南大学,2013.

[3]谢璐妍,窦隽勇. 论"哈军工精神"的基本内涵及其现实意义[J]. 黑龙江高教研究,2015(5)114 -117.

[4]吴月华,寇荷超. 传承载人航天精神培育社会主义核心价值观[J]. 改革与开放,2017(17)13 -14.

[5]段久芳,韩春蕊,王堃,等. 高校本科拔尖创新人才培养的实践探索[J]. 中国林业教育,2018,36(3):7 -10.

[6]蒋莹莹. 高校大学生学风建设的现状与对策分析[J]. 淮海工学院学报(人文社会科学版),2018,16(6):125 -127.

[7]褚照楠,林希玲. 论网络时代中学生思想政治教育方法的创新[J]. 南昌师范学院学报,2018,39(2):110 -113.

信息化在新时代高职思政教学中的定位及管理策略

李 岩

（扬州市职业大学马克思主义学院）

近年来迅速发展的移动互联网、大数据、云计算等新媒体和新技术催生了诸如微课、慕课、云课堂等新型信息化教学方式，这些都在影响着传统的高职院校的思政课堂，对思政课教学方式的改进、教学资源共享和教学效果的提升等方面发挥的重要作用也日益凸显。《国家中长期教育改革和发展规划纲要(2010—2020 年)》明确指出："信息技术对教育发展具有革命性影响，理应予以高度重视。"习近平总书记在 2016 年 12 月全国高校思想政治工作会议上曾明确指出："要运用新媒体新技术使工作活起来，推动思想政治工作传统优势同信息技术高度融合，增强时代感和吸引力。"[1]新技术下高职院校思政教学改革迫在眉睫。

然而，任何教学改革都不是一蹴而就的。高职院校在主动顺应"互联网＋"时代发展潮流，强化思政课堂的信息化教学过程中，也出现了一些严重问题，如过度依赖信息化手段，甚至以一种娱乐的信息化手段取悦学生而放弃课堂教学中教师的主导地位，使思政课堂表面上热热闹闹，实质上收效甚微。因此，在深入推进思政教学信息化建设的同时，也需要对信息化教学手段在思政课堂教学中有一个明确的定位：信息化永远只能是教学手段，而教师才是思政教学过程的设计者和引领者。在明确这个定位的基础上，进而寻求科学合理使用信息化手段的解决策略，最终实现信息化与高职思政课教学的深度融合。

一、信息化教学的特点及优势

所谓信息化教学，是指以信息技术为载体，以云端化、智能化、集成化、数字化为发展方向，在最新教学理念的指引下，教师对相关教学内容进行设计和规划，把信息技术与教学内容有效地融合起来，并采用不同种类的教学方法，打造一个拥有良好视觉效果的趣味课堂。

信息化是新时代教育教学的必然选择。正如上海高校课程中心主任黄钢所说："网络技术引发了整个教育的革命，我们今天无法规避只能接受，高校如果跟不上、老师如果跟不上、学生如果跟不上，将被这个时代抛弃。"在高职院校的思政教学中，不能熟练使用信息化的手段，就注定了教师和新时代的大学生之间的鸿沟，也注定了思政教学的困境，因为信息化手段具有新时代高职院校大学生所钟情的一些基本特点：

首先，信息化手段使教学内容生动化。

相较于传统思政教学中的一块黑板一张嘴——以讲解为主的教学模式，信息化教学显得更加生动具体。传统教学模式使很多具体生动的教学情境根本得不到有效的展开，也很难在学生的头脑形成"画面感"，而利用信息化的教学手段，则可以把很多抽象的内容，通过动画、图形、影像、声音甚至三维实景的方式进行具体的呈现，让学生能够身临其境，感同身受。

其次，信息化手段使教学关系协同化。

传统思政课堂的信息传递往往是教师向学生单向的信息传递，但很多认知和情感，则需要在交流和协作当中才能够达成。而信息化的教学手段，不仅实现了教师和学生之间的顺畅交流，更具意义的是，信息化能够在学生与学生之间搭建一个共同交互的平台，让同学们彼此平等的接触与交流，甚至是在观点的碰撞与评价中，获得共同的情感体验。

再次，信息化手段使教学资源全球化。

互联网今天已经进入了中国的千家万户，使全球的信息资讯连成一个信息的海洋，为全人类所共享，网络资源的极大丰富，大大拓展了人们对自然和社会的认知视野，今天的大学生眼界开阔程度甚至不亚于教师。过去社会上的一些热点问题，往往不能很快进入学生的视野，但在网络发达的今天，社会热点问题，能够快速引起大学生的关注，并成为他们讨论的热点。

信息化手段因其"神奇的功能"，迅速俘获了新时代大学生的芳心，但是不是说在一堂思政课上，信息化手段越多越好，或者信息化的程度越高越好？答案并不是。只有合理而适度的使用信息化手段，才能使其在新时代思政课的课堂上发挥应有的作用。

二、信息化教学定位的分析

新时代思政教学中信息化的定位，只不过是在教师主导下的一种有效的教学手段，它决不可以，也不应该成为课堂的主导力量。

1. 信息化教学的接受机制分析

任何手段的改革，都必须要符合其内在的客观规律。思想政治教育也不例外。新时代高职的思政教育，实际上是教育主体向接受主体的理论传输与接受主体的吸纳接受过程的统一，在这一过程中，接受机制对思想政治教育实效性提高有着关键的作用。正如刘先义先生在《接受理论：教育研究的新领域》中所言："接受理论是当前教育科学研究中一个亟待探索的重要的世界性课题"[2]。

接受是思想政治教育实效性的前提条件，它是思想政治教育的接受主体出于自身的内在需要，而对教育者利用各种媒介所传递的思想文化信息加以反映和择取、整合和内化、外化和践行的活动[3]。

也就是说，教育主体所提出的规范和理论，只有被接受主体认知并接纳，才能内化为接受主体自身的行为规范，即从他律到自律的过程，如果教育主体所传递的信息不能被接受主体所接纳，则其他的一切教育思想都无从谈起。因此，理想的思想政治教育所具有的内在属性就是思想政治教育的可接受性。

在这一接受过程中，信息化教学作为一种沟通教育主体和接受主体的桥梁，其作用是不言而喻的，接受主体只能通过中介才能实现与外部信息之间的关系。正如列宁所言，"一切都是经过中介，连成一体，通过过渡而联系的，只有这样，才有整个世界（过程）的有规律的联系"[4]。

信息化手段的使用同样有着其自身的规律，并非多多益善。

直观生动的信息化教学使人们更易于接受所传递的信息。调查显示，人在不同感观对信息的反应中，视觉能够使人接受约 86% 的信息，而单纯的听觉只能使人接受约 7% 的信息。相比较而言，信息化手段在人们的接收信息过程中，是具有强刺激作用的。

适度的强刺激能够使接受主体提高对所接收信息的关注度，从而提高接收信息的有效性。但过度的强刺激，则会使接受主体出现接收信息疲劳，对外部信息的敏感度和关注度下降，甚至产生厌倦心理，直至拒绝接收外部信息的刺激。

2. 信息化教学的接受主体分析

思想政治教育是教育主体向接受主体的理论传输与接受主体对信息的吸纳接受过程的统一。思想政治教育的有效程度，取决于接受主体对思想政治教育信息的心理接受的主动性程度。因此，提高高职院校思政教育的有效性，就不得不考虑接受主体的信息获取方式及其在思想政治教育过程中的心理状态。

新时代的高职大学生很多是由电子产品陪伴长大的，同时他们往往学习能力偏弱，文化底子薄，自学能力不强，但对网络和新媒体有着特别的感情。在他们的日常学习生活中，往往手机不离手，甚至上课时忍不住玩手机的也大有人在。所以我们要借用电子产品的吸引力，将信息化教学贯穿整个思政教学环节中，这就必须要了解和把握新时代高职大学生的信息获取方式及其心理特征：

（1）信息构建自主化

大学时期是人的自我意识迅速发展的时期，这一时期，离开了父母的监管，他们的自我意识空前高涨，非常注重个性独立，有着自己独立的价值取向和认知结构，希望按照自己的方式生活，充分释放自己的个性。而信息化时代的到来颠覆了大学生"被动学习"的状态。网络空间的自由让大学生拥有更多的话语权，他们可以在网络上畅所欲言，自主寻找自己需要的信息，并在自主获取信息过程中自主习得知识，以满足自己个性化的追求。大学生掌握信息的渠道不再局限于课堂、不再局限于教师，在信息构建方面，表现出强烈的主动性特征。

（2）信息获取碎片化

互联网让人们获取的信息更加"碎片化"，注意力更加分散，年轻人关注和获取信息的方式也因此发生了根本性变化。信息化时代，大学生面对的是海量的、碎片化的信息。今天的年轻人，每天通过搜索引擎、微博微信、甚至快手抖音等多种方式获取信息。信息量如此之多，获取信息如此容易，乃至我们养成了一个坏习惯：文档超过 140 个字，我们就没有耐心看完。

碎片化信息的好处是，可以迅速获取信息，不用花费太多时间与精力。但细细想来，我们每天接受大量的碎片化信息，除了给了我们一些茶余饭后的谈资外，好像也没有什么有用的东西。所以，信息的碎片化带来一个不容忽视的严重问题，就是接收信息者的注意力被严重分散。

（3）信息传播网络化

随着 4G、5G 网络进入校园，移动网络成为大学生不可或缺的标配，"微圈"已经全方位融入大学生的学习生活，刷微博、看微信等成为大学生每天必做的事，他们从各种网络平台中获取大量而丰富的信息。高职院校教育尤其是思政课教学也因此受到很大影响[5]。在信息化时代，很多重大事件、热点问题"病毒式"地在学生间传播，学生掌握信息的数量和速度有时比教师更多更快，如果教师不第一时间掌握，仍然局限于教材内容的知识点讲授，教师往往难以驾驭课堂，导致教学效果欠佳。今天，在高职思政教学的课堂上，大学生中"低头族"现象也很普遍：无论老师讲得如何精彩纷呈、挥汗如雨，学生在台下仍然旁若无人地看网页、刷抖音、发微信，甚至玩游戏、逛淘宝。

总之，随着网络新媒体的出现，教师思想政治教育的权威地位日益弱化，使得高校思想政治教育的效果受到冲击[6]，传统的思政教学模式已经不能满足新时代大学生的需求，这也对新时代思政教学的教育主体提出了更高的要求。

3. 信息化教学的教育主体分析

新时代思政教师必须要顺应时代潮流，努力获取信息化资讯，掌握信息化手段，驾驭信息化课堂。与传统教育模式下的高校教师角色相比，信息化教育环境下的高校思政教师角色是多元的，既保持传统教师的基本角色特征，又扮演着新的多重的角色。

首先，信息化时代的高职院校的思政教师也应该以大学生获取信息的方式，去努力获取信息，通过网络和新媒体，去关注大学生关注的热点。今天的思政教师，仅仅依靠在学校获取的知识已经不能适应信息化思政课堂的需要了，即使教师已经有了多年的知识积累和教学经验，有的甚至已经成为某一领域的专家，但也要不断地坚持学习、更新、汲取和接纳各个方面的信息，尤其是要了解当代大学生们关注的热点信息，并将这些知识、信息与原有的知识体系和认知情况相融合，掌握现代的教育原理、方法和科学发展的态势，才能适应信息时代快速发展的需要，更有效地组织、引导学生学习。

其次，信息化时代的高职院校的思政教师必须要掌握必要的信息化手段。

在今天的一些思政教学课堂上，也不乏一些年纪较大的老教师，或者信息化能力稍弱的教师，甚至还有一些从心理上就抵触信息化教学的教师，他们仍然坚守着一支粉笔一张嘴的教学方式。固然，这些教师当下可能还能够以其多年的教学经验、或其独特的视角、或其雄辩的口才，暂时吸引学生的注意力，但是，如果不能顺应年轻人的学习和信息获取方式，不能用年轻人更能接受的信息化手段来进行思政教学，可能以后的日子会越来越难过了，其实，今天作为高职思政教师的我们已经有了深刻的体会。因此，从长远看，要想真正地走近信息化时代的大学生，去了解他们，去体会他们，就必须要用他们喜欢的、乐于接受的方式，最终才能去感染他们。

再次，信息化时代的高职院校的思政教师必须要有能力驾驭好信息化课堂。信息化时代的大学生从被动地接受知识转变为主动地获取知识，信息时代的教学过程也由传统的“灌输式”的过程转变为一个开放、互动的过程，这也促成了新型师生关系的重构。当教师给学生传授知识时，不再是自上而下的“灌输”，而是与学生一道探索，一起分享。师生之间彼此相互理解与认同，相互接受与汲取，创设着民主、平等与开放的教育氛围，在互动的过程中相互创造、相互证实自己的存在。因此，高职院校的思政教师要善于运用各种新的技术手段，组织、协调、引导、督促学生掌握获取知识的能力。信息化的思政课堂，教师更像是一个主持人，一个召集人，在浩瀚的信息和知识的海洋中，组织、引导、督促学生的学习，既尊重学生的选择，又给学生经验和帮助，开拓学生的视野，启发学生的思维，帮助和促进学生建构自己的知识体系。

信息化时代需要思政教师顺应时代潮流，获取信息化资讯，掌握信息化手段，驾驭信息化课堂，但这并不意味着可以放弃教师在课堂上的主导地位，更不意味着可以让教师从属于信息化手段，甚至为了取悦学生而滥用信息化手段。高职院校思政教师既是学生学习的领导者，又是纪律的执行者；既是教育教学管理者，更是人格精神的导引者。尽管伴随着教育信息化和教育民主化、社会化、个性化的趋势，高校教师的传统权威和法定权威逐渐消融，但教师因其所具有的渊博的学识、敏锐的思维、开阔的视野和宽容的品质所闪现的人格魅力，只有在与学生的课堂互动与交流中，才能绽放光彩，而这绝不是新媒体以及课堂的过度信息化，甚至是娱乐化所能体现的，有的时候恰恰相反，过度信息化的课堂，往往能取悦学生，但却会掩藏教师的人格的魅力，适得其反。教师的权威意识只有建立在学生的情感认同的基础上，同化到学生个体文化的建构过程中，才能真正被学生接受，也就是所谓的“亲其师而信其道”。

三、信息化教学的管理策略

因此，高职院校思政教学的过度信息化是不可取的。在思想政治教学的课堂上，教师的主导地位不容动摇，在此基础上，合理使用信息化手段，可以有效地提高课堂管理的效率，提升接受主体的关注度。

1. 在课堂管理中可以使用信息化手段，提高课堂管理的效率

信息化的一大优势就在于可以利用其高效的统计效率，来提升课堂管理的实效。今天的大学生，尤其是高职院校的大学生，普遍对高校的思想政治教育不感兴趣，课堂的缺席情况比较普遍。如果按照传统的方式，每堂课都进行点名，会占用大量的教学时间，但如果不进行有效的考勤，长此以往，则会使思政教学的课堂难以为继。这时，信息化的手段就能够发挥巨大的技术优势。现在主流的信息化课堂，如清华雨课堂、蓝墨云班课、学习通等信息化手段，都提供了功能齐全、界面友好的学生考勤功能，能够在很短的时间内，完成学生考勤的统计工作，一方面，减少了对课时的占用和教师的管理成本，另一方面，学生也挺乐于接受这种有趣的考勤方式。

2. 在课堂教学中段，可以使用信息化手段，提高学生对教学信息的关注度

根据多年的教学经验，我们发现：在一堂 45 分钟的课堂教学中，最初的 15 分钟时间，出于对教学内容的教学期待，学生对教学信息的关注度往往是比较高的，教学效果也是比较明显的。但在课堂教学进行到 20 分钟左右的时候，学生对教学信息的关注度明显下降，而更多的是对下课的期待，因此，课堂教

学20分钟，也往往被称之为“教师坟墓”。针对这一课堂特点，教师可以有计划地在课堂进程20分钟的这个“教师坟墓”的时间点，穿插生动的信息化教学手段，比如播放生动的教学视频、设计问卷调查、参与课堂讨论等，来重新激发同学们对教学信息的兴趣和关注度。

3. 在协同教学过程中，可以使用信息化手段，提高学生对教学信息的情感认同

信息化教学手段的另一大优势，在于在师生之间、学生之间，构建了一个信息交互的平台，使每一个人都能够平等参与其中，发表自己的意见，并能够让自己的观点接受大家的点评，让观点在认同甚至碰撞中，达到一种情感的认同。这一点，尤其在分组讨论中表现得尤为明显。交互式的多功能教学平台，是高职院校开展思政教育的基础，因此也是教学改革中必须优先配备的资源条件。

其实，一个正常的、社会化的人，总是在时时评价他人，也时时被他人所评价。人们总是希望了解我在其他人的眼里是什么样子的？或者我的观点在别人的眼中是不是正确的？正是基于这种期待，我们可以通过信息化的手段，来满足学生对这种期待的渴望。

比如，在分组讨论中，我们可以设计一个问卷，利用信息化手段的统计功能，让学生通过手机，来对某一热点问题表达自己的观点，并立即以投影的方式来公布不同观点所占的比例及所支持的同学，把同学们自然而然地按其观点分成几个协同小组。此时，选取不同观点的代表同学发表自己的意见，一方面，同学们会据理力争，去反驳其他观点，以证明自己的观点的正确；另一方面，在反驳其他观点的同时，他们也会得到本组成员在观点甚至情感上的支持，让发言者及其小组成员的荣誉感得到充分的满足，让他们享受到这种由于观点碰撞和争论而带来的内心的满足。当然，这个过程也有一些原则：一，信息化手段只是获得数据的工具，之后的观点碰撞必须由语言来加以表达而不是用手机输入的方式；二，这一过程必须由教师以点评的方式加以干预和引导，以防止课堂讨论走入误区。

总之，信息化视域下的高职院校思政教学，是将传统思政课面对面的课堂讲授与空间的网络课堂教学有效地结合在一起，通过两种教学途径的有效混合，来将两种教学途径的优势有效地发挥出来，同时为学生创设出一个较为宽松且积极的网络教学氛围。而教师在这一课堂之上，就可以结合思政课教学内容来为学生展示出不同的教学情境、问题与趣味，同时借助于不同的教学方式来进行教学，这样就能在良好的师生、生生互动中更好地促进学生对于思政教育内容的把握，从而促进学生思辨能力、认知能力、语言表达能力等多方面的进步与提升，最终真正让学生将所学知识有效的外化成为自觉行为。

当然，任何手段的介入，都是具有两面性的。信息化手段，一方面可以提高课堂管理效率，激发同学们的期待，让他们获得内心的满足感，但另一方面，也一定会有一些沉迷于手机的同学，利用这一信息化的工具，逃离思政课堂，而让自己在网络的世界中游荡。因此，如何提高教师的信息化素养；如何提高教师对信息化课堂的驾驭能力；如何在信息化课堂中发挥教师的主导作用；如何在课堂上更加有效合理地使用手机等信息化的工具，让这一工具真正为课堂教学服务，而不是让其成为逃离课堂的娱乐化工具等等一系列问题，还需要思政教育工作者们在教学实践中进一步地研究和探索。

参考文献

[1]把思想政治工作贯穿教育教学全过程[N]. 人民日报，2016-12-09(10).
[2]刘先义. 接受理论：教育研究的新领域[J]. 教育理论与实践，1998(2)3-5.
[3]黄世虎. 论思想政治教育的接受机制[J]. 求实，2001(5)59-61.
[4]列宁. 哲学笔记[M]. 林利，译. 北京：中共中央党校出版社，1990.
[5]钟家全. 关于利用校园网增强高校思政课教学实效性的思考[J]. 教育与职业，2011(9)124-126.
[6]董怀宏. 生态融合：网络时代高校思想政治教育的新境界[J]. 华南师范大学学报（社会科学版），2015(5)139-144.

中医治则对思想政治教育方法论的启示①

张魏欣　黄欣荣

（江西财经大学马克思主义学院）

在2019年3月召开的学校思想政治理论课教师座谈会上，习近平总书记强调："思想政治理论课是落实立德树人根本任务的关键课程。青少年阶段是人生的'拔节孕穗期'，最需要精心引导和栽培"[1]。在新时代背景下，落实好立德树人根本任务，推动我国思想政治教育高水平发展，需要广大思政工作者将各种科学的理论、方法运用到思想政治教育工作中去。借鉴、移植其他学科的理论和方法，引进、吸收其他学科的研究成果，补充、丰富和完善思想政治教育方法论体系，对我国思想政治教育的发展是十分必要的[2]。

近年来，有学者研究认为，将中医理论与思想政治教育工作进行有机结合是一种行而有效的思想政治教育工作创新途径[3]。中医学在长期的诊疗实践中积累了丰富的治疗、预防经验，并在此基础上逐渐形成了一个独特的医学理论体系，其中蕴含着丰富的方法论内涵。中医治则是中医基础理论的重要组成部分，是中医中具有普遍指导意义的防病治病规律，也是中医诊治各阶段都必须遵循的准则。中医是对受诊治者外在机体健康的维护，而思想政治教育是对受教育者内在精神世界的培育，二者具有异曲同工之处。中医治则中关于疾病预防治疗的方法观念，与思想政治教育中对于学生进行教育引导的方法观念具有很多的相通之处。将中医治则中的优秀方法观念吸收运用到思想政治教育的开展之中，是对新时代背景下开展思想政治教育的一次积极探索，也是对思想政治教育方法的创新性发展，更是对我国思想政治教育科学化发展的积极推动。

一、从"治病求本"看思想政治教育的辩证性

"治病求本"是中医治疗疾病的根本原则，也是贯穿于整个治疗过程的基

① 本文为2019年国家社科基金项目"大数据时代思想政治教育方法论创新研究"（项目号：2019BKS076）和江西财经大学研究生课题"中医方法论对思想政治教育的启示研究"（项目号：XSKT19440）的阶段性成果。

本方针。《黄帝内经·素问·阴阳应象大论》中提出:“治病必求于本”的观念,《医宗必读》中进一步对“本”做出解释,认为“本,根也”[4]。“治病求本”要求医者在任何疾病实施治疗时都抓住疾病的根本原因,进而采取相应手段进行针对性治理。中医认为做到“治病求本”,从复杂的疾病中抓住关键,就必须区分疾病中“标病”与“本病”的主次,做到“标本缓急”,进而能够“缓则治本”和“急则治标”。“治病求本”治则是中医最具普遍指导意义的治疗规律,是对现象与本质这一马克思主义辩证法基本范畴的灵活运用,将“治病求本”思想与思想政治教育相互结合,是对马克思主义辩证法的一次践行,也是对思想政治教育方法论的一次创新性尝试。

1. 标本缓急

《素问·标本病传论》中指出:“知标本者,万举万当,不知标本,是谓妄行”,认为分清标本缓急,是决定临床治疗是否有效的关键之举。中医的“标本缓急”治则不仅对中医在认识疾病和治疗疾病时,理清标与本的关系提出要求,同时也是对于诊治过程中各种关系和因素提出的一种辩证处理思想:就邪正双方的关系而言,人体的正气为本,致病的邪气为标;就病因与症状而言,病因为本,症状为标;以发表先后而言,先病为本,后病为标;以外在现象和内在本质而言,内在本质为本,外在现象为标[4]。“标本缓急”治则不仅教导医者在临床治疗中要抓住主要矛盾,同时还应该认识到矛盾的主次之间相互转化的关系。思想政治教育中也有类似的划分,例如思想政治教育的根本目的和具体目的的划分,就与中医治则中“标”与“本”的划分相互呼应,且二者的辩证关系也与中医的“标本缓急”思想殊途同归:根本目的是对思想政治教育活动整体前进方向的明确,是我们进行思想政治教育活动所要达到的终极目标,对应于“本”;具体目的是对根本目的的层层分解,是对思想政治教育各项具体活动的指导,对应于“标”;根本目的与具体目的二者有机统 ,其中根本目的起到主导作用,一个个具体目的的实现离不开根本目的的指引,而根本目的也不能离开具体目的,只有通过不断地完成一个个具体目的才能最终实现根本目的,对应于“标本缓急”的辩证思想。

思想政治教育中许多方面的划分,都能体现将中医“标本缓急”治则与思政教育相结合具有一定的可行性。而将中医的“标本缓急”思想引入思想政治教育中,也为日常思政工作的开展提供了更多的思路,推动思政工作者更加主动地挖掘学生思想行为的“标”与“本”:就学生的思想行为而言,积极向上的思想行为是本,消极被动的思想行为是标;就学生思想行为的产生因果而言,导致思想行为产生的原因是本,产生的思想行为是标;就学生思想行为的发展变化而言,最初产生的行为思想为本,其后继发的一系列思想行为为标;就学生的内心活动和表现出来的行为而言，内心活动是本，表现出来的行为举止是标……中医理论认为，根据标本主次的不同，在治疗上就有了缓急之分，这也是分清标与本的意义所在。而作为思政工作者，分清学生思想行为的“标”与“本”，就能分清主次，抓住关键，有利于从复杂的是思政教育开展中，找出所亟待解决的首要问题，也为思政工作的进一步开展打下良好基础。中医“标本缓急”治则为思政工作的开展提供了一个全新的视野，二者的相互结合不仅是对矛盾主次之间辩证统一关系的运用，也是对思政工作基础的夯实，对于之后进一步进行针对性的思想政治教育活动具有积极的指导性作用。

2. 急则治标

在中医进行临床诊治时，通常情况下强调“治病求本”，即通过对疾病根源的治疗，彻底铲除疾病，从而达到本病一除，标病也随之而去的治疗效果。但也要求特殊情况特殊对待，有时矛盾的次要方面也会上升为矛盾的主要方面，从而成为影响疾病治疗康复的关键。“急则治标”治则是中医中的一种暂时急救的治疗原则，在疾病救治的过程中，发现标症较急较重，影响到病人的安危，或影响到对“本”的治疗时，标本取舍的原则就是先治、急治其标。思政教育的开展也应该吸取中医“急则治标”治则来应急处理一些突发状况：例如，因为某些原因，学生的思想状态外在表现出极端焦躁不安，甚至有可能伴有过激行为，应优先考虑安抚学生情绪，等其情绪状态稳定以后，再通过进行交谈或外部求证，找到背后的原因，继而采取针对性措施。相对而言，“急则治标”治则的运用是对于突发状况或极端情况的应急处理，在面对突发状况时，思政工作者应该及时抓住当下矛盾的主要方面，优先治标。将“急则治标”治则与思想政治教育的开展相结合，是对马克思主义辩证法的灵活运用，让思政工作者注重思政教育开展的辩证性，提升思政教育的及时有效性，在短时间内控制局面，为之后思政工作的进一步开展打下良好的基础。

3. 缓则治本

中医十分强调对疾病根本原因的识别和治疗，所以在病情相对稳定的情况下，通常选择缓则治本，针对病情的本质进行求本治疗，达到将疾病根除的目的。“缓则治本”治则的关键一点，在于标病产生于本病，本病得到根除，标病也就会随之而去。通常情况下，思政教育的开展就很好地体现了“缓则治本”的观念，习近平总书记曾多次强调立德树人是高校思政工作的中心环节，而通过思政工作落实好立德树人这个根本任务，正是对于受教育者“本病”的根除。“缓则治本”治则给思想政治教育带来启示，鼓励在日常的思政教育工作开展之时，着眼于思想政治教育根本任务的实现，而要实现思想政治教育的根本任务就必须从理想信念培育、个人品质修养、精神世界塑造等几个基础方面着手：注重理想信念教育，坚持社会主义、共产主义理想信念的引导，用远大崇高的理想指引受教育者成长成才；帮助形成积极健康的精神状态，培养正确的世界观、人生观和价值观，引导受教育者养成文明健康科学的生活方式，做一个能够与时俱进、锐意进取、有责任感的时代新人；开展层层递进的道德教育，引导受教育者了解和认同社会主义道德准则，以此严格要求自己并作为自己日常行为道德规范的起点，进而逐步向更高的道德层面即共产主义道德迈进，做一个全心全意为人民、时时刻刻讲奉献的追梦者和圆梦人；增强法律基础教育，提升受教育者的法治观念，树立明确的宪法至上、以法治国的法治意识，帮助其正确认识自由和纪律的辩证关系，让每一个受教育者都能成为法律的捍卫者和守护人；引导受教育者重视教育，重视学习，明确科学文化知识是个人发展和社会发展的不竭动力，推动受教育者能够高水平高质量的全面发展。“缓则治本”的引入，让思想政治教育更加着眼于受教育者日常基础的思想行为培育，通过对“本”的维护，来修护巩固受教育者的精神世界，从源头着手解决好思想政治理论课的根本问题，真正落实习近平总书记所说的“在这个根本问题上，必须旗帜鲜明、毫不含糊”[1]，真正做到通过思想政治为国家“培养一代又一代拥护中国共产党领导和我国社会主义制度、立志为中国特色社会主义事业奋斗终身的有用人才”[1]。

二、从“同病异治”与“异病同治”看思想政治教育的复杂性

“同病异治”与“异病同治”是在中医治疗根本原则指导下的重要治则，在中医临床上具有十分广泛的运用。《黄帝内经·异法方宜论》中提出：“医之治病也，一病而治各不同”[4]，指的就是“同病异治”，即对于同一个病症，因时、因地、因人的不同，或者由于患者机体的反应性不同，或处于病情的发展不同阶段等种种因素影响，采取不同的治疗方法加以治疗。《石室秘录》把“异病同治”归纳为“同治者，同是一方，而同治数病也”[4]。中医认为不同的疾病在其病变发展的过程中，出现了相同的病机和相同的证，就可以采取相同的方法来进行治疗。“同病异治”与“异病同治”治则是中医辨证论治特点的体现，也是矛盾分析法中矛盾的普遍性和特殊性的实践。将“同病异治”和“异病同治”治则与思想政治教育相结合，使得思政教育的开展更加注重在共性中把握个性，在个性中发现共性，从而让思政工作者能够更好地把握思政教育的复杂性，推动我国思想政治教育更高水平发展。

1. 同病异治

“同病异治”是中医辨证论治特点的体现，中医十分注重“三因制宜”，主

张在进行疾病治疗的时候，要具体问题具体分析，而不是简单的通过“套公式”来进行治疗。在治疗某一种疾病时，由于某些因素的作用会表现出不同的证候，按照辨证论治的原则，因为证候的不同，就需要分别采取不同的治疗方法来进行临床治疗。思政教育开展的过程中也会遇到类似情况：每一个学生都是拥有独立思维能力的个体，其所思所想都会受到他们各自不同的家庭背景、人生经历、行为习惯等多方面因素的影响，虽然有的时候他们面临着一些相同的问题，但表现出来的状况和问题的发展变化都有可能各不相同，并且学生与学生之间的所思所想因人而异，哪怕学生表现出来的问题大相径庭，但究其原因，也可能相差甚远。“同病异治”治则主张思政工作者不能简单地按照理论和教条来开展思政工作，而是要根据受教育者的不同情况采取相适宜的教育方式，因材施教。所以单纯开展群体范围内的统一思政教学是完全不够的，思政工作的开展应该更加注重落实具体问题具体分析这一马克思主义活的灵魂，思政工作者开展工作时也需要更加注重每个个体之间的差异性。

当前我国思政教育的开展主要采取的都是群体式班级式教育，按照年级和班级对受教育者进行划分，开展群体范围内的统一教学，更加注重受教育者群体的齐头并进，共同发展，相对忽视了根据学生个体差异性而进行个性化针对性的思政教育。“同病异治”治则的引进就鼓励思政工作者注重把握受教育者之间思想行为的差异性，按照每个学生具体情况的不同进行针对性分析，最终能够为学生制订与之相适应的个性化思政教学方案。习近平总书记在学校思想政治理论课教师座谈会上强调思政教学的开展“要坚持统一性和多样性相统一，落实教学目标、课程设置、教材使用、教学管理等方面的统一要求，又要因地制宜、因时制宜、因材施教”[1]，而将“同病异治”思想借鉴到思政教学开展之中，正是对思政教学开展的统一性和多样性相统一的积极探索，也是对因地、因时、因材施教的落实，倡导思政工作者更加注重把握思想政治教育的复杂性，提升思政教育的有效性。

2. 异病同治

孙思邈在《千金要方》中指出：“病有内同而外异，亦有内异而外同”，认为有些疾病虽然不同，但在一定的条件下，由于病因、基本病机的相似，会表现出类似的证候，因而可以采取相同的治疗方法[4]。异病同治的理论前提是异病同“证”，“证”相同，治疗的方法就相同，不同的疾病虽然有其特殊性，但是在一定条件下又有共同的、普遍的特点，因而表现出了相类同的证候，把握住这些相类同的证候，就把握了不同疾病的矛盾的普遍性，所以在临床上可以对不同的疾病采用相同的治疗方法。而当前思政工作的开展，注重的正是“异病同治”方面的探索：思政工作者的日常教学，不仅仅需要对前辈的思政教学经验传承吸收,更需要通过总结归纳,摸索出学生个性化行为案例中的共通点,挖掘不同言行背后相通的思想本质,为今后思政工作的高效开展提供思路。

"异病同治"治则所倡导的不仅是一种透过现象对于本质的探寻,更是对不同对象的共同本质的把握,而这也是思政教育开展所必须具备的。思想的内在性和多样性,决定了思想信息的分析,必须透过人们的言行认识和把握其背后的本质[2]。思想作为大脑活动的产物,具有一定的可隐藏性,拥有旁人不可窥测的特点,然而这并不代表受教育者的思想就无处洞察,思想和言行通常是同向同行的,前者是后者的内在本质,后者是前者的外在表现,人们的内在思想通常会通过外在的行为活动展现出来。"异病同治"则在思政教育中的重要体现之一,就是倡导思政工作者注重透过学生言行,挖掘背后所展示的思想信息,从而真正把握行为背后的思想本质。然而仅仅把握个体思想行为的本质是远远不够的,更重要的是把握不同对象共同的思想本质,纵然受教育者的思想具有多样性和特殊性,然而必须看到这些多样性和特殊性的背后还蕴含有本质上的联系性和一般性。学生的行为表面上展示出来的是多种多样的问题,然而根本上可能是相同的内在原因导致的。"异病同治"治则的运用,就鼓励思政教育者在日常工作的开展中,要注重从分散、多样的思想信息中,挖掘学生思想本质上的共性和一般性,在思想矛盾的复杂多样中把握背后隐藏的实质,也就是注重把握学生共同的思想本质和一般规律。

三、从"治未病"看思想政治教育的主动性

"治未病"是中医学的重要防治思想,早在《黄帝内经》中就提出了"治未病"的观念。《黄帝内经素问》中记载:"是故圣人不治已病治未病,不治已乱治未乱,此之谓也。夫病已成而后药之,乱已成而后治之,譬犹渴而穿井,斗而铸锥,不亦晚乎?"[5]形象地阐述了"治未病"的重要意义。"治未病"思想的核心内涵就是在疾病未发生之前,预先采取措施,防止疾病的发生与发展。其中包括三种重要内涵:未病先防、既病防变和愈后防复[4]。中医的"治未病"这一重要的治则思想与思想政治教育方法论中的预防教育法是互相契合的。预防教育在思想政治教育中具有十分重要的意义,将"治未病"思想与思想政治教育相结合,不仅丰富了思想政治教育的预防教育法,还能够增强思想政治教育的先导性,强化思想政治教育的有效性,提升思想政治教育的主动性[2]。

1. 未病先防

"未病先防",顾名思义指的是在疾病发生之前就采取各种措施,做好预防工作。中医认为做到"未病先防",最主要的一点就是要"扶正祛邪",做到培补正气,以固其本,这就要求医者从增强人体正气和防止病邪侵害这两方面着

手[4]。将“未病先防”治则运用到思想政治教育中，就要求在受教育者的日常成长中，注重引导其树立正确思想的意识，增强受教育者的自我辨识能力，远离不良思想的侵害。晋朝文学家傅玄在《太子少傅箴》中指出：“近朱者赤，近墨者黑。”用以强调周围环境对人产生的影响。故而做到“未病先防”“扶正祛邪”，增强学生思想上的“正气”，就要求社会、学校、家庭各个环节都进行正确的思想政治教育理论的传播和引导，在增强学生思想上“免疫力”的同时，减少学生与不良思想的接触，全方位落实立德树人。

一直以来，思政理论课的课堂教学都是我国开展学生思政工作的主要途径。随着我国教育研究的进一步发展，思政工作者已经注意到进行思想政治教育单单靠思政课程这一个途径是完全不够的。习近平总书记在全国高校思想政治工作会议上强调：“要用好课堂教学这个主渠道……使各类课程与思想政治理论课同向同行，形成协同效应”[6]。让各类课程与思想政治理论课同向同行，协同育人，是对学校思政工作的完善，使立德树人的“正气”贯穿于学生在校学习的方方面面，通过课程思政和思政课程的有机结合，引导学生全方位健康成长。同时家庭和社会也应该行动起来，通过学生成长和生活的方方面面，对其进行潜移默化的教育引导，在协同增强学生思想上“抗体”的同时，也为学生的成长发展营造一个完整的“正气环境”。“未病先防”，通过全方位多领域的思政教育开展，使得学生在课堂内课堂外，学习中生活中，增强其我辨识能力，树立正确的思想认识，这样既能提升学生抵抗不良思想误导侵害的能力，又能够降低其与不良思想接触的可能，从而对学生的思想发展做出全面的正确引导。

2. 既病防变

《黄帝内经素问》中指出：“上工救其萌芽，下工救其已成，救其已败”[4]。中医历来强调有病早治，既病防变。“既病防变”指的是在疾病发生的萌芽阶段，做到早期诊断，早期治疗，从而防止疾病的发展及转变。中医认为既病防变的关键在早治，早治的核心思想包括两点：一是要求医者做到早期发现；二是需要患者尽早发现疾病，寻求治疗[4]。“既病防变”治则给思政工作者开展思政教育活动带来三点重要启示：一是要求教育者尽早识别受教育者思想上的误区，在错误思想刚刚萌芽阶段就及时发现并加以正确的引导，防止其继续恶化；二是加强对受教育者思想上自我辨别能力的培养，提升受教育者自我教化的能力，明辨自己思想上的正误，能够及时自我提升或寻求帮助；三是培养受教育者之间思想上的相互识别能力，让学生能够明辨是非，有正确的思想立场，进而做到互帮互助共同进步。

中医提出“上工救其萌芽”，而作为思政领域的“上工”，应该对学生的思想动态有一个及时的把握，如此才能在学生思想发生偏差的初始就及时发现并加以引导。通常情况下，学生的思想发展因为具有偶然性和难以预测而容易被忽略，“既病防变”治则的引入就倡导思政工作者重视对学生思想发展规律的动态把握，在错误思想的萌芽阶段就加以正确引导，防止其进一步恶化发展。同时，在日常思想政治教育过程中还应当培养受教育者的自我教化能力，使其对思想意识的正误有一个清晰准确地认识。根据人民智库 2019 年 3 月份的一份调查报告显示“现实生活中关系亲密的同龄人对青年群体的思想影响突出”[7]，而处于人生阶段的“拔节孕穗期”，学生自己独处或与同学朋友相处的时间相对更多，所以培育学生明辨是非的能力和正确的思想立场，对其个人成长成才和群体共同进步都具有十分重要的意义。“既病防变”治则提倡思政工作的开展要注重培养学生明辨是非的能力，使得学生即能在自己思想偏离正轨的时候意识到这是错误的，转而自我开导或者寻求帮助，又能在发现身边同学朋友产生思想误区的时候加以指正，不被错误思想同化。借鉴“既病防变”治则，推动思政教育的开展，既需要重视“上工”及时正确的诊断引导，也需要重视对受教育者进行自身明辨是非能力的培养，从而能够全方面“救其萌芽”。

3. 愈后防复

相对于西医，中医更加注重长期的调养，在中医看来疾病的治愈需要一个缓慢的过程，而治愈过后的关注和调理也不容忽视。“愈后防复”指的是在疾病痊愈过后，仍然对患者的身体健康状态进行密切关注调理，防止疾病复发或者后遗症的产生。思政教育和中医防治疾病有异曲同工之妙，中医认为在疾病痊愈后仍需要进一步的调理滋养，而思政教育对错误思想进行有效干预后也需要进行长期的关注引导。防止错误思想行为的死灰复燃，不仅仅需要受教育者自身的努力，也需要思政工作者的耐心引导。思想政治教育的预防教育法，主要是通过对人们思想行为将要发生的问题进行预测，注重在问题发生前避免错误思想行为的产生，而“愈后防复”治则的引入，推动思政工作者不仅要防患于未然，还要防患于“复燃”。将“愈后防复”的思想引入到思想政治教育中，要求思政工作者在学生思想或行为发生偏差，进行正确引导之后，仍然需要密切关注学生思想的后期发展动向，防止错误思想行为的复苏，同时阻止新问题的产生。

中医在我国经历了数千年的发展历程，是中国传统文化的宝贵结晶，具有十分丰富的哲学思想和方法论价值。将中医治则与思想政治教育方法论相结合，将给未来的思政教育注入中国传统文化的优秀基因，开辟思想政治教育的辨证施治新视野。我们有理由相信，中医治则思想的介入，将促进我国思想政治教育更高水平发展，并为未来思政工作的开展带来全新的活力。

参考文献

[1]习近平. 用新时代中国特色社会主义思想铸魂育人 贯彻党的教育方针落实立德树人根本任务[N]. 人民日报,2019－03－19(1).

[2]郑永廷. 思想政治教育方法论[M]. 修订版. 北京：高等教育出版社,2010.

[3]王政书. 基于中医学理论的大学生思想政治教育工作方法探析[J]. 高校辅导员,2012(4)7－9.

[4]周超凡. 中医治则学[M]. 北京：中医古籍出版社,1997.

[5]孙广仁. 中医基础理论[M]. 北京：中国中医药出版社,2002.

[6]吴晶,胡浩. 把思想政治工作贯穿教育教学全过程开创我国高等教育事业发展新局面[N]. 光明日报,2016－12－09(1).

[7]石晶,当前青年更关心什么、更看重什么——2019 中国青年价值观念调查报告[J]. 国家治理,2019(14)3－11.

社会主义协商民主的再思考

胡雪萍　姜燕辉

（哈尔滨工程大学马克思主义学院）

2019年9月3日，习近平总书记在中央党校中青年干部培训上发表重要讲话，指出实现中华民族伟大复兴的中国梦的路上，青年有所作为必须要坚持正确的方向、立场、原则去进行伟大斗争。当下国际情况复杂，我们所遭遇的风险是复杂的，甚至是惊涛骇浪一般的风险，以中青年一代为主力进行的伟大斗争，并非是短时间就能完成的，在这个过程中，必须要做到增强"四个意识"、坚定"四个自信"、做好"两个维护"的工作。

结合习近平总书记关于协商民主的相关论述对新时代条件下我国社会主义协商民主进行深刻思考，不仅可以丰富新时代大学生对我国民主政治建设的了解，坚定对中国特色社会主义的道路自信、理论自信、制度自信、文化自信，同时可以帮助社会主义未来的建设者和接班人明确人生价值取向，为人类文明发展贡献力量。为此本文尝试通过分析将社会主义协商民主的重要内容与习近平总书记关于协商民主的相关论述结合进行分析思考，对其产生的基础、必要性及意义所在进行分析，指出社会主义协商民主发展的价值旨归。

一、社会主义协商民主的学理和实践基础

任何科学的思想理论都不是凭空产生的，而是有其深刻的理论实践来源。习近平总书记指出："协商民主是中国社会主义中独特的、独有的、独到的民主形式……具有深厚的文化基础、理论基础、实践基础、制度基础"[1]。社会主义协商民主与我国传统协商方式、民主协商以及西方协商民主概念有着一定的联系与区别，在文化、理论、实践和制度上有着独到的优势。

1. 文化基础

中国优秀的传统文化、社会主义革命文化、社会主义先进文化为习近平总书记关于协商民主的相关论述提供了丰厚的文化基础。先秦时期"和合"文化强调的和谐、协作与当下我们提倡的协商有着相近之处，史书《国语·郑语》有言："商契能和合五教，以保于百姓者也"[2]；孔子提倡的"礼之用，和为贵"[3]；

孟子的“内者父子兄弟作怨恶，离散不能相和合”[4]。正是这样的“和合”文化孕育、滋养了社会主义协商民主以“和”为贵，和谐共处的价值取向；其次，社会主义协商民主对人民主体地位和首创精神的重视植根于“民本”思想。“民本”思想始见于《尚书·五子之歌》：“民惟邦本，本固邦宁”[5]，孔子提出的“因民之所利而利之”[3]，孟子提倡的“民为贵，社稷次之，君为轻”[6]，法家提倡的“天之生民，非为君也；天之立君，以为民也”“君权民予”[7]等思想都蕴含着对“君”的建议，即在治理国家过程中要重视人民。社会主义协商民主坚持走群众路线无疑有着“民本”思想的基因；此外，习近平总书记关于社会主义协商民主应当是众人事由众人商量，寻求最大公约数的论述，继承并发展了社会主义革命文化与社会主义先进文化，是马克思主义基本原理与中国优秀传统文化、新民主主义革命、社会主义革命与建设实践相结合的最新理论成果中的一部分。习近平总书记关于协商民主的论述将继续以马克思主义为指导，不断从面向现代化、面向世界、面向未来的民族的科学的大众的文化中汲取养料，为中国特色社会主义民主政治建设、中国社会治理、全球治理体系提供中国智慧和中国方案。

2. 理论基础

协商民主的概念提出最早可追溯到柏拉图的《理想国》，苏格拉底之死导致柏拉图、亚里士多德对雅典式民主的否定与批判，他们认为雅典民主是一种腐朽的、暴民统治的变态政治，柏拉图在《理想国》中指出协商民主是实现“善治”的有效方法，可以真正巩固城邦的安定。中世纪后，西方关于协商民主的阐释主要分为两派。一是以霍布斯、洛克为代表的自由主义，二是以哈林顿、卢梭为代表的共和主义。20 世纪 80 年代后，西方协商民主思想进入了黄金时期，“互补说”“替代说”对“协商”与“选举”两种民主方式的关系进行了详细阐发，理论界积极要求大力发展协商民主，以规避选举民主的弊端。但是，西方协商民主仍然被职业政治人物所掌控，弃人民主体与利益不顾，是不同资本集团之间“零和博弈”，存在着不可避免的自我否定的内在规定性。无疑这与社会主义民主政治的本质大相径庭，也根本无法成为西方稳定的政治形式，但是无论如何，西方协商民主思想对我国社会主义协商民主的建设与发展提供了可以借鉴的理论资源。此外，马克思主义为社会主义协商民主的建设提供了坚实的理论基础。马克思恩格斯向来重视人民群众的主体地位，他们指出人民群众是社会物质财富和精神财富的创造者，是社会变革的决定力量，只有全世界无产者联合起来才可以真正实现自身乃至全人类的解放，坚持协作、协商为核心的统一战线、群众路线始终贯穿于马克思主义理论之中。群众路线是毛泽东思想活的灵魂，是中国特色社会主义理论始终不渝坚持的原则，中国共产党基于群众路线带领全国各族人民不断推进社会主义的建设，不断提高协商民主的制度化、科学化水平，不断开拓社会主义协商民主理论新境界，把程序民主和结果民主有机结合起来，使民众对权力常态性的实质民主的把握超越了西方民众权力阶段性的丧失的形式民主，确保了人民可以动态参与权力、运用权力和监督权力，是社会主义协商民主的一大完善。

3. 实践与制度基础

以协商方式解决国家、社会、集团等事务在我国早已有所实践，如会盟、廷议、宰相议等。从新民主主义革命时期中国共产党推行的“三三制”原则的确立到新政协会议的召开，到全国人民代表大会制度的确立，再到“文革”后国家各项法律、法规的重建，民众参与政治生活、行使政治权利得到更为充分的制度保障等一系列革命与建设实践可以看出，我国社会主义协商民主建设无不源自中国共产党领导人民进行的各种实践，无不彰显着社会主义的优势和独有特色。

协商民主最为有效的实践出自民主恳谈会，民主恳谈最初是我党一种思想政治工作形式，主要是为了推进基层民主政治建设，沟通干部与群众的感情，并对民众一些无法解决的问题进行答复解疑。1999 年 6 月 25 日温岭松门镇率先举办了首次“民主恳谈”活动，2002 年习近平同志主政浙江，同年浙江省台州温岭市将民主恳谈会升级，打造出中国基层协商民主的样板。十九大报告指出：“发展社会主义协商民主，健全民主制度，丰富民主形式，拓宽民主管道，保证人民当家作主落实到国家政治生活和社会生活之中”[9]。2014 年青海“双月协商座谈会”召开、2017 年 7 月，广东省政府和省政协共同主办的“粤商·省长面对面协商座谈会”首次召开等民主实践活动深入贯彻习近平总书记对于协商民主的论述，不断创新协商民主实践，并极大丰富了社会主义协商民主理论，有力推动各项决策的科学化、民主化，彰显了社会主义协商民主的独特优势和生机活力。

二、社会主义协商民主是我国所独特的、独有的、独到的民主形式

传统的协商方式强调协商是解决问题的手段，较之于传统协商，中国共产党开创的社会主义协商民主强调的是通过协商方式广泛的发扬民主，保障人民较为充分地享受人民当家作主的权利。党的十八大以来，推进国家治理体系和治理能力现代化作为全面深化改革的总目标对我国社会主义民主政治建设提出了新要求。2015 年中共中央在《关于加强社会主义协商民主建设的意见》中对社会主义协商民主的内涵做出了规范性表述：“协商民主是在中国共

产党领导下，人民内部各方面围绕改革发展稳定重大问题和涉及群众切身利益的实际问题，在决策之前和决策实施之中开展广泛协商，努力形成共识的重要民主形式。”[10]由此可知，社会主义协商民主构成要素主要由领导者、参与主体、讨论对象、发展过程，以及协商目的五方面组成：

第一，中国共产党是社会主义协商民主的核心领导量。中国共产党的宗旨是全心全意为人民服务，它的领导地位是历史与人民的选择。十九大报告指出：“党政军民学，东西南北中，党是领导一切的”[8]。中国特色社会主义最本质的特征是中国共产党的领导，社会主义协商民主是社会主义民主政治建设的重要内容，是在中国共产党的领导下的政治实践，习近平总书记多次指出：“在我国政治生活中，党是居于领导地位的”[8]。只有在党的领导下，统筹兼顾平衡各方利益，人们才能在不分党派、民族、宗教信仰、社会阶层的情况下通过相互尊重、平等、广泛协商达成共识，寻求最大公约数、画出最大同心圆，保证最广大人民的根本利益的实现。只有在中国共产党的领导下，才能实现社会主义协商民主所追求的能够巩固形成新共识的共同思想基础，体现民主，包容差异，讲求和而不同的目标，实现美美与共，天下大同的和谐局面。

第二，人民大众是社会主义协商民主的参与主体。我国的国体是人民民主专政，政体是人民代表大会制度，强调国家一切权力属于人民，人民是国家天经地义的主人，是解决各种矛盾、平衡各方面利益的主要参与主体。但实现人民民主需要一定的民主形式保障，社会主义协商民主为实现这一实质民主提供了必要的途径。为了丰富人民内部协商渠道，十九大报告将协商渠道扩展到七个，即政协协商、政党协商、人大协商、政府协商、人民团体协商、基层协商，以及社会组织协商，使人民更加便捷投身于公共领域、参与政治生活、积极顺畅地通过广泛协商交流意见、提高认识，在协商中找到解决问题的途径和方法，逐步实现共建、共治、共享的社会治理格局；此外，为了真正保障人民当家作主，习总书记强调：“社会主义协商民主应该是全方位的，而不是局限在某个方面的”，所协商的内容应该是“围绕改革发展稳定重大问题和涉及群众切身利益的实际问题”[1]，毫无疑问，这些论述表明，人民有权力对涉及国家稳定发展的国事，涉及人民群众切身利益的民生进行广泛、多层、制度化协商，通过协商进一步保障了人民当家作主的主人翁地位的实现。

第三，协商要在决策实施之前和实施之中开展。习近平总书记指出民主不是装饰品，不应被当作摆设。协商要真协商、多协商，在决策实施之前、之中进行协商，保证决策符合最广大人民的根本利益。真正做到权为民所用、利为民所谋、情为民所系。的确，明确了协商内容与协商渠道，协商实践的具体操作可以确保协商民主顺利实现、不走形式。卢梭曾指出：“英国人民自认为是自由的，他们是大错特错了。他们只有在选举国会议员的期间，才是自由的；

议员一旦选出之后，他们就是奴隶，他们就等于零了。”西方的选举民主正是如此，人们只有“投票权”而不是真正参与政治生活，只有在投票时做一次自己的主人，投票过后便失去了真正的民主权利，参与管理的事务也局限于关涉自身利益的社区，如果要对国家事务进行建议、干涉，还必须要组织游行、示威等实质上没有任何意义的、逞一时口舌之快的群众运动。十八届三中全会报告指出：“协商民主是我国社会主义民主政治的特有形式和独特优势，是党的群众路线在政治领域的重要体现。”唯有社会主义民主政治才能真正保障人民当家作主。

把习近平总书记关于协商民主的论述结合现实基础进行深入思考，有利于在进一步明确我国国体、政体的真正内涵和提高大学生认识的同时，无疑还会有助于增强当代青年学生对中国特色社会主义的理论自信、道路自信、制度自信和文化自信，加强政治意识、核心意识、大局意识和看齐意识，全方位提高政治素质，真正肩负起未来社会主义建设者和接班人的历史重任。

三、基于习近平总书记关于协商民主论述下对社会主义协商民主进行再思考的必要性

推进青年学生全面理解我国民主政治建设的要求。社会主义政治建设是五位一体总体布局中的重要组成部分，但高校《概论》课程第十章对五位一体总体布局进行了简要概括，其中对社会主义民主政治建设的阐释尤其是社会主义协商民主建设的阐释内容比较少，不能对重要概念，例如民主、协商民主的发展历程、深刻内涵进行较为翔实的阐发，一定程度上限制了马克思主义理论的魅力发挥；同时，学生们特别渴望深入了解社会主义民主政治建设的历史逻辑、理论逻辑与实践逻辑，以便增进对国体、政体进一步的理解与认同。

在高校做好增强“四个意识”、坚定“四个自信”、做好“两个维护”的要求。当下经济全球化带来了信息的全球流动，不可避免地形成了各种意识相互碰撞的局面，香港的暴力事件、“台独”势力的膨胀、“藏独”分子的过分嚣张等事件的发生与各方意识形态的交流碰撞有着密不可分的关系。青年作为国家的有生力量，不可也不能被有心之人利用，因此对社会主义协商民主进行深入思考，协助青年学生牢固树立“四个意识”“四个自信”迫在眉睫。长期以来，西方国家尤其是美国的民主理念在世界推进的过程中，取得了一定成效，比如颜色革命、阿拉伯之春。这些事实无疑对国内大学生产生了一定的影响，与此同时，多元化文化在中华大地上相互交锋，各种意识形态在积极争夺战地的过程中，丑化、庸俗化我国政治建设的现象也时有发生，种种因素促使一些大学生开始对我国民主政治产生怀疑，甚至丧失了中国特色社会主义道路自信、理论自信、制度自信、文化自信，更为甚者，有人甚至歪曲、批判、否定我国民主政治

建设。毫无疑问，把理论讲透说清，仅仅靠教师课堂上传授的课本上的篇幅是很难实现的，必须围绕习近平总书记关于社会主义协商民主的论述对社会主义协商民主进行深入思考，广泛传播，做好青年学生的引导作用。

推动马克思主义中国化和大众化发展的要求。我国国务院新闻办公室2007年发表的《中国的政党制度》白皮书中指出："选举民主与协商民主相结合，是中国社会主义民主的一大特点"[9]。社会主义协商民主与选举民主都是中国特色社会主义民主政治的重要组成部分，二者互为补充、相得益彰，共同构成了具有中国特色的社会主义民主形式。对应于选举民主，社会主义协商民主更能体现社会主义民主的本质特征，即人民当家作主。2014年9月21日，习近平总书记在庆祝中国人民政协成立65周年的会议上指出"在党的领导下，以经济社会发展重大问题和涉及群众切身利益的实际问题为内容，在全社会开展广泛协商，坚持协商于决策之前和决策实施之中"[1]。十九大报告指出："有事好商量，众人的事情由众人商量是人民民主的真谛，在社会主义协商民主的价值指导下的选举民主才更能彰显社会主义民主政治的核心宗旨，即人民当家作主。"因此，要想讲清楚中国特色社会主义民主政治，习近平总书记有关社会主义协商民主的论述无疑是宝贵的理论资源。

四、新时代条件下对社会主义协商民主再思考的价值

1. 社会主义协商民主有利于政治主体的建构

复旦大学教授张维为曾提出：我国的选举民主的优势在于选拔加选举，但是在实际操作中，社会主义选举民主也会不可避免地出现一些负面现象，例如暗箱操作与贿选等形式使广大人民群众逐渐对选举民主失去兴趣与信任，甚至有群众会为了金钱而出卖自己的选举权，这在一定程度上影响了人们对社会主义民主政治的看法，甚至部分群众因此而丧失了对政府、对民主政治的信任。究其原因，选举民主很容易被黑恶势力裹挟，通过"民主"的方式走向背离人们利益的道路上，人民群众无法真正、有效地参与到政治生活中来。对比而言，社会主义协商民主可以在一定程度上限制选举民主的弊端，最大限度地通过最广大人民共同管理、充分实现自我、社会、国家价值的"善治"，实现国家、社会、个体的稳定发展。政府从原来通过制定法律法规从外部保障、督促公民参与政治生活从而发挥人民民主的作用，转变为当下的通过畅通协商民主渠道，完善协商民主程序使人们主动发声、善于发声，不断相互学习、相互借鉴、相互包容、相互关爱，从内部、主动地深刻认识到自己的社会主体、国家主人翁地位，使人们进一步实现从自发、被动走向自觉、主动建构自身的政治生态，积极主动地享受利益并承担起治理社会的责任和义务。当公民认识到有允许他

们参与政治生活的平台及相应的法律、法规，并且他们把这些平台、法律、法规看作是自己的权利实现的保障时，民主才真正从虚幻的理想国走向活生生的现实，人民当家作主的权利才真正得以实现。

马克思曾指出人类在实现自身自由与解放的道路要逐步摆脱对人、对物的依赖，要不断实现对自身的依赖。对自身依赖的前提是个体的觉醒，社会主义协商民主使人们通过协商表达自我的政治诉求，有利于实现个体的自我觉醒，有利于人们在民主实践中不断认识自我、他人、社会、国家的存在价值与意义，真正为人的全面发展提供必不可少的主体力量。

2. 社会主义协商民主彰显民主本质特征，有利于实现共享、共建、共治的社会治理体系

民主一词最早出现在古希腊历史学家希罗多德的《历史》一书中，指人民管理、人民当家作主。但是纵观人类民主史，民主的根本特征经常被误读为多数决定、以民主形式的完备作为民主的最终诉求。多数决定无疑会导致多数的暴政，但民主的最终诉求不是人人投票，也不是因为人数的多少就获得相应的利益，而是保证人们的利益作为最大公约数得以实现。西方协商民主实质上是内部自我否定性的“零和博弈”式的民主形式，它否定了协商主体的平等性和共商、共建、共享的协商民主的内在价值规定性。因此，西方协商民主无法成为西方主要的稳定的民主政治形式。

自古以来，我国“奉旨行事”思想在国家治理格局中根深蒂固，社会精英管理社会的过程中普通人民群众被排除在政治之外，无疑限制了广大人民行使权利，同时也阻碍了人民全面发展的进程。习近平总书记指出：“在中国特色社会主义制度下，有事好商量，众人的事情由众人商量，找到全社会意愿和要求的最大公约数，是人民民主的真谛”[1]。在国家治理过程中要坚持有事多商量，遇事多商量，做事多商量，商量的越多越具体越深入越好。关乎全国各族人民利益的事情，要在全国各族人民中开展广泛协商；关乎一部分群众利益的事情，要在这部分群众中开展广泛协商；关乎基层人民利益的事情，要在基层人民中开展广泛协商；关乎特殊群体利益的事情，要在这部分特殊群体中开展广泛协商。在人民内部各方面开展广泛协商的过程，就是发扬民主、群策群力、集中民智的过程，就是科学决策、民主决策的过程，就是实现人民当家作主的过程，也是解决我国当前社会主要矛盾，即人民日益增长的美好生活需要和不平衡不充分的发展之间的矛盾的重要方法。坚持人民当家作主是社会主义民主政治的本质要求，是社会主义政治文明建设的根本出发点和归宿。社会主义协商民主是国家、社会治理的主要形式，它以其独特的优势保障社会各阶层、各领域的人们参与到国家、社会、社区等政治生活中来，集思广益、畅所欲言，相互学习和交流，探讨平衡利益、解决问题的最佳方式，并推进相应的制度、法规建设与完善。人们在民主实践中，逐步成长起来，逐渐把小我与大我、小家与大家有机结合起来，社会主义协商民主为人的全面发展，为社会共治、共建、共享的有效治理模式奠定了坚实的理论、实践基础。

3. 实现了实质民主与形式民主的有机统一

马克思曾指出："民主制是作为类概念的国家制度……一切国家形式在民主制中都有自己的真理"[10]。结合中国的国情，习近平总书记提出："实现民主的形式是丰富多样的，不能拘泥于刻板的模式，更不能说只有一种放之四海而皆准的评判标准。"社会主义协商民主是在我国新民主主义革命、社会主义革命与社会主义建设过程中诞生并逐步发展完善的，实现了实质民主与形式民主的有机统一。

民主作为上层建筑，受到经济基础的制约与决定，建立在生产资料私有制基础上的资产阶级民主根本追求的也只能是资产阶级利益，与建立在公有制基础上的民主显然有本质的区别，建立在公有制基础上的社会主义民主，才能真正代表人民的利益。习近平总书记多次强调，要大力发展社会主义协商民主，加快转变党和政府的工作方式，做到协商于民、协商为民、真心实意地同人民交流，防止脱离群众独断独裁的情况出现。以习近平同志为核心的中国共产党人积极推进协商民主的内容与形式的统一，借鉴西方形式民主中的有益成分，以马克思主义民主观为指导，结合中国实际，开展广泛、多层、制度化协商，最大可能保证全体人民都能积极主动参与到政治生活中，不断拓展民主形式，使人民当家作主的实质民主活灵活现地在中国的土地上生根、发芽、开花、结果。

综上所述，习近平总书记关于协商民主的论述是新时代中国特色社会主义思想的重要组成部分，是对马克思主义理论、中国特色社会主义理论的丰富与发展，是新时代实现人民当家作主、实现两个百年奋斗目标的行动指南。理清这些论述的文化基础、思想基础、实践和制度基础，以及核心内容及特点，在一定程度上有利于高校《概论》课程的教学，在以理服人、以理育人、以理化人的过程中，帮助学生们提高政治素养，进一步坚持马克思主义在意识形态的领导地位，防范思想、行动的偏差，不断完善人格，真正担负起建设社会主义的历史重任。

参考文献

[1]王永香，陆卫明. 协商民主是中国社会主义民主政治的特有形式和独特优

势[J].红旗文稿,2019(5)17-19.
[2]左丘明.国语[M].南京:凤凰出版社,2009.
[3]臧知非.论语[M].开封:河南大学出版社,2008.
[4]毕沅,吴旭民.墨子[M].上海:上海古籍出版社,2014.
[5]姜建设.尚书[M].开封:河南大学出版社,2008.
[6]何晓明,周春健.孟子[M].开封:河南大学出版社,2008.
[7]安继民.荀子[M].郑州:中州古籍出版社,2006.
[8]习近平.决胜全面建成小康社会夺取新时代中国特色社会主义伟大胜利[M].北京:人民出版社,2017.
[9]中华人民共和国国务院新闻办公室.白皮书:中国的政党制度[R/OL].(2007-11-15)[2007-11-15].http://www.gov.cn/zhengce/2007-11/15/content_2615762.htm
[10]中共中央马克思恩格斯列宁斯大林著作编译局.马克思恩格斯选集:第1卷[M].北京:人民出版社,2012.

海洋命运共同体的思想意蕴

冯　珊

（哈尔滨工程大学马克思主义学院）

全球经济的发展和技术的进步拓宽了人类认识和理解世界的范围，进一步指引人类从陆地开发走向海洋探索。进入海洋时代，海洋在受到前所未有的重视的同时，也成为世界各国战略争夺的重要空间和利益竞争的关键环节。因此，当前国际海洋形势和全球海洋环境较之过去一切历史时期都更为复杂和严峻，已经成为国际社会和世界各国普遍关注的时代焦点。适当此特殊的历史节点，回应急迫的时代关切，习近平总书记提出了"海洋命运共同体"重要理念，强调"我们人类居住的这个蓝色星球，不是被海洋分割成了各个孤岛，而是被海洋联结成了命运共同体，各国人民安危与共"[1]。习近平关于海洋命运共同体重要论述是马克思科学社会主义理论在海洋领域的当代确证。立足新时代，我们深入挖掘海洋命运共同体的思想意蕴，不仅是对马克思主义世界历史理论的深刻阐释，更对解决全球海洋治理问题具有深远的现实意义和指导价值。

一、理念精髓：共同性，人类海洋利益和价值的"最大同心圆"

海洋命运共同体理念是对人类命运共同体理念的进一步阐发和丰富，是人类命运共同体理念在海洋领域的具体展开和实践。海洋命运共同体理念秉承着"共同体"理念的精髓，它倡导以"共同性原则"寻找人类海洋利益和价值的通约性。毋庸置疑，海洋命运共同体理念承载着各国维护海洋安全、蓄力海洋发展的特殊的历史使命，必将为人类海洋关系书写出崭新的时代意义。

在全球化的今天，每一秒钟都是马克思所说"世界历史"中的"全球性时刻"。在马克思和恩格斯看来，人类的历史终将发展成为一个统一的"世界历史"，而人类也将发展成为一个自由和谐的联合体。关于共同体的本质，马克思以"人的本质"作为切入点来阐释，他指出："人的本质不是单个人所固有的抽象物，在其现实性上，它是一切社会关系的总和"[2]。马克思在1844年上半年研究经济学所做的笔记《詹姆斯·穆勒<政治经济学原理>一书摘要》中指出，"人的本质是人的真正的社会联系，所以人在积极实现自己本质的过程中创造、生产人的社会联系、社会本质，而社会本质不是一种同单个人相对立的抽象的一般的力量，而是每一个单个人的本质，是他自己的活动，他自己的生活，他自己的享受，他自己的财富"[2]。所以，"人的本质是人的真正的共同体"[2]。也就是说，人的存在中最根本的联结是共同体，是社会联系使人类个体联结为人类社会，从"小写的人"成为"大写的人"，也正是基于此种共同体生活，人得以实现其本质，在真正的共同体中，人得以实现全面而自由的发展。滕尼斯在其论著《共同体与社会》中将共同体的本质归结为人的意志处于积极的相互关系且统一地发挥作用而形成的结合，他说："人的意志在很多方面都处于相互关系之中……任何这种关系都是多数中的统一，或者统一中的多数。它是由促进、方便和成效组成的，它们相互间有来有往，被视为意志及其力量的表现。通过这种积极的关系而形成族群，只要被理解为统一地对内对外发挥作用的人或物，它就叫作一种结合。关系本身即结合，或者被理解为现实的和有机的生命——这就是共同体的本质"[3]。因此，滕尼斯进一步指出共同体的特质即"休戚与共，同甘共苦"[3]。然而，处于剥离血缘联系和民族关系的现代社会，我们如何在逐渐薄弱的联系纽带中重新建立起牢不可破的联结体，如何使关涉不同利益的国家和民族间做到真正的休戚与共和同甘共苦，如何在全球化背景下共同谋划人类发展的未来，这既是时代赋予的命题，也是作为负责任大国的中国需要思考的问题。

2019 年 4 月 23 日，中国国家主席、中央军委主席习近平在青岛集体会见应邀出席中国人民解放军海军成立 70 周年多国海军活动的外方代表团团长的重要讲话中，首次提出了"海洋命运共同体"的重要理念。这正是中国针对全球海洋治理问题的有力回答，彰显中国维护海洋安全的决心，其思想精髓即寻求人类海洋利益、发展和价值的"最大同心圆"。马克思强调，"人的本质不是单个人所固有的抽象物，在其现实性上，它是一切社会关系的总和""人的本质是人的真正的共同体"[2]。马克思以人的共同本质作为共同体的基础，从人的本质中的"共同性"展开对人类社会发展规律的探寻，我们将其总结为"共同性原则"。联合国环境规划署发布的《1997 年汉城环境伦理宣言》(以下简称《宣言》)提出了"全生命系统"的概念，《宣言》中表明"地球的全生命系统指的是作为一个具有凝聚力的实体而相互依赖地共存着的人类与其他生命形式、自然元素和自然力量构成的总体。全生命系统的生机和活力对于其所有组成部分的存在和完整至关重要，并且依赖于这些部分。没有一个物种对地球环境具有绝对的权力。只有当整个生命系统的完整性和福利得到保护的时候，人类的决策才是可持续的"。然而目前全球资源面临严重困乏的现状，海洋愈发成为世界资源开发利用的主要场域，这导致海洋利益争夺形势日趋激烈，各个国家和民族对海洋的攫取程度不断加深。生存和发展是每一个国家和民族所拥有的基本权利，但由于各个国家和民族的发展存在差异性，且海洋资源开发利用的难度较陆地相比较大，而一系列不合理的开发和利用导致在海洋安全、海洋经济、海洋科技、海洋生态等方面，人类面临着前所未有的挑战。除却传统海洋安全威胁，日益增多的国际不稳定因素和生态安全威胁在海洋领域愈发肆意猖獗，海盗犯罪、海难事件、海洋污染、难民偷渡等非传统海洋安全问题频发，这些都对全球海洋治理提出了更高的要求。因此，在如此复杂严峻的国际海洋形势和全球海洋环境下，更加需要各个国家和民族在海洋问题面前搁置各自的特殊利益，以“共同性原则”重新构建海洋命运共同体，以海洋利益和价值的通约性为前提形成“发展共同性”和“目的共同性”的海洋命运共同体，共同寻找和创造克服和解决海洋利益争端和海洋资源开发困境的机会和条件，以世界海洋公民的身份为人类海洋的共同发展携手奋斗。

在此意义上，“海洋命运共同体”重要理念的精髓就在于“共同性原则”。“共同性原则”倡导在不同的国家和民族之间寻找促进海洋发展的共同性要素，包括共建海洋安全秩序、寻求海洋共同利益、形成海洋价值共识、实现海洋科技共享等不可或缺的环节。基于以上要素和环节形成海洋命运共同体的理念原则和实践目标，以此打通人类海洋利益和海洋价值的通约性，形成以人类海洋命运为一体的“最大同心圆”。更进一步阐释，“海洋命运共同体”重要理念蕴含着一种期望，期望不同的国家打破各自地域、发展阶段、民族和文明的界限，将个体的临海安全、海洋私利和海上环境置于全球海洋安全、海洋共同利益、海洋科技发展和海洋生态文明的“共同性”世界意义之中。但这里需要澄清和值得强调的是，海洋命运共同体所倡导的“共同性原则”不是剔除差异性而形成整齐划一的“同一性”海洋世界，而是强调人类承认全球海洋个体差异性的基础上，对人类与海洋关系更高层次的理解，以“海洋命运共同体”重要理念促进全球海洋事业的共同发展和人类蓝色未来的实现。如果一味地寻求彻底消除不同国家和地区在海洋利益、海洋发展和海洋文化等方面的差异，那么带来的只会是无止境的海洋争端和海洋冲突，这与海洋命运共同体理念所倡导的价值和目标显然是背道而驰的。

在“共同性”原则基础上，“海洋命运共同体”重要理念所承诺的是一个“共在”的海洋联结体。在海德格尔的意义上，“共在”的内涵是包含和承认差异性的“共同存在”。这意味着“海洋命运共同体”承认海洋个体的异质因素存在的合理性，拒斥以“同一性”逻辑规制海洋，从而避免海洋个体排他性和海洋整体分裂性的产生。“海洋命运共同体”的“共在”联结体更意味着它是一个开放的命运共同体，而非一个封闭的利益集团。海洋命运共同体的开放性正体现在它对不同的国家和民族能够给予共同发展的空间，包容彼此因不同发展阶段和不同文明而产生的个体差异和发展间距。习近平总书记强调：“海洋孕育了生命、联通了世界、促进了发展”[1]，各国凭借海洋而相互依存，“海洋命运共同体”重要理念就是以海洋的可持续发展和各国的共同性利益为共同目标，致力凝聚起世界各国基于海洋正确认知的共同价值共识，创造符合海洋生存发展的条件，共同守护人类生存发展不可或缺的海洋家园。“海洋命运共同体”拒绝因海洋个体的排他性和保守性，将海洋发展囿于一国一域的私利，这样只会使海洋变为不同国家和民族攫取短暂利益的牺牲品，致使海洋的可持续发展甚至人类的可持续发展因此断送。“海洋命运共同体”这一重要理念将以共在关系和共同利益作为理论思维的起点和现实实践的目标，致力使世界成为一个以海洋为联结的“共生、共在、共荣”的海洋命运共同体。

因此，海洋命运共同体理念所倡导的“共同性原则”不是单一性的、抽象的、绝对的统御逻辑，而是在承认和尊重各个国家和民族海洋利益和海洋文明差异性的基础上，以具体的、历史的和正义的原则为前提，寻找每个国家和民族在海洋利益上的共同着力点，寻找每个国家和民族海洋文明中共存的文明因素。“海洋命运共同体”重要理念的“共同性原则”是各国凝聚海洋共识的支撑点，是各国以海洋促发展的向心力和动力，构成“海洋命运共同体”重要理念的“最大同心圆”，这也是这一理念的精髓所在。

二、逻辑内涵：摒弃零和博弈思维，寻求各国海洋关系的“最大公约数”

在全球海洋治理不断受到挫折和挑战的情况下，“海洋命运共同体”重要理念倡导各国和各民族摒弃零和博弈的思维，各国“应该相互尊重、平等相待、增进互信，加强海上对话交流，深化海军务实合作，走互利共赢的海上安全之路，携手应对各类海上共同威胁和挑战，合力维护海洋和平安宁”[1]。“海洋命运共同体”重要理念旨在不断寻求各国和各民族之间基于海洋安全、海洋发展、海洋环境和海洋文明的“最大公约数”，积极倡导各国携手共同创造人类蓝色未来。

当前国际海洋形势和全球海洋环境较之过去一切历史时期都更为复杂和严峻，但是全球动荡不安，海洋各主体国家治理赤字、信任赤字、和平赤字和发展赤字频发，导致全球海洋治理缺位现象严重。具体表现在，一方面，海洋地缘政治竞争加剧，各方主张和底线都逐渐清晰，呈现战略相持和战略消耗的新的特点。地缘政治竞争表现在领海争端、资源争夺等方面，但在现有国际格局和总体和平的时代大背景下该做的能做的几乎已接近极限，国际社会期待新的海洋理念。另一方面，全球海洋治理问题日益突出。与陆地空间不同，全球海洋的连通性和不可分割性决定了海洋的利用与管理具有先天的开放性特征，而经济全球化更加深了人类对海洋的依赖，各种安全威胁也因为海洋高度的连通性而超越国境，成为全球性问题。应对海盗与跨国犯罪、保护海洋环境、维护海上安全等任务愈来愈超出了单个国家或单个国家集团的能力。当前，全球海洋治理面临的最大问题是海洋治理缺位和公共产品的供给严重不足，亟待解决。

进入海洋时代，海洋在受到前所未有的重视的同时，也成为世界各国战略争夺的重要空间和利益竞争的关键环节。海洋争夺愈演愈烈，全球海洋治理问题不断凸显，致使海洋安全、海洋发展和海洋环境不断受到挫折和面临威胁的根本原因在于个别国家坚持冷战思维和零和博弈策略，具体来说，在全球海洋资源总量不变的前提下，各国为获取自身海洋利益势必倾轧他国海洋利益，本国海洋利益的最大化等价于他国海洋利益的最小化。如果站在全人类和海洋总体角度衡量，我们看到个体海洋利益最大化的增量只是海洋整体利益的此消彼长，海洋发展的总量没有变化。零和博弈只能导致海洋领域的无序竞争，这对海洋治理乃至人类社会发展必将产生难以预计的消极影响。我们反思此种利益竞争关系，其背后隐藏的是以“对象性”逻辑支配的不平等的统治关系，本质上这是一种分裂的逻辑，它造成的后果必然是海洋各国碎片化为相互敌对的个体。零和博弈是国际竞争中恃强凌弱的表现，它将使海洋发展遵循着社会达尔文主义，在丛林法则的规制下进行。如不加以遏制，海洋领域的竞争终将变成“一切人反对一切人”[4]的战争，走向历史前进的对立面，其最极端的后果即是以现代文明的形式上演“海洋版”的奥斯威辛悲剧。

因此，习近平总书记强调，“海洋对于人类社会生存和发展具有重要意义。海洋孕育了生命、联通了世界、促进了发展。我们人类居住的这个蓝色星球，不是被海洋分割成了各个孤岛，而是被海洋联结成了命运共同体，各国人民安危与共。海洋的和平安宁关乎世界各国安危和利益”[1]。面对当前严峻复杂的国际海洋形势，在这个时代“任何国家都不可能独善其身”[5]。所以“海洋命运共同体”重要理念倡导，世界各国摒弃零和博弈的思维，寻求各国和各民族之间基于海洋安全、海洋发展、海洋环境和海洋文明的“最大公约数”，共同推动海洋繁荣和人类发展，这也是“海洋命运共同体”重要理念所蕴含的逻辑内涵。

第一，摒弃零和博弈的思维，给予世界各国平等的海洋地位。零和博弈是以国家力量为核心的利益竞争，它的逻辑是牺牲一部分人、舍弃一部分人来换取和维持本国的最大利益，它是以国际关系为前提而进行的以邻为壑的倾轧行径。习近平总书记在不同场合多次强调“国家不分大小、强弱、贫富一律平等”[6]。海洋命运共同体反对海洋领域的霸权主义、单边主义和殖民主义，在海洋命运共同体的框架内没有国家力量强弱的对比和区分，它以不同发展阶段、不同地域、不同民族、不同文明的国家的海洋安全、海洋发展、海洋科技和海洋环境的共同进步为前提。海洋命运共同体坚持和维护不同国家海洋主权的独立性和海洋发展的自主性,充分尊重和保护不同国家的海洋文化多样性和海洋环境特殊性,它倡导以海洋领域的平等合作取代弱肉强食的利益掠夺,以海洋文化的包容互鉴取代海洋霸权文明的极权统治。海洋命运共同体强调不同发展阶段、不同地域、不同民族、不同文明的国家,在海洋领域拥有同等的平等地位,他们均拥有海洋发展的平等权利,具有促进海洋文明进步的义务,同时各国也需要共同承担维护海洋安全和保护海洋环境的责任。

第二,世界由海洋相连,人类海洋安全、海洋利益、海洋文明和海洋生态高度融合统一。习近平总书记强调指出:“海洋对于人类社会生存和发展具有重要意义。海洋孕育了生命、联通了世界、促进了发展。我们人类居住的这个蓝色星球,不是被海洋分割成了各个孤岛,而是被海洋联结成了命运共同体,各国人民安危与共”[1]。因此,世界各国和各地区在海洋领域相互依存,各个国家和民族在海洋领域具有毋庸置疑的共同性基础,即海洋安全、海洋利益、海洋科技、海洋文明和海洋生态的高度融合统一。牵一发而动全身,海洋兴衰荣辱不仅是“你的”问题或“我的”问题,而且更是“我们的”问题。所以,海洋命运共同体倡导寻找各民族和国家之间基于海洋的“最大公约数”,以海洋的文明进步代替野蛮冲突,以海洋领域的责任共担代替指责推诿,以海洋利益的共享代替海洋利益的倾轧。海洋命运共同体“致力于营造平等互信、公平正义、共建共享的安全格局”[1],倡导世界各国“携手共护海洋和平、共谋海洋安全、共促海洋繁荣、共建海洋环境、共兴海洋文化”。

三、思想内核:全球海洋正义,凝聚全球海洋治理的“最大集合体”

海洋命运共同体理念将“全球海洋正义”作为立足点,它所倡导的是以海洋整体作为思考单位去分析和解决问题,而绝不是基于“一国”“一族”“一境”“一域”的利益做出利己的选择。这意味着,海洋命运共同体不是一个“私人”的系统,它不属于任何国家,海洋命运共同体是将各个国家的海洋安全和发展系于一体的“最大集合体”,正如习近平总书记所指出的:“全球海洋治理是超越单一主权国家的国际性海洋治理行动的集合”[7]。因此,以“海洋”作为联结,世界各国、各地区、各民族均不是彼此漠视或敌对的“他者”,而是具有海洋安全共同维护、海洋利益共同追求、海洋环境共同保护和海洋价值共同承认的海洋命运共同体。

习近平总书记强调指出:“海洋对于人类社会生存和发展具有重要意义。海洋孕育了生命、联通了世界、促进了发展”[1]。海洋命运共同体超越了以血缘、氏族、国家作为联结纽带的传统人群共同体,它是以海洋整体作为思考单位，以人类海洋的共同命运作为凝聚力和向心力而形成的真正的共同体。基于全球海洋正义，海洋不仅仅是实现人类海洋利益的根本物质保障，而且是人类命运相连不可或缺的重要环节，更是人类必须给予尊重和敬畏的生命系统，人类必须承认海洋合理的应有地位。在这个意义上讲，进入“海洋时代”的21世纪必然掀起一场海洋领域的“哥白尼革命”。也就是说，海洋不仅仅是人类行为的被动客体和对象，更应该是人类思考海洋问题的出发点和落脚点，即我们应该承认海洋自身的主体地位，并将海洋作为一个整合系统去思考海洋发展问题、海洋安全问题和海洋生态问题，而不应再以片面的、僵化的、主观的、绝对的利己立场，枉顾海洋的承载能力和海洋的未来发展，单方面地一味以实现人类利益最大化为终极目的，最终导致孕育人类生命、联通世界的海洋沦为弃之敝屣的“公地悲剧”，也使人类陷入人类中心主义的骄傲自大中无法自拔。“海洋命运共同体”重要理念正是要破解此种狭隘的功利主义和工具理性思维，以“海洋”整体作为主体，实现传统主客体关系模式的思维转换，诠释和实现真正的全球海洋正义。

由于海洋天然所具有的连通性、不可分割性和开放性等特点，决定了即使因一国引起的海洋问题，其影响范围也必然超越一国的海域，而成为全球海洋问题。因此《联合国海洋法公约》强调指出要将“各海洋区域的种种问题……作为一个整体来加以考虑”，正如习近平主席强调的：“我们人类居住的这个蓝色星球，不是被海洋分割成了各个孤岛，而是被海洋联结成了命运共同体，各国人民安危与共”[1]。海洋是一个整体性的世界系统，“海洋命运共同体”重要理念的思想内核就是要将海洋作为思维起点以思考海洋问题，以海洋作为整体单位来解决海洋问题，从而超越狭隘的民族国家框架。也就是说，“海洋命运共同体”重要理念是将海洋作为整合性的系统，以此为基点形成共在的全球海洋治理体系，即冲破海陆藩篱，摒弃传统的海洋局域管理和区块划分的治理模式，使全球海洋开发利用和海洋生态环境保护实现协同发展。基于全球海洋正义，凝聚全球海洋治理的“最大集合体”，这正是“海洋命运共同体”重要理念的思想内核。因此，“海洋命运共同体”重要理念致力于建构“共生、共存、共荣”的全球海洋思想体系，“责任共担、权利共享”的全球海洋责任体系和“公平、正义、持久和平”的全球海洋价值体系，着力于构建全球海洋治理的责任主体、道德主体和价值主体，推动“海洋命运共同体”重要理念逐步成为全球海洋共识，最终实现人海和谐。

结语

“海洋命运共同体”重要理念为全球海洋治理提供至关重要的思想共识，激发各海洋主体内在的精神自觉。海洋命运共同体倡导尊重海洋生命和价值，不仅是对人类中心主义的有力回击，同时也是对资本逻辑主宰下固有的海洋利益体系的一次革新，更是对海洋生态文明的积极复归。海洋命运共同体理念承载着历史超越性的价值，它弥合了文明、种族、地域和文化之间的差异，试图构建新型的海洋政治、经济、文化、生态关系，它倡导不同地域、不同发展阶段、不同民族、不同文明的国家，以海洋作为纽带紧密联结为一体，共同应对海洋领域的多重挑战，共同谋划人类的蓝色未来，为世界海洋问题的解决提供了切实可行的中国方案和共生的中国智慧。

参 考 文 献

[1]习近平集体会见出席海军成立 70 周年多国海军活动外方代表团团长[J]. 党史文苑，2019(5)57.

[2]中共中央马克思恩格斯列宁斯大林编译局编译. 马克思恩格斯文集：第 1 卷[M]. 北京：人民出版社，2009.

[3]滕尼斯. 共同体与社会；纯粹社会学的基本概念[M]. 林荣远，译. 北京：商务印书馆，1999.

[4]霍布斯. 利维坦[M]. 黎思复，黎廷弼，译. 北京：商务印书馆，1985.

[5]习近平. 携手构建合作共赢新伙伴同心打造人类命运共同体[N]. 人民日报，2015 - 09 - 29(2).

[6]中央宣传部编. 习近平新时代中国特色社会主义思想学习纲要[M]. 北京：学习出版社，2019.

[7]崔野，王琪. 关于中国参与全球海洋治理若干问题的思考[J]. 中国海洋大学学报(社会科学版)，2018(1)12 - 17.

附　　录

新中国70年与思想政治教育创新发展

——“2019年全国思想政治教育学术研讨会”综述

林 敏

（中国社会科学院大学）

为庆祝新中国成立70周年，进一步推动思想政治教育理论和实践创新发展，由中国社会科学院马克思主义研究院和哈尔滨工程大学共同主办，中国社会科学院马克思主义研究院马克思主义基本原理研究部和哈尔滨工程大学马克思主义学院承办的“2019年全国思想政治教育学术研讨会”于2019年10月12日在哈尔滨工程大学召开。《马克思主义研究》《思想理论教育导刊》《马克思主义理论学科研究》和《思想政治教育研究》等学术期刊参加研讨会。来自中国社会科学院、中央党校、清华大学、北京师范大学、南开大学、吉林大学、东北师范大学、兰州大学、华中师范大学、厦门大学等全国各高校和科研机构的150多位专家学者参会进行学术交流与研讨。

大会开幕式上，哈尔滨工程大学党委书记高岩在致辞中，简要介绍了该校自“哈军工”以来的66年发展历程，以及形成的“三海一核”鲜明办学特色；他强调，作为一所有着优良传统和红色基因的大学，学校党委一直高度重视马克思主义理论教育，特别是近些年认真贯彻落实习近平总书记相关重要讲话精神，把建好建强马克思主义学院作为学校重要的政治任务来抓；学校专门出台了《马克思主义学院建设方案暨马克思主义理论一级学科建设三年行动计划》，采取一系列超常规举措，推动马院、马学科和思政课建设，取得了很好的成效。

中共黑龙江省委高等学校教育工委委员、副巡视员董成在致辞中，回顾了党的十八大以来黑龙江省教育事业发展成绩，其中包括全省马克思主义理论学科分布与发展情况；他强调，把习近平新时代中国特色社会主义思想“四进四信”专题教学，作为全省高校思想理论建设和师生思想政治引领的基础工程，持续发力，深入推进，探索了龙江途径，取得了良好成效。

中国社会科学院马克思主义研究院党委书记樊建新在致辞中，概括了新中国成立70年来我国马克思主义理论与实践建设战线上的成绩,并认为这些成绩的取得,归根在于党的重视与领导;认为,我国马克思主义理论建设一定要以马克思主义理论为指导,这是一条根本经验;强调,马克思主义理论建设与发展就是要为人民服务,为中国共产党治国理政服务,为巩固和发展中国特色社会主义制度服务,为改革开放和社会主义现代化建设服务,这是一条总方针。

本次研讨会会议主题为"新中国70年思想政治教育的理论与实践"。与专家学者围绕"新中国70年思想政治教育的成功经验""思想政治教育理论的创新和发展""新时代增强社会主义意识形态凝聚力和引领力研究""思想政治教育的发展趋势和展望"四个议题展开研讨。

一、新中国70年思想政治教育取得的成功经验

中国社会科学院马克思主义研究院党委书记樊建新指出,思想政治教育学科在理论研究和实践创新方面都取得了巨大进步。思想政治教育体制机制不断完善,思想政治教育队伍建设专业化,科学化的人才培养方式成绩显然。他认为思想政治教育取得成就的关键主要包括两个方面。一是党对思想政治教育工作的极端重视。中国共产党从诞生之日起就高度重视革命队伍的思想政治工作。1958年9月,党对教育工作的要求"在一切学校中,必须进行马克思列宁主义政治教育和思想教育"。1984年提出"把马列主义理论课作为必修课"。1985年对从小学阶段直到大学研究生阶段的思想品德和政治理论课的主要内容和要求都做出了明确部署。1994年党中央提出"要把思想政治教育作为人文社会科学的重点学科加强建设"。2005年思政教育作为六个二级学科,本科硕士博士成系统体系,通过"98方案"和"05方案",课程体系和教学体系日渐完善。二是思想政治教育工作始终坚持马克思主义为主导。他认为马克思主义教育是思想政治教育的灵魂,是思想政治教育沿着正确方向发展的重要保障。新时代思想政治教育具有新的历史使命,要始终坚持用马克思主义理论解读时代,以习近平新时代中国特色社会主义思想引领时代发展,谱写思想政治教育理论新篇章。

清华大学马克思主义学院刘书林教授指出,新中国70年思想政治教育的发展取得了丰富的经验,认清发展的经验和趋势,才能更好地把握思想政治教育的规律。一是党对一切工作和事业的领导是思政教育的重要保证。二是世界观的学习和改造是影响思想政治教育全局的根本性问题不能动摇。三是学校的思想政治教育和思政理论课程是思想政治教育的主渠道,要永远守好这块社会主义意识形态的主阵地。四是思想政治教育的首要任务和核心内容是坚持社会主义和共产主义的理想信念教育,这一教育内容绝不能淡化绝不能

放弃。五是思想政治教育内容必须长期坚持爱国主义、集体主义、社会主义这样的主旋律不能动摇。六是坚持持续的批判错误思潮是思想政治教育理论联系实际的主要环节。七是不断地更新思想政治教育的方式方法，体现针对性、亲和性、渗透性和体现问题导向，是增强思想政治教育效果的关键环节。八是持久开展马克思列宁主义、毛泽东思想和中国特色社会主义理论体系的学习和研究，这是提升思想政治教育队伍的整体素质，搞好思想政治教育的根本环节。他强调，习近平新时代中国特色社会主义思想为思想政治教育发展提供了重要的理论指引。

东北师范大学马克思主义学部田克勤教授指出，新中国 70 年高校思政课课程体系的发展阶段经历了初建与曲折发展、恢复与重建、持续发展和完善三个阶段。他通过分析高校思政课程体系的演进过程总结出三条历史经验。第一，从实践发展的角度，高校思政课课程体系的建构要适应社会主义革命、建设和改革实践发展的要求，并与之相伴随。第二，从理论发展的角度，高校思政课课程体系的建构要充分体现马克思主义中国化理论创新的成果，并与之相契合。第三，从高等教育发展的角度，高校思政课课程体系的建构要紧扣学校立德树人根本任务的要求，并与之相结合。

北京师范大学思想政治工作研究院院长冯刚教授指出，新中国成立 70 年来，高校思想政治教育工作始终坚持党的领导，与新中国的发展同频共振，用中国化的马克思主义理论指导高校思想政治教育工作，切实回应了时代赋予的各项任务，适应了新中国成立后各阶段发展需要。回顾新中国成立 70 周年来高校思想政治教育工作的成果与经验，能够进一步深化高校思想政治教育认识，在党的方针政策和国家发展的战略格局中，找准新时代高校思想政治教育的使命责任，把握基本规律，推动高校思想政治工作的科学发展。一是坚持党的领导，保证高校思想政治教育发展的正确方向。二是注重理论和实践相结合，以党的创新理论引领思想政治教育创新发展。三是围绕人才培养中心环节，科学把握高校思想政治教育功能定位。四是关注时代变化特征，满足青年学生成长发展的需求和期待。五是不断强化队伍职业能力建设，提升思想政治教育科学化水平。

二、思想政治教育理论的创新和发展

关于思想政治教育主体性研究。中国社会科学院马克思主义研究院马克思主义基本原理研究部主任余斌教授提出，从马克思主义思想政治教学的角度，来认识思想政治教育的主体和客体。他将思想政治教育的主体定义为思想政治教育的发起者和实施者。他对学界关于思想政治教育“主体间性”的观点提出异议。他认为，“主体性”作用不排斥学生的客体性，只有形而上学者才会认为主体是主体，客体是客体，主体不能具有客体性，客体不能具有主体性。学生是具有能动性的客体，可以主动也可以被动的受教育。针对思想政治教育的教材是客体、思想政治教育的内容是客体这种观点也给予了回应。余斌教授认为这种观点的人如同混淆了使用工具的过程和制造工具的过程，编教材的人来说教材内容是客体，在面对面教学的过程中，是使用教材里面内容的过程，教材是作为工具的，但工具不是劳动对象，工具是加工劳动对象的媒介。同时，他认为教师是具有客体性的主体，教师自身也要受教育，要学原著用原理。在思想政治教育过程中要发挥学生客体的主体性，发挥学生党员、学生团员、学生干部的先进性作用。

关于思想政治理论课教师的研究。西南大学马克思主义理论研究中心副主任王永友教授指出，要培养时代新人担当民族复兴大任的这一目的，切实承担起“育新人”的使命任务，思想政治理论课教师必须始终坚守政治底线、不断夯实理论底子、着力增强能力底气。他认为这是提升思想政治理论课教学质量，强化思想政治理论课价值引领功能的根本所在，是实现大学生对思想政治理论课“真心喜爱、终身受益、毕生难忘”这一最高目标的关键，是思想政治理论课教师立德树人之本。自身要建构一个完善的体系，知识结构要完善，工科自然科学。

关于新时代思想政治教育国际比较研究。新时代思想政治教育国际比较研究正面临着前提性反思与创新性发展的双重追问。东北师范大学思想政治教育研究中心主任高地教授指出，思想政治教育的国际比较的基本研究取向。一是要彰显思想政治教育的优越性；二是要把握思想政治教育的规律性；三是挖掘思想政治教育的可借鉴性。他强调中国与世界上其他国家在意识形态和文化等各方面存在差异，要理性地把握可借鉴的和不可借鉴的。黑龙江大学马克思主义学院教授王春英指出，以新中国成立 70 年思想政治教育实践这一视角，回顾比较思想政治教育的发展，借鉴苏联德育模式的经验。苏联道德教育的理论研究成果主要来自苏联党和国家的领导人有关道德教育的论述，对研究方向产生了直接的影响，还包括苏联教育家们的教育理论。她强调苏联在社会领域方面的道德教育和学校教育的道德实践，道德教育贯穿在基础课程教学之中。

关于思想政治教育的价值导向研究。中央财经大学马克思主义学院教授韩小谦将马克思主义基本价值观导向深入高校思想政治教育理论课教学中，这是针对思想政治理论课定位的问题。她认为教学是一种知识体系的教学，要始终坚持知识传授和价值导向的统一，是统一而不是谁是第一位的问题。实现这一统一的关键在于教师的自觉认识。在教学过程中教师不仅要让学生知道马克思主义是什么，追究为什么，还要知道如何行为的问题，从而引导学生进一步思考。思政课教师在传授知识的过程中,引导学生价值观的树立。

关于加强青年劳动教育的研究。重庆理工大学马克思主义学院院长徐茂华教授指出,加强青年学生劳动教育是新时代党的教育方针的根本要求,更是学生健康成长的内在需要。新中国成立70年来我国青年学生劳动教育经历探索、形成、加强、创新发展四个发展阶段。操作层面的经验:一是制定了制度化的人才培养方案;二是形成了丰富的劳动教育内容;三是搭建了校内外劳动实践平台;四是提供了劳动教育方面的保证。

关于我国少数民族地区思想政治教育研究。新疆财经大学马克思主义学院副院长闫国疆指出,在新疆地区思想政治教育发展面临的严峻挑战。近些年来,有人借助不同族裔群体居民的体质体貌、语言文化、宗教信仰的差异,否认中华民族多元一体的事实,否认新疆是中国不可分割的一部分。他认为在历史教育过程中一旦历史书写与解释出了问题,历史记忆与政治和文化认同就会出问题。他强调教师在思政课教学教育中要注意加强国家安全和中华民族共同体的教育。

理想信念教育是思想政治教育重要内容,理想信念的缺失,就会导致精神上缺钙。社科院刘爱玲副研究员以新中国成立70年的不同时期发展的时代特征,以理想信念为基础,使青年坚定中国特色社会主义的道路自信。她认为青年首先要认清、学习和了解自己的历史,认清选择中国特色社会主义道路的历史必然性。教育青年将人生价值、职业理想和中国特色社会主义共同理想结合起来。

承德医学院马克思主义学院教授孙凤君教授,批判了那种认为马克思主义就是为政治斗争服务,革命结束就过时了的观点。她认为马克思主义是超越了政治革命,剩下的思想和灵魂是所有人共同的精神需要。她强调要用马克思主义解释中国文化,用中国文化解释马克思主义,形成中国化的马克思主义思想。

关于思想政治教育学原理体系新形态的探索与建构。首都师范大学马克思主义学院副教授王颖指出,目前的思想政治教育学原理体系存在平面式、概论式的叙述和铺陈,对于思想政治教育实践活动的基本理论和主要原理本质意义上的解读不深不透。思想政治教育研究中的“概念泛化”,新概念层出不穷。他强调要从现实出发而不是从先验和想象出发,增强思想政治教育原理的解释力和实践指导的功能,高度关注并研究真实的中国思想政治教育事实和现象,积极构建新时代思想政治教育学原理体系。

三、新时代增强社会主义意识形态凝聚力和引领力研究

意识形态工作,作为党的一项极端重要的工作,引发学者的高度关注。国

务院学位委员会马克思主义学科评议组成员、中央党校一级教授韩庆祥教授认为意识形态具有包容性和开放性，西方对中国深层持久的影响主要是思想理论的影响。他强调理论的力量只能用理论的力量来摧毁，建构自己的理论，设置了一道防线。识破西方理论的本质，如对西方普世价值的背景、影响等进行研究，才能破除西方理论。他强调，要求构建理论中的中国，学术中的中国，思想中的中国，学术中的中国。聚焦于五维中，即中国奇迹、中国道路、中国理论、中国方案、中国话语，这五维是一个有机的整体。第一，大学生面临的许多困惑深层原因是价值观、理论思维能力、思维方式出现了问题。现代大学生的心灵世界是一种无序的精神，要带着情怀、立场、观点、方法、格局构建大学生有序的精神世界。他还强调思想政治课应该追寻感性、知性、理性。

四川大学马克思主义学院教授李辽宁教授提出，中国特色社会主义道路自信、理论自信、制度自信和文化自信与新时代马克思主义意识形态话语体系建设具有内在的耦合性。在实践探索中、理论升华中、制度完善中、文化经验推广中加强意识形态的话语生产、话语传播、话语实践、话语保障。为新时代进一步加强社会主义意识形态建设提供了全新的研究视角。

哈尔滨工程大学马克思主义学院教授刘英杰认为推动意识形态工作建设，归根结底是要做人的工作。她试图从接受者的角度即认知、情感、意志、行为四个层面来分析新时代如何使社会主义意识形态深入人心。她强调接受者在意识形态认知的过程中要破除惯性思维的阻碍，树立正确的意识形态认同思维模式。同时，还强调要转变阐述的依附性必须立足中国现实，用中文语境阐释中国问题，用便于中国人理解的方式来表述。在面对西方意识形态的渗透和入侵，面对西方生活方式的诱惑等，接受者要找准意志的着力点。她指出知行合一是意识形态认同的最佳效果，行为不仅是衡量意识形态是否深入人心的重要尺度，更是推动意识形态深入人心的重要方式。

四、思想政治教育的发展趋势和展望

北京师范大学思想政治工作研究院院长冯刚教授指出，思想政治教育发展趋势和展望需要有世界眼光、中国情怀、时代特征，做有思想的行动者，关注实际问题的研究者。一是牢牢把握立德树人根本任务，明确立什么样的德，树什么样的人。二是要增强思想政治教育的文化力量。思想政治教育是社会主义先进文化的重要组成部分，文化育人是新时代思想政治教育的重要路径，以文化人是文化育人的核心和总体机制表达，思想政治教育中的文化育人要从多方面着力。三是凝聚思想政治教育工作的整体合力。始终坚持党的领导，切实加强高校思想政治工作队伍建设。四是完善思想政治教育工作质量评价的制度机制。制定开放的、可持续发展的评价指标体系；评价内容要符合时代要求;创新性地采取多种评价方式方法;实施严格的评价制度。

本次学术交流还设置了"编辑交流",《马克思主义研究》《马克思主义理论学科研究》《思想政治教育研究》等知名学术刊物编辑对投稿选题方向做了详细的介绍。一是研究和阐释习近平新时代中国特色社会主义思想,注重对历史逻辑和实践逻辑的研究。二是结合庆祝新中国70年,对党史、新中国史、改革开放史,总结理论发展和实践发展的规律。三是思想政治教育学科的基础理论研究,学科定位和发展趋势。四是对社会思潮的研究和评析。五是马克思主义理论学科建立的重要目的,为思政课提供学理支撑。六是思想政治教育学科建设的历史性成就、教训、机遇、矛盾、困难等问题的研究。

大会闭幕式上,哈尔滨工程大学马克思主义学院院长王景云教授主持闭幕式,中国社会科学院马克思主义研究院原理部副主任李春华研究员作了大会总结发言。兰州大学马克思主义学院彭舸珺副教授作了"2020年全国思想政治教育学术研讨会"承办单位邀请发言。李春华指出,我们用理性的方式、深入研讨的方式来回顾思想政治教育研究走过的70年历程,总结经验教训。此次会议不仅给大家搭建平台,聚焦观点,也实现了社会科学院办会的目的,就是用马克思主义引领思想政治教育学术研究。她总结了会议的特点,"一个主题",即70年思想政治教育的理论和实践的回顾与展望。"两个结合",一是坚持了政治高度和学术深度的结合;二是坚持了高端性和广泛性相结合。

此次学术研讨会,对庆祝新中国成立70周年,回顾和总结我国思想政治教育成就与经验,促进深入研究习近平新时代中国特色社会主义思想,落实全国教育大会、全国宣传思想工作会议和学校思想政治理论课教师座谈会精神,推动新时代思想政治教育创新发展等方面具有重要意义。

中国社会科学院马克思主义研究院思想政治教育研究室简介

中国社会科学院马克思主义研究院思想政治教育研究室成立于2019年，是目前我国社会科学院系统第一个、也是唯一一个“思想政治教育研究室”。思想政治教育学科系中国社会科学院“马克思主义理论一级学科”之下的二级学科，是中国社会科学院马克思主义理论重点建设学科之一，学科建设依托思想政治教育研究室，学科现有6人，研究员3人，助理研究员3人，思想政治教育研究室现有研究人员4人，其中研究员1人，助理研究员3人。

思想政治教育研究室成立伊始，就将学术研究和学科建设定位于“马克思主义思想政治教育和思想理论领域重大现实问题研究”，力图实现基础理论研究与现实问题研究的有机结合，努力发挥其学术研究、理论宣传与对策研究的作用。研究室依托马克思主义研究院和马克思主义原理学科的雄厚资源，在学术研究和学科建设上取得了显著成效并逐步形成了自身独特的优势。

扎实的马克思主义理论基础。研究室人员与所在的马克思主义原理研究部研究人员一起，坚持五年时间完成了《马克思恩格斯全集》（中文第一版）全部50卷的研读与学习，现正积极参与《列宁全集》的研读工作。通过研读马克思主义经典著作，研究人员极大提高了自身马克思主义理论的基本功，进一步夯实了马克思主义理论功底，大大促进了研究能力和研究水平的提高，并且从马克思主义经典作家攀登科学理论高峰的不懈追求和艰辛历程中汲取了巨大力量。

围绕学科定位深入开展学术研究。研究室人员深入发掘马克思主义经典著作中的思想政治教育思想，通过对马克思主义经典原著的研究、考察与学习，探求思想政治教育的本质、目的、原则和方法等基本问题，从而进一步打牢思想政治教育学科研究的马克思主义理论基础。与此同时，研究室人员着力研究当前思想政治教育重大现实问题，探索新时代、新形势、新情况下思想政治教育的新特点、新规律、新方式，发挥思想政治教育的宣传解读作用，突出本学科的现实性特点。

创建“全国思想政治教育学术研讨会”学术交流平台。自2011年以来，我们与高校联合共举办了9次全国学术研讨会，产生了较大的影响力。我们力图创新学术研讨会的模式，实现资源的有效整合，打造理论研究与教育教学实践相结合的平台。经过不懈努力和各方面的有力支持,研讨会逐步从搭建平台走向引领学术,为推进思想政治教育理论与实践发展做出了积极贡献。

学术研究取得可喜成果。在学科成立较短的时间内,我们承担国家新闻出版总署“十三五”规划项目、国家社科基金、中国社会科学院重点课题和国情调研项目、马工程项目、创新工程项目、马研院重点课题20余项,出版学术著作、研究文集等近30部,撰写历年的思想政治教育学科年鉴、前沿报告和学术发展综述,在《人民日报》《光明日报》《红旗文稿》《马克思主义研究》《思想理论教育导刊》等国家重要报刊发表学术论文和宣传文章百余篇。其中部分被《新华文摘》《光明日报》《马克思主义文摘》摘编,多篇文章被中国人民大学报刊引用及重要网络媒体全文转载。

哈尔滨工程大学马克思主义学院简介

哈尔滨工程大学马克思主义学院发端于“哈军工”时期的马列教研室。注重思想政治教育理论与实践研究的优良传统的继承，从“哈军工”建校伊始延续至今，为马克思主义理论学科的建设和发展积淀了深厚底蕴。学院是国内第一批创办思想政治教育专业的单位之一，历经 1985 年双学位班开始招生，1987 年开始招收全日制本科生，1993 年获得思想政治教育硕士学位授予权，2006 年获得思想政治教育二级学科博士学位授予权，2010 年获得马克思主义理论一级学科硕士学位授予权。经过几代人几十年的努力奋斗，马克思主义学院学科体系逐渐规范，现有马克思主义基本原理、马克思主义中国化研究、思想政治教育、中国近现代史基本问题研究等学科方向，形成了本 - 硕 - 博一体化的人才培养体系。在教育部第四轮学科评估中，我校马克思主义理论学科获评 B 档，其中人才培养质量位列第 27 位。基于学科建设多年积累的底蕴，凭借优势和特色，2018 年入选黑龙江省马克思主义理论学科的优势特色学科建设单位。

近年来，学院专职教师在国家级重要媒体、CSSCI 来源期刊及北大核心期刊发表学术论文 160 多篇，出版学术专著 20 余部，获得国家社科基金项目 10 余项、省部级课题 40 余项、黑龙江省教学成果一等奖等省部级科研奖励 10 余项；现有中宣部“宣传思想文化青年英才”、省级教学名师、省文化名家暨“六个一批”人才、思想政治理论课教师年度影响力人物及提名等各层次人才 10 余人。学院拥有黑龙江省高校人文社科重点研究基地，即将牵头成立黑龙江省应用思想政治教育研究会。

学院高度重视人才培养工作，近年来思想政治教育专业本科毕业生一次就业率一直在 90% 以上，学生考研率一直保持在 70% 左右。既为国内顶尖院校输送了大批优秀毕业生继续深造，也为各级国家机关和企事业单位培养了大批从事党务管理、行政管理等工作的高素质专门人才。

后　记

为庆祝新中国成立70周年，进一步推动思想政治教育理论和实践创新发展，由中国社会科学院马克思主义研究院和哈尔滨工程大学共同主办，中国社会科学院马克思主义研究院原理研究部和哈尔滨工程大学马克思主义学院承办的“2019年全国思想政治教育学术研讨会”，于2019年10月12—13日在哈尔滨工程大学成功举办。《马克思主义研究》《思想理论教育导刊》《马克思主义理论学科研究》《思想政治教育研究》等学术期刊协办并参加了研讨会。来自中国社会科学院、中共中央党校、清华大学、北京师范大学、东北师范大学等50余所高校和科研机构的150多位知名专家和学者进行了学术交流与研讨。

本届研讨会围绕“新中国成立70年思想政治教育的成功经验”“思想政治教育理论的创新和发展”“新时代增强社会主义意识形态凝聚力和引领力研究”“思想政治教育的发展趋势和展望”四个主要议题展开了研讨。

2019年春，主办方在《马克思主义研究》、“马克思主义研究网”上发出了研讨会的征文启事，得到了社会各界的广泛关注，党政军机关政工干部、高校党校教师、科研机构研究人员、企事业单位人员，以及博士、硕士研究生等积极踊跃投稿，组委会共收到论文300余篇，我们坚持“以文赴会、优秀论文优先”的原则，组织专家进行严格评审，确定130余篇论文入选本次会议。本文集系从参会代表提交论文中择优选用、修改汇编而成，并要求作者严格遵守学术规范、严把政治方向关和学术质量关。

本文集的汇编出版得到了多方关心和支持。中国社会科学院马克思主义研究院思想政治教育研究室和哈尔滨工程大学马克思主义学院的领导和同志承担了文集编辑的审核工作。在此，我们一并表示衷心的感谢！

编　者

2019年12月于北京